思想觀念的帶動者
文化現象的觀察者
本土經驗的整理者
生命故事的關懷者

Psychotherapy

探訪幽微的心靈，如同潛越曲折逶迤的河流
面對無法預期的彎道或風景，時而煙波浩渺，時而萬壑爭流
留下無數廓清、洗滌或抉擇的痕跡
只為尋獲真實自我的洞天福地

EMDR
兒童治療

Ana Gomez, MC, LPC
安娜・葛梅茲

鄭玉英、陳慧敏、徐中緒、黃素娟、徐語珞、朱柏翰——譯

鄭玉英、徐佩鈴——審閱

複雜創傷、
依附和解離

**EMDR THERAPY AND
ADJUNCT APPROACHES WITH CHILDREN**
Complex Trauma, Attachment, and Dissociation

Psychotherapy 50

目次

譯者／審閱者簡介

鄭玉英
國立台灣師範大學心輔所博士
懷仁全人發展中心諮商心理師
EMDRIA 認證 EMDR 治療師

陳慧敏
實踐專校社工科
東吳大學社工系
西雅圖 Antioch University 心理研究所碩士
懷仁全人發展中心諮商心理師
EMDRIA : EMDR 認證諮詢顧問 (consultant)
EMDRIA 認證 EMDR 治療師

徐中緒
國立台灣大學外文系學士
美國聖路易華盛頓大學社工研究所碩士
美國西雅圖亞洲諮商輔導轉介中心諮商心理師
EMDRIA 認證 EMDR 治療師

黃素娟
美國北德大學教育碩士
完成 EMDR 基礎訓練
懷仁全人發展中心兒童及親職專業訓練及督導
譯著：《照顧孩子的有效策略》（與張碧琴合譯，心理）

徐語珞
天主教輔仁大學臨床心理系學士
美國奧勒岡大學伴侶與家庭治療所碩士
懷仁全人發展中心諮商心理師
EMDRIA 認證 EMDR 治療師

朱柏翰
台北大學公共行政暨政策學系學士
西雅圖太平洋大學婚姻與家族治療研究所碩士
方煦心理諮商所諮商心理師
懷仁全人發展中心諮商心理師
EMDRIA 認證 EMDR 治療師

徐佩鈴
國立成功大學電機工程學士
美國波士頓學院諮商心理碩士
蛹之生心理諮商所專任心理師
EMDRIA 認證 EMDR 治療師

國內外讚譽推薦

「對於和嚴重受創兒童一起工作的臨床治療師來說，這本鉅著是廣受歡迎以及絕佳的資源。」

——法蘭芯·夏琵珞博士，
動眼治療與 EMDR 人道協助專案創建者
（Francine Shapiro, PhD, Founder, EMDR Humanitarian Assistance Programs）

「過去十五年來，葛梅茲女士為與這些極為困難治療的兒童的工作，發展了高度原創及令人嘆服的治療處遇技巧。這本書對我們這個領域的工作者來說是一份巨大且重要的贈禮。」

——蘇珊·寇茲博士，
哥倫比亞大學內外科醫學院精神醫學臨床心理學教授
（Susan Coates, PhD, Clinical Professor of Psychology in Psychiatry,
College of Physicians and Surgeons, Columbia Universirty）

「葛梅茲女士為希望能援引 EMDR 治療給他們的小兒患者的臨床專業人員，著成了這本急切需要的指導手冊……這本書充滿了……許多經歷了實戰考驗的珠璣……詳盡而條理清晰的實務說明對醫師們來說是極具價值的資源。」

——麥可·席林嘉醫師，
杜蘭大學雷米喬·岡薩雷茲講座兒童精神醫學教授
（Michael S. Scheeringa, MD, MPH, Remigio Gonzalez Professor of Child
Psychiatry, Tulane University）

「投入解離的領域已逾 20 年，透析了『身－心－靈』生命全貌的複雜度其實涉及多元宇宙與能量磁場，很高興看見有本從 EMDR 角度切入而關心孩子創傷和解離的書，回歸能量的本質，撫平傷痛、促使生命能量的平衡。一本值得關懷與疼惜脆弱心靈的你細細品嚐的好書，推薦給大家。」

——張艾如院長，
心靈之美心理治療所院長、前台北市臨床心理師公會理事、
台灣創傷與解離學會（前國際創傷與解離學會台灣分會）創會人

【中文版推薦序】以案主為中心的核心治療理念

此書針對孩童的創傷處理過程提出細膩且極為具有參考價值的資訊，並且在治療過程中，能透過刺激遊戲與照顧兩大系統的策略給予孩童幫助，堪為可貴！

EMDR 治療依據 AIP 理論來建構整個治療觀點，並且強調安全依附對個人的身心發展影響重大，因此，治療師在治療過程中，要能協助當事人建構其資源系統（RDI），以使當事人有足夠的力量去面對過往的創傷事件。顯然地，孩童可以透過遊戲的過程中去處理這些傷痛，並找到安撫自己的方式，因此整個治療過程中，孩童不斷地在發揮個人的創意，而治療師除了要提供一個讓孩童放心的環境之外，同時也將欣賞到孩童的創新思維，並且與孩童一起朝著共同的目標前進。

本書中也針對孩童的解離（dissociation）現象做出詳細的解析說明，此等觀點更是有助於助人工作者對孩童的行為建立深度的理解。而作者安娜 · 葛梅茲（Ana M. Gomez）的臨床經驗更將幫助讀者能夠接近孩童的內在心靈，使身為家長或教師等人都能從中獲益，進而找到更有效能的養兒與教學的訣竅。更令人驚喜的則是，文中提供家長能透過自評表來了解親子之間的狀態，使家長們能據此判斷其教養方式是否有需要調整的空間呢！

在 EMDR 治療的過程中，治療者必須確認準備工作已經到位。換句話說，治療師要幫助當事人能夠做好進入治療的療程，所以治療師也要非常努力地使當事人在一個充分信任與放鬆的治療關係下一起合作。因此，治療師要不時地評估當事人的心理狀態，以確保治療過程能依既定的步驟進行，使當事人重新回到生活的常軌。安娜也在書中提供了諸多的譬喻與實例說明以供讀者有所參考引用，其中實務經驗更增添了此書的價值所在，彌足可貴！

在閱讀此書的過程中，本人對作者強調治療師要能與家人合作，並且能以孩童為對象進行合宜的評估與診斷，這樣的工作態度非常令人感動，真的是發揮了 EMDR 治療創始人法蘭芯 · 夏琵珞博士（Dr. Francine Shapiro）所主張的，要以案主為中心的核心理念，因此本人很樂意為此書撰文予以推薦之！

這是一本針對孩童的創傷事件處遇所提供的一本實務操作手冊，本人深信，讀者在閱讀過程中會有很多的驚喜與感動，並且相信，此書內容也將喚起大多數助人工作者對 EMDR 治療的好奇心，進而願意踏入此專業助人治療學說的領域。讓我們一同期待著您們的參與！

鄔佩麗謹誌
民 109 年 5 月 1 日於頂溪心理諮商所

【中文版審閱序】從記憶管理說起

我們的記憶需要管理。就像財務、時間需要管理一樣。

說要活在當下，其實談何容易。我們都活在記憶的脈絡裡，有些人甚至處於過去的陰影下。過去的酸甜苦辣都在今天發酵。凡走過的必留下痕跡，更留在自己身體裡、刻畫在腦海中。

有些人終日抱怨，似乎生命中處處遇人不淑、走過的經歷滿是哀怨；有些人滿臉堆笑高談闊論似乎一生順遂沒有挫敗；有些人根本將記憶塵封不予碰觸，造成親密關係屏障；有人認為過去就過去了不值得回顧；殊不知自己天天活在過去的記憶影響中。

記憶如何管理？除了常回顧、寫日記、做靈修等等自我記憶管理之外，有些記憶也可能需要有專業人幫忙來料理。尤其是不愉快和創傷性的記憶。因其帶有強烈情緒所以無法適宜的存檔，但又格外容易被目前事情勾動而重溫當時的害怕、憤怒或牽出當年的自卑或羞愧。這些過去式的經驗經常會引發目前過度反應或甚影響自己對未來的預期。

記憶管理是動眼治療的強項

在創傷記憶處理的心理治療中，動眼治療（EMDR）是最為強而有力的一支。也是本書骨幹。

動眼治療是一種關照過去、目前、未來三個時間軸向（three-pronged）的心理治療：處理過去經驗，關照目前事件，預備未來場景。而這種治療是在牽動腦神經網絡的知識基礎上進行。

動眼治療提出 AIP 適應性訊息處理（Adaptive Information Processing）模式，這是治療專業的概念和核心基礎，卻也對我們普

羅大眾的記憶管理帶來啟示：就是需要將苦難記憶與曾有過的平靜安穩、喜樂溫暖的記憶往返其間，互相連結，加以整合。

然而，動眼治療要如何為受創的孩子服務呢？作者安娜葛梅茲在這本書上提出非常精彩的實作方式。而且在兒童青少年版的動眼標準程序之外，本書還涵蓋治療性遊戲（Theraplay）以幫助孩子可以在輕鬆遊玩氛圍中進行。還有感官動能治療（Sensorimotor Therapy）以便從下往上整合大腦。以及內在家庭系統治療（Internal Family Systems Therapy）以便協助案主的人格整合。這些範疇使本書成為「鉅著」，而非只是另一本動眼治療參考書，或兒童治療手冊。

容易被誤解的孩子

受傷孩子中最有機會被誤解的一群是「創傷後解離」傾向的孩子。他們也是最有機會被邊緣化的一群。甚至在專業領域也可能受到誤判，或因未有正確概念化而無法得到最佳治療或諮商。本書對於解離有清晰的說明，在對有解離傾向的兒少處遇方面也有獨到的見解和策略。

有些孩子先天正常，卻在後天環境或關係中受傷，尤其是親人帶來的傷害影響他們對人的信任和安全。這些孩子正是動眼治療的主要對象。

還有一些孩子帶著偏差的腦神經和先天氣質來到人間。例如自閉、過動、妥瑞、學習遲緩等等。這些孩子先天不利，註定適應上有困難，倘若又在不妥的環境中成長，人生艱辛可以預見。動眼治療不能改變孩子的體質和先天的特徵，但是能對他們的後天經驗和情緒自我調節有長足貢獻，因為小孩的先天偏差和後天創傷都有在腦神經方面作出解讀和調理的重疊空間。

即使撒下動眼治療，在兒少輔導和創傷療癒上面，本書所包含的概念、方法、撇步也是極為豐富。光是在兒童動眼治療前的預備過程

中，安娜所設計的創意工具和作法，已經有機會給我們許多啟示。所以讀者不一定是動眼治療的工作者，家長、老師、學校行政人員都能從本書獲益。

安娜是南美洲人，出生在哥倫比亞。多年來在美國私人執業為受創的兒少和家庭工作。是國際知名的訓練師。2011 年獲頒亞利桑納州遊戲治療協會傑出服務獎。本書是她的經驗累積，用英文寫成，已經翻譯成葡萄牙文和西班牙文。中文版在台問世。

慧敏、柏翰、語珞曾不止一次飛到美國亞利桑納州親炙大師學習，也因受到安娜博學、活潑、創意、愛孩子心的感動，矢志要將她的東西引進台灣，包括書的翻譯推廣和邀請安娜本人來台訓練教導。

本書翻譯相當艱難，在慧敏帶領下，翻譯團隊分配章節分頭動工。中緒在西雅圖，佩鈴在台中。我們常在群組中討論。對大量的專有名詞尋求最佳翻譯方式並做成名詞檢索表以便全書統一。各章初稿譯成後彼此交換閱讀修改。並在全書初稿完成後，用三個星期天日夜馬拉松方式討論，將全書從頭到尾檢視一遍，以求達成全書統整，還將若干難解之處跟安娜透過視訊加以澄清。過程中，這個團隊成為專業手足。

我們不全是文字工作者，卻都是動眼治療工作者。我是其中最年長的。因此代表團隊在此為序。衷心推薦這本能造福孩子，和有助成人記憶管理跟帶來人格整合的好書。

鄭玉英
寫於懷仁全人發展中心

前言

　　我非常榮幸應邀為安娜・葛梅茲的這本著作撰寫前言，她在　xvii
EMDR 治療界聲譽卓著、貢獻良多，包括她與一位年輕案主進行
EMDR 治療的精彩示範影片、充滿能量的 EMDR 治療進階工作坊，
以及在世界各地會議上所發表的演講。在這本書中，葛梅茲巧妙地結
合了她多年以來的演講、臨床經驗、EMDR 治療技巧以及創意十足的
治療策略。這本書的首要目的是讓讀者了解適合孩子發展階段的策略
及標準程序（protocol），好能為承受複雜創傷的兒童提供治療；複雜
創傷包括解離症狀、依附困難以及不恰當的社會行為。然而我相信，
這本書的內容對於運用 EMDR 治療來協助各個年齡層及多元背景的案
主，都是很合適的。

　　當我們在為兒童以及家庭提供治療的時候，「關係」這個層面乃
是關鍵因素。然而有時候要和高度敏感、重度創傷的孩子建立正向、
互信的關係，卻是極為艱巨的挑戰。通常的情況是孩子們不但不選擇
接受治療，而且抗拒來自老師、家長、校長、治療師等人的建議。根
據研究創傷兒童的美國心理醫師培理（B. D. Perry）的看法，「體認
關係以及關係信號的力量，對於有效的治療、親職、照顧、教導以
及其他所有人為的努力來說，都是十分重要的。」（Perry & Szalavitz,
2006）大部分兒童治療師很擅長和兒童建立和諧的關係，但是標準化
的 EMDR 治療程序在應用於年輕案主的時候，必須作特定的調整。治
療師該如何向兒童本人和照顧者解釋 EMDR 治療，並且獲得兩者同意
參與治療的過程呢？這本書充滿了協助建立治療關係的寶貴資源，並
且幫助兒童及照顧者不僅與治療師建立穩定、信任的關係，而且彼此
之間也能建立這樣的關係。此外，治療程序中也包括了有趣、具體、
「身體力行」的活動，即使是最叛逆的孩子以及最沒有概念的家長都

能參與。最重要的是，這本書強調以案主為中心的治療，而且作者非常敏銳體察案主的文化背景、宗教信仰以及價值觀。

　　要知道如何為治療做準備以及案主何時預備好接受 EMDR 治療，是一項挑戰，而且和重度受創的兒童及青少年工作的時候尤其艱鉅。在本書第三章〈第二階段：準備〉裡，作者介紹了培理、潘克賽普（Panksepp）、伯吉斯（Porges）、席格（Siegel）以及修爾（Schore）有關大腦生理結構的基礎理論，來支持她所發展出來的全面性治療標準程序，這不僅為不想面對問題、情緒失調的兒童做準備，也為照顧者提供了和兒童正面互動的機會。綜觀整本書，作者一再強調情感同步、情感共鳴以及靜心察覺的重要性。根據美國資深的 EMDR 治療師及培訓講師德沃金（Mark Dworkin, 2005）的看法，「情感同步的概念展現出契合及共鳴。當一個人調整對準另一個人，也就是一個人透過非語言的方式洞察並且感受到對方的經驗時，情感同步就發生了。這時候對方會覺得『被感受到』（felt）。情感同步非常近似於同理心。它為兩位當事人創造了依附關係。從實務上來說，當治療師真切地『抓到』案主當下的感受而案主也明白這一點，這就是所謂的情感同步。情感同步是 EMDR 治療得以成功的必備條件。」（Dworkin, 2005）為了解釋 EMDR 治療的步驟、讓兒童預備面對可能出現的負面情緒，並且幫助他們在建構安全空間的同時得以營造出情感同步，書中細膩地描述了適合個體發展階段的一些隱喻以及互動活動，並且輔以溫馨的實際個案來予以說明。

　　我經常碰到治療師對於如何向兒童及青少年介紹並執行 EMDR 治療感到茫然。有些治療師覺得標準化治療程序中的許多步驟應該刪去，因為他們認為兒童並不具備足夠的認知能力去參與完整的治療過程。根據我本身運用 EMDR 治療和兒童工作的經驗，如果治療師能夠按照兒童的年齡及發展程度做適當的調整，那麼兒童可以成功地進行所有的步驟。這本書很有條理地帶領讀者貫徹標準化 EMDR 治療程序的八個階段，透過好玩的活動以及有創意的、非語言的練習，來

xviii

協助兒童參與每一階段的治療。此外，作者嚴謹遵守適應性訊息處理
（AIP）的治療模式，作為和年輕案主工作時個案概念化以及治療方
案的理論基礎。按照夏琵珞（Shapiro, 2001）的說法，AIP 模式「認
為大部分的病態都起源於早期的生命經驗，而這些經驗啟動了持續不
斷的情感、行為、認知模式，最終並形成認同結構。這種病態的結構
深植於困擾事件發生之際便被儲存起來而停滯、處理不足的訊息裡。
在各式各樣的個案裡⋯⋯病態被視為是早期經驗的衝擊所構成的，而
這些早期經驗以某種特定狀態的形式存放在神經系統裡。」（Shapiro,
2001）葛梅茲擁抱夏琵珞的理論，引用了 AIP 模式的觀念以及 EMDR
治療的基本步驟於兒童治療上，並透過具體的語言以及創新、不具威
脅性的活動，在訴諸兒童的想像力、認知能力以及右腦功能之際，同
時得以和兒童建立信任的關係。綜觀全書，製造樂趣並且創造安全感
乃是協助兒童了解並且參與療癒過程的兩大基本要素。

　　我要為那些對兒童治療工作充滿悲憫之心，並且心平氣和地和高
度功能失調家庭工作的臨床工作者，致上喝采。這些年來我遇到過許
多充滿創意、銳意革新並且充滿熱誠的兒童治療師。這些臨床工作者
大多數都採用兼容並蓄的做法，仰賴各式各樣的技巧和方法來引導兒
童及家庭成員邁向正面的結果及穩定的關係。作者葛梅茲在本書中透
過許多生動的個案實例，巧妙地展現了她如何和家庭成員建立關係並
且讓他們參與治療的過程。此外她也詳細地描述如何將音樂、藝術、
沙盤以及遊戲治療，融入 EMDR 治療以及其他包括感官動能心理治療
（Sensorimotor Psychotherapy）、治療性遊戲（Theraplay）以及內在家庭
系統（Internal Family Systems, IFS）等具有療效的方法（詳見第十一至
十三章）。

　　「受創兒童通常會對壓力產生過度反應⋯⋯而且這會導致他們變
得激進、衝動、情感需求強烈。這些兒童很難相處，很容易發脾氣卻
很難平靜，他們可能會對最細微的差異或改變反應過度，而且通常無
法三思而後行。在能夠對自己的行為作出任何持久性的改變之前，他

xix

們必須要能感受到安全與被愛。情緒困擾的兒童承受著某種痛苦，而痛苦會讓人易怒、焦慮和激進。唯有耐心、關愛、持續的照料才能奏效；速成的神奇療法並不存在。」（Perry & Szalavitz, 2006）在幫助兒童感受到成就感和正常化（見第九章）之際，對他們的痛苦予以尊重，是本書重要的宗旨之一。根據葛梅茲的看法，這個目標可以透過「運用兒童的天然語言──遊戲」來達成。她運用歡笑、多采多姿的譬喻、適合年齡層的認知交織、樂器、精細和粗大肌肉的活動以及幽默感，來幫助兒童及他們的照顧者探索其他可替換的行為，並且在愛、安全和信任的基礎上建立關係。

「兒童對自我的認知是由他和父母日積月累的互動所造成的，這個自我認知也是他如何看待其他生命經驗的主要透視鏡。我們必須謹記的是，人際之間的互動乃是眾多內在世界交匯的產物……有問題的關係只不過是受傷的內在世界的另一個症狀。」（Shapiro, Kaslow & Maxfield, 2007）誠如這本書的書名所顯示的，這些內容對於兒童EMDR 治療的整合具有特殊的重要性，因此我鼓勵所有的治療師在面對案主呈現出有問題的關係、複雜的創傷、依附問題以及解離症狀時，能夠閱讀這本《EMDR 兒童治療：複雜創傷、依附和解離》（*EMDR Therapy and Adjunct Approaches With Children: Complex Trauma, Attachment, and Dissociation*）。本書提到的許多活動和程序，也可以依照成年人的視角加以調整，讓成年人有機會運用自己充滿樂趣和創意的右腦。閱讀這本書是一趟愉快、輕鬆的旅程，絕對值得花費時間一讀為快。

羅碧・杜頓（Robbie Dunton）
美國 EMDR 學院召集人

作者自序

　　本書的靈感來自於許多兒童、青少年和成人與我共同經歷的旅　xxi
程，他們允許我見證了他們的痛苦、勇氣、堅韌，還有在治療工作中
所經歷的不可思議的療癒時刻。本書的許多部分亦來自於我探索自己
內在整合和完整的旅程。透過親身接受 EMDR 治療及其他輔助治療，
在探訪自己心靈的許多角落時，我才能夠靜心察覺到療癒如何在人
的內在發生。法蘭芯・夏琵珞（Francine Shapiro）博士曾經幫助我們
了解，存留於記憶中的傷口將導致我們分裂不整合，而這會持續影響
我們如何書寫現在和未來的故事。許多人長久揮不去自己不夠好的信
念、缺乏自我接納、感到羞愧以及無法平息的痛苦。批判、分離、受
罪因此代代相傳。

　　經過多年來與嚴重受創的案主工作，我經常從他們的故事得到感
動和啟發，從而去探討、嘗試甚至創造新的方法來支持他們，並透過
EMDR 治療和其他輔助方式，積極參與他們的療癒旅程。本書主要的
目標是提供具體可行的策略，讓 EMDR 治療成為適合兒童發展需要且
有效的治療方式，來幫助受創最為嚴重、處遇也最為複雜的孩子。書
中將為如何使用 EMDR 療法來治療複雜創傷的兒童，提供有用、實
際、深入的資訊，而這在過去 EMDR 治療的文獻中是從未探討過的。
本書無意提供基礎的 EMDR 治療程序，而是要為 EMDR 治療的臨床工
作者提供一些進階工具，來治療那些具有複雜創傷、依附傷害和解離
傾向的兒童。

　　根據我的信念和臨床經驗，EMDR 治療若要發揮最大功效，治療
師不僅對治療程序和技術層面必須擁有卓越的知識，同時必須完成自
己的治療工作，讓自己的記憶系統達到相當程度的統整和融合。如果
只具備前者而欠缺後者，我們可能就只是能夠遵循程序的優良 EMDR

治療技師，卻難以和個案在情緒同步和共鳴上觸及更深入的層次。心智化的能力（Fonagy & Target, 1997）和心智洞察力的技巧（Siegel, 2010）不只是對父母和照顧者很重要，對和受創孩童工作的臨床工作者也非常重要。如果我們自己適應不良的記憶系統沒有得到整合和解決，我們「將心比心」的能力（Fonagy & Target, 1997）會受到限制。另一方面，臨床工作者若僅具有後者卻缺乏前者，那麼即使擁有心智化能力並能與個案共鳴和同步，也無法適切、有效地善用 EMDR 治療理論和程序。所有這些層面都將會影響具有複雜創傷歷史的個案在 EMDR 治療中的整體效果。

　　儘管現代神經科學的發現啟迪了我們對人類本質和腦神經功能的認識，臨床工作者和實務工作者仍然缺乏如何將這些觀念運用於臨床工作中的「方法」。我寫這本書所抱持的目標，就是要告訴臨床工作者如何「逐步」和具有複雜創傷的兒童工作的「方法」。全書對於 EMDR 治療的八個階段都有詳盡的探索，並在每一個治療階段都提供了豐富多元的技巧和策略，以清晰、實際、具體、創意的方式來幫助難以治療的兒童。

　　這本書也提供了理論架構和概念基礎，讓臨床工作者在和情感系統失調的兒童工作時，提供個案概念化和臨床上實施 EMDR 治療的依據。本書以適應性訊息處理（adaptive information processing, AIP）模式為根據，涵蓋了發展個案概念化技巧和治療計畫時的關鍵要素。此外，我也整合了依附理論（attachment theory）、情緒調節理論（affect regulation theory）、情感神經科學（affective neuroscience）和人際神經生物學（interpersonal neurobiology），以提供更寬廣的觀點。這些不但支持了 AIP 模式，而且拓展了我們對於這些解離、不安全依附、情緒失調兒童的理解和治療成效。

　　本書呈現了我們目前了解的一些面向，像是我們的生理結構如何編制，它的適切發展如何在生命中早期、長期和廣泛的創傷和逆境之下遭到阻礙，以及如何透過 EMDR 治療促進療癒。此外，書中也

以有系統的架構提供如何運用 EMDR 治療的實施指南，詳盡描述了可以如何運用 EMDR 去幫助孩子的照顧者，發展身心的同步與共時（psychobiological attunement and synchrony），並提升他們心智化的能力。

　　書中藉著許多案例，呈現出如何適當運用我所提供的策略。不過要在此鄭重說明的是，每一個案例都是彙整我多年來治療眾多個案的具體呈現，因此其中大多是假設性的案例。

　　本書的另一個重要目標是引進其他治療取向的策略，諸如：遊戲治療、沙盤治療、感官動能心理治療（Sensorimotor Psychotherapy）、治療性遊戲和內在家庭系統，企圖在將這些策略帶入 EMDR 治療的實施過程中，仍然維持 AIP 模式和 EMDR 治療的方法學。因為，當我們和複雜創傷兒童及其家庭工作時，具備豐富而廣泛的工作方式常是必要的。

　　書中的策略在我的臨床實務中都很有效。我也從參加我培訓和授課的臨床工作者聽到許多趣聞軼事，而他們都有效地運用這些策略，並在自己的機構及實務上獲致非常正向的結果。也有從事研究的治療師在運用 EMDR 治療幫助憂鬱症兒童與青少年的一項持續性研究中，成功、有效地運用了這些策略。本書將這些具創意的工具和策略提供給所有與難以治療的案主一起工作的 EMDR 治療臨床工作者，藉此催化他們的療癒過程。

致謝

xxiii 　　我要對所有在本書寫作旅程中啟發我和支持我的人士表達尊敬和感謝。首先是所有以案主的身分與我相遇的孩子和他們的家人。他們的智慧、堅韌與耐力帶給我多方啟示去另闢新徑，穿越現有的道路，而成為他們生命中探險和旅途的一部分。

　　我要深深感謝法蘭芯·夏琵珞（Francine Shapiro），她給予我們 EMDR 治療這個禮物，在我寫此書的過程中，她也一直是我的導師。謝謝妳花費無數小時潛心閱讀其中篇章，並為我提供專家的建議和指導。我也要為羅碧·杜頓（Robbie Dunton）長久以來給我充滿關愛的專業性和個人性支持，表達至高謝意。妳是我生命中寶貴的禮物。我要感謝 EMDR 治療社群裡所有親愛的的朋友，打從我開始進入這個領域，你們就信任我、給予我關心和支持：Karen Forte、John Hartung、Farnsworth Lobenstine、Sue Evans、Karen Alter-Reid、Robin Gibbs、Donald de Graffenried、BarbaraParrett、Jocylyn Shiromoto、巴西的 Esly Carvalho、智利的 Carmen Casado Ducos、厄瓜多爾的 Santiago Jacome，以及加拿大的 Kathleen Reay 和 Tara Morrison。謝謝美國杜蘭大學（Tulane University）的 Michael Scheeringa，他在我針對憂鬱症兒童進行 EMDR 治療的效能研究上，給予無條件的支持。我在這過程中所獲得的知識，對這本書的寫作彌足珍貴。

　　許多優秀的臨床工作者對本書貢獻良多：法蘭西斯·華特斯（Frances Waters），謝謝妳對解離兒童工作的精湛見解，並讓這個主題的篇章無比精采。艾蜜莉·傑姆伯格（Emily Jernberg），謝謝妳給兒童臨床工作者帶來的豐富禮物，特別是妳在 EMDR 治療與治療性遊戲那一篇章中展現的所有美好工作。潘蜜拉·克勞斯（Pamela Krause），謝謝妳投入許多時間激發我的想法，使我能對內在家庭系統有更多了

解；你在我們撰寫內在家庭系統與 EMDR 治療那神奇的一章時貢獻厥偉。佩特・奧古登（Pat Ogden），謝謝你盡心竭力與我合寫兒童 EMDR 治療與感官動能心理治療的整合，讓此章深具啟發性。

如果沒有編輯 Sheri Sussman 和 Joseph Stubenrauch 的鼎力相助，本書絕對無法完成。跟你們合作真是十分愉快。謝謝你們提出的專業建議，更謝謝你們在我擁抱寫作此書的艱鉅任務時，成為托持我的臂膀。

特別要在此對所有在第一章的許多部分提出專業見解的神經科學家致上謝意：雅克・潘克賽普（Jaak Panksepp）、史蒂芬・伯吉斯（Steven Porges）、歐諾・凡德赫特（Onno Van der Hart）。我也要特別強調丹尼爾・席格（Daniel Siegel）給予我的訓練，對我的臨床工作和個人生活都有重大的影響。

Richard Schwartz，謝謝你在結合 EMDR 治療和內在家庭系統上面給予我重要回饋。Phyllis Booth、David Myrow、Sandra Lindaman，謝謝你們對於將治療性遊戲的策略整合融入 EMDR 治療方面提供專家的建議。

最後，我要表達對我的丈夫和人生伴侶 Jim Mason 深摯的謝意，你 xxiv 真的一直是我翅膀下的風，謝謝你陪伴我走過光明與黯淡、高峰與低谷，並在我寫書期間給了我明智的意見。謝謝你在成書之前就為我編輯，以你那超越知識的智慧引導我。我也由衷感謝我美好的哥倫比亞家庭，特別是我的母親 Elizabeth 和我的姊姊 Oderay，我何其榮幸能在一生當中領受你們無條件的愛，特別是在我迎接嶄新的挑戰時，這份愛提升了我的高度。也要在此紀念我的父親 Pedro，緬懷你的愛和你的勤奮，你賦予我你的一切特質和一切所有。

謝謝在十個國家四十多個城市接受我培訓或授課的所有臨床工作者，你們的發問還有你們在 EMDR 治療實作旅程中的故事激發了我的心智。你們真的全都對我有所啟發。還有我美麗的毛小孩：Churrusco、Blaze、Nugget、Amber、Lady，多年來你們給了我無條件的愛。最後，我要獻上深深的感謝給我的「幫手」，在我書中所寫的一字一句裡，都可以感受到他們的智慧以及慈愛的臨在。

【第一章】動眼減敏及重新處理治療、適應性訊息處理模式及複雜創傷

　　自從法蘭芯・夏琵珞（Francine Shapiro）博士發展動眼減敏及　　1
重新處理治療（Eye Movement Desensitization and Reprocessing，簡稱
EMDR）以來，已歷經二十多年的旅程，如今 EMDR 已被公認為具有
實證療效的治療方式，並且被美國的濫用藥物及心理衛生當局[1] 正式列
入全國實證療效治療方案和實施的登錄庫當中。此外，EMDR 治療也
已經被單獨指定為一種心理治療的方式[2]，而且獲得大約二十項隨機控制
的臨床測試驗證[3]。最近的綜合分析結果顯示，EMDR 治療乃是針對成
人[4] 和兒童[5] 創傷後壓力症的有效治療方式。針對兒童所做的七項受到
控制的隨機研究[6] 以及另外十項非隨機的研究都發現，EMDR 能有效減
少創傷後壓力症（Post-Traumatic Stress Disorder, PTSD）的症狀[7] 以及行
為和自尊心的問題[8]。在最近一項由德盧斯（Carlijn de Roos）等人所做
的隨機研究發現，對於因災難而罹患創傷後壓力症的兒童患者來說，
EMDR 和認知行為療法（Cognitive Behavioral Therapy, CBT）具有等同
的治療效果。此外加州兒童福利實證資料庫[9] 也接受 EMDR 為對兒童具
有實證療效的治療方式。這些令人振奮的結果，為數百萬名在生活中
經歷創傷和逆境而受苦的孩子們帶來了希望。撰寫本書的宗旨，便是

1　　譯註：原文 Substance Abuse and Mental Health Services Administration，簡稱 SAMHSA。

2　　原註：Prochaska & Nocross, 2010.

3　　原註：請見 http://www.emdrhap.org/emdr_info/researchandresources.php

4　　原註：Bisson & Andrew, 2007; Bradley, Greene, Russ, Dutra, & Westen, 2005; Seidler& Wagner, 2006.

5　　原註：Rodenburg, Benjamin, de Roos, Meijer, & Stams, 2009.

6　　原註：Ahmad, Lasrsson, & Sundelin-Wahlsten, 2007; jaberghaderi, Greenwald, Robin, Dolatabadim, & Zand, 2004; Kemp, Drummmond, & McDermott, 2010.

7　　原註：Fernadez, 2007; Hensel, 2009; Ribchester, Yule, & Duncan, 2010; Wadaa, Zaharim, & Alquashan, 2010.

8　　原註：Soberman, Greenwald, & Rule, 2002; Wanders, Serra, & de Jongh, 2008.

9　　譯註：原文 The California Evidence-Based Clearinghouse for Child Welfare，簡稱 CEBC。

為了治療這些承受早期、長期及複雜創傷的兒童。

為「複雜創傷」下定義

兒童時期的複雜創傷（complex trauma）牽涉到早期長久暴露於多重創傷事件中。通常這些傷害和創傷是在親子關係或是成人與兒童的關係當中產生的。結果兒童被置於一個無法逃脫的狀況，因為**兒童的生存必須仰賴把痛苦加諸於他的同一個人**。當兒童的重要神經生理結構正在發育之際，卻經歷到虐待、疏忽、家庭暴力、創傷失落以及戰爭，這對於兒童的發展可能會造成長遠的害處。根據康乃狄克大學醫學院心理治療教授福特（Julian D. Ford）和專攻創傷治療的心理師寇托斯（Christine A. Courtois）（2009）的研究，當兒童處於關鍵性的發展階段、正在發展基本的生理系統時，如果暴露於一再重複、長時間的嚴重壓力來源，其中牽涉到遭受照顧者傷害或拋棄，將會產生複雜創傷。由於暴露於複雜創傷，兒童可能會展現出調節機制失能、不安全的依附、解離症狀、貶抑自我意識、行為問題以及認知和社會功能受損等狀況。

根據柯佐里諾的研究（Louis Cozolino, 2006），早期的人際創傷，包括情感和身體上的虐待、性虐待以及疏忽，都會形塑大腦的結構和功能，從而對各個階段的社會、情緒和智力發展產生負面的影響。早期的創傷，特別是照顧者所鑄成的，將會造成一連串導致複雜創傷的反應（p. 230）。

童年複雜創傷以及適應性訊息處理模式

適應性訊息處理模式建構了 EMDR 治療的核心及基礎（Shapiro, 2001）。隨著 EMDR 治療的演變，我們對適應性訊息處理模式也有更多的了解。多元迷走神經理論（Polyvagal Theory）、情感神經科學

（affective neuroscience）、依附理論（attachment theory）、人際神經生理學（interpersonal neurobiology, IPNB）以及結構解離理論（structural dissociation theory）[10] 的原則和發現，都大大支持和拓展了我們對適應性訊息處理模式及複雜創傷的了解。

　　根據適應性訊息處理模式，健康和病症的核心層面就是記憶（Shapiro, 1995, 2001）。當兒童遭到殘酷對待、拋棄、拒絕、疏忽和虐待，這些經驗就在他們的大腦中以神經網絡的形式留下印記。由於負責整合及適應性地結合訊息以在時空中找到訊息的重要大腦結構，如海馬迴，一直要到十八到二十四個月大才成熟（Siegel, 1999），這項訊息就在發育中的年輕大腦編碼，循著路徑形成內隱而非意識、非語言的記憶。結果早期的依附創傷和傷害就一直存留在非意識的區域，繼續塑造兒童如何回應現在環境的要求。根據夏琵珞（Shapiro, 2001）的研究，現在的症狀就是過去的經驗在大腦中經過內隱編碼後的顯現。內隱編碼之所以發生，很可能是由於這些經驗的發生早於大腦結構有能力把訊息傳送到外顯的自傳性記憶之前，或是由於創傷以及伴隨而來的失調刺激抑制了這些結構的適當功能。

　　基於同樣的原理，柯佐里諾（Cozolino, 2011）表示，如果我們經驗的每一件事情都在神經網絡之中以實在事例來表徵，那麼就定義而言，各式各樣的心理病態——從最輕微的神經症狀到最嚴重的精神疾病——都必然在神經網絡之內和之間有其表徵……心理病態反映出的乃是神經網絡的發育、整合及協調未達理想（p. 24）。

　　EMDR 治療的焦點就在於記憶網絡以及經驗對於病理的影響（Shapiro, 1995/2001）。到目前為止，研究已經顯示出 EMDR 治療能夠有效處理創傷和逆境的記憶，以及它們留下的神經生理印記。然而，器質性的缺陷並未被視為 EMDR 治療的目標，EMDR 所能處理的

3

10　　譯註：本句中提及的理論參考來源出處由前至後依序是：（Porges, 2011）、（Panksepp, 1998, 2009）、（Bowlby,1973,1980; Ainsworth, 1978; Main, 1995; Liotti, 1992, 2006）、（Siegel, 1999, 2010）、（van der Hart, Nijenhuis & Steele, 2006）。

只是這些缺陷所可能造成的經驗遺留和後遺症。

　　如上所言，記憶系統涵蓋了兒童大腦中對自我和他人的表徵，而這些記憶系統是在親子互動的模式中形成和強化。照顧者的系統，連同父母的內在運作模式，都和嬰兒依附系統的發展息息相關。父母本身複雜、錯綜的記憶系統已包含著自我和他人的表徵，會密切地影響他們如何回應嬰兒的要求和需要。假以時日，一旦兒童也發展出包含著自我和父母心理表徵（mental representations）的記憶網絡，則記憶系統間的互相激發與強化也就隨之發生。

　　約翰是一個七歲的小男孩，他的媽媽帶他來尋求治療時，抱怨約翰有對立和侵略性的行為。在治療師詳細地探索約翰的成長歷程以及特定的家庭互動之後，媽媽提到自己在約翰發作時感到非常挫折和絕望。她也辨認出「我是一個壞媽媽」以及「我沒有價值」的負向信念，並察覺到，當她被兒子的行為觸發的時候，胸口會感到沉重的壓力而且呼吸困難。這位媽媽還提到當約翰呈現出行為問題時，她往往會大吼大叫，有時候甚至與約翰全然隔絕。透過回溯既往（float back），她連結到自己當初在愛情關係中承受伴侶情感和語言暴力時，曾經驗到類似的感受、想法和身體狀態。她也憶及從窗口注視媽媽離開時自己哭泣的畫面。她記得她的媽媽社交活躍，但是對家人情感冷漠，是一位從來沒有以肢體或言語給過她關愛的媽媽。當我們進一步審視約翰的反應時，也從中獲得他在認知、情緒和身體反應上的訊息。約翰提到從學校放學回家之後會感到憤怒、悲傷而且非常寂寞，並且覺得他失敗了，是一個在學校表現不好的壞孩子。當他媽媽叫他打掃房間的時候，他的回應就是憤怒和對立，當媽媽對他吼叫或是離開房間的時候，在情感上他覺得被媽媽拋棄，就產生更深的寂寞感。約翰也察覺到他對自己的負向信念──「我就是一無是處」，並且一旦媽媽吼叫或是離開他房間的時候，他就覺得坐立不安（內在躁動），有想要逃跑或是打人、捶東西的強烈欲望。這樣的互動日復一日的發生，然而母子之間彼此連結、表達愛意的時刻卻是少之又少。

這個例子清楚地顯示出兩個人的記憶系統互相牽動，其中含有適應不良的素材以及對自己和他人的負面表徵，同時發生在兒童和大人身上（見圖 1.1 及 1.2）。媽媽受到觸動的記憶網絡裡包含著沒有解決的創傷和失落，這抑制了她「將心比心」（hold a child's mind in mind）（Fonagy & Target, 1997）以及視情況回應孩子需要的能力。這種失調的、適應不良的互動，維繫並強化了適應不良的記憶系統。這種缺乏統整、未經融合以及沒有解決的訊息深植於記憶，透過世代之間的傳遞，使病態、創傷和受苦持續發展下去。

情感神經科學、適應性訊息處理及 EMDR 治療

潘克賽普（Jaak Panksepp, 1998）曾經指出人在出生時就存在著七種情緒系統：**尋求、懼怕、憤怒、慾望、與分離—痛苦有關的恐慌—悲傷、母親的照顧以及遊戲**系統，全都集中於皮質下區域，然後逐漸連結到認知的自傳性經驗（Panksepp, 2009）。這些原始的情緒系統並不是由環境所創造的，但後來會受到生活經驗塑造。**潘克賽普提倡藉由重新整合並強化情感—認知記憶（affective-cognitive memories），使情感和認知得以和諧，為首要的治療目標。**這個首要治療目標和適應性訊息處理模式以及 EMDR 治療方向一致，因為後兩者的主要目標就是融合及統整包含了認知、情感和身體訊息的記憶。潘克賽普（Panksepp, 2009）指出，位於大腦皮質下區域的感情迴路在出生的時候構成了原始的感情，接著會被環境的事件所塑造，而成為社會建構下的感受。在出生的時候我們擁有與生俱來的生理系統，然而這些系統如何發揮功用，乃是受到生物體所遭遇到的環境經驗所塑造。大腦與生俱來的系統以及神經元的連結都受到經驗的編排、模鑄。「這些由自然之母所提供的原始情緒工具如何連結到世界上發生的事件，對於人的生命來說具有巨大的重要性——有時候進行得非常順利而有效率，促使心理健康；有時候非常混亂而沒有效率，造成心理動盪。」

4

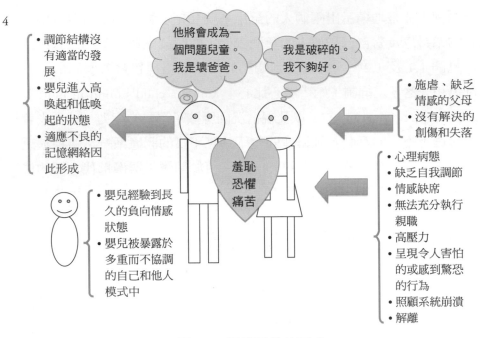

圖 1.1　記憶系統的形成

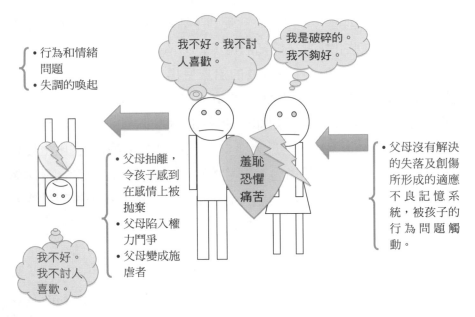

圖 1.2　適應不良的記憶網絡互相牽動

（Panksepp, 2009, p. 6）

我們如何組織自身在當下對現實的知覺以及如何預期未來，取決於我們過去的經驗，而這些經驗塑造了與生俱來由基因決定的生理系統。重複的經驗不僅可以塑造生理及情緒的系統，也塑造了大腦內的喚起調節迴路[11]。至於早年的負向、創傷經驗如何塑造我們內隱的記憶系統，席格（Daniel J. Siegel, 1999）指出：「重複的恐怖、恐懼經驗會在大腦的迴路裡烙印成心智狀態。透過長期發生，這些狀態在將來會更容易被啟動，以致於成為個人的性格特色。」（p. 33）根據適應性訊息處理模式，兒童和環境互動所發展出來的記憶網絡，將成為知覺與組織當下現實的透視鏡（lens）。兒童可能會透過恐懼和羞恥的透視鏡來觀看，或是相反地，透過興奮和接納的眼睛來注視。

對於兒童治療師格外重要的一個系統，就是遊戲系統。根據潘克賽普（Panksepp, 2009）的研究，遊戲可能真的有助於發展「精細調整」（fine-tuned）的社會腦，能夠對環境的要求提出最佳的回應。「……遊戲似乎是大自然所發明的最先進的方法之一，容許複雜的大腦來自我創造。」（Brown, 2009, p. 40）然而，「飢餓以及孤單、憤怒、恐懼等負向情緒卻會抑制趣味性。」（Panksepp, 1998, p. 18）由潘克賽普所主持的一項動物研究，焦點就是恐懼對遊戲所造成的影響。讓老鼠暴露於貓的氣味一次之後，這些動物呈現出壓抑遊戲行為的狀況，不光是一兩個小時而已，而是長達五天。而根據布朗（Stuart Brown, 2009）的研究，當一群貓被完全剝奪嬉戲打鬧時，牠們在許多領域仍然能夠正常運作，唯一一個有困難的部分就是社群生活。在嚴重缺乏遊戲的環境裡成長的貓兒，將無法分辨敵、友，而且會誤判社會訊號，變得十分激進或是社交孤立。布朗（Brown, 2009）曾經研究德州監獄裡的殺人犯，他發現這些人在童年時缺少遊戲。當兒童在遊戲的時候，新的神經元連結就形成了。「在大腦圖譜中，這些非常豐

6

11　　原註：Panksepp, 1998/2009; Porges, 2011; Siegel, 1999/2010; Schore, 2009.

富的連結是互利的，而且可能牽涉到數百萬條神經纖維。我對這些相互連結並且動態的圖譜的了解是，它們在遊戲的『狀態』之下，最能有效地獲得充實、塑造。」（Brown, 2009, p. 36）在動物研究中，當老鼠被剝奪遊戲時，牠們想要遊戲的衝動就受到強化。在關係貧瘠、混亂、造成創傷的環境中成長的孩子，會經歷到高度的恐懼狀態，這反過來將會影響到他們的遊戲系統以及遊戲的能力。誠如潘克賽普（Panksepp, 2009）所提出的，當這些被剝奪遊戲的兒童置身在教室的環境時，可能會發展出高度的遊戲動機。這些孩子通常被診斷並標籤為注意力缺乏及過動症（ADHD），然後用心理興奮劑予以治療，根據潘克賽普的看法，這些藥物抑制了他們在身體及遊戲方面的衝動。此外，由於生活在失調、造成創傷、受忽略的環境裡，兒童長期被剝奪遊戲，因而減損了社會腦的發展，導致這些兒童無法和他人在社交上連結、投入，要不是變得孤僻，就是變得極端激進。

　　另一個對於兒童治療師非常重要的系統就是恐慌／悲傷（PANIC/GRIEF）系統，用來調節分離—痛苦（separation-distress）的反應。根據潘克賽普和瓦特（Panksepp and Watt, 2011），這個分離—痛苦的恐慌系統如果持續、恆常地過度活躍，將會促成憂鬱的產生。而根據英國發展心理學家鮑比（John Bowlby, 1980）的研究，這種分離—痛苦的恐慌系統若長期活躍，會導致類似於兒童對失落的反應。潘克賽普指出，一開始的反應會導致分離所帶來的焦躁，以及逐漸激發的尋求（seeking）行為。鮑比把這個階段稱之為抗議（更多細節請見本章後面部分）。在稍後的「絕望」和「脫離連結」（disengagement）階段，兒童會產生更多的無望和退縮，導致尋求的行為大幅減少（Panksepp and Watt, 2011）。總而言之，依附關係的失落，無論只是感受或是事實，都有可能過度啟動調節分離—痛苦的恐慌／悲傷大腦網絡，造成一開始增加但後來減少的尋求行為。這個看法和適應性訊息處理模式是一致的，因為所造成的反應以及憂鬱的症狀，都被視為包含了創傷、失落、逆境等訊息的記憶系統受到激發所造成的結果，而那些訊息在

大腦裡仍然未經處理、未經整合。情感神經科學的一大重要貢獻，就是為憂鬱的發展、失落和分離的經驗以及恐慌和尋求注意這兩大重要情緒系統之過度啟動和缺乏啟動，這三者之間的關聯提供了實證的支持。此外，情感神經科學也再度提出遊戲作為療癒動力的重要性。根據潘克賽普和瓦特（2011），「社會的照顧和遊戲系統可能會大幅改善治療的效果」（p. 9）。夏琵珞（Shapiro, 2001/2012）也強調除了強化既存的、含有正向情感狀態的神經網絡，還要透過讓個案接觸正向的情感經驗來促進新的神經放電模式的發展。EMDR 的治療一向非常強調治療關係（Shapiro 2001; Dworkin, 2005）以及採用遊戲和有趣策略的重要性（Gomez 2006, 2007b, 2008b, 2009b, 2010a, 2011）。本書將會完整地涵蓋 EMDR 治療的所有階段中可以用來刺激遊戲和照顧兩大系統的各式各樣策略。

多元迷走神經理論、適應性訊息處理模式和 EMDR 治療

多元迷走神經理論（The Polyvagal Theory）最先見於美國行為神 7 經科學專家伯吉斯（Stephen Porges）對於自主神經系統演變的研究。根據伯吉斯（Porges, 2009）的研究，我們的情緒困難以及最後所造成的病症，都「烙印」（hardwired）入神經系統。在伯吉斯之前，就功能而言，自主神經系統被視為是一個平衡的系統──交感神經系統形成了加速器，副交感神經系統則是煞車。然而他提出了自主神經系統功能的複雜性，以及自主神經系統事實上是個回應環境挑戰的階層性系統。這個模式描述了和特定行為及生理反應有關的三個不同次系統，讓有機體能夠對危險和充滿壓力的環境產生適應性的回應──副交感腹側迷走神經系統，是所謂的社會參與系統；交感神經系統，負責啟動對抗─逃跑的反應；副交感背側迷走神經系統則會啟動癱瘓─關閉反應，造成解離狀態。根據伯吉斯（Porges, 2011），哺乳動物在演化中發展出兩個迷走神經系統，形成截然不同的兩套回應策略。

背側迷走神經系統以及腹側迷走神經系統，是副交感神經系統的兩個分支，並以迥然不同的方式對外界的要求做出回應。腹側迷走神經系統所刺激的生理狀態，會支持社會行為、社交溝通、內臟平衡以及社會連結的形成。這個系統也允許我們對環境的要求採取有彈性的、適應性的反應。創傷，尤其是長期的、早期的、複雜的創傷，可能會抑制這個系統長久無法運用，從而局限兒童對壓力產生適應性的回應、自我調節以及形成健康依附關係和社會連結的能力。另一方面，背側迷走神經系統則和其他的行為策略，例如癱瘓以及行為的關閉，息息相關（Porges, 2009）。當創傷和逆境的記憶被環境的刺激啟動的時候，兒童會透過這些記憶網絡的透視鏡來看待他們的環境，因此對情況的危險和安全產生不精確的評估。這種「謬誤的神經覺」（faulty neuroception）（Porges, 2011），可能會在某些其實很安全的情況中啟動防衛系統，或者相反地，有可能會在其實有危險的環境中抑制防衛反應。具有長期、複雜創傷歷史的兒童，他們的社會參與系統往往無法發揮作用或是缺乏發展。這些兒童並不具備能夠對智能迷走神經系統（smart vagus system）給予刺激和發展的恰當經驗，導致他們缺乏足夠的能力來和他人建立關係，以及對環境的要求採取適應性的回應。

EMDR 治療的所有八個階段中，在一開始的預備階段要著力於讓自主神經系統的腹側迷走神經受到刺激而得以出現，方法便是提供安全的環境，使具有適應性和正向素材的神經網絡獲得強化及發展，並且刺激自我和互動調節策略的發展，以便讓個人能夠調節內在的生理狀態。之後在 EMDR 治療重新處理的階段中，含有創傷素材的記憶得到同化和整合，重新設定了這項「謬誤的神經覺」，並促進社會參與系統的可用性。

根據伯吉斯（Porges, 2011）的研究，連接皮質和腦幹的神經迴路控制著臉部和頭部肌肉的調節，直接影響到社會參與的系統。嬰兒透過聲音、眼神接觸和臉部表情的使用以及分辨人聲的能力，能夠和照顧者及外界互動，都取決於社會參與系統。然而，危險神經覺

（neuroception of danger）能夠改變肌肉強度、聲音的察覺、臉部表情、眼神接觸能力以及一般社會參與行為。神經覺的觀念為伯吉斯所獨創，用來指涉神經系統可以偵測及分辨環境安全或危險。神經覺可以經由環境的刺激導致外在的啟動，也可以在經歷到身體痛感的時候產生內在的啟動。嬰兒或兒童如何看待照顧者的社會參與系統至關重要，因為這牽涉到自我、他人及世界的內在表徵如何形成。此外，照顧者的臉部表情、聲音和凝視，都有可能啟動安全或危險神經覺。同理，孩子的臉部表情在照顧者的系統裡也可能有同樣的效果。根據伯吉斯（Porges, 2011），「憂鬱的家長或生病的兒童所展現出來的木然情感，可能會引發人際交流（transactional）的不斷惡化，造成感情調節受損以及自發性社會參與受限。」（p. 15）具有依附創傷的兒童通常會從照顧者的聲調、眼神接觸及臉部表情來得到提示。

　　布蘭妮是一位七歲的小女孩，她和罹患邊緣人格疾患的媽媽住在一起，表現出高度失調的情緒以及自我毀滅的行為。在臨床會談當中，她提到當媽媽對她感到挫折的時候，她有衝動想要割傷、劃破自己的手臂。在徹底探索她的觸發誘因時，她和媽媽的互動有了清楚的輪廓。當媽媽對她感到憤怒或是挫折的時候，她會變得極端焦躁並且有想要逃跑、離家出走或是割傷、劃破自己的衝動。布蘭妮說她幾乎可以感受到媽媽的感受，而且她「可以從媽媽的面孔看見以及從媽媽的聲音裡感受到那個情緒」。這樣的情緒接著啟動了她的進一步想法，譬如說「我是一個壞小孩」，以及她自己在當下無法意識到的情緒反應——因為這項訊息是以內隱的、非意識的形式於大腦中編碼。她的歷史紀錄也顯示出媽媽曾經因為自殺的意念多次住院。從她出生以來，媽媽曾經出現多次的、重複的大發雷霆及重度憂鬱。角色顛倒是她的依附需要得不到滿足所產生的適應機制之一。她的歷史紀錄中並不包括任何身體或性方面的虐待，而且在她和媽媽的關係之外，並沒有任何早期創傷事件的紀錄。不單媽媽的情緒失調及缺乏社會參與會啟動她焦躁的狀態以及傷害自己的衝動，而且老師或其他權威人物

的情緒反應及臉部表情，也都會啟動危險的神經覺。同時她在這麼幼小的年紀就表現出恐慌症，這是害怕遭到拋棄和失落所啟動的。目睹媽媽失調的情緒狀態，使她感受到和媽媽的依附連繫出現破裂。她第一次恐慌症發作，是在她首次心理治療會談的幾個月之前，實際上是因為失去愛狗而猝然暴發的。情緒不同步（misattunement）、拋棄和失落的經驗，啟動了由過往她與主要照顧者依附經驗相關的訊息所形成的記憶網絡，導致偵測為危險的神經覺受到啟動，最終使恐慌症發作。自從第一次的恐慌症發作之後，她也變得會受到自己的生理反應暗示而發作，甚至心悸就能啟動危險神經覺。

正如伯吉斯所指出的，「必須先有安全的神經覺，社會參與的行為才能發生。」（p. 17）親子之間失調的互動，會同時啟動防衛系統以及依附系統（Liotti, 1992/2006）。當防衛系統被啟動的時候，社會連繫的建立就遭到阻礙。此外，這還會導致對安全和危險的「謬誤的神經覺」。根據伯吉斯的觀點，當安全的神經覺產生時，會啟動大腦抑制防衛反應的迴路，進而啟動有助於社交的行為。多元迷走神經理論幫助我們了解到的核心和關鍵，就在於「自主狀態（autonomic states）和社會行為之間如何產生關聯。」（Porges, 2011, p. 120）

多元迷走神經理論的重要貢獻之一，是提出了內臟器官透過自主神經系統所提供的雙向連接和大腦結構緊密相連，並根植於大腦中。也就是說，中樞神經系統透過自主神經系統，與周圍的器官維持緊密而密切的雙向溝通。多元迷走神經的理論幫助我們了解，含有創傷性素材的記憶網絡一旦被啟動時，如何在內臟器官被感受到，以及周邊的器官在接收到環境的刺激時，有可能啟動潛伏的記憶系統。「把自主神經系統視為獨立運作於中樞神經系統之外，已經不再恰當。我們開始體認到周邊的器官並不是『在內臟大海中漂浮著』。相反地，它們透過不斷向中央調節結構發送訊號的向內傳輸路徑，而緊緊繫住中央結構。」（Porges, 2011, p. 21）這種透過自主神經系統傳入和傳出的神經纖維，在中樞神經系統結構以及身體之間形成的雙向連結，拓展

了我們對於記憶網絡和身體之間錯綜複雜關係的見解。EMDR治療透過八個階段的治療，特別是重新處理的階段裡，將促進不同層面的訊息處理：認知的、情感的和感官動作的。根據適應性訊息處理模式，在創傷和逆境中經歷到的感官感受以及身體狀態，會根深蒂固地存於神經放電（neuro firing）的模式中。必須強調的是，EMDR治療一個很重要的層面，在於接觸並結合情感和身體狀態以及認知和後設知覺（meta-perception）。EMDR治療能夠藉著促進記憶系統去融合、連結和統整那些早期社會參與受阻經驗的內隱訊息，重新設定「謬誤的神經覺」。

多元迷走神經理論對於自主神經系統的新看法，豐富並支持了EMDR治療師的療癒工作。對於EMDR治療以及重新處理創傷和逆境的記憶來說，雙重察覺（dual awareness）的存在是非常重要的一個層面。當一個人能夠在重新處理創傷性素材的時候保持雙重察覺，社會參與系統就會加入。此外，EMDR治療的準備階段很顯然地是藉著各種不同的活動、策略及技巧，促進社會參與並刺激智能迷走神經系統。EMDR治療師也會察覺到自己的語調、眼神接觸、臉部表情以及和孩子情感的同步，對於支持兒童神經系統中的安全神經覺（neuroception of safety）以及維持社會參與，都會產生根本的影響。當社會參與在重新處理階段降低時，記憶系統的整合就會停頓，而雙重察覺也會受到減損。對治療師來說非常重要的是，要能夠在社會參與降低的時候，察覺到兒童所發生的生理變化。如果兒童沒有辦法維持眼神的接觸，語調失去抑揚頓挫，正向的臉部表情減少，對於人聲的察覺比較遲鈍而且與他人的社會參與減少，這些都意味著危險神經覺遭到啟動，導致智能迷走神經系統的參與受限，並且降低兒童的整合能力。

多元迷走神經的理論也幫助我們了解，對於具有依附傷害和創傷 10 的兒童，我們往往可以從當前的親子互動中找到誘因。父母親面對孩子時的聲音、臉部表情、凝視以及社會參與欠缺與否，都可能會成為

促進危險神經覺的有力誘因。此外，多元迷走神經的理論也強化了我們對於神經迴路之間、高等大腦結構和腦幹之間，以及腦幹和內臟器官之間重要關係的了解（Porges, 2009）。

耐受度窗口及喚起區域

耐受度窗口（window of tolerance）的概念是由加州大學洛杉磯分校醫學院（UCLA School of Medicine）精神醫學教授席格（Siegel, 1999）提出來的。這個模式強調的是每個人對於不同程度的喚起（arousal）有不同的耐受能力（見第十一章）。有些兒童似乎有很高的門檻，能夠很舒適地處理並且適應性地回應不同程度的喚起，而另一些兒童的耐受能力卻非常有限。事實上耐受度窗口的概念和夏琵珞所提出的「雙重察覺」概念非常契合（Shapiro, 1995/2001）。當兒童處於適當的情感耐受度窗口並且在最佳喚起區域時，就能夠維持對當下的察覺。當兒童觸及創傷和逆境的記憶時，若能將心思維持在當下並靜心察覺（mindful awareness），在大腦內以神經網絡的形式編碼的適應不良訊息就能夠獲得重新處理。當兒童因為經驗到「過高」或「過低」程度的喚起而離開耐受度窗口時，這些網絡的整合和關聯都會嘎然停止。讓兒童能夠保持在最佳喚起狀態以維持雙重察覺，乃是融合記憶系統的關鍵（Shapiro, 2001, 2011）。

人際神經生物學、適應性訊息處理模式及 EMDR 治療

人際神經生物學（interpersonal neurobiology，簡稱 IPNB）的論點整合了科學發現的客觀領域以及人類知識的主觀領域（Siegel, 2010）。根據這個學說，心智是被體現的、關係性的，而且是「調節能量和訊息流動的過程」。它的一個核心概念就是心智洞察力（mindsight）——這個過程容許人類監督和修改在人際關係、心智和大腦當中能量和訊息

流動的過程（Siegel, 2010）。根據人際神經生物學，健康和福祉的關鍵是八大領域的整合——意識的整合、縱向的整合、兩側的整合、記憶的整合、敘述的整合、狀態的整合、時間的整合、人際的整合，以及鏡像神經元系統（mirror neuron system）和熱蒸散的整合（transpirational integration）。當我們能夠達到健全（wholesomeness），不同層次的整合就應運而生。根據席格的觀點（Siegel, 2010），未解決的創傷、被忽略以及受阻的早期經驗都可能阻礙整合。這可能損害分化以及和別人連結、產生關係的能力。

　　EMDR 治療的用意在於促進個案有能力更自在地擁抱當下經驗，並認可內在和外在的現實，同時保持情緒的節制和調節。它也能夠促進更新的、協調的自我意識的發展，而這只有在左腦和右腦平等且平衡的參與之下才能達到，亦即需要大腦皮質下和皮質區域的和諧工作。夏琵珞（Shapiro, 2001）強調 EMDR 治療不同階段中所發生的特質和狀態改變，以及不同層次的訊息處理——認知、情緒和身體感受——當中逐漸增加的整合。EMDR 治療很重要的一個層面，就是在觸及創傷和逆境的記憶時，能夠保持雙重察覺及靜心察覺現狀。當未經處理的記憶被啟動的時候，能夠在靜心察覺此刻經驗的不同元素之際，同時維持對當下現實的察覺，就是不同階段的 EMDR 治療所強調的核心元素。「現代神經科學最實用的課題之一，就是引導我們注意力的能力，能夠塑造大腦的放電模式，也有能力塑造大腦本身的建構。」（Siegel, 2010, p. 39）人際神經生物學的一項重大貢獻就是：了解並提出有力的證據，來印證社會和人際關係如何形成和塑造神經迴路，以及靜心察覺和心智洞察力如何在促進人類苦難的療癒上扮演重要、整合性的角色。由於人際神經生物學幫助我們闡明並且更紮實地了解人類經驗的神經生物根基，以科學發現為基礎卻不受限於此（Siegel, 2011），讓我們對適應性訊息處理模式的了解能繼續拓展。

11

依附理論、適應性訊息處理模式及 EMDR 治療

鮑比（Bowlby, 1969/1982）率先發展出依附理論，他和另一位心理學家安斯沃斯（Mary Ainsworth, 1967）察覺到嬰兒天生的傾向：當嬰兒還在探索環境的時候，會從主要的照顧者尋求親近和安全並且依附他們。兩人將此稱之為「安全堡壘」（secure base）。鮑比也提出兒童的「依附行為系統」以及照顧者的「照顧系統」觀念，這兩者都是在提倡親子的親近以及兒童的終極保護和生存（Cassidy, 1999/2008）。根據鮑比以及最近一些依附理論研究學者的觀察，和依附對象的關係乃是嬰兒內在情感狀態的外在調節器（Schore, 2009）。鮑比認為，兒童透過和依附對象的重複互動，發展出環境、依附對象和自我的心理表徵。這就是他所謂的內在運作模式（internal working models）。根據修爾（Allan Schore, 2009），「在接下來的一生當中，和主要照顧者的依附關係所形成的內在運作模式，將被貯存在右腦裡，編寫出情感調節的策略，不具意識地引導個人穿梭於人際互動當中。」（p. 118）在適應性訊息處理模式當中，這些運作模式被視為從重複的親子互動當中產生的記憶網絡，最終會構成自我發展的基礎。這些大腦的記憶系統會成為個人看待、詮釋和經驗其他關係時使用的透視鏡。雖然鮑比把這些內在運作模式主要視為認知的性質，但在適應性訊息處理的模式當中，這些受到與照顧者互動所啟動的模式或神經元放電，其實包含了兒童的情感以及身體感受的經驗，同時也包含了呼應兒童如何理解整個經驗的後設知覺。

1978 年，安斯沃斯及其他幾位學者設計了一項實驗室程序，來評估不同形式的嬰兒依附關係，也就是我們所知的陌生情境（Strange Situation）實驗。在陌生情境當中，嬰兒和媽媽共處，接著和媽媽以及一位陌生人共處，然後只和陌生人共處。嬰兒和媽媽分離及團圓時的行為都受到觀察。透過這項實驗室程序，發現了三種類型的嬰兒依附關係：安全、逃避和矛盾（表 1.3）。最適切的資料來自於嬰兒和媽

12

媽重新團圓時所展現出來的行為，顯示出依附關係類型的差異所在。安全型依附的嬰兒會尋求和媽媽親近，媽媽的同在能夠調節和安慰他們，因此能夠很快地回到遊戲的狀態。逃避型的嬰兒並不會尋求和媽媽親近；事實上他們會逃避並且忽略媽媽。矛盾型的嬰兒對於媽媽的缺席感到高度不安，顯示出對依附對象的高度糾結（preoccupation），而媽媽的同在無法安慰或調節嬰兒。

美國心理學家緬恩和所羅門（Main and Solomon, 1986）納入了第四個類型，名之為紊亂／迷失型（disorganized/disoriented；見表1.3）。在這個類型裡，嬰兒展現出紊亂的、迷失的行為，最近的一些文獻也暗示著這表示父母啟動了兒童的依附系統和防衛系統（Liotti, 1992/2009）。這個依附類型跟解離策略、崩潰行為以及恍惚狀態的表

逃避型	矛盾型	紊亂型
• 照顧者在情感上封閉、拒絕及缺乏回應。 • 連結和互動的機會減至最少並有所限制。 • 依附系統以及連結的需要遭到「關閉」。 • 年紀較大的兒童會表現出否認。強烈倚賴自我調節。 • 傾向於副交感神經背側迷走神經狀態。	• 照顧者可臨及、有回應的狀態時斷時續。 • 照顧者有侵入性並對分化有困難。 • 照顧者並不依據兒童的需要給予回應。 • 提供照顧的回應為的是滿足自己的需要，而非兒童的需要。 • 依附系統「過度啟動」。 • 強烈倚賴互動式的調節。照顧者的同在並不能安慰高情感需求、黏人的兒童。 • 傾向於交感神經狀態。	• 照顧者呈現出感到害怕、解離、不一致以及令人害怕的行為。 • 身體、性及情感的虐待。 • 照顧者難以調節自己的情感和調節兒童。 • 出現解離。 • 控制型的互動關係。 • 社會參與系統缺乏發展、無法觸及。 • 非常難以建立社會連繫。 • 經驗到「太高」或「太低」的喚起狀態。

表 1.3　兒童不安全依附的類型 [12]

12　原註：取材於 Main, 1995; Cassidy 1999; Siegel, 1999, 2010.

49

現，有較密切的關聯（Liotti, 2009）。如果我們用適應性訊息處理模式來看，就能很清楚地顯示出嬰兒已經發展出神經網絡，其中包含著與父母、自我及環境相關的訊息。這些依然存在於內隱記憶裡的神經通路，在和照顧者分離的時候被啟動，帶動一系列的策略來幫助自己適應並調節內在的喚起，同時將這項經驗最大化，以便滿足自己的依附需要。使用成人依附會談（Adult Attachment Interview, AAI）所做的研究便提到，父母自身的依附經驗以及因而產生的依附類型所牽涉到的心智狀態，會和孩子與他們形成何種依附類型，具有高度的相關性。

13 **解離**

在研究解離的病因和肇始的時候，有幾個模式可供參考（參見本書第六章）。有些模式將其視為內在心理的過程，發展成為對抗創傷和痛苦的防衛（Putnam, 1997）。另一方面，解離也被視為親子互動中牽涉到父母感到害怕或令人害怕的行為所帶來的結果。這些反應常見於紊亂—迷失型依附關係。解離發展的基石往往是多個且互不相容的自我模式和父母模式的內化（Liotti, 2009）。

在這個模式裡，兩種顯著的病因變數和解離的發展息息相關——第一，父母一再重複令人害怕或感到害怕的互動[13]；第二，孩子和照顧者之間一再重複對偶互動（dyadic interaction），而家長在其間卻對孩子情感疏離。

鮑比和羅伯森（Robertson）把孩子對於與母親人物（mother figure）之間失落或分離的反應，區分成三個階段（Bowlby, 1980; 見表1.4）。第一個階段是「抗議」，孩子表現出痛苦的跡象——哭泣、憤怒及懼怕。第二個階段是「絕望」，孩子一直表現出越來越明顯的無望、不參與及退縮。而最後一個階段是「疏離」，孩子在和媽媽團圓的時候，缺乏依附行為。嬰兒也呈現出空洞、沒有感情的臉龐。

13　　原註：Liotti, 1992, 2009; Main, 1995; Main and Solomon, 1986.

第一階段：抗議	• 分離、痛苦、哭泣
第二階段：絕望	• 逐漸增加的無助感、退縮和不參與
最後階段：疏離	• 缺乏依附行為 • 空洞、沒有感情的臉部表情

表 1.4　兒童對失落和分離的反應

　　美國心理學家巴拉克（Peter Barach, 1991）曾經提出「疏離」（detachment）和「解離」（dissociation）（Bowlby, 1973/1980）這兩個字眼之間的相關性。根據義大利精神科醫師里奧提（Giovanni Liotti, 1992），疏離是照顧者長時間身體或情感上不可臨及的結果。

　　如果這些對偶的親子互動常常發生，而照顧者沒有提供機會來修復，解離狀態就會容易受到觸動。根據培理等人（Perry et al., 2009）的研究，兒童的大腦正在經歷非常關鍵的組織和發展時期，此時，假如兒童常常進入解離狀態，會導致這些神經網絡變得敏感而易受觸動，以致微小的刺激源就足以引發解離狀態。

　　根據緬恩（Main, 1995），一個令人害怕的家長會為兒童或嬰兒製造一個無法解決的衝突。兒童一方面希望從家長那裡尋求安全感及滿足感，但是同時又想要離開照顧者，因為照顧者代表著危險的來源。基於這種困惑，兒童紊亂的、不協調的依附行為於焉產生。因此，兒童的自我所發展出來的內在運作模式就變得支離破碎且不協調（Main, 1995）。根據里奧提（Liotti, 1992），這些不協調、互相衝突的自我模式和依附對象模式沒有辦法得到整合，因為它們在本質上就是互相衝突的。近年來修爾（Schore, 2009）提出了如果沒有對互動關係加以修復，主要照顧者會引發極端的、持續的喚起。照顧者成為了危險的來源，同時啟動了依附系統以及防衛系統，無處可逃的嬰兒就變得十分無助和無望，眼前唯一的選擇就是不參與、從外面的世界退縮出來。這種喚起不足而導致的屈服以及停止不動的狀態，似乎是形成早期解離狀態的原因。根據修爾（Schore, 2009），「嬰兒對於創傷壓力的心

14

理生理反應，分別由兩套回應型態構成：過度喚起和解離……母親的安全庇護突然變成了威脅的來源……這種母親所形成的壓力來源啟動了嬰兒的下丘腦—腦下垂體—腎上腺壓力軸，因此引發嬰兒自主神經系統中消耗能量的交感神經成份突然增加。」（p. 120）沿著同樣的思路，修爾也提到了對於關係創傷的第二種反應——解離。「這種後來形成的反應，主要是由副交感神經系統主導，使嬰兒變得絕望、無助並且進入了代謝關閉狀態。」（p. 120）透過適應性訊息處理模式來看的話，這些啟動了交感以及背側迷走副交感反應的失調互動，根深蒂固地烙印在大腦的神經活動模式當中，而這些模式仍然沒有經過處理、沒有得到整合，並且孤立於後來形成的包含適應性訊息的記憶系統之外。

另一方面，巴拉克（Barach, 1991）提出了親子互動當中照顧者缺乏反應，很可能是造成兒童解離的病因。這些經驗可能導致兒童倚賴解離反應。根據美國心理學家杜特拉（Lissa Dutra）等人在一項縱向研究當中[14]的發現，母親的敵意以及／或令人害怕的行為，也許並非是兒童將來會發展出解離的最強預測指標。「缺乏正向的母親情感投入、母親的缺乏情感、母親和兒童之間全面中斷溝通，才是青年發展出解離的最強預測指標。」（p. 87）

跨世代依附創傷的傳遞（intergenerational transmission of attachment trauma）已經有多位作者加以描述（Hesse & Main, 2006; Liotti, 2009）。根據加州大學柏克萊分校心理學家賀塞和緬恩（Hesse & Main, 2006），當依附對象展現出解離狀態，就會啟動嬰兒的警告系統。「在這些跨世代依附創傷的傳遞狀況中，嬰兒會去配合母親失調的喚起狀態的節奏架構……與失調的依附創傷相關的、大量且持續的心理生理壓力，將會導致兒童在往後整個發展時期，形成使用右腦非意識的病態解離的特性。」（p. 123）

14　原註：Dutra, L., Bianchi, I., Lyons-Ruth, K., & Siegel, 2009.

　　根據適應性訊息處理模式，不同步的、失調的親子互動，會創造神經放電的型態，透過和照顧者互動的創傷依附時刻，這些型態一再被重複而遭到強化。之後當面臨刺激來源的時候，這些神經活動的型態便遭到觸發，同時伴隨著自主系統的啟動。此外，兒童受到忽略的環境也無法提供建構自我所需要的原始素材，導致我們「很容易淪於創造出一個脆弱的、象徵意義薄弱的、不受調節的主觀意識……」（Sleed & Fonagy, 2010, p. 156）兒童不被父母看見、不被了解、不被傾聽、不被感受、不受認可的經驗，就被織入大腦中塑造我們身分認同基礎的神經網絡裡。「最深刻的創傷，乃是來自於一個忽略兒童的環境，不為兒童提供任何可以運用的素材，而且建構自我形象的素材只有自己而已。」（Sleed & Fonagy, 2010, p. 156）

里奧提的解離病因模式——自我狀態的多樣性

　　根據里奧提（Liotti, 2009），「父母感到害怕或困惑而非明顯虐待的溝通方式，很可能會啟動解離的心理過程。嬰兒時期的病態解離，主要是無法將多樣的、不一致的自我和他人模式組織成單一的心理狀態以及協調的行為狀態，而非內在心靈為了對抗嚴重創傷經驗帶來難忍痛苦的防衛。」（p. 56）這些令人困惑的、不一致的、紊亂的親職行為，很有可能是包含著照顧者自己沒有解決的創傷和失落訊息的神經網絡遭到啟動所導致的。根據夏琵珞（Shapiro, 1995/2001），當創傷和逆境的記憶遭到啟動的時候，它們仍然是孤立的，無法和其他包含適應性訊息的記憶系統連結。由於這些創傷記憶沒有融合進一個比較大的適應性記憶系統，所以個體仍然覺得受困，在經歷當下的時候，彷彿過去仍在發生。因此兒童就會透過過去的眼光來看待現在的環境壓力及要求。

　　根據里奧提（Liotti, 2006/2009），輕微到嚴重解離的產生，始於紊亂型的依附。然而紊亂型依附的兒童可能會依循三種不同途徑，發展出非常健全的心理或是解離症，這主要取決於其他危險因素以及父

母未解決的創傷和失落記憶的整合程度而定（見表 1.5）。

16　　只要照顧者的記憶系統仍然未經處理與整合，兒童就可能繼續暴露於同樣的經驗，為日後發展出解離機制奠下基礎。接下來的案例顯示出當照顧者適應不良的神經系統啟動時，將造成兒童長久暴露於自我和他人多樣的、不協調的模式。一名八歲大的小女孩在兩歲的時候被收養，養父母帶她來接受心理治療。她呈現出極端的火爆脾氣，主要是針對媽媽。她會對媽媽暴粗口，甚至威脅要殺死媽媽。小女孩說她不記得發生過大發雷霆以及後續的行為。家長多次打電話到危機處理專線求助，並且經常需要送小女孩就醫。小女孩服用了各式各樣的藥物都不奏效，甚至有時候因為頻繁換藥，造成她及整個家庭的情況更趨惡化。父母在治療過程中接受了大量的心理教育及處理小女孩脾氣爆發的特定策略。經過一步一步研究親子間的互動後，媽媽表示她曾經有被自己的父親和母親虐待的漫長歷史。當小女孩變得焦躁不安並且開始咒罵她時，媽媽不再處於大人狀態，而是立刻覺得自己變成一個受害者，她的孩子則被她感知為施暴者。因此媽媽在運用治療中學習到的策略時，無法以身為成年人母親的角色來回應。孩子的

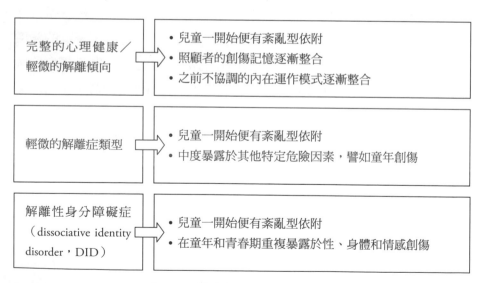

表 1.5　里奧提的解離病因模式

爸爸表示，當媽媽在和孩子對峙的時候，媽媽完全變成另一個人。有時候媽媽變得極端害怕，並且言行舉止彷彿是個「比實際年齡幼小的人」。另外一些時候，媽媽變得焦躁不安、大吼大叫並且威脅要拋棄孩子。但在這之後，媽媽又感到非常內疚。為了補償孩子，她容許孩子為所欲為，包括多吃糖果或是違反重要的家規。此外由於媽媽沒有能力處理孩子的情緒，當孩子威脅媽媽的時候，她感到極端無能，所以動不動就撥打危機處理專線，即使當時並無立即性的危險。小女孩也表示，媽媽常常撥打危機處理專線，找醫生以及心理衛生專業人士求助，讓她覺得自己「很壞」、「不正常」而且「生病了」。她說她必須不斷地聆聽媽媽在電話裡重複敘述所有她表現出來的「壞」行為以及她是多麼令人頭疼。另一方面。當小女孩焦躁不安的時候，爸爸表現得非常疏離，彷彿事不關己。有時候，爸爸也變得非常焦躁，並且使用肢體暴力來壓制小女孩。儘管數年以來許多治療師努力和這個家庭工作，卻絲毫沒有改善。事實上，事態持續升高並且惡化。

當我們注視這幅臨床景象時，明顯可以看出這對父母自己過去的創傷和依附經驗阻礙了他們的心智化能力[15]，結果使得孩子無數次暴露於互相牴觸、不協調的自我和他人模式。除非父母能夠適當地融合、統整及解決他們過去的創傷，否則他們的反應只會繼續進一步使小女孩情緒失調，促成她內在的紊亂及解離狀態。如果媽媽持續以時而身為施暴者、時而身為受害者或是拯救者的角色來回應她的孩子，這個小女孩很可能無法有機會發展出對自我和他人的表徵恰當而健康的記憶系統。根據里奧提（Liotti, 2009），戲劇三角的隱喻有助於描述多樣且不協調的自我模式的核心本質，因為孩子有時候可能經驗到身為受害者的角色而父母親是施暴者。與此同時，父母也很可能被視為拯救者（見圖 1.6）。根據里奧提，這些乃是自我表徵的三大主要類型。他 17 指出（Liotti, 2009），「從童年到成年的病態解離，乃是相互隔離且牴

15　原註：Fonagy & Target, 1997; Sleed & Fonagy, 2010.

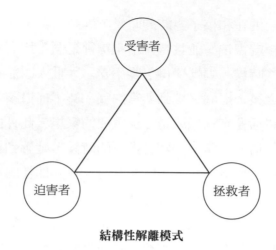

結構性解離模式

圖 1.6　在紊亂型內在運作模式中的自我及他人表徵

觸的自我狀態共存之下的結果。」（p. 56）

結構性解離理論、EMDR 治療及適應性訊息處理模式

　　人格結構性解離理論（van der Hart et al., 2006）乃是源於法國心理學家皮埃爾・賈內（Pierre Janet）對解離的觀點——在構成個人人格的眾多系統中發生了分裂。根據這套理論，人格被視為一個系統，「由不同的心理生理狀態或次級系統所組成，而這些狀態或次級系統以一致、協調的方式來運作」（van der Hart et al., 2006, p. 2），他們也將人格描述成一個「動態的、生理心理社會的完整系統，能決定（個人的）別具特色的心智行動和行為。」（Nijenhuis & van der Hart, 2011, p. 418）根據結構性解離理論，一個人的人格在很大程度上是由兩項基本行動系統所組成：支持適應的行動系統，以及保護個人對抗主要危險或威脅的行動系統。這兩大系統因為創傷而缺乏一致性及整合，便是結構性解離理論的核心。由於人格分裂的結果，我們看到解離的部分（dissociative parts）出現了，由逃離、戰鬥以及順服／關閉這些行動

（次級）系統來予以調停。解離意味著人格之解離部分的共存，每一
個部分都有它自己的自我意識以及第一人稱的觀點：人格中看似正常
的部分（Apparently Normal Part of the Personality, ANP）由適應行動系統
及日常生活所引導，同時很努力避免觸及創傷記憶。另一方面，所謂
的人格的情緒部分（Emotional Part of the Personality, EP）則由防衛行動
系統所引導，當創傷事件發生的時候，這個行動系統就被啟動。根據
結構性解離理論，早期、長期的創傷會啟動心理生理的行動系統，而
這些系統由於高度的壓力和啟動而仍然無法得到整合。

　　夏琵珞的適應性訊息處理模式也認為，創傷經驗所導致的高度困
擾會妨礙及阻止訊息處理系統將經驗恰當地融合及統整成適應性的完 18
整記憶網絡。這就造成了未經處理的記憶，這些記憶仍舊沒有整合，
而且很容易在和創傷相關的環境刺激之下遭到啟動。

　　結構性解離從輕微、單純，到嚴重而具有更複雜人格分裂都有
（van der Hart et al., 2006）。

1. **初級的人格解離**：這是最單純的解離形式，具有一個看似正常的人
格部分以及一個情緒人格部分。這常見於急性壓力症、單純的創傷
後壓力症以及單純的解離症。
2. **二級的人格解離**：這類解離通常發生於持續且／或越來越嚴重的創
傷事件。不同的動物性防衛次級系統的整合遭到阻礙。這常見於複
雜的創傷後壓力症個案，也被稱為未註明之極端壓力症（Disorders
of Extreme Stress Not Otherwise Specified，DESNOS）、未註明之解離
症（Dissociative Disorder Not Otherwise Specified，DDNOS），以及
創傷相關的邊緣型人格障礙症（trauma-related Borderline Personality
Disorder）。
3. **三級的人格解離**：在這類的解離中，除了情緒部分的分裂之外，看
似正常的人格部分也有分裂。根據歐諾・凡德赫特（van der Hart）等
人（2006），這一類的解離常見於解離性身分障礙症。

　　根據凡德赫特等人（2006）的研究，在和具有結構性解離的個人進行治療的過程當中，主要的目標就是合成（synthesis）、現實化（realization）、現在化（presentification）及個人化（personification），不但符合創傷經驗的融合和統整，同時也促進人格進一步的成長。「合成包括結合和分化感官的知覺、動作、想法、情感以及自我感。」（p. 11）現實化則牽涉到心智上全然接納並且發展出對現實的察覺，如此一來個人才能夠省思並且適應現在的現實。創傷倖存者往往容易執著於迴避這些創傷記憶，且無法充分領悟到事件的確曾經發生在他們身上，或者他們完全被捲入並生活在過去，而不能覺悟到過去已經結束。創傷記憶的整合包含了個人化，這意味著「以明顯的、個人的擁有感來整合經驗」（van der Hart et al., 2006, p. 12）；也包含現在化，這意味著「堅定地根基於現在，並且整合個人的過去、現在和未來」（p. 12）。根據這項理論，這些都是創傷記憶得到充分整合的重要層面。

　　適應性訊息處理模式以及結構性解離理論都有一項主要的治療目標──為已經在生理上編碼於大腦內的創傷記憶，提供結合、融合以及最終的統整（Shapiro, 1995, 2001）。根據適應性訊息處理模式，大腦以及生理系統是由經驗塑造的。這些經驗以不同形式的記憶編碼於大腦，包括內隱的和外顯的。創傷記憶會循著一條路徑進入內隱的編碼，孤立於其他適應性的且正向的訊息之外。在適應性訊息處理模式中，人格的情緒部分代表著包含了創傷及逆境的情緒、想法、感受及後設知覺的記憶網絡，沒有被整合入連貫的自傳性記憶（結構性解離理論還補充一點，認為人格的情緒部分就像其他的解離部分，也有自己的第一人稱觀點）。在適應性訊息處理模式中，人格的情緒部分也代表著受阻的動物性防衛機制，包括在創傷事件中所產生的戰鬥、逃離、凍結和停頓／關閉反應。此外它們還包含著有可能自我毀滅的因應機制，用以保護並調節具有創傷性素材的記憶系統所啟動的情感。根據結構性解離的理論，人格的情緒部分以及看似正常的人格具有不

19

同的生理和心理反應，其中情緒部分展現了情景記憶系統（episodic memory systems）的啟動，而看似正常的人格則展現了語意記憶系統（semantic memory systems）的啟動（Nijenhuis & van der Hart, 2011）。

　　依我之見，在適應性訊息處理模式中，看似正常的人格代表的便是含有適應機制的記憶系統，讓個人用來壓抑、管理和逃避既存的創傷記憶。要達到這一點，便要利用逃避以及遠離創傷記憶和逆境的方式，使它們保持被區隔（compartmentalized）、孤立的狀態。根據結構性解離理論，「逃避」這個概念是指對創傷記憶過度恐懼以及對人格的解離部分過度恐懼的相關心智活動 [16]。EMDR 治療的一個重要目標，就是提升並促成這些記憶系統的連結、關聯和最後的融合，如此它們才可以統整成一個健康的自我感。如同凡德赫特等人（2006）所提出的，這將會促成創傷記憶的合成、個人化、現在化及現實化。結構性解離理論提出了階段性導向（phase-oriented）的治療，協助個人整合所懼怕、逃避的心智活動和內容。在治療的初期階段，治療師會著力於協助個案克服對心智活動和內容的過度懼怕，以及對人格情緒部分的過度懼怕、看似正常的人格相互之間的過度懼怕、對依附的過度懼怕，並改善看似正常的人格部分的機能，譬如透過技巧的訓練（van der Hart et al., 2006）。此外，第二階段觸及創傷的直接工作，唯有在個人的整合能力已有足夠改善之下方能完成。治療的最後階段牽涉到人格的整合。EMDR 治療也是一種階段性的治療方式，它最初的治療階段的目標在於強化個人的調節和整合能力。EMDR 治療師努力不懈地以情感同步、共鳴及安全感來與個案建立治療關係，並且透過協助個案強化既有的資源以及發展新的資源，來克服「對創傷的過度懼怕」。治療師也使用進階的策略來協助個案探索、觸及、處理並且最終整合含有創傷性素材的記憶系統。結構性解離理論以及 EMDR 治療兩者的終極目標都可視為整合——人格的整合及其記憶系統的整合。

16　　原註：Nijenhuis & van der Hart, 2011; van der Hart et al., 2006.

EMDR 治療及神經序列治療模式

　　美國休士頓兒童創傷學院博士布魯斯・培理（Bruce Perry）與同僚所發展的神經序列治療模式（neurosequential model of therapeutics, NMT），對於遵循神經發展的基要原則來提供合適的治療干預方面，提供了寶貴的洞見。對於不同階段的 EMDR 治療來說，尤其是在準備階段，這些原則極為適切並且可以豐富 EMDR 的治療工作。根據神經序列治療模式，治療成功的一大關鍵元素，就是提供能夠配合並且呼應受創兒童的發展階段以及生理需要的活動。根據美國心理學家暨神經科學家麥克萊恩（Paul D. MacLean；1985/1990），當創傷反應被啟動時，比較原始的爬蟲腦劫持了大腦比較高等的部分。當我們了解這一點，在觸及並處理逆境和創傷記憶之前，大腦的低等部分需要先予以調節（Perry, 2006）。根據培理（Perry, 2006），由於創傷反應發源於腦幹和間腦，當大腦這些低等的部分調節不良時，它們也會干擾並造成高等部分的失調。當有著早期且長久創傷歷史的兒童本身含有創傷性素材的記憶系統受到啟動時，也會連帶啟動和調節程序息息相關的大腦結構。如果創傷發生於掌管調節和生存的大腦迴路正在發展的時候，這些系統的長期機能可能會受損。腦幹的調節應該在 EMDR 治療的初期就展開，而且應該要在所有八個階段的治療過程中持續進行。然而，如果這些治療活動能夠密切反映正常的大腦發展，那麼治療活動的序列對於治療效果將會有更巨大的影響（Perry, 2006）。因此培理建議治療先以腦幹調節的活動來展開。事實上他認為 EMDR 治療是能夠幫助調節大腦低等部分的治療形式之一。他認為跳舞、音樂、EMDR 治療、按摩等等的治療和活動，都有助於調節腦幹。有了這方面的了解，在重度受創的兒童能夠回應認知方面的資源之前，善用這些調節大腦低等部分的活動和策略是非常必要的。

EMDR 治療的分類：個案概念化

在我完成 EMDR 治療的早期訓練並且運用它來幫助眾多個案之後，我開始注意到有些兒童對 EMDR 治療有相當好、相當快的回應，然而也有一些兒童拒絕治療，或在重新處理階段的治療之後症狀更加惡化。我也注意到我是用「一成不變」的方式，在臨床上用 EMDR 治療來治療兒童。結果，我使許多具有複雜創傷、調節情緒能力非常有限的兒童，在還沒有準備就緒的情況下就匆匆進行創傷處理。所以我開始發展案主類別的概念，幫助自己更加了解每一個兒童的需要、擬定更有效的治療計畫，並且更有效率地對每一位個案進行概念化。我發展出一套分類，幫助我架構出每一位個案的臨床全景（clinical landscape），並在進行 EMDR 治療的八個階段時對於所需的工作和時間能有恰當的期望。

第一類個案

被歸類於這類臨床類別的兒童，前來治療時只經歷過單一或少數的創傷事件。整體來說，他們呈現出正向的依附經驗，並且擁有外在和內在的資源可以在創傷記憶啟動的時刻提取。雖然他們具有創傷和／或逆境的經驗，而且目前呈現出一些症狀，但是他們能夠展現出適當的穩定程度，並且有能力使用自我調節的策略。在這些兒童的系統中，擁有帶著健康安全感的神經網絡以及協調的自我和他人表徵。這些兒童通常能夠成功地找到安全的去處，因此在運用 EMDR 標準程序中的「平靜—安全處所」（Calm-safe place）時，通常毫無困難。這些兒童能夠找到安全處所、加以提取，並且有效地運用它作為改變狀態的策略。這些兒童通常能夠頗為快速地進入重新處理創傷和逆境的記憶。準備階段通常很短而且重新處理令人困擾的素材通常也非常直接俐落，因為這些兒童能夠一個接著一個重新處理好幾個記憶。這些兒童擁有耐受正向和負向情感的能力，而且他們的情感耐受度窗口容許

21

他們可以早早觸及創傷素材。

根據夏琵珞（2001）的研究，在 EMDR 治療重新處理的過程中，記憶系統的合成及連結之所以能夠發生，乃是由於這些神經網絡融合及統整於大腦內其他適應性的記憶系統。考量到這些兒童擁有包含著適應性訊息的記憶網絡，因此創傷記憶的融合往往在 EMDR 治療的重新處理階段就能夠自發且快速、有效率地發生。

此外，這些兒童的父母也可能擁有能夠促進依附安全的特質，因此治療師需要投注於與家庭系統工作的時間得以降至最低。父母如果有能力和孩子的情感調和、理解、同步，將會大大減少 EMDR 治療準備階段中和照顧者直接工作所需要的時間。此外，在這一類的案例中，通常父母或照顧者不是造成傷害的人。然而，如果父母在某種程度上造成了兒童現在的臨床呈現，這個類別的父母通常也比較傾向於主動參與。

整體而言，在這個類別裡，準備所需要的時間通常能夠降至最低，因為兒童對於安全處所和資源標準程序的回應良好。由於此類兒童的神經網絡擁有正向的、適應性的訊息，在重新處理令人困擾的事件時比較不容易遭遇太多「亂流」。

第二類個案

這些兒童會呈現出比較複雜的臨床表現，例如：多次的創傷經驗以及在某些方面失能的家庭系統。儘管這些兒童有不幸的創傷經驗，但他們展現出強大的韌性，或是至少與一位照顧者有某些正向的早期依附經驗。雖然家庭出現失能，但兩位照顧者或至少一位照顧者，在治療中抱持著開放心態並願意主動參與。這些兒童也許對於辨識資源及安全處所有些困難。當治療師運用「平靜─安全處所」或是「資源發展」（resource development）的標準程序時，這些資源可能會遭到污染，因為兒童可能很快就觸及負向的元素以及相關的失調情感。治療師可能需要比較長的準備階段，來擴展兒童調節、耐受情感的能力。

此外，準備階段可能必須包括和照顧者以及整個家庭系統某種程度上的工作。可能也需要其他臨床工作者的投入，以便適當地滿足兒童和家庭的需要。不過有些兒童由於具有堅韌的能力，也許能夠相當快進入創傷記憶的重新處理。而另外一些兒童在 EMDR 治療的重新處理階段中，可能需要漸進、局部或分層地暴露於創傷記憶。

第三類個案

　　這些兒童通常最難治療，並且最不容易參與 EMDR 治療。他們通常呈現長期、嚴重的早期創傷，且極有可能呈現紊亂型依附策略以及中度到重度的解離症狀。他們高度具有共病現象（co-morbidity），同時呈現自我毀滅的行為和調節策略。他們的家庭系統通常非常混亂、高度失能或付諸闕如。兒童保護中心往往是他們的監護機構，導致兒童的臨床呈現更加令人費解。他們往往會表現出反應性依附障礙症、情緒障礙症、解離障礙症以及遭到誤診的潛伏創傷，導致這些兒童多年來逗留於心理衛生系統內而得不到真正有益的治療。這些兒童普遍都具有支離破碎、廣泛的情緒和生理失調，同時他們的情感耐受度窗口十分狹窄。他們往往缺乏或是只有極少的內在資源以及含有適應性、一致的自我和他人訊息之神經網路。基於這些臨床呈現，要在他們身上使用 EMDR 做治療，往往要考慮更多層面而且錯綜複雜。通常治療不太可能是從建立資源貫串到重新處理的線性過程；相反地，治療師可能需要從建立資源進到重新處理，然後再回到建立資源。這些兒童的解離症狀使他們非常難以停留於當下以及維持察覺當下的意識。因此在準備階段以及重新處理的階段，治療師可能需要運用進階策略，來協助這些兒童維持雙重察覺，並且幫助他們保持適當的情感耐受度窗口。

　　我會使用「牙齒」和「牛排」的譬喻，來協助治療師概念化並了解上述各類型兒童的參與程度和治療時間長短。牙齒代表著資源，牛排代表著創傷的份量。第一類臨床表現的兒童，他們所有的牙齒都狀

22

況良好。如果你給他們一塊牛排，他們能夠咀嚼而不致噎到，也不需要治療師太多的協助。第二類臨床呈現的兒童，他們來接受治療的時候，可能缺了幾顆牙齒，而且需要消化相當大塊的牛排。他們會需要戴上「假牙」才能夠咀嚼，甚至可能需要治療師幫他們將牛排切塊或切片，否則他們在試圖咀嚼牛排的時候可能會噎到。但是第三類兒童的臨床全景顯示，他們接受治療時牙齒可能所剩無幾或根本沒了。他們也可能對牛排感到極度恐懼，因此治療師需要廣泛的準備來協助他們克服恐懼，同時也需要為他們「置入」假牙。治療師可能需要使用保持距離的策略，或是一開始先處理非常少量的牛排，以便幫助這些兒童在 EMDR 治療中能夠取得成功的經驗。在進入重新處理創傷記憶之前，將兒童的創傷素材予以分割、分層和漸進處理，可以說是必要的，並且要透過充分的工作來讓孩子達到合適的穩定程度。

這樣的分類無意僵化地將兒童只區分為這三類；相反地，這樣的用意在於增進 EMDR 治療有效地運用於各式各樣、類型多元的個案和家庭，並協助治療師採取合適的個案概念化技巧。尊重每一個兒童對於有效地進行 EMDR 治療的八個階段所需要的節奏和速度，至為關鍵。治療師能夠靈活地適應不同的治療節奏，和某些兒童可以快速進行，也能和其他兒童放慢步調，這將會大大強化兒童治療師的工作成效。這個分類的用意在於尊重兒童的節奏和步調，而不是治療師的步調。有些治療師可能需要迅速進行並且盡快取得成效，即便這樣的節
23 奏並不盡然尊重兒童本身的節奏時亦然。而有些治療師總是想要放慢步調，但並不是因為兒童需要這樣的步調，而是治療師可能對兒童在 EMDR 治療過程中出現的情感感到害怕。

此外，我也必須強調，某些第三類臨床表現的兒童會展現出令人難以置信的韌性，因此能夠相當快速地進入標的記憶的重新處理。因此非常重要的是，治療師必須視每一位兒童為獨特的個體，具有獨樹一格的素質和特色，不能把他們框限於既定成見的類型。我竭誠鼓勵治療師保持開放的心態和能力，在遵循最佳臨床執業準則之際，要去

了解每一位兒童及其臨床狀況的獨特和節奏。

　　本書致力於詳盡探討如何有成效且有效率地運用 EMDR 治療，來和第二類及第三類兒童工作。我將會詳細地呈現各式各樣的策略，來強化治療師和難以治療的兒童的工作成效。

摘要和結論

　　複雜創傷包括經驗到早期、長期的創傷及逆境。這通常牽涉到嬰兒和照顧者之間不同步、失調的互動。最新的神經科學研究及理論支持這項看法——自我的發展和與照顧者重複互動的經驗息息相關。適應性訊息處理模式為 EMDR 治療的工作提供支持並賦予意義，而多元迷走神經理論、情感神經生物學、依附理論以及人際神經生物學[17]的原則和發現，則擴展了我們對適應性訊息處理模式的了解。了解早期依附經驗、生理系統的發育和大腦迴路之間錯綜複雜的關聯，對於和複雜創傷個案的工作至為關鍵。雖然每個人來到這個世界都擁有類似的生理系統，但受到周遭環境和經驗的塑造，尤其是生命早期的環境與經驗，以致這套系統日後如何運作及回應環境要求，可能因人而異。適應性訊息處理模式讓我們窺見在記憶系統裡根深蒂固的健康和病態。記憶網絡成為「自我」發展的基礎和根基。此外，多元迷走神經理論幫助我們了解中樞神經系統、大腦結構和身體之間緊密、複雜的關聯。透過自主神經系統傳出和傳入的神經，大腦和身體緊密相連。當包含創傷性素材的記憶系統處於啟動狀態時，身體亦然。EMDR 治療觸及創傷記憶的認知、情感和身體層面，同時刺激認知、情感和身體訊息的處理。因此當 EMDR 治療師在協助兒童觸及訊息處理的不同層次和模式時，必須非常嫻熟於如何成為一位見證者，有時還必須成為主動的參與者。EMDR 治療師必須精通於正確了解適應性訊息處理

17　　譯註：本句中的理論、學說出處由前至後分別為（Porges 2011）、（Panksepp, 1998, 2009）、（Bowlby, 1973/1980; Ainsworth, 1967; Main, 1978）、（Siegel, 1999, 2010）。

模式，以及所有支持並強化我們運用適應性訊息處理模式的當代理論和研究。

【第二章】第一階段：收集案主生命史與制定治療計畫

架構臨床全景　　　　　　　　　　　　　　　25

　　第一階段的基本目標包括：

● 發展工作關係和治療聯盟。
● 判斷案主是否適合使用 EMDR 治療。
● 判斷 EMDR 治療師的專業知識是否足以應付個案的複雜度。
● 詳盡收集案主的身心發展史、醫療史、心理社會史。
● 制定周全的治療計畫，形成個案概念化。

　　上列目標所代表的，正是構築一個合理可靠之臨床全景的基礎。和複雜個案工作時，堅實的基礎是必要的。一開始的規劃奠基於收集有關案主及其家庭系統的資訊。需要予以辨識的不只是逆境與創傷事件，還有發育上的缺陷與未達成的發展任務，也要找出現有的資源、正向適應性經驗以及運作良好的各領域。

誰適用 EMDR 治療

　　最初 EMDR 是為了改善與療癒創傷而發展出來的一種治療形式。依據《精神疾病診斷與統計手冊》第四版（*DSM-IV*），創傷的定義是：「涉及下述情形的事件：真實或可能的死亡、重傷、危及自身完整性；目睹他人的死亡、受傷、危及其身體完整性；獲悉家屬或親近的人未預期的或暴力下的死亡、嚴重傷害、可能死亡或受傷。此人對

事件的反應必須有強烈的恐懼、無助或驚恐。」（American Psychiatric Association, 2000）根據這個定義，創傷牽涉到被激發的凍結和停滯／關閉反應。然而，許多兒童遭逢的不幸經驗雖不符上述創傷定義，仍可能發展出情緒與行為的問題。

26

反覆發生的不良親子互動所導致的依附關係損傷和傷害，會以記憶網絡的形式銘印在腦中。這些記憶網絡也成為兒童如今看待自己、他人和未來的透視鏡。EMDR 治療針對的不只是創傷記憶，還包括造成目前功能失常及適應不良的那些經驗（Shapiro, 2007），因此可有效治療兒童由逆境事件、創傷或適應不良經驗所導致的症狀。然而，若目前病症源自於生理缺陷，EMDR 就只能協助這些缺陷可能引起的逆境或創傷經驗。例如一個兒童有神經缺損或經正確診斷為注意力不足過動症（attention deficit hyperactivity disorder, ADHD），這些病症可能不利於兒童的社會、家庭或學校經驗。當兒童經驗到羞辱、拒絕、課業表現低落等等，都可能形成另一組症狀，或使得原有症狀惡化。因此 EMDR 治療可當成輔助的治療，用以處理因生理缺陷在情緒上所引發的不良後遺症。

治療師的專業程度

處理複雜創傷的治療師必須對於適應性訊息處理（AIP）模式與 EMDR 方法有紮實的理解，並明確地統整、銜接 EMDR 治療的原則與程序，且必須專精於依附和解離的治療工作。新手 EMDR 治療師，以及不擅長上述領域的治療師，在跟複雜創傷個案工作之前，都必須尋求諮詢，並接受進一步的訓練。神經科學研究強調，治療師與個案間的同步與共時至關重要。自我感沒有良好整合的治療師，可能難以與兒童的內在世界起共鳴而無法真正同步。這可能導因於治療師未經處理的記憶網絡被兒童的反應或症狀所激發。因為，與解離和不安全依附的兒童工作時，可能會啟動治療師內隱的適應不良記憶。治療師若

自己經歷過 EMDR 治療並探索自己的早年依附經驗，可以增強他們提供有效治療的能力。假使照顧者自己早年依附經驗所形成的心態，會影響他們如何感知及了解兒童的心態，那麼治療師自己與依附經驗相關的心態又將如何影響對兒童個案的感知呢？遺憾的是，幾乎沒有這方面的研究。依照我自己的專業與臨床經驗，我認為治療師個人整合的程度，可能會直接影響治療的成效。整合程度與自我察覺較高的治療師，能在維持分化的同時又擁有發展良好的連結能力，因而在協助兒童及其家庭時，能提供遠較其他治療師更有成效的治療協助。

與照顧者進行接案會談

在第一階段，治療師要致力於營造信任與安全的氛圍，以建立和兒童及照顧者的治療聯盟。治療師也要收集不同來源的資訊，以擬定 27 一個周全的治療計畫、描繪一張清楚的藍圖，形成奠基於適應性訊息處理原則的臨床全景。我們對個案如何概念化並形成假設，會直接影響我們提供的療效。

初始的接案會談需要探索的領域很廣，每一個領域都應執行下列所有任務：

1. **呈現問題**：辨識照顧者如何理解與定義問題，找出他們對於既有問題的假設，以及試圖如何解決與因應所呈現的問題。

2. **資源**：要同時探討兒童與父母的資源，以及他們運作良好的領域。找出問題未呈現出來時的情境和／或時刻，並藉由詢問事件發生的順序以及誰涉入、如何涉入，來清楚掌握這些時刻的景象。可以從兒童與父母各自說了什麼、做了什麼而導致正向互動，得出他們可能擁有的資源。這些訊息至關重要，將成為更具擴展性的臨床全景的一部分，為 EMDR 治療的進行打下基礎。

3. **發展史**：逐年收集兒童的生命史，從產前紀錄開始，重點在兒童與父母的依附經驗和彼此的關係。下面是治療師如何詢問的範例：

　　既然妳已經清楚說明了妳跟孩子間的問題，我現在想要更了解妳跟孩子。我知道得越多，就越能理解這孩子的生命歷程，也更能夠幫到妳跟妳的孩子。我會從妳得知自己懷孕的那一刻開始詢問起，來了解這孩子的生命。

　　我想知道，當妳發現自己懷孕時，妳和伴侶的情緒反應是什麼？發現自己懷孕後，妳對自己或對伴侶有什麼想法？妳對小孩或他／她的未來，有何正向或負向的信念、期許或想法？妳能不能描述懷孕期間的情緒氛圍？

　　母親或嬰兒在生產過程及相關醫療問題的經驗，是極為重要的資訊。健康的因素可能會干擾照顧者與嬰兒間發展同步、共鳴與調和的互動。以下是一個例子，可以看到醫療問題可能如何影響親子間的溝通品質。

　　艾蜜莉的媽媽在生產後，因巨大的子宮肌瘤必須開刀。手術後因為嚴重感染，又進行了許多次的手術。在艾蜜莉兩歲前，媽媽數度因為劇烈疼痛需要住院。艾蜜莉常常很想要媽媽抱，但媽媽因為身體狀況不佳無力抱她，只好拒絕她想親近的需求。後來艾蜜莉出現了嚴重的分離焦慮症狀，常發脾氣，有自我傷害的行為。

　　這個例子說明了母親的醫療狀況如何影響她滿足艾蜜莉想要連結與親近的需求。我認為，母親因為醫療狀況而無法與兩歲前的艾蜜莉有同步、規律、依附的互動，很可能導致了艾蜜莉目前症狀的形成。

28　　嬰兒對照顧者的回應也需要加以探索。有腹絞痛或必須面對疼痛及／或經歷痛苦醫療程序的嬰兒，往往經驗到持續的負向情緒。你可以這樣問：「當孩子不舒服或是覺得痛的時候，你如何安撫小孩？你覺得孩子容易安撫嗎？如果試過所有辦法都無法使孩子安靜下來的話，你會怎麼辦？」早產兒出生時，副交感腹側迷走神經系統還沒發育好。依據伯吉斯（Porges, 2011）的理論，社會參與系統是在懷孕最後三個月才開始發展。這個系統使得人類有能力和他人連結並參與，

假如出生的時候這個系統還沒發展成熟，就會影響嬰兒連結和參與他人的能力。

除此之外，也要知道兒童生命過程中家庭壓力源的性質、居住環境的細節，詳細羅列兒童生命中的重要關係，包括任何變化、長期分離和／或中斷等等。和其他照顧者的經驗也要探討。當照顧者不在時，誰照顧嬰兒？嬰兒如何因應與照顧者的分離？這些資訊可以幫助治療師了解兒童關於自我與他人的內在運作模式，以及由依附經驗所發展的記憶網絡。治療師也需要注意促成安全依附的經驗，或是造成困惑、紊亂、解離狀態的經驗。

有無達到發育重要階段、如廁訓練的方式以及父母對個人清潔衛生的期待，都會提供有關雙親教養方式的資訊。

一、收集其他來源的資訊：社工人員、老師以及任何參與兒童治療的人，都可提供父母或許沒有的寶貴資訊。兒童若有不同的寄養安置經驗，就要收集兒童保護服務的紀錄。極為錯綜複雜的個案在接案時可能需要花更長的時間，和曾經或正與這個家庭工作的各方人員進行會談，包括社工人員、家庭扶助專員以及行為教練等等。在這種情況下，擬定標的序列會是一項艱鉅的任務，因為治療師要能依時間順序統整所有資訊。

二、雙親的管教方式與設定界限的能力：對於父母設立合理界限的能力，需要加以廣泛探索。父母很常違反兒童的界限，不是太干擾，就是相反地太疏離。他們若不是豎起兒童無法跨越的銅牆鐵壁，就是寬鬆到甚至沒有界限，以致彼此牽絆。有了發展良好的自我，才有合宜的界限。由於依附經驗影響我們如何發展對自己和他人的感知，所以也會影響我們如何發展對界限的理解。大多數不安全依附的兒童和父母並沒有在身體、情緒、心理及心靈上發展出健全的界限。

三、雙親的依附歷史：依附理論強調，早期依附經驗的作用以及我們終其一生培養的關係，對發展有多麼重要。運用「成人依附會談」（adult attachment interview, AAI）（例如：Main et al., 2008; Main,

71

1995）的研究結果，讓我們了解父母自身依附經驗所形成的心態和兒童的依附模式之間有何關聯（Bretherton & Munholland, 1999）。從父母將依附模式傳遞給兒童的這個觀點來看，最重要的顯然是父母在當
29 下能否對自身的依附經驗提供連貫而有系統的敘述。換句話說，重要的並非父母兒時的依附經驗到底如何，而是父母如何將這些依附經驗組織整理成連貫的敘述。父母如何組織這些早年經驗，似乎反過來影響了父母對兒童的看法及隨之而來的照顧行為。考量到這些重要的發現，去了解父母童年的依附經驗以及是否有未解決的創傷與／或失落，就非常必要了。照顧者未解決的創傷可能干擾他們和兒童進行調和、同步的對偶互動能力，致使兒童持續處於警戒狀態。此外，如果兒童所經歷的創傷強烈影響到父母，或父母自己也經歷過類似的創傷事件，可能會妨礙以 EMDR 治療處理兒童創傷記憶的過程。在這樣的狀況下，照顧者可能會繼續強化兒童適應不良的神經網絡，因為父母本身困擾的程度和 EMDR 治療所要重新處理的兒童記憶是互相關聯的。

　　說明這個議題的一個好方法，是協助照顧者了解，透徹而詳盡地掌握兒童以及親子互動的狀況，是重要並有益的，而且有助於找出兒童的最佳療程。此外，也可讓父母知道依附經驗如何直接影響自我的發展，以及管理、調節自我的能力；還要告訴他們，照顧者本身未解決的創傷可能如何影響與兒童的互動，而這通常不是有意識的行為，發生時不會受到察覺。考量到父母帶兒童來治療時也許帶著羞愧與無能的感覺，所以治療師在提到這個議題時要特別謹慎。有些父母會躲避或質疑為何要提供他們自己的依附經驗。要知道，父母拒絕你的要求，可能和他們自己的依附型態或害怕提到未解決的創傷／失落有關。重要的是，治療師要能夠以配合對方狀態以及同理的方式進行溝通，並維持穩定的內在狀態。與兒童及照顧者間的內在、非語言交流，將大大影響他們在治療關係中所經驗到的信任度與安全感。建立一份立基在接納、同理與安全感的關係，是彼此連結的基礎。席格（Siegel, 2010）曾美妙地形容，這種關係為心智洞察力（mindsight）打

下基礎，使「每一個人的大腦和另一人的神經系統信號產生共振」。對治療師而言，努力去發展獨立自主的心態、專注的能力、沉澱反思以及心智洞察力，其重要性再怎麼強調都不為過。在我的臨床經驗中，EMDR 治療的策略與程序如果依託在可以良好連結並滋養治療關係的能力裡，將會帶來成長、療癒和整合。與遭受依附經驗傷害的兒童工作時，治療師的這些特質尤其關鍵。更加深入探索父母的個人史以前，可能需要一些準備。仔細想想你正和哪一種類型的父母工作。第一類父母（見第一章對各類型的描述）的回應方式可能不同於第三類父母，後者的分裂程度較高，且有較嚴重、長期的創傷史。第五章將提出 EMDR 療程中可用於照顧者的具體策略。此外，或許需要納入其他心理衛生專業人員來直接和照顧者工作。

　　以下的問題可以有助於了解照顧者的依附經驗，以及他們促進安全依附的能力。對於因大量創傷史而高度失調的父母，治療師在探索的過程要很謹慎，甚至可以延後，直到具備某種程度的準備與穩定度再進行。

　　要制定有效的治療計畫，就必須同時收集父母和兒童的依附史。　30 運用「成人依附會談」範本可能很有幫助。當我們收集這些資訊，就是在檢視這些經驗如何形塑父母的照顧系統，也是在檢視有哪些依附經驗幫助照顧者發展出連結與愛的能力，並且能跟兒童同步互動。我們要檢視促使兒童在和照顧者互動時感受到調節的情況中，有哪些不足之處和潛在的困難。還要探究照顧者生命中未解決的創傷和失落。不管怎樣，我們試圖去評估的最重要面向，是父母敘述中的連貫與條理性。

　　四、運用成人依附會談：1984 年由喬治（Carol George）、卡普蘭（Nancy Kaplan）和緬恩（Mary Main）發展的成人依附會談（AAI），是一種半結構式的程序，用以評估成人目前與依附經驗相關的整體心態。也就是說，AAI 是在評估成人如何組織這些經驗，以及成人現在對這些早期依附經驗所賦予的意義。在正式使用這個測量工具前，需

要經過特別訓練以精通進行的方式與計分。AAI 的二十個問題與計分可以清楚顯示出成人在不同依附類型下的「心理狀態」，諸如：安全／自主、忽視（dismissing）、糾結（preoccupied）、懸而未決／紊亂（unresloved／disorganized）。AAI 一個最重要的特點是，能夠預測嬰兒在安斯沃斯的陌生情境實驗中對父母的行為（Hesse, 1999）。根據緬恩、賀塞和戈德溫（Main, Hesse & Goldwyn. 2008），AAI 的測試分析要經過幾個階段。第一階段中，施測者要從五個向度徹底檢視受試者如何解讀童年與每個依附對象的經驗，分別是拒絕、角色倒置與介入、忽略、成就壓力及關愛，其中會顯露出有關童年教養行為的重要訊息。第二階段則檢視目前對於依附的心理狀態。最後階段則檢視 AAI 的分類、次分類，以及判定最能代表此成人心態的描述語。

　　AAI 的分類是根據成人在這個半結構式的會談中，如何描述自己的童年依附經驗。每個分類的描述型態摘要如下。

　　一、安全自主的成人：有安全自主心態的成人，傾向於開放而自由地探索和其依附經驗相關的想法與感覺，並認為這些經驗對自己的生命有重大影響。這些成人往往會展露穩定且連貫的想法，並能提供具體事例來支持其對於和照顧者依附經驗的陳述。這些陳述往往經過省思和深思熟慮（Hesse, 1999）。他們的敘述中或許包含著有問題的、負面的養育經驗，然而仍有能力提供客觀、連貫的陳述（Hesse, 2008）。「注意力的彈性」（attention flexibility）一詞被用來形容在陌生情境下展現安全依附的嬰兒，以及 AAI 會談中的安全自主父母。這個安全依附的重要向度，可解讀為嬰兒交互進行依附與探索的能力。相同現象亦可見於「安全自主」這類型的成人，因為在 AAI 中他們可以交互談論依附相關經驗及評估這些經驗的影響（Main et al., 2008）。相對地，根據緬恩等人（2008），其他如忽視和糾結的類別，均呈現缺乏彈性的注意力。這表示展現出忽視心態的成人會執著於迴避與淡化依附關係的影響與重要性，而具糾結心態的成人則容易陷入早年依附經驗且固著於其中。安全自主型成人的一個重要特質是，在回顧依

31

74

附經驗時，有能力反思並主動監控自身想法（Hesse, 2008）。這就是倫敦大學學院心理分析教授佛納吉（Peter Fonagy）與塔吉特（Mary Target）（1997）所稱的反思能力與心智化，被視為安全自主型成人的特質。我們可以得出結論，即能夠自由、合作、有彈性地探索依附經驗，同時對依附經驗能產生連貫的敘述，與安全的心態密切相關（Hesse, 1999, 2008）。同時，依附研究也支持，父母對於依附經驗的安全心態奠定了親子依附連結發展出安全感的基礎。

　　二、忽視型依附成人：此類型的成人傾向於淡化童年依附經驗對他們的影響。他們也容易將主要依附對象理想化，呈現出一個非常正面的形象（Hesses, 2008）。然而，要求舉例說明時，他們無法回憶具體事件。「嗯，我的童年蠻棒的，我有完美的父母，他們教我如何成功。我不記得特別的事件，但他們是非常棒的父母。」根據席格（Siegel, 2010），這樣的回應表示他們無法提取明確的自傳記憶。在提到照顧者時，許多回答也往往互相矛盾。儘管他們說照顧者很棒，卻仍提到被照顧者嚴重拒絕與忽視。根據緬恩（Main, 1995），這類型的成人所呈現的心態往往持續關閉起依附系統。他們說話極為精簡扼要以致交談可能不長，可能會常常說自己不記得或無法憶起多少早年歲月，此外還往往貶損、否認與依附相關的經驗。根據克洛威爾等人（Crowell, Treboux, and Waters, 1999），忽視型依附的成人運用策略來否認並淡化負面依附經驗的影響。此外，他們習慣在敘述中提及父母給他們的成果，而非親子關係、連結或是溝通的品質（Siegel, 1999）。他們可能強調活動的重要性，以及得自父母的物資。他們的談話裡只含有少數與情感相關的經驗，同時減少顯露出痛苦和受傷的事件。限制自己注意依附相關經驗的成人，可能也堅持自己沒辦法回想起童年記憶。他們也許會藉著讓經驗顯得愚蠢或荒謬，來貶損失落、創傷以及分離（Main et al., 2008）。

　　三、糾結型依附相關經驗的成人：這個類型的成人在描述依附經驗時可能會放大其影響。忽視型成人是把描述的焦點導離過去的

依附經驗，而糾結型則是強烈將焦點**導向過去的依附經驗**（Main et al., 2008）。他們的描述往往冗長，常常顯得可怕、消極、批判或惱火。他們也許會轉而提到現況或目前的關係，對早年關係則含糊帶過（Hesse, 1999）。他們的描述通常不清不楚，並且不直接回答會談者的問題（Siegel, 1999）。這類型的人在談論時有一個特點，就是不斷顯露出憤怒，例如生氣地提及父母，彷彿他們就在現場（Main et al., 2008）。另一個重要特徵是，他們的描述內容消極而模糊，例如表達

32　含糊、句子不完整、跳到別的話題、用沒有意義的語詞來結尾，或是在已完整表達的句子中加上無意義的語詞（Main et al., 2008）。

　　四、懸而未決／紊亂型成人：這個類型的成人在談到失落或虐待的議題時，其敘述或推論會有失誤，這可能表示他們的意識狀態有所改變或解離（Hesse & Main, 1999）。他們也可能在敘述中迷失方向，例如停下來很久、句子不完整、無法在整個會談過程中維持有條理的描述（Hesse, 1999）。哈佛醫學院心理學教授里昂─露絲以及德州大學奧斯汀分校人類生態學院院長賈克布維茲（Lyons-Ruth and Jacobvitz, 1999）指出，在進行 AAI 時，與依附對象相關的創傷記憶會出現。這些記憶以不連貫的敘述呈現，暗示著它們未解決的狀態。有幾位研究者認為，成人描述依附經驗時顯得不連貫，或許是因為他／她在試圖回顧依附史時發生了解離 [18]。這種類型的依附和嬰兒的紊亂型依附現象有關。如果家長屬於 AAI 定義的懸而未決型依附，他／她的孩子很有可能和這位照顧者形成紊亂型依附。這個依附類型也和病態解離的起源有關（Liotti, 2009）。

　　與不安全依附的兒童工作時，運用 AAI 可以針對家長早年依附經驗相關的心態帶來豐富的資訊。通常為了兒童的最佳療效，家長會需要接受 EMDR 治療。此時和家長工作的治療師就可運用 AAI 所提供的資訊，訂定標的序列。有堅實的證據顯示，不管跟什麼樣的家長，兒

18　　原註：Hesse & Main, 2000; Siegel, 1999; Hesse & Van IJzendoor,1999; Liotti, 2009.

童的依附模式高度受到家長本身與依附經驗相關的心態所決定。這已從家長在 AAI 的回答和嬰兒對陌生情境的反應之關聯性獲得證實。

在 EMDR 治療中對兒童和家長使用 AAI

以 EMDR 療法和不安全依附的親子工作時，如果把家長也納進來，效果會好很多。如果父母處於不安全狀態，那麼為經常和這樣的父母互動的兒童提升依附的安全感，可以影響療效。仔細評估親子的依附模式和互動行為，可以讓我們對兒童的臨床全景與治療方向有更清楚的了解。現有的症狀可能直接或間接與這些親子傳遞效應及依附模式有關。由於依附相關的記憶在本質上原就隱蔽不顯，一般常態的接案會談不容易取得這些治療標的。在我的臨床經驗中，大多數的父母根本不會察覺到他們的依附行為與經驗是如何影響兒童目前的症狀。但使用 AAI 並進行評量分析的過程中，EMDR 治療師能獲得寶貴資訊，從而更有效地引導治療。運用 AAI 可以幫忙辨識出：(1) 那些根深蒂固、為因應討論依附相關經驗時出現的情感反應而採取的策略；(2) 與父母自身依附經驗相關的心態與一致性，以及是否有未解決的創傷與失落，再加上照顧者的心態如何影響其「將心比心」的方式（Fonagy & Target, 1997）和由此產生的照顧行為；(3) EMDR 處理過程中可能的標的；(4) 針對不同依附類型父母的有效治療策略，例如 EMDR 療法的準備工具，可能取決於父母在 AAI 會談中呈現的心態而有不同，對依附抱持糾結型心態的父母所需要的，可能不同於忽視型父母。此外，AAI 除了整體的依附分類之外，也提供量表用以推斷與依附對象有關的經驗，以及獲取家長目前的心態和其整體一致性。照顧者可能無法在意識層面指認和內隱依附記憶相關聯的標的記憶，也難以有意識地觸及那些用來調節回想這些經驗時所引發的情感反應之機制。直接詢問、回溯既往以及情感掃描等等 EMDR 治療中使用的策略，可以幫助辨識這些記憶。不過，在許多情況下，父母可能會否認

33

或阻斷任何有關依附傷害和創傷的經驗，因為這些經歷可能直接影響了他們促進兒童依附安全的能力。再者，面對這些創傷和傷害可能太痛苦，而太早、太快發掘這些經驗會對家長和兒童造成更多失調。

在治療期間，早點發現顯性與隱性功能失調和適應不良的親子互動狀態至關重要，卻可能很艱鉅。在許多情況下，治療師其實一開始無法看出拒絕、忽視、成就壓力以及角色倒置的互動。AAI 讓我們可以對家長生命中的這些經驗有初步的了解。接下來，就要探索類似經驗是否也存在兒童的生活中。

一、親子目前互動的品質：評估父母跟兒童如何運用他們的時間，可以了解親子關係中可能出問題的領域，以及哪裡需要治療介入。以下是父母和兒童皆宜的活動，但對年紀較小的兒童只適用於其照顧者。

你可以這樣說：

請你花一點時間，想一想你跟孩子（或你和父母）過去兩週來的互動。在下面這個圓形上，依你們的狀況來切割，需要切成幾份就切成幾份，代表你如何跟孩子（或你和父母）運用每天共處的時間。請參考下面的活動選單，把這兩週來跟孩子（或父母）一起從事的每個活動按照所花費時間畫在圖上，並請標示出所占比例。記得只要畫出有一起從事的活動就好，不用管選單上那些你們沒有從事的活動。

活動選單	
1. 身體活動	7. 給予建議
2. 撫育性質的遊戲	8. 沒有互動
3. 玩耍	9. 講話
4. 撫育性質的碰觸	10. 做功課
5. 爭論	11. 在同一個空間各自做自己的事
6. 吵架或打架	12. 給予指示與命令

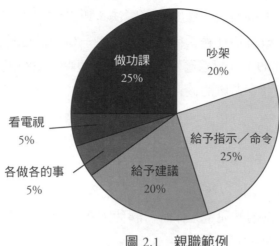

34

圖 2.1　親職範例

　　圖 2.1 是一個「親職範例」，由一位有反抗行為、常常暴怒的八歲女孩的照顧者所提供。

　　我們可以看到，這位照顧者百分之七十的時間花在給兒童指示、建議以及做功課，卻和孩子完全沒有遊戲和連結。在他們兩人當中納入玩樂與撫育性質的活動，是格外重要、須在 EMDR 治療準備階段就完成的工作。重建兒童與照顧者的連結，最有可能提供兒童內在調節與穩定度。而這些活動要依照兒童的依附型態，視其能接受的程度逐步運用（參見本章附錄）。

　　一旦收集到照顧者提供的資訊後，我們對照顧者所指出的成功或其所呈現的不足之處就有了概念。這些資訊會成為臨床樣貌的一部分，用來指引如何協助照顧者改善他們的能力，以增進兒童系統中的穩定度、安全感及調節狀態。

　　二、評估父母嬉戲的能力：根據布朗（Brown, 2009），在生存沒有受到威脅的情況下，遊戲是形成並塑造大腦成長與發展的驅力。遊戲對於調適良好的社會能力，是不可或缺的。透過遊戲最能達到社會腦的建構。遊戲能顯著影響大腦皮質層，將它完全設定成符合社會性架構（Panksepp, 2009）。在大腦急速發展的過程中，遊戲不可或

缺。由於成人大腦發展的速度不那麼快，遊戲的驅力或許就不那麼強烈。遊戲可以成為通往嶄新自我的門戶，一個更能因應這個世界的自我（Brown, 2009）。以適應性訊息處理的觀點來看待遊戲的話，我們可以說在親子共享遊戲的愉悅時刻，新的神經網絡於焉形成。如果這些神經網絡持續受到啟動與刺激，就會提高這些放電模式未來再受到啟動的機率。基於大腦的神經連結是「依存於經驗」而發展（Siegel, 1999），因此兩人之間一再重複的有趣互動可以形成並塑造兒童社會腦的建構，使兒童得以擁有與人連結及社會互動能力的內建網絡。

　　和有複雜創傷的兒童工作時，評估照顧者的遊戲能力是 EMDR 治療初期的重要面向之一。

　　下列的問題，可以在收集個案歷史與設定治療計畫時使用：你目前在生活中做些什麼來獲得樂趣？你可以跟我分享最近一次你跟孩子一起共享歡樂時光的經驗嗎？這些歡樂時光現在發生的頻率如何？什麼時候這種玩耍的能力消失了？問問父母親他們成長過程中在遊戲方面的經歷。當治療師對於家長玩樂的能力和目前關於玩耍的意願有基本概略的了解之後，就可問問關於兒童和其他人遊戲的經歷。孩子目前是否有玩樂的時間呢？第五章與第十二章將提供準備階段可以使用的具體策略，來增進家長嬉戲的意願，並重拾他們享受遊玩的能力。

　　三、評估父母自我調節的能力：照顧者的情緒穩定度、是否有能力提供安全且受到保護的環境以及調節情感的能力，都需要加以探索、處理。修爾（Schore, 2009）與其他人一樣，強調照顧者的角色是做為兒童在心理生理方面的外部調節器。失調的父母無法調節兒童內在的喚起狀態。事實上，父母在場可能同時觸發依附系統與防衛系統（Liotti, 2009）。這樣的親子互動引發了兒童內在系統的混亂。而有趣的、同步的、共時的親子關係有助於形成新的神經網絡，並重塑奠定兒童情緒調節能力核心的生理系統。

　　關於家長因應方式的提問，將提供可用來制定治療計畫的資訊，以協助照顧者獲得更有效的方法來因應並調整情緒狀態，例如：「你

如何處理壓力？你如何照顧自己？你如何應對困難的情緒？這樣的應
對機制幫助你達到正向情緒狀態的效果如何？什麼樣的情緒讓你覺得
較難掌控？你的支持系統如何？」評估照顧者生活中壓力的多寡，是
很重要的：「你生活上目前有哪些壓力源？生活中哪些方面為你帶來
主要的壓力？目前你跟伴侶之間的關係如何？」有一些標準化工具可
用以評量目前親子關係的壓力程度，像是親職壓力量表（The Parenting
Stress Index, PSI）（Abidin, 1995）。

　　探詢家族心理健康史，尤其是照顧者的家庭心理健康史，極為重
要。由於憂鬱以及大體上家長的心理疾病與未解決的創傷，是造成嬰
幼兒不安全依附的重要因素，所以一定得徹底探索父母的心理健康
史。製作出一個包含父母心理健康演變的兒童生命史時間軸，將有助
於理解父母的病症在兒童不同發育階段的影響（見圖 2.2）。檢視家長
住院、自殺以及急性、慢性和穩定而沒有症狀的各個時期。以下是一
名七歲女童因為憂鬱和自殘行為而被帶來治療時所製成的時間軸。在
接案會談中，母親表示自己被診斷有躁鬱症，曾自殺未遂、住院治療。　36
　　根據這些訊息，我們就可以很清楚地描繪出兒童生命頭幾年所處
的環境，以及母親的病情讓她承受到的依附經驗。

評估優勢和資源

　　在企圖重新處理困擾記憶之前，必得先存在具適應性及正向的記
憶網絡。仔細評估兒童和照顧者擁有的內外資源，是臨床全景中應該

註：DE 代表鬱期；ME 代表躁期；ML 代表記憶喪失；SA 代表自殺未遂。

圖 2.2　包含兒童生命史與家長情緒、心理健康的時間軸

具備的一部分。能夠在遇到引發症狀的環境刺激源時運用這些資源的能力，也要予以納入。在初次會談時，不僅要辨識出兒童與父母的長處，還要列出所有成功經驗的清單或時間軸。找出父母何時以身為家長而自豪，以及何時感到和孩子有連結，都是初次會談的重要目標。為了達到此目標，可請家長描述他們和孩子相處最為成功的時光，以及哪些要素使他們認為那些時光是成功的。

發展標的序列計畫

在安排標的的順序時，要審視的是症狀的浮現，並謹慎描述目前的誘因，包括加速及減輕症狀的因子。請遵循下列步驟：

1. 辨識當前症狀：這可能是一種行為，一種負向信念，一種身體反應，或一種情緒。
2. 辨識誘發此症狀的事件、情境和／或人。
3. 確定兒童最早出現此症狀或問題的時刻。
4. 製作出症狀出現時的事件時間軸。
5. 詢問未來的目標或期望的結果，並確定針對每個誘因所設定的未來目標。

標的序列治療計畫表

1. 陳述問題：你的孩子現在遇到的問題、症狀或議題是什麼？
2. 代表問題或症狀的事件：什麼事件最能代表這個問題或議題？你能描述一下孩子出現這個問題或議題的時候嗎？
37 3. 最早的關鍵事件（touchstone event）和其他過去的事件：你記得孩子最早是在什麼時候出現這個問題或議題？你還記得過去出現這個問題的任何其他時刻嗎？
   畫出一條時間軸，列出問題、症狀或議題發生時的事件：

(1) 最早的關鍵事件

(2) 最糟糕的事件（根據父母的說法而定）

(3) 其他過去的事件

4. 現在的誘因：哪些情況、事件或人會誘發這個問題或議題？出現問題行為之前，通常會發生什麼？或者，通常是什麼讓孩子出現這些症狀或問題？

誘因 1＿＿＿＿＿＿＿＿＿＿＿＿＿＿＿＿＿＿＿＿＿＿＿＿＿＿＿

誘因 2＿＿＿＿＿＿＿＿＿＿＿＿＿＿＿＿＿＿＿＿＿＿＿＿＿＿＿

誘因 3＿＿＿＿＿＿＿＿＿＿＿＿＿＿＿＿＿＿＿＿＿＿＿＿＿＿＿

5. 未來場景：將來孩子遇到誘因 1、誘因 2 及誘因 3 時，你希望孩子如何表現、感受或思考？

確定每個誘因在未來的目標。

誘因 1 的未來場景＿＿＿＿＿＿＿＿＿＿＿＿＿＿＿＿＿＿＿＿＿

誘因 2 的未來場景＿＿＿＿＿＿＿＿＿＿＿＿＿＿＿＿＿＿＿＿＿

誘因 3 的未來場景＿＿＿＿＿＿＿＿＿＿＿＿＿＿＿＿＿＿＿＿＿

與兒童進行接案會談

　　與兒童的會談過程中，治療師要致力於建立一個治療聯盟，並奠定安全和信任的基礎。請記住，你自己本身以及你培養信任和安全感的能力，便是最好的工具。在探索當前問題和創傷性記憶時，你的面部表情、聲調語氣、身體距離、姿態手勢和眼神接觸以及與兒童互動的品質，都是幫助兒童感受到調節的最佳容器和方法。和兒童工作的關鍵，是要將遊戲融入。根據布朗（Brown, 2009），遊戲是讓兒童在治療中感到被涵容、調節、參與的最重要方法。EMDR 治療需要以吸引人、具體且有趣的方式呈現。有趣的活動使社會參與系統保持活躍，容許兒童安全地探索令人不安的事件和情境。

　　要留意兒童對親密感的容忍度。對一個從未有過恰當的情感與連

結經驗，以及學會關閉親密和親近需求來因應的兒童而言，若治療師展現出太多的親近與情感，實際上可能會造成兒童內在的不舒服。因此需要循序漸進，視兒童耐受的程度，一點一滴地逐步讓兒童感受到親近和滋養。然而在兒童接受親近的能力增加之後，也需要挑戰與擴展其情感耐受窗口的範圍。

與兒童的初次見面：第一次與兒童的會面至關重要，而且會為治療聯盟打下基礎。這個會面對兒童來說，必須是正向的經驗。根據我的專業經驗，效果最好的方式是先安排一次單獨和照顧者的會談，接著和照顧者及兒童共同會談一次，然後再安排一次單獨與兒童的會談。通過這種方式，能在與兒童單獨會面時，給予充分且不致分散的注意力。我經常介紹自己是兒童和家庭的「幫手」。以下是一個可以當作自我介紹方式的範例：

「嗨，梅蘭妮，我的名字是安娜，很高興見到你。上週我和你的父母見了面，了解了一些關於你和你家人的事情。我真的很期待認識你，也希望你給我機會了解更多關於你的事。我的工作很棒，都是在幫助兒童、青少年和他們的家庭。」要強調在這裡的安全感，可以說：「這裡對兒童及他們的家人來說，是一個非常安全的地方。作為你的幫手之一，我的工作是確保你在這裡很安全。這是一個你可以做你自己的地方。你的意見和感受在這裡都受到歡迎。在這裡，你不僅可以說『是』，也可以說『不』。」透過這樣說來釐清你的角色：「做為幫手，我會傾聽你說的話，我們一起找方法來幫助你處理那些困難的感受、想法跟擔憂。我絕對不會傷害你。我也許會教你一些東西，雖然我不是學校老師。我很友善、值得信賴，但我不會像是你的朋友那樣。我會站在你這邊，盡力確保你在這裡的安全，也會跟你的父母一起想辦法，幫助他們保護你的安全並照顧你。但我並不是你的媽媽或爸爸或祖父母……我是你的幫手。雖然我不是你的父母、老師或朋友，但我很高興能在你的生活中做為你的幫手。我希望你能協助我成為你的最佳幫手。」

　　在接案會談中，了解兒童先前跟其他治療師的關係也很重要。我們常常會需要修正之前的臨床經驗。有一位兒童先前的治療師原本有機會成為她的養母。後來這位前治療師因個人因素而未領養她，但這孩子從此之後，認為每位治療師都可能是她的「媽咪」，這讓她在我們一開始的會談中對我的角色極為困惑。在我剛開始和這位兒童工作時，她又有了一個可能的新養母，而且她與對方相處時感到舒適安全。初期的會談中，她對這位養母和我這個治療師，都表現出極度的情緒失調和對立行為。她認為，如果與我建立了關係，她就會離開現在的養母。在這種情況下，釐清我的角色就非常重要，而且在治療初期幾乎每次會面都必須釐清一次。

　　對於保密相關的議題，尤其是與照顧者有關的，都需要跟兒童與照顧者討論。使過程可以預測，將會促進治療關係中的安全感。

　　要注意兒童在身體距離和眼神接觸方面是否感到舒服。第一次會談結束時，可以與兒童一起嘗試特殊的握手和打招呼方式。注意兒童在你要求握手時的反應是退縮，或是相反地，給你氣勢洶洶的用力握手或擊掌。注意兒童的身體姿勢、語調和活躍程度。照顧者在現場，會增加還是降低兒童的活躍度？兒童如何應對與照顧者分開以及重聚？兒童難以和父母分開嗎？兒童變得很黏人，或是相反地不太和父母互動？當父母參與會談，兒童是加入照顧者，還是忽略家長？兒童對母親或父親的互動方式有什麼不同嗎？再次提醒，我們所搜尋的反應與行為，是要能反映出兒童和每位照顧者依附連結中的安全程度，39或是在這些互動中呈現焦慮、逃避或紊亂。

建構完整的臨床全景

　　一旦收集了所有資訊，就必須建構出能指引治療的整體計畫與臨床全景。與照顧者會面後，治療師或許會被迫開始進行療程並太快使用策略。確實，危機的介入處理和穩定工作常常幾乎立刻就必須展

開，但若在缺少通盤一致的治療方針下就著手進行，治療策略將缺乏目的與方向。這可能讓 EMDR 治療支離破碎而沒有效果。此外，許多 EMDR 新手治療師或許認為 EMDR 太刻板而且片斷。EMDR 治療師若無法看出整體性，只看到部分，可能會在進行治療時缺乏連貫與方向。這會令療效打折扣，還可能延長整體治療時間。準備期和所有重新處理階段要如何組織，並為每個特定個案量身訂製，完全取決於 EMDR 療程一開始的資料收集。這並不是表示，隨著 EMDR 治療的往前推進，一旦出現新的資訊，就不必加以調整和改變。詳盡的臨床全景應包含以下資料：

1. 兒童的標的序列：目前症狀、誘因、過去事件和未來場景，都應詳盡清楚地建構出來。治療師可以採取兩種主要方法，來為兒童建構標的序列。第一種是常用於成人的「症狀知情」（symptom-informed）治療計畫。使用此法時，治療師僅關注於找出和當前症狀相關的過往逆境或創傷經驗。第二種方法則是以發展性的觀點，關注兒童整個生命歷程中的所有負面經驗。治療師可以畫出時間軸，並著力於在每個發展階段找出所有逆境經驗。這兩種擬定治療計畫的方式用在兒童身上時，所訂出的標的序列常常不會像用在成人身上時那樣出現很大差異。這是因為與兒童相比，成年人可能有更多的負向和創傷經歷，而這只不過是邏輯上考量兒童和成人所活過的年歲多寡。對兒童分別使用這兩種方法所得到的資訊，常常並沒有太大差別。

2. 無論是否選擇症狀知情治療方案，治療師都應對兒童的發展史有徹底的理解。

3. 治療師應該對於目前有需要改正並修復的親子互動功能不良的失調，有個清楚的概念。此外，兒童未獲滿足的發展需求應連同父母的缺失一併辨識出來。

4. 治療師要確實找出兒童、父母和家庭系統現有的內外優勢與資源。

大家庭的成員、良師益友、同儕和教師等，構成了其他的重要關係和依附對象。這些關係的品質也應該進行徹底的評估與探索。

5. 治療師還須對親子互動如何影響兒童、家長以及彼此交互激發的親 40
子互動，有完整的掌握。從中可以發現一些特定的互動會持續強化包含自我、他人和世界正負向表徵的記憶網絡。

　　一旦描繪出臨床全景，就可以開始組織、規劃 EMDR 治療的八個階段。儘管每個階段都有特定的程序步驟，但每個兒童各自有其獨特的需求、天賦和缺陷，EMDR 治療的每個步驟都需要對這些加以尊重。有些階段相較之下提供較多彈性。準備期尤其如此，而且要視每位兒童及其家庭的需求加以完整地規劃。要分配多少時間來改正並修復適應不良的親子互動、單獨與兒童和／或照顧者工作、提供心理教育以及調節情緒，會依每個兒童的治療計畫與臨床全景而有所不同。重新處理階段也有彈性空間。也要視兒童的需求，運用不同種類的交織（interweave）。同樣地，這些需求在療程初期形成個案概念化及制定治療計畫時，就已被標註出來。為每位兒童所選擇的治療策略，除了根據適應性訊息處理模式與 EMDR 程序，也要顧及兒童和其家庭的特定需求。如果 EMDR 治療師開始介入時沒有清晰的治療全景，將會冒著缺乏治療方向的風險，把時間花在一些沒有明確目標的策略上。例如，一位正在和為父母離婚所苦的兒童工作的 EMDR 治療師，辨識出了兒童的憤怒，而在接案會談之後不久，就要兒童寫一封信。根據這位治療師的說法，這封信是要用來幫助兒童表達對父母的所有憤怒。治療師指出，她希望最終可以對這個兒童進行 EMDR 療法，但她覺得這孩子還沒準備好。當我們檢視這個案例以及治療策略如何選定時，發現顯然是缺乏方向和適當的個案概念化。這封信切合全盤的治療計畫嗎？兒童有無足夠的情緒調節能力，來支撐他對父母表達這些感受？此外，這位治療師似乎認為 EMDR 治療只等同於重新處理階段。事實上，以適應性訊息處理模式來概念化個案的那一刻起，EMDR

治療就已開始了。而且，我們不清楚寫這封信到底符合 EMDR 治療八階段中的哪一個。這封信的目的也不明。是為了藉由幫助孩子釋放憤怒情緒，來產生宣洩效果嗎？若是如此，這並非 EMDR 治療的目的。EMDR 的終極目標是整合、融合適應不良的素材，而不是宣洩。這個例子證明，若少了架構詳盡的臨床全景，治療可能雜亂無章、支離破碎，最終毫無效果。

在探索創傷記憶之前發展涵容能力（containment）：在處理複雜創傷時，應該於探索創傷記憶前，教導個案狀態轉換的策略。有些情況下則需要更多的穩定與準備工作。下一章將深入介紹這個部分，並詳述幾個可以協助兒童與照顧者調節情緒的策略。

41 摘要和結論

發展堅實、詳盡的個案規劃與治療計畫，是 EMDR 治療最終成效的樞紐。建構初步的臨床全景時，廣泛探索過去、現在以及未來目標非常重要。處理複雜創傷、不安全依附及解離，需要詳究過往與目前的親子互動，以及親子依附連結的品質。精細而周全地評估兒童與父母在創傷、失落和依附傷害方面的歷史，將為治療計畫的發展奠立基礎，從而獲致成功的結果。若以充分的時間來進行 EMDR 初始階段，長遠來看將省時又省力。本章著重於制定周全治療計畫的必要性，這會在整個 EMDR 治療的不同階段中提供明確的路徑與方向。

附錄：父母自評表

個案姓名：＿＿＿＿＿＿＿＿＿＿＿＿＿＿＿＿＿＿＿＿

照顧者姓名：＿＿＿＿＿＿＿＿＿＿＿＿＿＿＿＿＿＿

日期：＿＿＿＿＿＿＿＿＿＿＿＿＿＿＿＿＿＿＿＿＿＿

　　請幫助我了解你跟孩子之間的關係。這份量表涵蓋你身為家長的部分以及你和孩子互動的部分。麻煩你花一些時間想想下面這些任務對你的難易度，以 0 到 10 的分數來評量，0 表示沒有任何困難，10 表示非常困難，請根據你的實際情形圈選一個數字。每個問句下面，請你根據你的評分寫出一個你和孩子互動的例子。盡量憑直覺反應來作答，而不是回答你認為應該要或是想要有的互動。你提供的資訊越精確，我就越能協助你和孩子達成你們的治療目標。

1. 與孩子設定界限。

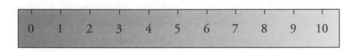

　　舉例：＿＿＿＿＿＿＿＿＿＿＿＿＿＿＿＿＿＿＿＿＿＿

2. 與孩子之間有能帶來滋養的身體接觸（例如眼神交流、擁抱等等）。

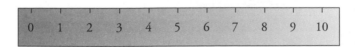

　　舉例：＿＿＿＿＿＿＿＿＿＿＿＿＿＿＿＿＿＿＿＿＿＿

3. 任何時刻我都能理解孩子當下的感受。

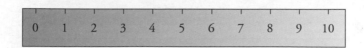

　　舉例：_____

42　4. 任何時刻我都知道孩子的需要。

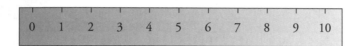

　　舉例：_____

5. 孩子受傷的時候，我能給予幫助。

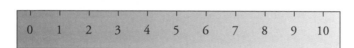

　　舉例：_____

6. 孩子生氣的時候，我能給予幫助。

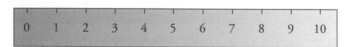

　　舉例：_____

7. 孩子害怕的時候，我能給予幫助。

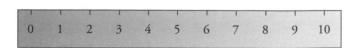

　　舉例：_____

8. 孩子傷心的時候，我能夠給予幫助。

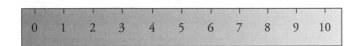

　　舉例：_____

9. 孩子情緒爆發的時候，我能夠冷靜下來。

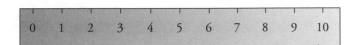

　　舉例：_____

10. 我不舒服的時候，能夠跟孩子設立界限。

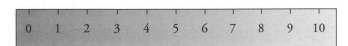

　　舉例：_____

11. 我能處理自己的擔憂和困擾。

　　舉例：_____

12. 能允許孩子自己安全地去探索這個世界。　　　　43

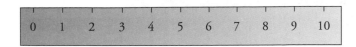

　　舉例：_____

13. 信任孩子。

舉例：_____

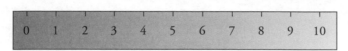

14. 相信我做為父母必然有能力幫助孩子。

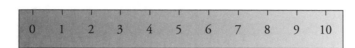

舉例：_____

15. 孩子表現不好的時候我能給予支持與撫慰。

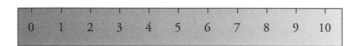

舉例：_____

16. 鼓勵孩子自由自在、自然呈現。

舉例：_____

17. 能跟孩子一起玩耍。

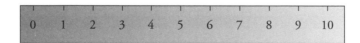

舉例：_____

【第三章】第二階段：準備

　　EMDR 在準備階段就要著手增強兒童耐受和調節情感的能力，以　45
便處理創傷素材。在 EMDR 治療最初的幾個階段，就應該開始提供
神經刺激，以改善兒童連結、調節、探索和遊戲的能力。對於缺乏適
當成長經驗的兒童來說，有必要藉由促進突觸形成新的連結，來刺激
神經與突觸生長，而要做到這點，得透過一再重複給予安全與連結的
矯正經驗。有依附創傷和解離傾向的兒童，在準備階段需要更多面向
的介入。由於這些兒童受傷的性質及其缺損的影響範圍，處理簡單創
傷的方式對他們是不足或沒有效果的。在整個準備階段中，需要觸及
不同系統，諸如：依附系統、防禦系統、遊戲和動機系統，以及情緒
和情感系統。對許多個案而言，發展健康自我感所需的經驗，從來不
是這些兒童生活中的一部分。根據培理（Perry, 2006），「在混亂、
忽視和威脅中成長的兒童，缺乏必要的基本經驗來展現他們基因中自
我調節、聯繫、溝通和思考的潛力。」（p. 28）這些兒童的生活中常
常完全沒有安全感和與人連結的記憶。因此，嘗試植入資源或使用狀
態變換的策略，例如「平靜安全的處所」，一開始可能會失敗。倘若
沒有適應性和正向的神經網絡，就無法重新處理創傷經驗（Shapiro,
2001）。根據培理和密蘇里大學堪薩斯分校心理學系助理教授翰布利
克（D. B. Perry & Erin Hambrick, 2008），「神經系統如果沒有受到
啟動，就無法加以改變；就像人如果只用聽的方式學習如何寫字而不
做任何練習，是無法學會寫字的。」（p. 42）考慮到這一點，在準備
階段可能就要運用一些活動與體驗，協助這類個案從中建立新的神經
體系，並使其社會參與系統重新上線。如果兒童從未經歷過安全的時
刻，就要促進其安全和調節的經驗。假使兒童沒有經歷過適當、健康
而帶有撫育性質的碰觸，便要鼓勵兒童感受這樣的碰觸並將之整合為

正向且具有調節意義的經驗。

與嚴重缺損的兒童工作時，在準備階段一開始，可以透過不同的途徑，提供連結、滋養、碰觸、遊戲和安全感的經驗，以便在兒童的神經系統中形成新的記憶網絡。讓兒童感受到內在調節的經驗，能創建新的神經激發形式，接著可以受到 EMDR 治療的程序與規則所強化與整合。此外，視個案情況的嚴重性和複雜程度，可能需要使用輔助的治療和活動，如治療性遊戲、身體性的介入、自我狀態策略、沙盤和遊戲治療以及肢體遊戲。諸如神經序列治療模型（Perry, 2006）、情感神經科學（Panksepp, 1998, 2009）、人際神經生物學（Siegel, 1999, 2010）、調節理論（Schore, 2001, 2009）以及多元迷走神經理論（Porges, 2011）等模式和理論，都可以讓我們更加理解情感系統廣泛失調的兒童在準備階段所需的工作。

EMDR 治療的準備階段及多元迷走神經理論

多元迷走神經理論提出了自主神經系統的階層模式（Porges, 2011）。根據伯吉斯的研究，身體狀態、內臟器官和大腦結構之間的雙向交互溝通，是通過自主神經系統來調節的。多元迷走神經理論強調副交感腹側迷走神經系統的重要性，而該系統使得個體既能有彈性地適應環境，也能與他人連結。伯吉斯強調自主神經狀態和社會行為與利社會（prosocial）情緒是相連結的。在複雜創傷的兒童身上，此系統的發展已因其早年和環境與照顧者之間的互動失調並造成創傷而受到損壞。正如伯吉斯（Porges, 2011）所述，心理病症的一個明確特徵是，人們無法在安全的環境中抑制防禦系統，並且無法在有危險的情況下啟動防禦系統。不能正確評估安危，或許是曾遭受忽視、虐待和有可怕依附經驗的兒童之核心困難。被診斷為反應性依附障礙的兒童，會對於危險和安全表現出伯吉斯所謂的「謬誤的神經覺」，以及受損的社會參與系統。根據伯吉斯（Porges, 2009），「不分年齡，只

46

要和社會隔離或孤立於人群之外，都會導致調節生理狀態的能力受到嚴重破壞，並使身、心健康俱受損害。」（p. 119）增進對社會參與系統的啟動和刺激，是準備階段的重要目標。與其他人一起進行以幫助兒童體驗安全和調節感的活動，定然會刺激腹側迷走神經結構。遊戲、趣味、歡笑、愉悅、運動和觸碰，能活化腹側迷走神經系統與大腦皮質區。在 EMDR 治療的初期，兒童及其家人可能需要透過治療性的家庭會談，藉以在某種程度上恢復和其他人的連結。此外，伯吉斯（Porges, 2011）提出了社會參與系統如何取決於我們調節臉部和頭部肌肉的能力：臉部和頭部肌肉的神經調節，會影響安全或危險的神經覺；臉部的情感表達可能啟動人對危險的神經知覺，結果是損害了情緒調節和社會參與。了解這些之後，就可以在準備階段一開始便涵蓋一些練習，漸進地刺激兒童進行眼神接觸、調整聲音以及隨情況變化展現臉部表情的能力，且在整個 EMDR 治療的不同階段都持續進行。

在準備階段觸及與刺激不同系統 47

在 EMDR 治療的不同階段，應包含有可能整合大腦不同情感與認知系統並促成情緒平衡狀態的策略與活動。考量到這點，和複雜創傷的兒童工作時，在準備階段就應該包括有助於發展、整合和療癒的下列系統活動與練習：

● **依附系統**：對此系統工作時，要提供具有矯正效果的依附經驗，才能在大腦中創造新的神經網絡，並使既存的神經網絡得到改善。這些經驗可以在大腦中創造新的放電型態，使自我與他人的連結產生正向關聯。強化親子依附關係的聯繫，並使他們之間發展出安全、信賴的關係，將會提供涵容和情緒的平衡，且擴展兒童的情感耐受度窗口。治療性遊戲的活動可能在準備期非常有用，且會是對 EMDR 很有幫助的輔助療法（見第十二章）。讓可提供矯正性經驗的成人加入兒童的支持系統是非常重要。在這樣的關係中帶來的鼓

舞氛圍，將會提供大腦皮質層發展所需的刺激。

● **防衛系統**：對此系統工作時，要讓兒童的社會參與系統有機會獲得發展。對許多兒童來說，早年持久的創傷，損害了社會參與系統長期的運作（Porges, 2009）。行動與否的反應因此受到制約，導致其社會互動嚴重缺損。即使環境裡小小的風吹草動，也會引發戰鬥、逃跑、凍結或僵直的反應（Porges, 2011）。所以，在準備階段使社會參與系統有機會開始受到訓練，就很重要。當 EMDR 治療開始時，請鼓勵父母讓兒童參加諸如摔跤遊戲、武術、舞蹈和音樂等活動。運用身體的策略，讓身體積極參與治療過程（見第十一章），可協助紓緩與調節大腦的下層部分。

● **遊戲和探索系統**：對此系統工作時，要提供遊戲、歡笑和帶來興奮的機會。針對動物和人類的研究都顯示出，當生物體處於警戒或恐懼狀態時，無法進行遊戲行為（Pellegrini, 2009; Panksepp, 2009; Brown, 2009）。在不安全、混亂、具傷害性和忽視的環境中成長的兒童，從來沒有機會發揮其遊戲的衝動。根據潘克賽普（Panksepp, 2009）的觀點，大腦皮質和社會腦是透過遊戲等方式，特別是肢體遊戲，來發展和建構的。考量到這點，我們就必須細細思量，某些缺乏或被剝奪遊戲的受創兒童所可能產生的經驗，會怎樣影響他們大腦中社會和情感迴路的發展。誠如前章所述，在收集案主生命史與制定治療計畫階段時，應包括對兒童遊戲經歷的徹底評估。我們應該強烈鼓勵父母在兒童接受 EMDR 治療期間，讓兒童參加肢體運動和好玩的肢體活動。此外，為了刺激和維持積極的社會參與系統，以及促進兒童腦內適應性和正向記憶系統的發展，在 EMDR 治療中加入有趣的策略和方法也是很重要的。保持良好的幽默感，讓歡笑成為與兒童和照顧者互動過程的一部分，可協助兒童和照顧者更能經驗並容許正向情感。不過重要的是，治療師要在足夠同步的情形下進行，這樣才不致超出兒童耐受刺激的範圍。要記住，兒童和照顧者對連結和熱情的接受度會有所不同。已經與自己的主要

48

照顧者發展成逃避型依附模式的兒童，或許會覺得治療師溫暖而滋養的互動過度刺激且失調。提供親近與撫育的接觸時，應視兒童能耐受的程度，漸進而行。不管怎樣，治療師必須讓兒童和照顧者有機會體驗親近與連結的時刻，而這可藉治療性遊戲、指導性遊戲治療、非指導性遊戲治療的策略來達成，讓照顧者與兒童得以在其中參與好玩有趣的互動。此外，在兒童經歷這些正向狀態時，包括觸摸、餵食、唱歌、大笑等，EMDR 治療師可以用雙側刺激（bilateral stimulation, BLS）來增強這些正向經驗。

● 情感和情緒系統：提供可加強兒童耐受和管理情感能力的互動經驗，應成為準備階段的重要部分。協助兒童感受涵容，是不可或缺的。至為關鍵的是，打造一個安全港灣，讓情緒、想法以及身體狀態在其中皆可被安全地擁抱、體驗、改造、處理和整合。

　　準備階段的主要目標之一，是擴展兒童耐受正負向情感的能力。安全處所、資源發展與深植（resource development and installation, RDI）以及涵容情緒的容器等，構成了在 EMDR 治療準備階段和兒童工作的一些策略與標準程序。提升兒童經驗正向情感的能力，是 EMDR 治療的基礎面向。在準備階段和整個 EMDR 治療過程，皆應給予有助於發展嶄新、正向神經連結的經驗。關鍵是與兒童的支持系統合作，以激發兒童和他人連結的能力。兒童對於和人連結、愛以及社交的需求是生物性的，因此要設法滿足這些需求、促進他們和別人有某種程度的連結，可增加兒童的安全感與涵容。示範包含遊戲、歡笑及連結的活動，可指引照顧者如何在家中繼續提供這些矯正性經驗。而所有這些正向情感經驗，都能藉由使用雙側刺激及資源發展與深植程序來強化。

讓兒童預備好進入 EMDR 治療

跟兒童談創傷

　　經歷過創傷的兒童，往往避免任何讓他回憶起創傷事件的機會。運用隱喻和譬喻，能幫助兒童與強大的情緒感受產生距離，而且隱喻和譬喻所構成的語言可以輕易觸及右腦。我們在夢裡就是透過符號、故事和譬喻來溝通。每個社會與世代的價值觀和傳統，都是藉由故事傳遞給新的世代。透過譬喻、隱喻和故事，EMDR 治療和創傷能更容易被接納與了解。以下是一些可用來向兒童解釋創傷的譬喻。

1. 晶洞的譬喻

　　這個譬喻可以幫助兒童看到創傷事件經過處理後，在生活中可能有的正向結果。晶洞是一種內部具有水晶體結構的岩穴。儘管外觀粗糙，但所有晶洞都擁有獨特的形狀、顏色和成分。它無法被看到的獨一無二特色，只有在晶洞裂開時才會被發現。當隱蔽的水晶體顯露出來，我們就找到寶藏了。當我們將創傷視為晶洞時，外表雖然很粗糙，但是，它的核心充滿著擴展和轉化的可能性。只有當我們接納它時，才能找到生命中的水晶。根據心理學家伊絲莉・卡瓦荷（Esly Carvalho）[19]，我們或許已從創傷及逆境的經歷中，學到關於自己以及我們是誰的謊言。我們可能學到我們是不可愛的、很壞、不配得到美好的事物。我們可以告訴兒童，EMDR 治療能幫助我們重獲關於自己到底是誰的真相。既然晶洞是創傷和逆境事件的象徵，我們可以邀請兒童隱喻式地敲開生命中的晶洞，來發現真正的自己。我們於是發現了水晶，它代表透過 EMDR 治療所找到的新的自我感。這對於年齡較大的兒童來說是一個強而有力的譬喻，可以搭建起關於創傷和療癒的第一座溝通橋樑。一旦兒童完成每個治療工作，你就可以給兒童一個晶

49

19　　原註：personal communication, August, 6, 2010.

洞，作為通過治療達成轉化的象徵。當兒童收到晶洞，很重要的是，以兒童在治療中所發現的新的正向情緒、認知與身體狀態，來一一為不同的水晶命名。

2. 珍珠的譬喻

　　這個譬喻的靈感來自一群參加我在厄瓜多訓練課程的 EMDR 治療師。珍珠的形成方式其實很不尋常。它的生命始於一個外來的異物進入牡蠣的身體內部。為了保護自己免受這種異物引起的刺激所影響，牡蠣會分泌一種物質。隨著時間的推移，這個異物被牡蠣分泌的保護物質一層層完全包覆起來，結果長成一顆令人驚嘆、絕妙非凡的珍珠。珍珠代表了牡蠣保護和防禦系統作用的成果。這是精彩的譬喻，可以幫助兒童理解、分辨、尊敬和慶賀他們為了保護和防衛自己免受負面事件影響所做的一切。此外，這也幫助他們了解，假使不打開蚌殼，就永不會發現自己在生命中創造的珍珠。EMDR 治療師可以巧妙地發明一些方法，協助兒童用小顆彩色岩石來創作自己的蚌殼，以代表他們的「生命珍珠」和生存資源。

3. 樹的譬喻

　　樹的譬喻，是在幫助兒童了解挑戰可能提供的轉化機會。在為了生存而努力的時候，我們從中產生了與眾不同的特質。你可以這樣說：「當一棵樹處在黑暗中，或是樹枝死亡了，樹還是會繼續向四方生長，永遠尋找著光。失去樹枝，使得樹的樣貌轉化，以不同尋常的方式生長，賦予樹獨特的形狀。當我們經歷生活中的挑戰時，也必須繼續伸展來找到光亮，才有機會成長和轉變。我做為幫手就是來支持你在你的生命中再度找到光亮。要記得，在你尋找光亮的同時，你裡面便會發展並成長出特殊的本質，使你成為獨一無二的你。」

50　**4. 裝滿亂七八糟東西的袋子的譬喻**

　　這個譬喻幫助兒童了解，當我們遭受創傷時會發生什麼，以及抑制這些記憶的潛在負面影響（Gomez, 2007）。你可以這樣說：「當討厭的事情發生在我們身上時，我們會有亂七八糟的感覺和想法。我們的頭腦、身體和心裡都很不舒服，就像帶著許多裝滿亂七八糟東西的袋子。當我們忙著提起所有這些袋子，我們的頭腦、身體和心裡就沒有空間來裝那些好的感受和想法。如果我們做些事來讓這些袋子小一點，甚至擺脫它們，就會有空間給好的感覺和想法了。」

5. 大腦的眼鏡的譬喻

　　這個譬喻是為了幫助兒童了解，我們在生活中的經歷如何形塑了大腦，並把現實著上不同的色彩。你可以說：「當我們在生活中遇到不好的經歷或事件時，我們的大腦會花更多或更少的注意力在任何類似的事情上。大腦可能把事情看得比實際大得多或小得多。大腦這麼做並沒有惡意。它其實是要確保我們不會受苦，或感到痛苦難受，可以好好活著。如果大腦認為發生的事情太嚴重，那麼我們的反應就可能小題大作。這實際上會讓我們陷入困境。如果大腦認為發生的事情不重要，那麼我們的反應就會掉以輕心，這會使我們處於危險之中，因為我們可能無法在真的有危險時保護自己。」舉出你知道的例子，或者用兒童生活中的例子：「例如，我知道你在學校有很多被欺負的經驗。現在如果有個同學對你說『你的眼鏡很滑稽』時，你會馬上打他一拳或把他推開。這就是因為你過去經歷過被欺負的經驗，現在你的大腦聽到其他同學說的任何話，都會覺得『他們要欺負我』。這就是用太嚴重的方式看待事情，結果使得你應對的方式也很強烈。例如，你會打其他同學，而這就讓你惹上麻煩了。重要的是，當你有這些強烈的感受和行為時，並不是因為你是一個壞孩子或很難搞，而是因為你的大腦把事情看得『太嚴重』或『太輕微』而已。會出現這種狀況，是因為過去在你身上發生過糟糕或令人討厭的事情。你一定

要記得，大腦這樣做是為了保護你，並確保你能活下來，並且不感到受傷。現在讓我們想想你的大腦可能看得太輕微或太嚴重的其他事情。」繼續幫助兒童辨識目前的誘因和有問題的反應。提醒兒童，目標是幫助大腦、心和身體處理那些以往發生的討厭事情，這樣才能看到事物真實的情況，並用讓自己覺得安全、和別人可以相處而且感覺良好的方式來回應。

6.「檔案」的譬喻

這個譬喻非常適用於年齡較大或青春前期的兒童。你可以運用一般的文件或是電腦檔案夾的概念來譬喻，請視情況採用。你可以說：「當我們在生活中發生壞事或負面事件時，大腦會創造出許多檔案，用來存放與那個事件相關的所有感覺、想法和身體感受。只要事情不是『太糟糕』，大腦就有能力在儲存這些資料前進行處理，並將它們封鎖起來成為記憶。儲存的內容都經過整理和組織，所以負面的東西已經處理掉了，讓我們只會留下好的東西，並從這種經驗中學習。然而，當事件真的很糟糕或發生過好幾次時，這些檔案就會超過負荷，大腦也無法完成重整工作。結果，所有的檔案都亂七八糟而且片片段段，沒有經過大腦組織整理。我們稱為「誘因」的各種生活事件，就能夠點擊這些檔案然後打開這些文件（如果使用電腦檔案的譬喻）。例如……（說出這位兒童當前的一些誘因），當這些誘因打開文件時，我們又再度經驗到壞事發生時的混亂情緒、想法和身體反應。因為大腦還沒有整理過這些檔案的所有片段，我們甚至沒有注意到這些檔案正在被打開。這導致我們的反應或行為可能『太巨大』（過度的反應。說出一些兒童目前的反應、症狀或問題）或『太輕微』（由於停頓—關閉的回應機制受到啟動而缺乏反應）。」

51

跟兒童談 EMDR 治療

與兒童一起討論過創傷的概念後，就是我們介紹 EMDR 治療的

絕佳時機。如果你用的是晶洞的譬喻，可以說：「我知道怎麼幫助你處理晶洞，找到你生命中隱藏的水晶，並發現你真正的樣子。」如果使用樹的譬喻，可以說明你們兩個人能夠如何一起合作，找到兒童生命中的光。藉由這種做法，兒童受傷的區域就可以變得更茁壯。如果你使用裝滿亂七八糟東西的袋子作譬喻，可以說：「我知道一個叫做EMDR的東西可以幫助小孩讓裝滿混亂感覺和想法的袋子變得更小，甚至可以擺脫它們。如此一來，你就可以在腦袋、心裡和身體中留出空間給好的感受和想法。」如果你使用大腦眼鏡的譬喻，可以說：「我知道有個叫做EMDR的東西可以幫助大腦處理過去所有不好的經驗，這樣大腦就不會用『太嚴重』或『太輕微』的方式看待事物，而是能看到事物真正的狀況。」如果使用的是檔案的譬喻，就說：「我知道一個叫做EMDR的東西，可以幫助你處理那些讓你有……（說出兒童的症狀和當前的問題）的檔案。EMDR可以幫助你整理檔案，將片片段段的東西全收集在一起，然後好好分類，因此在有些人或有些事點擊這些檔案時，你就不會再有負面情緒和想法，反而是能夠記得你從這個困境中學到的經驗。」

接著繼續這樣解釋EMDR治療：「當我們做EMDR時，你會把眼球從一邊轉動到另一邊時，心裡想著發生在你身上的不好或令人討厭的事情。我們這樣做的時候，你的大腦就可以整理檔案，將所有片段聚集在一起，並組織起來，這樣你就可以放下混亂的感覺、想法和身體感受，同時保留好的部分。如果你很難轉動眼球，我們可以用輕拍的方式或使用耳機（展示設備並讓兒童把玩）。做EMDR時，你可以說出你想到的任何事情、你的任何感受或者你的身體有什麼感覺；做EMDR時沒有什麼是正確或錯誤的。」

你也可以運用我寫的繪本《黑暗、糟糕的一天……走開》（*Dark, Bad Day…Go Away*），書中內容便是跟兒童解釋EMDR。這個繪本使用消化的譬喻，來解釋因為逆境事件和創傷而在大腦中發生的事情，以及EMDR如何提供幫助。要強調EMDR如何幫助兒童找到他們真正的

樣子。你可以對孩子說：「遇到不好的事情時，我們學到許多關於自己是誰的糟糕想法。我們或許學到了自己很壞，或者我們不配得到生活中的美好事物。我們可能已學會傷心或無時無刻感到害怕。我們的身體或許學到了感覺疲倦或總是忙個不停。當我們進行 EMDR 時，我們會去看看發生在我們身上的壞事所留下的記憶，這樣我們才能找到關於我們是誰的真相。記住，我們只是去看看記憶而已。它沒有再次發生；這只是在我們腦袋裡去拜訪一下而已。然後，我們會發現自己有多好，而且值得生命中美好的事物。我們可以學會快樂，並再次發現令人興奮的感受。我們的身體可能會找到一個更能感受到活力的方式，並且也可以靜靜地享受安寧的時刻。如果我們把所有討厭的東西都留在心裡，可能就永遠不會發現我們真正的樣子，然後繼續活在不真實的謊言裡。所以，讓我們啟程去找到真相吧。」

說明雙側刺激的不同形式

描述雙側刺激的不同形式時，請和兒童一一演練不同的選項。解釋眼動時，可使用一組我稱之為「EMDR 幫手」的指偶，名字取自以首字母縮寫呈現的 EMDR：伊莉莎白（Elizabeth）、馬利歐（Mario）、大衛（David）、羅比（Robbie）（Gomez, 2007, 2009）。假使兒童難以運用眼動方式，這些 EMDR 幫手還能提供觸覺刺激。你也可以為 EMDR 幫手創作一首歌曲，讓過程更好玩、更吸引小孩。

眼動可以用魔杖、手偶、雷射筆等等來進行。在個別與團體的治療中，蝴蝶擁抱（butterfly hug）已經廣泛用於成人和兒童（Artigas, 1999）。也可運用打鼓、行走或跺腳。此外，還能用畫筆和羽毛來提供觸覺雙側刺激。

討論在重新處理程序中經歷負面情感時的可能後果

這是 EMDR 治療中必須早早就提及的面向，否則很可能一旦負面情感受到啟動時兒童便會停止療程。兒童或許會期待一展開重新處理

程序後便立刻獲得解脫。因此，他們可能會覺得 EMDR 治療沒有幫助，甚至是可怕的。他們也可能覺得被治療師騙了，因為治療師向他們保證過 EMDR 治療會幫助他們感覺好些。所以為了讓過程不會出乎預料，治療師可以這樣說：「如果在過程中你開始覺得一些想法、感覺和身體感受困擾著你，這是你的大腦在發出信號，讓你知道它正在處理這些檔案或袋子，而且檔案裡的一些東西出現了，好讓大腦可以收集起來。重要的是讓大腦繼續工作。但要是去看看那些過去的記憶或令人討厭的東西變得太困難，你可以隨時喊停或舉手要求中止 EMDR 的進行。」

強調當下的察覺

　　在重新處理創傷記憶時，能持續感受到當下的安全，乃是一大關鍵（Shapiro, 2001）。高度受創的兒童往往避免記住創傷事件，因為他們害怕被困在這些記憶中而無法逃脫。他們感到無力改變或控制與這些記憶相關的情緒。這可能導致許多學者所稱的「對恐懼的害怕」（van der Kolk, 1996）或「對創傷的畏懼」（van der Hart, 2006）。讓過程在預期範圍內，並強調「去看看」記憶不會看很久也不會一直看下去，能幫助兒童駕馭這種恐懼。下面是可以如何處理這個議題的範例。你可以說：「我們只是在腦海中看看那些記憶，隨時可以離開並回來。我們沒有要回到過去或留在那裡。當我們一起看看這些記憶時，這些事件或事情並不是再度發生，也沒有人會來傷害你。請記得，你在此時此地是安全的。」要提供足夠的資源來增強兒童的安全感和涵容感。本章會廣泛介紹如何協助複雜創傷的兒童發展資源。

　　另一個可用於兒童的譬喻是「水池」。這個譬喻也有助於 EMDR 治療師對複雜個案所需進行的工作有清楚的概念。一個可用來代表創傷與艱苦記憶的象徵，是「水池」。單一創傷可被看作是兒童大概能立即跳進去的「水池」，因為他們已經擁有所需的救生衣（資源），相當快便可以潛入水池中（創傷和逆境事件）。然而，複雜創傷兒童

53

進入治療的時候，所面對的是既深又具挑戰性的水池，帶著「對水池的畏懼」，而且沒有任何漂浮的裝備。所以最初的工作將會是幫助兒童發展出適合的漂浮裝備，並克服對水池的畏懼。即使有適當的救生衣，複雜創傷兒童也會害怕進入水池，因此需要運用「進進出出」水池的策略。一開始，兒童只要放一根手指在水池裡，然後就縮回來。接著是整隻手放進去，依此類推下去，直到兒童和治療師可以完全潛入水池。使用此譬喻前，請先確認兒童沒有和溺水相關或在水池裡發生的逆境經驗。當然，兒童只需要一個簡單的解釋，來理解「進出」水池「拜訪」的概念，直到他們能夠駕馭這些拜訪，並將水池留在過去。喜歡游泳和玩水的兒童，會發現這種譬喻有趣且樂在其中。這些兒童可以自己創造有助於拜訪水池的救生衣。而救生衣和漂浮裝置，包括了所有兒童正在發展的資源。我們甚至可以把真正的救生衣帶進治療室，將所有資源綁在救生衣上，讓兒童覺得更身歷其境。

解釋停止信號

在教導與練習停止信號時，請確認你已經讓兒童知道：只有在感覺太強烈而且超出我們所能控制的情況下，我們才停止。另一方面，要讓兒童放心。讓兒童知道，停下來休息是妥當的：這並不表示他／她不勇敢或不堅強。再一次，提醒兒童：「盡可能讓大腦努力做好它該做的工作；但是如果工作變得太難了，我們可以使用停止信號。」如果沒有清楚解釋這一點，兒童可能會在每次觸及負向情感或創傷素材時便使用停止信號。

創造一個安全處所

經歷複雜創傷以及未和照顧者發展出安全依附基礎的兒童，往往在情緒調節上具有很大的缺損。所以，他們無法辨識出平靜、安全或快樂的處所。他們就是缺少那些含有讓人感到安全的訊息的記憶網絡。這些兒童從來沒有形成這些記憶網絡的實際經驗。甚至，即使兒

童能夠找到一個平靜或安全的地方，在開始雙側刺激後，這個安全處所常常會受到污染。兒童可能會提到對那個處所有負面聯想，或者當雙側刺激開始時，兒童會很快觸及擾人的素材。

運用雙側刺激來重新處理創傷記憶時，大腦似乎發生了合成作用，把含有適應不良訊息的記憶網絡結合起來，並鏈結到包含適應性與正向訊息的網絡（Shapiro, 2001）。不同系統的記憶網絡之間結合與鏈結的情況，似乎造成記憶的不同層面整合到更大的適應性記憶網絡。在準備階段，雙側刺激被用來強化含有資源以及精熟經驗的記憶網絡。為了增強這些網絡，同時避免兒童觸及擾人的資訊，這時的雙
54 側刺激是短回合而速度放慢的。然而，嚴重創傷的兒童還是可能容易較快觸及創傷素材，即使正在發展與深植資源時亦然。如果看一下第三類個案的大腦圖解（見第一章），我們可以假設，包含適應性和正向資訊的網絡幾乎不存在。結果，在開始用雙側刺激而觸及包含安全感訊息的記憶系統時，可能很快就鏈結到適應不良而擾人的訊息。甚至，即使是在植入資源的時候，兒童可能更快速進入過高、過低喚起以及解離狀態。第一類個案則已經和照顧者有過安全、撫育與連結的經驗。對於這些兒童來說，找到一個安全的地方通常很容易。在進行資源發展與深植時，這些兒童觸及擾人訊息的可能性很少。相反地，第二類個案和第三類個案呈現重大缺損，他們和照顧者鮮少或完全沒有過安全、愛與連結的經驗。幾乎可以預料到，這些兒童將難以辨識與運用資源或者狀態改變的策略，例如進入「平靜安全處所」。因為這些兒童在許多地方呈現出缺損，所以可能需要廣泛的準備工作。而讓過程好玩有趣，會對準備階段有幫助。一位早年經歷嚴重忽視的七歲男孩，抗拒使用平靜安全處所的標準程序。儘管之前有很多的準備，而且環境上的穩定度良好，但他對任何活動總是覺得「好無聊」。我必須想出一個有趣的活動來提升他的動機和參與度。我發現他非常喜歡遊戲和吃洋芋片。我問他要不要參加一個想像的電視節目，叫做「誰是洋芋片百萬富翁」。在這個節目中，他得為了贏得洋

芋片而參賽。他好興奮，同意玩這個我提議的想像遊戲。然後，我開始說：「各位女士，各位先生，歡迎來到我們的節目，『誰是洋芋片百萬富翁』。首先讓我們介紹第一位參賽者，請告訴我們你的名字。」我便用麥克風訪問他一些生活上的基本問題，並說明這些問題都和找到一個安全、快樂的地方有關。然後我說：「現在，贏得洋芋片的挑戰即將開始，準備好了嗎？請找到一個讓你覺得快樂、平靜或安全的地方。這個地方可以是真實的，也可以是想像的。請記得，這地方絕對不會發生任何糟糕或討厭的事情。」然後他真的找到了一個地方，贏得了他的第一包洋芋片。下一個問題是，在想到平靜、安全、快樂的地方時，他有什麼感受？結果他再次找到了自己的感受，又贏得另一包洋芋片。整段時間裡，我持續扮演電視節目主持人，而他則嬉鬧地遵循平靜安全處所標準程序中的每個步驟。當我問他，是什麼讓他較容易進行平靜、安全、快樂處所的工作，他說假裝在上節目，令人有勁。這裡的目標並不是用洋芋片來正向增強他的每個回應，而是為了激發他的遊戲系統和社會參與系統，使這男孩覺得有趣、被吸引的同時，又能學習並演練 EMDR 中狀態改變的活動。

　　一些難以找到平靜、安全、快樂處所的兒童，或許可以從夢境發現這個處所。問問他們有沒有夢過平靜、安全或快樂的地方，請他們描述或畫張圖呈現這個地方。如果他們沒有做過這樣的夢，告訴他們，可以向「夢中的自己」或「正在作夢的我」要求一個平靜、安全、快樂的地方。讓他們知道，有時候「夢中的自己」可能會有這個特別的地方，也可能沒有。讓兒童知道，「夢中的自己」若沒有平靜、安全、快樂的處所，也沒關係。

平靜—安全—快樂處所的標準程序

　　如果兒童成功地完成了平靜安全處所的標準程序，激勵兒童在面對環境中的誘因時去實際運用，是一個重要的目標。每次當兒童能夠

運用平靜安全處所，他們改變情感狀態和調節內在狀態的能力就會增強。為了幫助兒童在需要時使用平靜安全處所，首先要找出誘因（trigger）在兒童生活中出現的時機。這將幫你決定什麼才是協助兒童記得使用此程序的最佳方式。如果兒童最容易在夜晚被觸發，在兒童房間裡擺一幅用夜光漆繪製的圖畫做為安全處所，或許會有幫助。如果兒童大部分被觸發的情境是學校，那麼一個代表轉換的物品或一塊附有安全處所圖像的手帕，讓兒童可以隨身攜帶，會更合適。底下這些點子可以幫你設定更為可用、更能鼓舞和吸引兒童的安全處所。

● 請兒童在沙箱中創造一個安全或快樂的地方。拍下照片並給兒童一張，讓他可以放在自己的房間。

● 讓兒童畫一張安全或快樂處所的圖畫，並使用夜光漆塗料描繪輪廓。之後兒童可以把這張圖畫放在自己的床邊，這樣當兒童驚醒時，就可以看到安全的處所。兒童還可以用布料彩繪筆在自己的枕頭套畫上安全處所或其他任何資源的圖樣（見圖 3.1）。

● 讓兒童用布料彩繪筆在一小塊布料上畫出安全、快樂的地方，教兒童把這塊布料放在自己的口袋帶著去上學。這樣可以確保兒童要是被觸發或者感到不安時，更容易觸及安全處所。

● 讓兒童挑選一個物品代表平靜安全的處所。它可以是兒童能隨時攜帶的小石頭或圖片。如果兒童被觸發了，這個具有轉換意義的物品可以讓兒童想起安全處所。記得要跟兒童強調，安全的地方就在自己的腦袋中和心裡，沒有人拿得走。兒童必須知道，即使那個物品遺失了，安全的處所總是與他同在。

● 結合心率監測儀（HeartMath® 或 EmWave®）來進行平靜安全處所這項程序。這種生物反饋技術可以增強兒童在需要時使用安全處所的動機。它還有助於兒童與自己的身體感覺與內部狀態建立連結。

● 指甲彩繪也是一種可以增加動機的方式，促使兒童運用平靜—安全—快樂的處所。為每一片指甲創造一個代表安全處所的符號。符號

56

圖 3.1　枕頭套上有我的幫手們

可以是點、線，或能聯想起安全處所的特定指甲油顏色。通常這對
女孩會非常有效。此外，這個安全處所會有至少一星期就在兒童眼
前。

● 運用美術、工藝品和遊戲治療策略。利用安全處所的元素或提示
詞，來創作出手鐲和項鍊。這可增加兒童在感覺被激發時運用安全
處所的可能性。如果兒童提到成功運用了安全處所時，治療師可以
使用雙側刺激植入這個經驗。請兒童清楚說出自己運用安全處所把
負面轉移到正面狀態那個時刻的印象。辨識出與這個成功經驗相關
的情緒，以及在身體哪裡感受到。然後，施行短回合、慢速的雙側
刺激。這可以在每次兒童能夠有效運用安全處所或其他任何兒童自
己找出的資源時進行。這些經驗構成了勝利的行動（constitute acts of
triumph）（Janet, 1907; Ogden, 2006）。在準備階段，重要的是營造
一個兒童可以感受到成功和被賦能的氛圍。只要兒童有試圖運用安
全處所或治療中植入和發展的其他資源，哪怕只有小小的嘗試，也

要特別指出來。

當安全之處不存在

　　有時候，儘管治療師用盡全力，兒童還是找不到一個安全處所，或者這地方在使用雙側刺激後被污染而變成負向。平靜—安全處所的標準程序也可作為一種診斷工具，幫助我們識別需要更多準備以及情緒調節嚴重缺損的兒童。當兒童找不到安全處所時，必須採行以下步驟：

　　一、徹底評估家庭與學校環境的安全和穩定程度：更加深入評估兒童的家庭和學校環境。在開始或企圖探索或重新處理創傷素材之前，確保當下擁有安全感是非常基本的要求。如果兒童處於混亂和創傷的環境中，應該針對家庭系統的穩定進行工作，或者伴隨任何與兒童的個別治療同時進行。如果創傷目前仍在發生，那麼準備階段應該將一部分工作投入於讓與兒童最親近的家庭系統達到恰當程度的穩定和安全。如果兒童在學校被欺凌，就應該採取適當措施確保兒童在學校的安全。一旦達到合宜的安全和穩定，你就可再度使用平靜—安全處所的標準程序。這一次，兒童可能會有不同的反應。

57　　二、找出此時此地的活動以及喜悅、安全或平靜的時刻：為了避免兒童太快觸及負面情緒，當你要植入安全處所時，請試著讓它更為具體並與當下相關。辨識出兒童在療程中享受和你一起的時刻或活動。如果你們在玩培樂多黏土，教兒童注意參與這個活動時在「此時此地」所經歷到的感受。如果兒童表示自己的感受是正向情緒，就問他是在身體哪裡感覺到，接著使用雙側刺激將當下這個安全、愉悅、好玩或平靜的時刻植入。問問兒童喜歡的活動有哪些。如果兒童說舞蹈讓人覺得愉快，那就播放音樂、跟兒童一起跳舞。然後暫停一下，問兒童一起跳舞的感覺是如何，以及這些好的感覺在身體哪些地方逗留，接著使用速度非常緩慢的短回合雙側刺激來植入。加入好玩的策

略也有助於兒童保持在正向的情緒狀態中。下面是平靜—安全—快樂活動的標準程序。這個程序適用於那些找不到安全處所，或雖然找到安全處所卻很快被污染的兒童。如果兒童難以完成整個程序，可以使用簡化的版本，只「捕捉」兒童在療程中的愉悅時刻。辨認與此經驗相關的情緒，以及在身體哪裡感受到，然後植入這些正向狀態。有些兒童可能無法在一開始運用整個程序。只有等到正向情緒狀態在幾個療程中獲得增強並且留意到了，兒童才有可能從負向的情緒狀態擺盪到正向的情緒狀態。

平靜—安全—快樂的活動

　　這個部分是經過同意後從 EMDR 學院（EMDR Institute）的訓練手冊改寫而來的。對兒童說：「我們今天要對一些好東西練習 EMDR。你今天想用哪種 EMDR 小幫手？」讓兒童有機會選擇不同的玩偶來協助雙側刺激的進行。

　　一、影像：如果兒童已經投入一項有趣的活動，看起來樂在其中，你可以說：「我看到你真的很投入，你對我們現在正在做的事情有多喜歡呢？」如果兒童並不投入一個好玩的活動，你可以問：「哪些事是你真的很喜歡而且可以讓我們在這裡一起做的呢？」給兒童一些選擇，像是：「你喜歡畫畫嗎？你喜歡跳舞或是聽音樂？你喜歡玩球還是玩黏土？」一旦你和兒童開始進行好玩、有趣或輕鬆的活動，就再次跟兒童檢核這活動是否擁有正向關聯。

　　二、情緒和感受：你可以說：「現在，你對我們一起玩（活動的名稱或描述兒童此刻正在做什麼）有什麼感覺？」假使兒童說不出來，提供他一些感覺的選項。如果兒童陳述了正向的感受，就繼續幫助兒童辨識這個情緒：「你是否感到快樂、興奮、高興、安全、平靜？你在身體裡面的哪些地方感受到這些感覺？你可以使用情緒發覺

工具（譯註：見第四章）來找到內在的感受。」除非那個情緒是正面的，否則不要給予強化。如果出現負向的感覺或關聯，請協助兒童另找其他不同的活動。

58 　　**三、強化感受**：你可以說：「我想請你注意你正在做的或正在玩的（描述兒童和你現在正在做什麼），還有你此刻的感覺（重複兒童剛剛說的感覺），以及你在身體哪裡感覺到這些。」

　　四、雙側刺激：你可以說：「現在你已經把注意力放在你正在做的或正在玩的遊戲以及你現在出現的感覺（重複兒童說的情緒字眼）還有你在身體哪裡感受到，那麼我要請你做蝴蝶擁抱，或者用眼睛跟著這個玩偶（說出兒童選擇的 EMDR 小幫手名字），或是讓 EMDR 小幫手輕輕拍打你的手。」你也可以用軟刷子和羽毛來提供觸覺刺激。做四回合慢速的雙側刺激。假使與這個平靜—安全—快樂活動關聯的情緒及正向聯結持續增強，就再重複二至三次。

　　五、提示詞：你可以說：「你能不能想出一個特殊的詞，來幫你記住現在做（重複兒童正在從事的活動）時所擁有的好感覺呢？任何你想要的詞都可以。」

　　你可以這樣說：「現在我希望你繼續做你正在做的事情，並且注意所有好的感覺（重複兒童辨認出的情緒），同時在腦海中重複這個詞（說出這個提示詞），然後視線跟著（說出兒童選擇的 EMDR 小幫手名字）移動。」做四回合慢速的雙側刺激。重複數次。

　　六、在中性情境下使用提示詞：和複雜創傷兒童一起工作時，允許兒童進入輕度困擾事件之前，先在中性情境下練習，會有所幫助（Adler-Tapia & Settle, 2008）。你可以說：「請你想一件生活中的事情，例如離開這個房間之後你要去做的事，或者是某個電視節目或卡通人物。我要你想的是不好也不壞的東西，普普通通的就好。」當兒童指出了他所想到的情境，就跟他說：「現在我要說那個特殊的詞（說出那個提示詞），然後我要你用想的，或真的開始玩剛剛我們一起玩的那個很棒的（說出活動的名稱）。」讓兒童花些時間在腦海想

一想那個活動，或實際玩一下那個活動。然後問：「你現在感覺怎麼樣？」如果他回答正向情緒，你可以說：「好，繼續想著那些好的感覺（重複兒童所說的正向情緒），同時做蝴蝶擁抱，你也可以用眼睛跟著（說出 EMDR 小幫手的名字），或讓 EMDR 小幫手輕輕拍打你的手。」進行數次慢速度短回合的雙側刺激。

　　七、在困擾下使用提示詞：你可以說：「請你想一件生活中有點讓人煩惱的事情。」當兒童指出自己想到的情境後，讓他停在此負面狀態裡幾秒鐘。記得，我們同時也在幫兒童建立情感的耐受度。然後說：「現在我要說那一個特殊的詞（說出提示詞），然後請你開始玩或做我們剛剛玩的那個很棒的（說出活動名稱）。」讓兒童花一點時間投入平靜、安全、快樂的活動。然後你可以問：「你現在感覺如何？」如果兒童回答的是正向情緒，就說：「好，繼續想著那些好的感覺（說出兒童所說的正向情緒），同時做蝴蝶擁抱，你也可以用眼睛跟著（說出 EMDR 小幫手的名字），或讓 EMDR 小幫手輕輕拍打你的手。」進行數次慢速度短回合的雙側刺激。請記住，此時我們實際上是在強化兒童所達成的狀態轉變，而不是活動本身。

　　八、在困擾情境下自行使用提示詞：說，「我希望你再想一次生活中讓人有點討厭的或讓你有一點點煩的事。你一想到，就跟我說。」等兒童告訴你他已經想到了，便跟他說：「這次你要自己進行。你要用你的特殊的詞並且玩或做我們剛剛一起進行的那個很棒的活動或遊戲。」給兒童足夠的時間投入那個快樂、安全的活動。然後問他：「你現在感覺如何？」如果兒童回答的是正向情緒，就跟他說：「做得好！現在，繼續想著那些好的感覺（重複兒童所說的正向情緒）同時做蝴蝶擁抱，你也可以用眼睛跟著（說出 EMDR 小幫手的名字），或讓 EMDR 小幫手輕輕拍打你的手。」進行慢速度短回合的雙側刺激。

　　九、練習：鼓勵兒童運用那個特殊的詞和那項平靜、安全、快樂的活動。如果父母沒在現場，事後花點時間和他們一起討論你剛剛做

了什麼，以及他們可以如何鼓勵兒童運用那個特殊的詞和那項平靜、安全、快樂的活動。

你可以告訴兒童：「每當你感到沮喪、覺得很糟或有亂七八糟的感覺，都可以使用那個特殊的詞（說出提示詞），來幫你回想我們一起玩過的酷遊戲或酷活動，然後重新獲得那些好的感覺。你也可以自己玩我們玩過的酷遊戲，讓快樂和好的感覺回來。」

請注意，只有在兒童已經從負向情緒狀態轉換為正向情緒狀態以後，才加入雙側刺激。這跟 EMDR 基礎訓練現在傳授的有所不同。我的臨床觀點是，在狀態轉換發生時去增強兒童轉換的能力很重要。情感狀態的改變就構成了「勝利的行動」，應該加以認可和植入。然而我們須謹慎，只在兒童處於正向情感狀態時，才施以雙側刺激。在這個治療階段，我們要避免引發任何具創傷和適應不良的素材。

安全—快樂處所或活動的標準程序，可藉由具體且好玩的提示物來加強。例如，兒童可以在想到輕微困擾事物或安全處所時，分別選擇不同的帽子、靠枕或彩色地墊。每當兒童從一個情感狀態轉換到另一個情感狀態時，就換頂帽子、抱住不同顏色的靠枕，或站在顏色不同的地墊上。從一開始，兒童就可以選頂帽子、靠枕或地墊，來代表「有點討厭的事物」，然後另外選一個來代表安全、快樂的處所或活動。加入具體的物品及趣味性，將使這過程對兒童更好玩、更有吸引力。

創造涵容感

兒童感受到被涵容的能力，是透過不同的途徑達成的。第一個途徑是透過生活中與重要他人的關係，包括與照顧者、朋友、老師和治療師的關係。擁有可以有效調節兒童變動的內在狀態的家長與治療師，是情感調節能力發展的基石（Schore, 2009, 2010）。這些對偶互動

很有可能帶給兒童最大的涵容感。第二個途徑來自治療會談的步調。要讓兒童保持足夠的參與和刺激，但不至於壓垮其內在系統的調節能力。實際上，有各式活動和物品可以幫助兒童感到更被涵容和得到調節。在我的臨床經驗中，使用玩偶、毯子、靠墊、雨傘和其他玩具與物品，都可以強化兒童的涵容感。有創意地運用所有這些物品，能為兒童創造奇蹟。以下是我在 EMDR 治療不同階段中為了替兒童創造涵容感，所使用的一些富有想像力與好玩的策略。

害羞毛毯跟隱形帽子

這種毯子是用來幫助兒童在探索、擁抱與處理困擾的素材時，感受到涵容。害羞毛毯是一條毛料的毯子，讓兒童能躲藏其中卻依然可以看見外面的世界；他們看得到，但不會被看到。這種毯子應該要有一些重量，以便在身體感官上提供涵容的體驗。在毯子底下，兒童可以做他們原本無法忍受的行為，像是與照顧者有眼神的接觸、說出未表達的話語，以及完成 EMDR 重新處理過程中的防禦性反應。他們也可能會在毯子下感到被涵容的同時，開始與治療師一起探索逆境和創傷事件。與害羞毛毯類似的是隱形帽子。這頂帽子的製作材料，可讓兒童看到別人，自己卻不會被看見。它可達到和毯子相同的效果，並能以類似方式使用。

軟墊屋

運用一點想像力，就可以在治療室打造讓兒童感到更被涵容的空間。在桌子底下圍著一圈靠枕，就成了一個軟墊屋。用幾把傘也可以做成「傘屋」。在治療的初期便要將這些具體的涵容物品介紹給兒童，並可用於 EMDR 治療的任何時候。這些方法往往在探索、處理和整合困擾事件時，更能派上用場。

軟墊屋的點子來自於數年前和一名六歲兒童的工作。該兒童對另一名兒童有性方面的舉動。在治療過程中提及這件事的時候，他感到

非常羞恥和困窘。我問他需要什麼來「幫助大腦咀嚼混亂的感覺和想法」，他說他需要覺得更安全，還想要躲起來。他指出「家」令他感到安全，也是他想躲藏的地方。我問他如果我們為他打造一間小小軟墊屋，讓治療室變得更像他的家，這樣好不好。當他聽到這個主意時，眼睛都亮了。幾分鐘後，他就打開心扉，願意處理這段記憶。他待在軟墊屋裡，而我繼續從外面與他一起工作。這個記憶大部分的重新處理程序，都是他待在軟墊屋裡完成的。他甚至邀請母親和他一起待在軟墊屋內。在植入正向認知與身體掃描階段，他已經有辦法在軟墊屋外頭進行。此時，他不再需要這種層次的涵容。在我的臨床經驗中，這個簡單的策略可以幫助一些兒童感到更被涵容，並維持適度的耐受度窗口。然而，兒童來接受治療的時候，需求和挑戰各不相同。因此，對一個兒童有幫助的策略，可能對另一個兒童有反效果。記住這點之後，對一個曾被強迫待在禁閉空間的兒童來說，軟墊屋就不是個好點子，事實上，還可能太過刺激、引發失調。

小幫手

把指偶、手偶、填充動物玩具標為「小幫手」，會蠻有助益。兒童可以指定動物為小幫手，以隨時就近提供支持。在探索令人痛苦的素材時，有小幫手在旁可以協助營造安全和支持的氛圍。針對不同的情況、問題或感受，可以有不同的小幫手。在我的治療室，有一隻名為可可的大白虎。我會跟兒童說，當他們覺得害怕的時候，可可很樂意幫忙。還有一隻叫默里斯的貓，則喜歡幫忙覺得尷尬的兒童。牠們喜歡坐在兒童旁邊，或讓兒童摸摸牠們，用這樣的方式來給予幫助。再一次提醒，在你的治療室營造出好玩、有趣、安全和支持的氛圍，能促進 EMDR 的標準程序與步驟的使用。

對講機

運用其他涵容策略（例如害羞毛毯、軟墊屋、傘屋）時，若再加

上對講機，不僅讓過程更有趣、吸引人，還能促進兒童和治療師之間的溝通。如果兒童需要與治療師保持距離，透過對講機仍然可以進行溝通，而這通常使溝通變得非常好玩有趣。在 EMDR 療程中讓遊戲和社會參與系統保持活躍，也正是在讓兒童維持在可忍受的喚起程度內。整個對記憶的探索、評估階段和重新處理階段，都可以讓兒童在軟墊屋內或是害羞毛毯下完成；兒童和治療師之間的溝通便全程透過對講機進行。

想像的容器

　　長久以來，容器的譬喻受到各種不同取向的治療師所運用，EMDR 治療也不例外。你可運用下面的例句，將容器的譬喻介紹給兒童。你可以說：「我們要來做一個很酷的東西，讓你在出現亂七八糟的想法或感覺時，可以用來幫助自己。先在你的腦海中想像一個箱子、罐子或盒子，你也可以把它畫出來。這個罐子或盒子很特別，因為你可以把任何煩人或亂七八糟的東西都放在裡面。第一步是選擇罐子或盒子的形狀。選好形狀後，再來選容器的材質，可以是金屬、木頭、玻璃或任何其他你想要的材質。選好形狀和材質後，再來選顏色。記得幫它找個蓋子。你也可以加上不同的東西來裝飾這個容器。裝飾完畢後，請你挑個放置容器的地方。可以在我的辦公室，或其他任何你想放的地方。你還可以挑選罐子或盒子的守護者，比方說蜘蛛人、天使或任何重要的小幫手，來守護容器的安全。」一旦兒童製成容器，請他或她練習把任何可能的困擾放進去。你可以這樣說：「現在，我們就來練習。首先，從所有你可能會有的亂七八糟想法開始，把它們收集起來全裝入罐子。接著，找出所有亂七八糟的感覺，把它們放進去。現在，讓我們上上下下看一遍你的身體，找找看有沒有任何東西或任何地方感到很討厭或亂七八糟的，然後將這些討厭的東西裝到罐子裡面。做得好！你現在感覺如何？」如果兒童回答的是正向的情緒狀態，就問問這些感覺位於身體哪裡，並施以慢速度短回合的雙側刺

激來增強此正向狀態。接下來的幾次會談，記得問問兒童成功使用容器的情況。這些都成為能駕馭的經驗和勝利的行動，進而可以用雙側刺激予以強化。

62　發展界限

在忽視和創傷環境中成長的兒童，通常缺乏健康的個人界限概念。他們要不就是沒有界限，要不就是在周圍築起一堵牆。大多數複雜創傷的兒童不知道什麼叫做界限。當他們的界限已經受到侵犯，就必須在治療準備階段協助兒童和照顧者建立健康的個人界限。這些兒童可能缺少建構並塑造健康個人界限以及身分感所需的身體感受、認知和情緒的訊息。對受到照顧者性虐待的兒童來說，親密與連結是透過與性有關的互動而形成。因此，後續在尋求親密與連結時，會以帶有高度性意涵的方式回應他人。對於從未體驗過健康而適當碰觸的兒童來說，要他們在重新處理程序中想像接受撫育性健康碰觸的情境，不啻面對異國語言一般陌生。所以在重新處理這些記憶前，治療師應該要先教導兒童的記憶網絡認識這種異國語言的基本語法。

界限練習和治療性遊戲的活動，能實際提供經驗，以建構具健康而帶有撫育性連結和觸碰的神經網絡。進行界限練習時，先請兒童製造出具體的界限。比如使用呼啦圈、繩索和線，來標示出身體的邊界。使用顏色和光線幫助兒童想像這個「個人的泡泡」。請兒童想像那個泡泡擁有可以讓他們感到安全、被保護的顏色。這個泡泡可以是任何形狀和尺寸。讓他們觸摸「環繞他們周圍的泡泡」，協助他們獲得關於這種「個人泡泡」的感官體驗。跟兒童談談不同泡泡如何保護我們。你可以說：「身體泡泡幫我們維持身體安全、受到保護。感覺泡泡讓我們不會受其他人的感覺干擾，幫助我們知道我們的感覺在哪裡結束，以及別人的感覺從哪裡開始。腦袋泡泡保護我們的頭腦，不讓別人所說的那些不好的或我們不相信的話進來腦子裡。」要兒童去

注意這些「泡泡」跟相關的情緒，以及這些感受位於身體哪些地方；如果兒童的回答是正向，就用慢速短回合的雙側刺激來增強。如果兒童經驗到負面情緒，請不要使用雙側刺激。繼續收集資訊，找出是練習的哪個部分引發負面反應。這可能成為之後需要重新處理的目標。

幫助兒童經歷界限被溫和入侵的經驗。首先讓填充動物玩偶或娃娃進入兒童的泡泡，以跨越兒童的界限。問問兒童，當泡泡被入侵時，出現什麼感覺或想法，身體覺得怎樣。要兒童將填充動物放回泡泡外，然後注意當泡泡和空間再度清空時，是什麼感受。你也可以靠兒童近一點，或將手放進兒童的泡泡。再一次要兒童注意或觀察自己的想法、感覺，或者身體對這個經驗的反應。鼓勵兒童嘗試設定界限，比方說舉起雙手，或輕輕推開你的手好讓你停住。要求兒童注意成功設定邊界後出現的感覺、想法和身體狀態。如果兒童用雙手設立界限後回報出正面情緒，就辨識這些感覺出現在身體中的位置，然後施以慢速、短回合的雙側刺激來強化。要求兒童注意與你一起待在這個房間裡的感覺和身體反應，並且知道他或她可以擁有自己的保護泡泡。如果兒童提出正向反應，就辨識在身體哪個位置，並用慢速度短回合的雙側刺激來增強。對於某些兒童，你可能需要進行不只一次界限練習。此外，鼓勵照顧者在家中尊重這些界限。如果父母繼續在家中侵入兒童的界限，那麼你所提供的訊息和家中收到的訊息可能會讓兒童感到困惑。因此，父母應該了解有關界限的概念，並且參與界限練習。和照顧者討論界限的會談，應該於兒童不在場時單獨進行（詳見第五章）。

碰觸的重要性

皮膚是人體一種非常複雜、不可或缺的器官，具有大腦體感覺皮質層（somatosensory cortex）和邊緣系統前扣帶迴（anterior cingulated cortex）的受體（Carlson, 2001）。根據柯佐里諾（Cozolino, 2006）的

觀點，「輕微碰觸和舒適的溫暖，會導致催產素（oxytocin）和內啡肽（endorphins）增加，從而透過與幸福感產生關聯而強化了社會連結。」（p. 103）

柯佐里諾強調碰觸和身體接觸對依附和心理生理調節的重要性。他闡述了與母親的正向對偶互動可以增加兒童腦中的皮質醇（cortisol）受體，從而製造出生化性防護來抵擋壓力。遭受性虐待的兒童是從與照顧者或生活中重要他人之間具性意涵的互動中，產生親密與連結的關聯，因此需要學習關係形成與依附的新運作方式。撫育、健康和尊重的碰觸，將會是一種重要的矯正性體驗，可以創造新的神經活動模式。在 EMDR 重新處理的過程中，當含有性虐待訊息的記憶網絡被激發時，如果攜帶適應性記憶網絡的神經網路不存在，就無從與那些適應性記憶網絡發生鏈結。這可能會損害記憶網絡中訊息的重組與整合。因此需要有充足的外部和內部輸入，來重新組織和整合高度創傷兒童的大腦和系統。在治療過程中營造讓兒童與照顧者間產生健康、溫暖碰觸的氛圍，是準備階段就應該進行的工作。治療性遊戲或其他好玩的活動，對於在治療中融入碰觸的元素都非常有幫助。當兒童和照顧者都能共同享受這些溫暖、正向的互動時，之後就可透過雙側刺激來增強這些經驗（見第十二章）。

輔助行李以及旅遊的譬喻

此練習和譬喻是設計來協助兒童在觸及與處理困擾事件時，辨識出具有挑戰性的層面。此外，它也有助於兒童找出應付這些挑戰所需的資源。旅遊的譬喻用於幫助孩童理解，他們在重新處理創傷記憶時所要做的工作只是暫時性的。重點在於強調只是去「拜訪」記憶，這意味著我們可以來來去去，不必停留。這個「拜訪」有五個目的：(1) 辨認出挑戰所在，(2) 找到應付挑戰所需的資源，(3) 辨識創傷時期周遭的資源，(4) 建立情感耐受度並擴大兒童的耐受度窗口，(5) 重新處理和整合困擾的素材。以下說明如何引入這個策略。你可以說：「我

們要來玩這個很酷的扮演遊戲，假裝你要去北極旅行。首先，我要你 64
想想在北極可能會碰到什麼挑戰。」給兒童一些時間找出帶來挑戰的
情境，然後說：「現在你已經整理出所有可能遇到的困難了，那麼讓
我們來打包你要帶去的輔助行李。在這個行李箱內，我希望你帶上所
有能幫你應付北極旅行中或許會出現的挑戰與困難的東西。」兒童可
以畫出這個行李，或者只用口頭告訴你裡面有什麼。你也可以提供選
項，幫助兒童辨識挑戰和資源。如果兒童說，寒冷的天氣可能是一大
困難，你可以說：「你需要攜帶什麼，以便在天氣真的很冷的時候，
讓自己覺得暖和？你需要溫暖的外套、毯子或小暖爐嗎？」一旦兒童
找到所有的資源，你就可以說：「現在，假裝我們要去另一個地方旅
行，這次是去沙漠。這個地方非常、非常熱。讓我們想一想你可能會
遇到什麼困難，以及你需要在輔助行李內打包什麼東西。」

　　一旦找到了所有的挑戰和資源，並且打包好行李，就說：「現
在，我們將要去別的地方旅行。這一次，我們將去拜訪發生在你身上
的令人討厭的記憶。讓我們想一想，在拜訪這段記憶時可能會給你帶
來什麼挑戰或困難，然後讓我們把全部你應付那些困難所需要的東
西，都打包在輔助行李箱裡面。」這次很重要的是，你要製作一個真
正的行李箱。你可以用一個小袋子或盒子來代表行李箱。提供選項來
協助兒童辨識挑戰和資源的工作。你可以說：「有時候小朋友可能會
感到太害怕，或者可能會認為，如果他們去拜訪記憶，事情就會再次
發生，或是情緒變得太強烈，或是他們覺得不安全或不堅強，或者有
時他們擔心我會怎麼看待他們。有時候小朋友覺得自己很糟，所以會
擔心我們一起拜訪記憶後，我就再也不喜歡他了。」

　　讓兒童說出、畫出或寫下挑戰。一旦明確找出挑戰，就幫助兒童
選擇所需的資源。你可以說：「現在，讓我們想想所有對你造成困難
的事情，然後找出你需要放進輔助行李的東西。」一旦資源挑選出
來了，就讓兒童把它們畫在圖上，然後運用資源程序（Korn & Leeds,
2002; Shapiro, 2005, 2010），或者適用於兒童的資源發展與深植程序

（Adler-Tapia & Settle, 2008），一次植入一個。一旦植入之後，就把它們放進袋子裡。要確認兒童在所有的重新處理過程中，都帶著行李。

如果兒童擔心「拜訪」記憶可能會影響與治療師的關係，就要向兒童保證沒這回事，讓他們安心。重要的是，治療師要抱持接納的立場，給兒童的保證也要出於真誠。或許需要傳達給兒童如下的內容：「我好高興你對我有足夠的信任，願意跟我分享你的苦惱。我想讓你知道，對於你和那些發生在你身上的令人討厭的事情，不管我會發現什麼，都不會改變我怎麼看你、怎麼想你，以及對你的感覺和對你的關心。」兒童可能想要一些具體的東西，作為這個承諾的提醒。它可以是治療師給予的小卡片，也可以是一張圖畫或一個物品，可以放在行李箱內。你可以說：「如果你對我的承諾有任何懷疑，可以看一下這張卡片或這個東西，就會記起我今天告訴你的話。」

收成的譬喻和創傷時期周遭的資源

能憶起創傷時期周遭的資源，或許較不會發展出創傷後壓力疾患。2010 年三月，在感官動能心理治療創始人佩特‧奧古登（Pat Ogden）博士的指導下學習如何識別創傷時期周遭的身體性資源後，我受到鼓舞，要為兒童創作一個好玩的策略，進而想到了收成的譬喻，用來協助兒童探索這些資源。這個譬喻可以結合旅行的譬喻來使用。一旦兒童識別出拜訪創傷記憶所需的資源，就把所有這些資源放在兒童周圍。你可以說：「既然所有這些資源都已經放進你的輔助行李裡面了，那麼就讓我們挑出第一個要拜訪的討人厭的記憶。這個第一次的拜訪，目標是去找到你記憶中任何正向的、好的東西。你也可以帶著小幫手一起去。我要你注意看，以前你做的或其他人做的任何對你有幫助的事。我們將從發生討人厭的事之前開始進行，然後進入事情正在發生的那個時刻，最後再搜尋事情發生之後的所有事物。拜訪這段記憶時，我們要帶著一個特殊的籃子，來收集、撿取你的所有發現。」

65

在探索創傷事件發生之前、當下以及之後所運用過的資源時，提供兒童一些資源選項。請記住，此時我們正在協助兒童提取他或她為了存活下來所做的事情，或者其他人所做的有所幫助的事情。我們找尋的是任何身體、情緒或認知的資源，以及人際關係方面和象徵性的資源，還有駕馭的經驗。我們要找的也可能是簡單的事物，例如自然現象。或許事件過後，太陽出來了，讓兒童感到溫暖，或只是看著星星，就給了兒童某種力量。治療師當下的同步可以促成這個歷程。何時要慢下來、暫停一會兒或繼續前進，都取決於兒童表現出來的反應。提供選項，不只可以幫助兒童找到那些未被察覺、在腦中仍舊是隱性編碼的資源，也會使兒童保持專注，留在合宜的喚起程度。請記住，我們不希望兒童在這個時候觸及記憶中的困擾層面。你可以說：「我們的拜訪就從想出或畫出那個討厭的或不好的事情之前發生了什麼，來開始吧。讓我們看看那天或那晚任何你記得的事，有什麼是正向的或好的。那件事可能後來對你也有幫助。像是你的某個想法、感覺、身體動作或感受，或別人說過、做過的事。它可以只是你看到、聽到、摸到或嚐到的任何東西。一旦你找到了，就把它放進你那個特殊的籃子裡。」給兒童足夠的時間觸及資源。

如果兒童因為這項練習而變得不安，可以停下來休息一下，等到稍後兒童覺得可以時再繼續。請留意，每個兒童可能會有不同的反應，有時某些策略對特定兒童來說或許不管用。假使治療工作出現斷裂，總有機會修補。如果兒童迅速觸及擾人素材而變得焦躁，就用另一種狀態改變的策略。一旦兒童能夠成功地改變情緒狀態，這個經驗就會成為一種勝利的行動：兒童能夠「拜訪」記憶，而且仍是安全的；兒童並沒有再度受傷，而能夠把記憶放在一旁，帶回正向的情感。很重要的一點是，幫助兒童了解：只有在他或她感到舒服的時候，拜訪才會繼續下去。

一旦兒童能夠回到情緒平衡的狀態，幫助兒童將其視為一種駕馭的經驗。你也可以使用雙側刺激植入這個勝利的行動。如果兒童對這

項練習有正向回饋，你可以說：「現在，讓我們前往壞事發生的時候。讓我們從你的身體開始。注意你身體的任何部位曾經做了什麼來幫助你。也許當時你逃走了，是你的腿幫助你離開，或者你把雙手放在前面，雙手就保護了你。也許你的身體選擇不動，這樣就不會受傷，而且因為不動，你才有辦法活了下來。也許你狠狠地打了一架，並且推開一切，你的身體便藉由打鬥來維護你的安全，幫助你存活。讓我們想想你說過的任何話，或者也許沒有說任何話，在當時幫了你一把。讓我們看看任何曾帶給你力量與勇氣的想法，或是你腦海中浮現的任何曾幫助你減輕痛苦的念頭。讓我們想想任何幫助過你活下來的感覺。也許你真的很生氣，而生氣的感覺幫助你打架；或者你真的很害怕，而害怕的感覺幫助你靜止不動，才不會受更多傷；也許你進入心裡一個特別的地方，而這樣實際上幫助你度過了這個難關。也許你讓身體或感覺變得麻木，而那是你保護自己的方法。現在，讓我們想想你經歷這件討厭的事情時，曾幫過你的任何人、寵物或天使，或是有人說過的某些話、一個微笑，或是向你伸出的援手。」

　　記得留意你說話的節奏、聲調以及你的停頓，才能讓兒童在搜尋這些資源的同時，保持專注和情緒的平衡。事先知道創傷事件的某些細節，會有幫助。從照顧者或任何其他來源收集這些資訊，可讓你協助兒童找出創傷時期周遭的資源。每當兒童找到一個資源，就請他想像把資源放進籃子。兒童也可以把那個資源畫下來，將這張圖放入真正的籃子裡。當兒童找到正向回憶時，很重要的是，治療師要帶著興奮與熱情加入兒童，強調那有多勇敢，而且兒童應該為所有幫助過他或她存活的事情而感到多麼驕傲。

　　一旦所有創傷時期周遭的資源都找出來之後，就將這些資源逐一具體呈現出來。辨識出關於每一個資源的感覺以及身體感受。要求兒童拋開創傷事件的內容，只停留在關於這項資源的良好感覺與身體狀態。如果在探索創傷時期周遭資源的任何時候，兒童的喚起程度變得太過度，就使用兒童的輔助行李裡面的正向資源。如果兒童開始有解

離反應，就幫他把注意力帶到這項資源，讓他了解，解離是如何協助他活下來。一旦兒童靜心察覺到這個反應，便幫助兒童更專注於當下的身體。回到此時此刻的最簡單策略，是讓兒童站起來走走路。跟兒童討論解離反應如何成為一種生存技巧，幫助兒童承受這個經驗。一旦你們完成練習，鼓勵兒童給這籃子取個名字，比如：「我的生存技能」、「我如何成為英雄」或「讓我成為英雄的事物」。這個練習藉由改變兒童的定向反應，而帶來助益。習慣注意自己和別人負向層面的兒童，常會忽略自己或其他人所做的正向的或幫助他們存活的事情。另一方面，這個練習也幫兒童以嶄新的角度去看待原本可能帶有負面和羞恥的事物。此外，它還建立了情感的耐受度。

求生工具箱與新的輔助工具箱

　　這個練習旨在幫助兒童將生存技能和資源，轉化為更健康的應對機制。這些資源不必像前一個練習那樣鏈結到某個特定記憶。這個練習是關於辨識出一般性的資源，讓兒童可以在這個階段用以處理誘因與困擾，並改採更具適應性的因應方式。請對兒童說：「我想多告訴你一些我稱之為求生技能的事情。做了這些事情會讓我們度過難關。為了幫助你了解什麼是求生技能，讓我們假裝，過去你必須住在北極。因為北極很冷，你得穿厚重的外套和保暖的靴子。這些外套和靴子確實幫助你存活下來，度過了非常寒冷的天氣。假設過了一陣子，你搬到了一個像亞利桑那州夏天那樣非常溫暖的地方。雖然，現在你生活在一個非常溫暖的地方，不需要度過寒冷的天氣，你卻仍然穿著厚重的外套和溫暖的靴子。儘管外套和靴子曾幫助你在北極存活下來，但現在它們卻讓你的生活變得困難。當我們住過不同地方，或以往必須經歷艱困的情境時，同樣的事情可能發生。我們過去可能必須穿上由憤怒或害怕的感覺所做成的外套，才能活下來。我們或許一直以來都必須穿上外套來掩蓋感覺，並假裝我們沒有感覺，因為擁有感覺太痛苦了。我們一直以來可能不得不離開自己的身體，從遠遠的地

67

方看著自己。即使外套和靴子確實幫助過我們生存，但現在同樣的外套和相同的靴子卻可能會讓生活變得更加艱難。讓我們找找當初發生討厭的事情時，你為了存活所穿的外套和靴子。我們將把所有你以往做過的事情，都裝進求生工具箱中。」一旦找到了求生技能，就幫助兒童選擇新的適應性資源。可藉著提供潛在資源的選項（例如，安全處所、關係和象徵性的資源、駕馭的經驗、呼吸練習、音樂等），來支持兒童完成整個過程。用所有新植入的資源製作成「新的輔助工具箱」，以取代舊的求生工具箱。此外，你要尊重兒童為了存活下來所做的事，強調過去的外套和靴子對確保兒童存活是多麼棒而且有幫助。然而，這些厚重的外套卻阻礙了兒童接受和享受他或她現在可能擁有的陽光和溫暖。

運用創意為兒童提供資源

關係資源

對於不安全依附類型的兒童來說，這些是極為重要的資源。照顧者、家庭成員、教師、朋友、天使、宗教人物和更高的力量，都是關係資源的例子。小幫手團隊（Greenwald, 1999）便是一個很有力的資源。不同的名稱，例如「我的安全人員小組」、「我的輔助小組」等等，都可以用來代表這個資源。這個團隊可能包括一般人、超級英雄、動物、上帝和天使，他們可以讓兒童感受到支持、堅強和平靜。兒童可以畫出團隊的圖像，或在沙盤中創造、用黏土製作出團隊，或把照片帶來製作成一本寫真集。一旦團隊成員被挑選出來，就鼓勵兒童找出與此資源相關的感覺，以及這些感覺在身體哪裡經驗到。讓兒童一邊想著小幫手團隊，一邊注意情緒和身體狀態，同時施以雙側刺激。然後請兒童將所有小幫手放到心裡面，讓他們待在那裡。當混亂發生的時候，兒童只要觸摸心臟，就能接觸到小幫手和相關的情感。有時候，兒童可能希望讓加害者或其他以暴力甚至犯罪行為著稱的角

色成為團隊中的一員。請記住，無論兒童把什麼帶入會談中，都是更深入了解兒童的絕佳機會。我從不阻止兒童讓某人參與他或她的團隊。但是，謹慎和關懷的探問還是有必要的。例如，你可以說：「我可以看到你想讓你的叔叔成為你團隊的一員！我很高興你提起這件事，因為它對你來說很重要。你知道，我們試圖只讓安全的人和動物等等加入你的團隊，好幫助你感到安全和強壯，對吧？所以我有點困惑，因為我知道，有時候他在旁邊並不安全。」兒童可能會說叔叔有時候也很好，並會照顧他或她。你可以回應：「我可以了解你有時覺得他很照顧你。看來你叔叔似乎有某方面並不安全，而且會帶來傷害，但有時候他也顯得很好、很照顧你。我在想，我們可不可以暫時把他放在你團隊的『候補名單』，直到我們確認把他加入你的團隊是安全的？」如果兒童堅持要加入那個傷害他的人，另一種選擇或許是，只讓叔叔關心兒童的那一個部分加入，而排除傷人的那個部分。同樣的策略可以運用在其他帶有不安全特性的角色上。

68

駕馭的經驗和勝利的行動：獎牌、證書和獎盃

　　找出並植入兒童所達成的正向經驗和發展的里程碑，會是很好的起點。時間軸可以大大幫助兒童串連他們的駕馭經驗，也構成一個開端，據此創造出關於他們生命以及他們是誰的連貫敘述。有什麼比他們在生活中展現出的勝利行動，更能夠重新發現或重新建立自我？此外，被忽略或有創傷歷史的兒童不會注意到他們的成就和自我的正向層面，反而專注於自己身上他們視為負向的部分。這樣的兒童可能需要一些選項來重新發現他們的成就。首先在一張白紙的中間畫一條線，讓兒童知道你們兩人要一起創作一個特別的故事，是關於一個「英雄兒童」或一個「內在隱藏著大英雄」的兒童。讓兒童知道，這將是一個關於他或她的故事。請兒童在線的上方畫出每個經驗的圖樣。重要的是要從出生前後的經歷開始。一名臍帶受損的九歲女孩，

出生時沒有任何問題。根據醫生的說法，臍帶並沒有斷裂，只是因為嬰兒出生時突然轉身朝向臍帶。這個兒童聽說了這個故事，而它變成一個令人驚異的駕馭經驗。這個資訊被放在時間軸裡，而且凸顯這兒童不可思議的力量。於是學習吃飯、走路、上廁所、跑步、說話、唱歌、閱讀、寫字和繪畫等等，都可以是值得探索並引起兒童注意的成就和駕馭經驗。

每次兒童找出已達成的發展里程碑，就給兒童一面獎牌。你可以使用貼紙黏貼在代表兒童的圖畫上，然後畫上一條環繞著脖子的線，使貼紙看起來像一塊獎牌。找出兒童與此勝利行動相關的情緒，以及在身體哪些部位經驗到。你可以問問兒童，身體如何讓他或她知道它覺得多好、多快樂或多驕傲；身體如何說出這個經驗。然後，用慢速短回合的雙側刺激來植入此經驗。用這樣的方式逐一處理兒童到目前為止的整個生命歷程。在末尾，你可以讓兒童再次聽聽這個勇敢而神奇的兒童的故事。述說的時候從「很久很久以前」起頭，在兒童聆聽的同時，一一回顧所有的駕馭經驗。你也可以讓照顧者講這個故事。此外，在兒童聽故事的時候，你還可以施以非常慢速的雙側刺激。最後，照顧者和兒童可以製作一面獎牌。讓兒童選擇他想要的形狀，用紙裁切出來。然後，用一根繩子或一條帶子穿過這張紙，讓它看起來像一面兒童可以實際戴在脖子上的獎牌。可以用貼紙、亮片金粉等等來裝飾這塊獎牌。

運用大自然當作資源

生長在親屬關係薄弱因而資源稀少的兒童，可以在自然界找到豐富的資源。以下是兒童可以運用的潛在資源：

一、季節：確認兒童最喜歡的季節是什麼。例如，假使選了春天，就讓兒童想像一個美好的春日並畫出來。協助兒童以感官為基礎，來畫出他對這季節有什麼美好的具體感覺。確定兒童在這個季節

沒有發生過任何不好的事情。接著辨認出情緒以及情緒在身體中的位置，然後施行雙側刺激。

　　二、大自然的聲音：為了找出大自然的聲音，一張收錄大自然聲響的 CD、一台音響或能播出錄音的填充動物玩偶，會很有幫助。播放不同的聲音，並要求兒童注意能夠使頭腦、身體和心靈感覺美好的聲音。一些填充動物玩偶內藏錄好的心跳聲；心跳聲也會是一種強大、有舒緩效果的聲音。將舒緩的聲音植入，並指導兒童在腦袋出現混亂想法、心裡產生討厭的感覺或身體冒出亂七八糟感受的時候，就使用這些聲音。可以教導照顧者在兒童被環境刺激啟動時，使用這些聲音來撫慰和調節。照顧者可以在睡覺時刻將聲音和撫慰的碰觸加入，形成一種儀式。

　　三、顏色和光線：兒童通常會對顏色有反應，而且可能已經有自己最喜歡的顏色。如果兒童喜歡好幾個不同的顏色，請辨識與每種顏色相關的感受，並要求兒童將顏色與平靜、安全、快樂的感覺建立起關聯。安排一個「顏色日」，請兒童和父母穿戴兒童選擇的顏色。確認你自己也穿戴了這種顏色的某個東西。我保存了許多不同顏色的帽子，好在「顏色日」使用。要求兒童帶一個顏色能引發正向情感狀態的特別物件過來。請兒童只要注意自己在「感受」這個顏色時所經驗到的情感。然後要求兒童注意關於這個顏色身體正在說些什麼，以及身體如何傳達它。如果兒童的回答持續是正向的，就施以慢速短回合的雙側刺激來植入這項資源。然後，兒童就可以挑個帶有這種顏色的轉換性物品以便隨身攜帶。教導兒童在情緒騷動的時候使用它。

　　光也可以當作資源。兒童可以想像，有一道光跟關係資源，例如父母、更高的能量、天使等等，連結起來。教導兒童想像，這道有著特殊顏色的光連結到照顧者的心。兒童還可以為光創造一個特別的外型，例如金字塔、燈塔、堡壘、廣場等等，來代表涵容和保護。一旦這個想像的外型創造出來之後，就請兒童跳進這個形狀裡。同樣地，如果情緒和身體狀態都是正向，就辨識出來並使用雙側刺激來增強。

這項資源可以在照顧者在場的情況下使用。如果目前兒童的生活中沒有照顧者，可以使用圍繞兒童的簡單圖形來代替。但是，如果兒童在靈性上或信仰上有任何正向的人物，就可以將那個圖形連結或依附到這項關係資源。

　　四、動物：我們在書本和故事中發現的寵物和動物，對兒童可能是非常強大的資源。詢問兒童最喜歡的動物，以及那個動物吸引兒童的特性是什麼，會是很好的起點。找到過去與這種動物接觸的經歷（如果有的話），可以為兒童提供更具體和感官性的經驗。一旦呈現出這個動物及其特性的清晰圖像之後，就去辨識出相關的感覺以及身體如何傳達這些感覺。兒童對這個特定動物不應該持有任何創傷或負向經歷。應該鼓勵兒童想像，如果擁有這個動物的特性，例如：強壯、力量、活潑快樂、鎮定，會有什麼感覺。一旦辨識出這個情緒以及它在身體中的所在部位，便使用雙側刺激植入這個經驗和資源。重要的是，要強調這些特性的特定用途，以免被用於傷害別人。兒童可以創造一個能駐守在心裡面的動物小幫手。每當需要動物小幫手的特性時，兒童就可以到內心裏面和這小幫手以及牠的特性互相連結。

動物輔助治療

　　對於在混亂、失調和創傷環境中長大的兒童來說，使用真正的寵物很有幫助。狗和貓通常是最適合帶入治療室的寵物。尤其是狗，牠們有很大的驅力想要連結和給予關懷。我不鼓勵使用爬行類動物、昆蟲或囓齒動物，即使兒童可以從這些寵物學到寶貴的經驗。如果兒童已經與寵物有親近的關係，這可能是與人類建立連結的良好橋樑。邀請寵物參加會談，對兒童可能非常具有激勵作用。在寵物第一次加入會談時，記得要撥出時間讓寵物探索治療室，讓牠得以感覺舒適、安全。在 EMDR 治療的不同階段，可以運用寵物來進行許多治療活動。在準備階段，寵物可以成為資源，協助兒童發展心智與情緒狀態、同

理心、自我調節以及對他人的當下察覺。注意並猜測寵物可能的感受，能夠訓練兒童的鏡像神經元，以及與他人情感同步的能力。也可以要求兒童輕輕觸摸寵物，並注意自己內在發生了什麼。請兒童注意他跟寵物接觸和連結的時候，所升起的相關感覺和身體狀態。提示兒童，在治療師施以慢速短回合的雙側刺激之時，只要注意感覺以及感覺在身體哪些地方「逗留」。如果寵物是隻學會一些把戲的狗，當狗服從兒童的命令時，便可以成為兒童的駕馭經驗。此外，寵物可以成為兒童放在心裡的小幫手團隊的一員。讓兒童和寵物一起參與調節訓練非常有效。在放慢和加速動作之際依然要對自己和寵物體內發生了什麼加以留意的活動，可以幫助兒童辨認情緒和身體反應。

把物品當作資源

　　兒童可能已經擁有帶著正向關聯的重要心愛物品。只要能引發正向的情緒狀態，不管是填充動物玩偶、紀念品或特殊的禮物，都可以當作資源。請兒童帶著這些物品過來，讓他們在辨識情緒和身體狀態時握住它們，接著再次以雙側刺激植入。當兒童準備好進入創傷處理時，請兒童帶這些特別的物品過來。它們也能在重新處理困擾事件時，幫兒童感到更受到調節，並維持適度的激發。此外，如果有需要，它們也可以用來代替平靜、安全、快樂的處所，在重新處理期或結束程序時使用。

為 EMDR 治療可能的後續效應作準備

71

　　EMDR 治療後的立即反應，可能因不同的個案而有顯著的不同。在一開始進行 EMDR 治療的重新處理療程後，許多兒童會立即緩解症狀。在處理簡單的創傷後壓力症和單一創傷事件時，反應也許是立即變得非常正向。然而，在處理複雜、慢性、多重和嚴重的創傷時，經

過初步重新處理療程之後的反應可能充滿了強烈情緒。接受 EMDR 治療的一些兒童和成年人曾反映，在初步的重新處理療程後，立即感到「情緒疼痛」或「情緒刺痛」。然而，在大多數情況下，「痛」往往不會持續，並且幾天後就會漸趨改善。一些個案確實說，在「痛」過之後，他們往往比進行 EMDR 重新處理療程之前感覺更好。考慮到這一點，為某些個案可能會經驗到的「痛」做準備，就有實質的意義了。同樣重要而需加以強調的是，並非每個接受 EMDR 治療的人都會經歷「情緒的痛」。事實上，很多個案都說立刻覺得更好。然而，與嚴重創傷的兒童一起工作時，我們要藉由告訴他們以下的內容，使這個過程更安全、更可預測：「當我們在作 EMDR 時，會鍛鍊不同的肌肉，而這些肌肉大部分都有好一陣子沒用了，像是：協助自己的肌肉、感受的肌肉和拜訪記憶的肌肉。當我們鍛鍊這些肌肉時，一開始可能會覺得痠痛。隨著我們繼續鍛鍊，肌肉變得更強壯，就不再那麼痛，或完全不痛了。所以讓我們作好準備，這樣才能夠一旦覺得痠痛時，就知道該怎麼辦了。」鼓勵兒童運用準備階段所開發與植入的資源。

有一個很好玩的方法可以為可能出現的「疼痛」作準備，那就是讓進行 EMDR 重新處理的這天，變成一個特殊的日子。你可以跟兒童為這天取一個特殊的名稱。有些兒童稱它為「寵愛自己的特別日」、「愛自己日」、「照顧自己日」。兒童和父母可以一起為度過這個特別的一天做準備。兒童可以在那一天享受特殊音樂、美食等等。大多數兒童都會期待他們鍛鍊肌肉的那一天，而且從不同的來源獲得滋養。還可以鼓勵兒童使用「輔助工具箱」以及之前在會談過程植入的各種資源。

摘要和結論

解離和不安全依附兒童臨床全景的複雜性，需要從多重面向來應

用 EMDR 治療。這些兒童未能在他們的生命歷程達到基本的發展里程碑。解決發展缺損，並提供可促進適應性的新記憶系統發展的經驗，是這群兒童的治療基調。

在 EMDR 重新處理期間，對適應不良的網絡進行整合和重組時，需要有適應性記憶系統的存在（Shapiro, 2001）。透過接受與治療師及照顧者正向、調節和同步的互動，來刺激適應性記憶網絡的形成，是準備階段的重要目標，也需要在整個治療過程中持續進行。在準備階段，應該讓兒童經驗一些能擴展其耐受度、調節正負向情感能力的體驗。此外，基於這些個案臨床表現的錯綜複雜特性，全面而廣泛的準備工作有其必要。這或許包括一個治療師團隊，不僅與兒童一起工作，也要和整個家庭系統一起工作。複雜創傷兒童可能來自親屬關係淡薄而且混亂的環境，因此，要找出資源以及關於連結和安全的正向經驗，可能很具挑戰性。EMDR 治療師在使用和開發新資源方面需要具備創造性，而且技巧嫻熟。本章為需要更全面和多元治療方式的兒童，提供了各式各樣的想法和策略。

72

【第四章】建立技巧的階段和 EMDR 遊戲

73　　當兒童由於在照顧系統內的創傷經驗而無法內化心理和身體的安全感時，往往會難以調節內在的狀態。面對新的狀況，即使是正向的，喚起和內在紊亂的程度都可能會增加。這些兒童在每天的日常生活中需要更大的可預期性、架構和組織。本章所提出的所有策略，用意在提供豐富多樣的有趣方式，來處理極端棘手的議題。對於受創的個人來說，探討創傷記憶以及目前的誘因可能極具挑戰性。此外，一些創傷和逆境可能發生於語言發展前，因此仍然處於內隱編碼的狀態。同時受創的兒童往往會呈現逃避、不願憶及創傷事件的狀況。因此結合各式各樣有樂趣、有創意的方式來探索可能對兒童造成困擾的事物，將會有助於這個階段的過程。

遊戲的重要

　　很重要的是，要區分探索和遊戲，因為這兩者往往容易混為一談。明尼蘇達大學教育心理學名譽教授佩列格尼（Anthony Pellegrini）在遊戲的領域做了大量的研究。他指出（2009），當兒童和動物面對新奇的刺激時，首先發生的是探索。當這個物體或情況變得熟悉時，遊戲便展開了。「相較而言，兒童在遊戲時顯得放鬆、擁有正向情感及相對低的心跳速度，而探索中的兒童則表現出呆板或負向情感，以及加快的心跳速度。」（p. 17）

　　我們可以得出一個結論：對物體或情況感到熟悉及安全，能夠增加遊戲的樂趣。在 EMDR 治療的初期階段中，當我們觸及和探索令人困擾的素材時，必須採取微步調整（titrated）的做法，以便減少兒童系統的失調並盡量增加穩定。在我接受 EMDR 訓練的初期，只有在我

們要重新處理創傷記憶時，兒童才有機會接觸到 EMDR 治療的程序步驟。在使用正向認知效度量尺（validity of the positive cognition, VoC）以及主觀困擾感受量尺（subjective units of disturbance, SUDs）這兩個衡量尺度時，我們期待兒童去觸及創傷事件，找出認知、情緒以及情緒處於身體的部位。在回想創傷事件時，他們被暴露於一個相當新的狀況和經驗。兒童面對的是之前從來沒有被問過的問題。這些兒童大多數甚至沒有能力辨認出想法、情緒或身體感受。一旦缺乏認知、情緒和感官的詞彙，具有複雜創傷的兒童在評估和重新處理的階段（減敏、深植和身體掃描）時，非常難以觸及逆境記憶的不同層面。在我的臨床經驗中，很重要的一點是，容許兒童在觸及和重新處理創傷記憶之前的準備階段時，探索 EMDR 治療的程序步驟並在其中嬉戲。容許兒童探索並熟悉 EMDR 治療的不同層面，能夠讓兒童在玩樂的狀態中感到安全和涵容，強化探索創傷素材的能力。

EMDR 治療的評估階段用意在於創造一個基準線，以便評估創傷或負向事件的各項不同層面。然而，要觸及記憶的不同部分，需要有能力去辨別認知、情緒和身體反應。大多數的兒童並不具備這樣的能力，無法觸及這些保存在他們記憶網絡裡的訊息，原因則各式各樣，譬如：缺乏認知、情緒和感官的詞彙，缺乏接觸或是不夠熟悉在治療中觸及這些訊息時所使用的問題和策略。大多數的兒童甚至成年人對於辨認並標示情緒、想法和身體反應，會有困難。考量到這一點，給兒童一段建立技巧的時間，藉此幫助他們熟悉 EMDR 治療的程序步驟，將會有助於觸及、處理和整合創傷記憶。為了增加兒童的涵容和安全感，融入有趣的方式非常重要。趣味也能讓社會參與系統保持活躍，並且具有維持雙重察覺以及最佳喚起程度的潛力。當兒童處於安全、有趣的狀態，創傷性記憶能夠得到比較有效的探索、觸及、處理和整合。運用建立技巧的階段為兒童提供擴展情感耐受力的機會。不可或缺的是，治療師要能夠和兒童正在轉變中的內在狀態保持情緒同步。如果兒童在 EMDR 遊戲中變得過度受到激發而且喚起程度過高，

情緒同步的治療師就需要放慢速度，或是提供距離或涵容。這個時候如果有需要的話，兒童應該使用暫停的信號。此外，治療師應該要密切注意一些顯示出兒童社會參與行為減少、脫離適當情感耐受度窗口的變化。需要觀察的生理變化包括：呼吸頻率、膚色明暗變化、瞳孔放大、眼皮低垂、聲音語調變化、臉部表情、對聲響以及治療師的聲音降低察覺等等。在探索創傷性素材的同時，必須一直保持對當下的察覺。以有趣的方式探索引起負向情緒的經驗，也能夠賦予兒童駕馭的感受。擴展孩子觸及創傷素材的能力並建立情緒耐受度，是準備和建立技巧階段的目標。在和高度受創的兒童工作時，治療師掌握情感的能力及自在程度也極為重要。如果治療師感到不自在，兒童也會經歷到失調和紊亂。治療師本身的內在狀態，可能會增加兒童的涵容感、安全感以及內在調節感。然而，相反的反應也有可能產生。

　　和解離的兒童工作時，應該在運用 EMDR 遊戲之前，先進行解離經驗的評估和探索，並發展出一套因應解離的計畫。

75　　和具有複雜創傷歷史的兒童工作時，融合建立技巧的階段以及 EMDR 遊戲，將可大大強化並促進 EMDR 治療。技巧的建立以及 EMDR 遊戲可以在下述的層面提供協助：

● 協助治療師和兒童建立默契。
● 當兒童在探索、處理可能啟動負向情感及高喚起狀態的記憶時，動用兒童的遊戲系統來調節情感。
● 建立情感耐受度。
● 使 EMDR 治療的標準程序和步驟對兒童來說變得更加可預料、熟悉、具體。
● 讓兒童在觸及、處理和整合創傷素材時，感受到健康、合乎年齡的力量和控制感。
● 當兒童在辨認、觸及和重新處理創傷記憶時，運用遊戲來幫助兒童保持在可以掌握的喚起程度中，從而促進整合。

● 幫助兒童熟悉 EMDR 治療的程序步驟。
● 協助兒童辨認出資源以及含有正向訊息的記憶網絡。
● 協助兒童辨認出 EMDR 重新處理的潛在標的。
● 幫助兒童發展出認知、情緒和感官的詞彙。
● 幫助兒童更加有效地遵循 EMDR 治療的程序步驟。

　　EMDR 遊戲的分類主要取決於所要處理的大腦區塊以及引入的 EMDR 治療層面。一些 EMDR 遊戲是針對認知技巧，其他的則分別針對情緒技巧以及身體和感受的語言。這些遊戲能夠幫助兒童大腦右半邊和左半邊的參與。
　　EMDR 遊戲的類別如下：

● 運用認知技巧來協助兒童辨認正向和負向認知的 EMDR 遊戲。
● 處理情緒系統並協助兒童辨認情緒的 EMDR 遊戲。
● 處理身體和身體反應的 EMDR 遊戲。
● 處理兩項衡量尺度──正向認知效度量尺以及主觀困擾感受量尺的 EMDR 遊戲。

　　了解這些類別之後，許多既有的遊戲都有可能轉變為 EMDR 遊戲。雖然這一章會介紹相當多的遊戲和策略，治療師應該慎選適合每一個兒童的需要、情感耐受度以及學習、溝通風格的遊戲和策略。
　　以下是我利用方塊、圖卡、球、保齡球瓶發展出的一些 EMDR 遊戲，其中涵蓋了認知、情緒和身體感受等類別。

發展認知詞彙

　　具有複雜創傷的兒童往往對於辨認並用語言表達想法、情緒和身體感受，有比較大的缺損和困難。根據柯佐里諾，「當兒童因為父母

76 沒有能力表達自己內在的經驗而置身於沉默之中時，便無法發展出了
解並管理自我世界的能力。以語言來整合神經結構並在意識的層次上
組織經驗的能力，很少在這些兒童身上看到。」（p. 232）使用紊亂型
和矛盾型策略的兒童，可能會表現出右腦越來越活躍的狀態。如果一
個人右腦過度活躍而和左腦沒有足夠的連結，可能會有情緒爆發及情
感系統失調的困擾（Siegel, 2010）。針對這樣的兒童，平息右腦並且
刺激左腦來提升水平的整合，至為關鍵，甚至在 EMDR 治療的早期階
段就應如此。另一方面，採用逃避策略的兒童，可能會呈現出右腦活
動減少而偏重於左腦活動。疏遠並減少右腦的參與可能成為一種因應
機制，藉以逃避因為和生命中重要人物缺乏連結所帶來的痛苦和傷害
（Siegel, 2010）。透過玩耍和遊戲來刺激大腦，藉以促進左、右半腦的
同時參與，能讓創傷記憶得以快速而適當地受到處理和融合。

　　辨認並以言語表達想法、情感和身體反應，應該是複雜創傷兒童
在準備階段工作的一部分。建立連結語言和情感狀態的神經網絡，以
及鍛鍊「認知肌肉」（cognitive muscle）、「情感肌肉」（emotional
muscle）（Panksepp, 2009）和「身體感官肌肉」（somatic-sensory
muscle），能為神經的成長和整合鋪路。雖然在重新處理的階段當
中整合發生得比較快速，但有相當大量的整合和處理在 EMDR 治療
的早期階段便已經發生。卡內基美隆大學心理系助理教授克瑞斯威
爾（Cresswell）等人從研究（2007）得到的結論是，情感標示（affect
labeling）會增進神經的調節。

　　這項調查要求參與者從成雙成對的字眼中，挑選合乎標的面孔的
情感標示。結果顯示出杏仁核的反應在情感標示過程中降低下來。根
據席格（2010），「我們可以利用左邊的語言中心來使過度放電的右
邊情緒區域平靜下來。關鍵在於將左腦連結到右腦，而不是用偏向一
邊來取代另一邊。」（p. 116）當我們對這一點有所瞭解，刺激大腦的
水平溝通（右腦和左腦）和垂直溝通（腦幹、皮質下以及皮質區），
便可能構成整合及適應性訊息處理的基礎。

　　必須強調的是，在評估階段，雖然記憶網絡的認知層面是首先被辨認出來的部分，但這並不表示它具有更大的重要性。根據夏琵珞（2001），「雖然個人的負向信念以及自我歸因，和創傷其他方面的表現同時得到蛻變，它們的重要性並不大於感官方面的經驗。」（p. 44）事實上，夏琵珞曾經強調「餵養個人信念的情感，乃是病理的關鍵元素」（p. 44）。雖然在病理的發展上，信念並不具有更大的重要性或是扮演因果的角色，但是我們可以利用這些信念來接觸那些導致目前症狀的記憶。在幫助兒童辨識出認知時，他們的認知發展程度將會是治療過程中的一大挑戰。在 EMDR 當中，負向認知是詮釋性的（interpretive）而非描述性的（descriptive）。然而兒童通常傾向於提供描述，而非詮釋和自我歸因。EMDR 遊戲可以幫助兒童察覺他們為自己所做的自我歸因和詮釋，以及這些詮釋如何繼續影響著他們對生活的體驗。像「我媽媽不愛我」或「我很害怕」這類負向認知，雖然只是描述性的陳述，卻代表著合乎幼小兒童年齡的負向信念。有些兒童可能會提及和事件有關的信念，譬如：他們離開我，或是他對我很不好。如果兒童感到這樣的描述是恰當的，那麼我們必須尊重兒童的選擇。不過我們首先應該要問：「他們離開你，表示你怎麼了嗎？讓我們找找因為他們離開你而讓你對自己產生什麼亂七八糟的想法，或是覺得自己有什麼令人討厭的東西。」如果兒童僅僅提供了一項描述或是和事件相關的信念，應該鼓勵兒童透過 EMDR 遊戲去找出自我指涉的信念。

　　以下是一些適用於兒童的負向和正向認知的例子。切記，負向認知是指：

● 目前持有的信念
● 自我指涉的信念
● 非理性的信念
● 與記憶共鳴的信念

負向認知—正向認知

改編自夏琵珞（2010）

責任：有缺陷的

我是不好的 ………………………………………………… 我是好的

我一無是處 ………………………………………………… 我是好的

我不能被愛 ………………………………………………… 我能被愛

我不夠好 ………………………………………………… 我這樣就夠好

我只配擁有不好的東西 ………………………… 我可以擁有美好的事物

我很醜 ………………………………………………… 我喜歡我自己的樣子

我很笨（不夠聰明）………………………………………… 我夠聰明

我不重要 ………………………………………………… 我是重要的

我很奇怪（我沒有歸屬）………………………………… 我有歸屬

我有不對勁的地方………………………………………… 我這樣很 OK

我什麼事都做不好………………………… 我可以把很多事都做得好

我很軟弱 ………………………………………………… 我是堅強的

我沒有歸屬 ………………………………………………… 我有歸屬

我不值得被愛 ………………………………………………… 我值得被愛

責任：行動方面

都是我的錯 ………………………………………………… 不是我的錯

我應該採取一些行動的 * ……………………………… 我已經盡力而為了

我做錯事了 *

* 這讓你對自己有什麼看法？（譬如，是不是讓你認為：我不好／我很笨）

78 **安全／脆弱**

我不能信任任何人……………………………………… 我可以選擇要信任誰

我不安全 …………………………………………… 我現在是安全的

壞事將會發生 ……………………………………… 我現在是安全的

我不能表露我的情緒…………………………… 表露我的情緒是安全的

控制／力量

我是軟弱的 ……………………………………………… 我是堅強的

我永遠不可能快樂……………………………………… 我可以快樂

我受不了 ……………………………………………… 我能夠掌握

我得不到我想要的……………………………………… 我能得到我想要的

我幫不了自己 ………………………………………… 我幫得了自己

我不能求助 …………………………………………… 我可以求助

我無法脫身／我被困住了 ……………………… 我現在是有選擇的

我不能夠信任我自己…………………………………… 我可以信任我自己

用好玩的方式找出正向認知

運用正向認知方塊

　　這種方塊上面標示著適用於兒童的正向認知（圖 4.1）。治療師可以購買素面的木質方塊，在每一面寫上一個正向的信念。鼓勵兒童分享任何其他方塊上沒有寫到的正向信念。你需要準備 1 到 7 的數字，來代表認知效度或是想法量尺（The Thought Scale）的分數。對比較幼小的兒童，可以使用大型的泡棉或紙製的數字，放在地板上，讓兒童能夠站在數字上面，藉此對想法量尺產生比較有形的、具體的感官經驗。以下是一個如何運用正向認知方塊及認知效度量尺來遊戲的例子。

　　「我們可以用這些很酷的方塊來玩一個遊戲，這些方塊上寫了一些孩子們有時候會擁有的好想法。這個遊戲是要發掘出我們現在看待自己的一些好想法。我還有一個東西，叫做**想法量尺**。這個想法量尺能夠幫助兒童檢查這些好想法對他們來講有多真切。讓我來示範一下

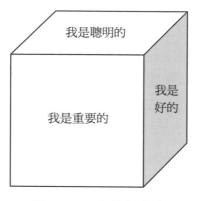

圖 4.1　正向認知方塊

怎麼玩。」把方塊拋出去，然後大聲說出上面寫的正向信念。大聲說出你是否具有這項正向信念。如果你沒有的話，就說沒有，然後再一次拋出方塊，直到你拋出一個你擁有的正向信念。一旦找到你所擁有的正向信念，就和大家分享是什麼事件或是什麼人讓你產生了這項正向想法。然後你站在想法量尺上，向兒童示範如何使用。在認知效度量尺上走動，向兒童解釋 1 代表著你感覺這個想法不是真的，而 7 代表你感覺這個想法是千真萬確的。接著告訴兒童輪到他玩了。「好了，我們就來拋出這個方塊，然後找出一個你現在看待自己的好想法。告訴大家你生命中什麼事情讓你產生這個好想法，然後站在想法量尺上。」一旦兒童找到一個正向認知，你可以接著說：「你一邊想著那個讓你擁有這個好想法的事物，一邊在想法量尺上面行走。當你找到正確的數字時就停下來。記得，1 代表你覺得這個好想法不是真的，7 代表你覺得這個好想法千真萬確。在做這些的時候，檢查你身體裡面或心裡面的感覺，而不是你腦袋裡面的感覺。」你可以在一張紙上寫下這個好想法並把它放在 7 的附近，或是拿著那個方塊站在 7 的旁邊，把寫著好想法的那面朝向前面。繼續玩這個遊戲，找出好的想法然後在想法量尺上走動。如果孩子對正向想法的認知效度分數很低，很有可能孩子擁有的是相反的負向認知。詢問孩子什麼原因讓他

79

不能夠完全相信這個好想法是真的。「我看得出你覺得這個好想法（說出孩子所提出的正向認知）只有一點點真實。你可不可以多告訴我一些？你是不是對自己有什麼弄不清楚的想法，讓你不相信這個好想法是真的？」記錄下孩子所分享的所有正向認知。這些代表著孩子已經擁有的正向、適應性神經網絡訊息。之後治療師可以透過雙側刺激或是運用資源發展和深植的標準程序來予以強化。如果孩子提出負向認知，你可以詢問相關的事件或記憶。

運用正向認知圖卡

　　使用圖卡為我們提供了玩耍的大好機會，而且有各式各樣圖卡遊戲可以運用。你可以購買適用於兒童的正向認知繪圖卡，譬如兒童想法百寶箱（The Thought Kit for Kids）（Gomez, 2009）。你也可以從網路下載藝術圖片，用來創造你自己的圖卡。把圖卡護貝好之後，下列的遊戲可以幫助你向兒童介紹如何運用正向認知以及認知效度。把正向認知圖卡的正面向下，然後和孩子一起掀開每一張圖卡來玩。提醒孩子可以使用停止信號，而且讓孩子記住很重要的一件事，就是如果遊戲中有任何讓他們感到很不舒服或是壓力太大的時候，一定要讓你知道。「我這些圖卡上寫的是一些孩子們有時候會擁有的好想法。我還有這個很酷的東西叫做想法量尺。這個想法量尺可以幫助孩子檢查這些好想法對他們來講覺得有多真實。讓我來示範怎麼用這個量尺。」向孩子示範如何使用想法量尺。翻開第一張圖卡，大聲唸出圖卡上所寫的正向認知。找出生命中什麼事情讓你對自己產生了這個正向信念。站在想法量尺上並且在認知效度上走動。向孩子說明 1 代表這個好想法**感覺並不真實**，7 代表著當你想到生命中和這個好想法相關的事件或情境時，這個好想法令你**感覺千真萬確**。接著讓孩子知道輪到他翻開一張好想法圖卡並且使用想法量尺。同樣地，如果孩子對於正向認知的認知效度很低，就要詢問是什麼原因讓他們無法全然相信這個好想法是千真萬確的（參考方塊遊戲）。

你也可以把所有的正向認知圖卡交給孩子。然後請他們把現在擁有的正向認知放在一邊，現在沒有的正向認知放在另一邊。接著你可以一次針對一項正向認知，詢問孩子和這項認知相關的事件或情境並且使用想法量尺。

使用正向認知球和保齡球瓶

如果孩子需要動來動去，或者沒有辦法坐得住，那麼運用球類和保齡球瓶會更加有效。你需要購買素面的球還有保齡球瓶。在球或是保齡球瓶的上面，寫下一些適合兒童的正向認知。同時也要準備好想法量尺。把球拋給孩子，然後要求孩子集中精神看著球上面比較看得到的那一個正向認知。接著問孩子是否具有這一項好想法。接下來就按照與方塊以及圖卡遊戲同樣的指導語來帶領孩子。如果你是拿保齡球瓶和孩子玩，就讓孩子把球滾向球瓶。然後要求兒童仔細看看那些仍然站立的保齡球瓶，並且挑選出他認為自己現在擁有的正向認知球瓶。每次挑選一支球瓶，然後詢問他們造成這項正向認知的事件或情境。運用方塊以及圖卡遊戲中同樣的指導語來使用想法量尺。

用好玩的方式找出負向認知

運用負向認知立體方塊

同樣地，你需要準備一些木質方塊，並在每一面寫上適用於兒童的負向認知（圖 4.2）。以下是如何使用負向認知遊戲的範例。「我們可以用這些非常酷的方塊來玩一個遊戲，這些方塊上面寫著一些孩子們有時候會出現的亂七八糟想法。讓我來示範一下怎麼玩。」拋出這個方塊，然後大聲說出方塊上的負向認知。簡短說一說你自己出現這種想法時的事情。你必須確認你所說的事適合和你的個案分享，而且是簡單、容易明白的。這麼做是為了在建立信任和默契之時示範自我揭露。接著告訴兒童輪到他了。記得提醒兒童：你的辦公室是個安全

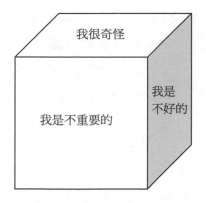

圖 4.2　負向認知方塊

的地方，在這裡兒童可以談論自己的感受和想法，或是任何讓他們感到困擾的事情。記錄下兒童所分享的負向信念和事件。如果方塊拋出後出現的負向信念不是兒童所具有的，那麼就要求兒童再丟一次，直到找到他所擁有的負向信念。一旦找到了負向信念，你可以說：「是什麼讓你有這些亂七八糟的想法？是不是你聽見、碰觸到、看見或聞到什麼，還是有人說了或做了什麼事情，讓你對自己有了這樣亂七八糟的想法？」一旦兒童辨認出和這項負向認知相關的事件或情境，你可以說：「當你想到這個情況（說出兒童所分享的與負向認知相關的情境），還有你這個亂七八糟的想法（說出兒童所說的負向認知），你現在有什麼感受？」你也可以準備有情緒臉孔的圖卡，幫助兒童辨認情緒。把兒童所提供的訊息通通記錄下來。要注意的是，透過這個遊戲，你正在辨認出目前的誘因以及過去的逆境或創傷事件，還有和這些記憶網絡相關的負向認知。你接著可以運用回溯既往的技巧，進而辨認出和這項負向認知相關的其他往事。本章稍後將會介紹回溯既往和情感掃描的運用。

運用負向認知圖卡

　　你可以購買負向認知繪圖卡，譬如兒童想法百寶箱（Gomez,

2009）以及 EMDR 期刊（Courtney, 2009）裡的那些圖卡，你也可以創作出自己的一套圖卡。一旦你準備好圖卡，就把附有負向認知的這一套圖卡交給兒童，然後說：「所有這些圖卡都是關於孩子們有時候會出現的一些亂七八糟想法。我要你看看這些想法，然後挑選出你現在對自己具有的亂七八糟想法。如果在這些圖卡裡找不到你對自己的亂七八糟想法，你可以告訴我、寫下來或畫出來。」一旦你取得兒童的負向認知，就問兒童其中哪一個想法最令他感到困擾，並且說：「什麼事情讓你有這個亂七八糟的想法（說出孩子所提出的負向認知）？」讓兒童知道他可以使用不同的溝通形式，例如畫畫或是口語、書面的溝通。

運用負向認知球以及保齡球瓶

在保齡球瓶、足球或是沙灘球上，寫下適用於兒童的負向認知。使用負向認知球或是保齡球瓶的時候，你可以告訴兒童：「我們來玩一個很特別的球類遊戲或是保齡球遊戲。這顆球（或是保齡球瓶）寫上了孩子們有時候會出現的一些亂七八糟想法。讓我來教你怎麼玩。」你把球往上拋，然後雙手接住球，大聲唸出球落在你的雙手時面對你的那個負向信念（圖 4.3）。簡短說說讓你產生那個負向信念的

圖 4.3　亂七八糟想法球

事情。你必須確定這件事情適合和孩子分享。接著把球拋給兒童，請他來探索負向的信念。如果兒童並沒有球落下時所呈現出的那個負向信念，就再一次把球拋給兒童，直到他找到一個自己有的負向信念。按照方塊以及圖卡遊戲所使用的同樣程序，來幫助兒童找出導致他負向的認知、情緒和身體感受部位的環境刺激。

發展情緒詞彙

情緒發覺工具

　　協助兒童辨認出情緒以及這些情緒在身體裡的位置，是 EMDR 治療的一個重要面向，也是整合及處理記憶的一大重點。情緒發覺工具使得找出情緒在身體位置的過程，對兒童來說更加具體、有趣、有吸引力。任何東西都可以當做情緒發覺工具，只要兒童能夠利用它來從頭到腳掃描全身。我曾經使用過放大鏡以及其他會吸引兒童的物品。為兒童示範如何使用情緒發覺工具時，你可以加上一些有趣的聲音，譬如嗶嗶聲或是嗡嗡聲。當兒童從頭到腳掃描尋找情緒和情緒所在的位置時，可以先由治療師發出這些聲音，之後再請兒童自己發出聲音。以下便說明如何使用情緒發覺工具。

　　「現在我們要開始使用一個非常有趣的東西，叫做情緒發覺工具 　82
或情緒偵測器。這個情緒發覺工具可以幫助孩子發現他們身體內的情緒（向兒童示範如何使用這個情緒發覺工具，你在掃描自己身體的時候可以加入嗡嗡或嗶嗶的聲音）。讓我們來練習在你的身體裡面找到情緒。你想到那個情境（說出兒童所指出的和負向認知有關的情境）和那個亂七八糟想法（說出兒童所辨認出的負向認知）的時候，你現在有什麼感覺？（提供情緒臉孔圖卡）現在利用這個情緒發覺工具來看看，你是在身體的什麼地方感到這種情緒（說出兒童辨認出的情緒）？」

運用情緒方塊

　　這些方塊寫上了適用於兒童的各種不同基本情緒。治療師可以購買素面的木質方塊，然後在上面寫下各種不同情緒。給比較幼小的兒童玩時，可以在方塊上的每一面畫上一個情緒臉孔（見圖 4.4）。「我們可以用這個很酷的方塊來玩一個遊戲；這些方塊上寫了一些孩子們有時候會出現的情緒。這個遊戲是要找出我們現在擁有什麼情緒。讓我來教你怎麼玩這個遊戲。」拋出這個方塊，然後大聲唸出方塊上所寫的情緒。大聲說出在生活當中讓你有這種情緒的事件或是情境。如果你沒有這種情緒，就說沒有，然後再拋一次方塊，直到你找到自己現在有的情緒。一旦找到現在有的情緒，就談一談讓你有這種情緒的事件或是人物。接著告訴兒童輪到他玩了。「好了，我們就來丟這個方塊，然後找出一種你現在擁有的情緒。接著告訴我在你生命中是什麼事情讓你有這種情緒。最後讓我們利用這個情緒發覺工具，來找出這種情緒待在你身體的哪一個部位。」你也可以利用鏡子來幫助兒童跟自己的身體連結起來，並發覺身體如何傳達出這種情緒。具有複雜創傷的兒童往往會跟自己的身體疏離、解離。當兒童察覺到身體如何經驗和傳達各種不同的情緒，邁向整合的旅程便就此展開。在臉上做

圖 4.4　情緒方塊

出表情，並且利用鏡子讓兒童能夠注視自己的臉部表情並且標示出感情，是一個非常有趣而且具有高度整合效果的活動。你也可以自己在臉上做出一個表情，然後要求兒童畫下來並且標示情緒。如果會談時父母在場，也可以由父母在臉上做出表情。請注意，對某些具有依附創傷的兒童來說，父母帶有情緒狀態的臉孔可能對孩子具有高度誘發作用。

　　一旦兒童辨認出情緒以及情緒在身體裡的位置，你也可以詢問兒童和這種情緒及事件有關的認知。「當你想到這個情境（說出孩子 83 所辨認出的和這種情緒有關的情境）和情緒（說出孩子辨認出的情緒），以及你在身體裡面感覺到這種情緒的位置，會讓你現在對自己產生什麼亂七八糟的想法？」你可以提供包含負向認知的圖卡、方塊或是球讓孩子使用。寫下兒童分享的所有事件，這樣你就可以開始按照時間的順序組織所有的事情，發展出標的序列。

運用情緒圖卡

　　運用情緒圖卡（圖 4.5）可以玩許多遊戲。你需要把這些繪有情緒臉孔的圖卡護貝起來，用來幫助兒童辨認並且連結各式各樣的情緒。你也可以從網路下載藝術圖片，創作一套自己的圖卡。你可以把這些情緒圖卡正面朝下，和兒童玩遊戲，輪流翻開圖卡並且標上情緒。翻開第一張圖卡的時候，鼓勵兒童指出和這種情緒有關的任何情境、人物或事件。使用情緒發覺工具，這樣兒童才可以練習在身體裡面找到情緒所在位置。你也可以要兒童拿著所有的情緒圖卡，然後挑出他現在擁有的情緒。接著你可以一次針對一種情緒，詢問兒童與這種情緒有關的事件或情境。你也可以製作一顆情緒球，在素面的足球或海灘球上寫上情緒或畫上情緒臉孔。當你和兒童把球互相丟來丟去玩耍的時候，這顆情緒球便可以用來幫助孩子辨認、觸及情緒。另外可以發展的一種遊戲，就是把情緒寫在保齡球瓶上，你可以藉由和兒童打保齡球來幫助兒童辨認情緒。每當辨認出一種情緒，便詢問過去和現在

圖 4.5　情緒臉孔

與這個情緒相關的事件。如此便可以探索和每種情緒相關的臉部表情及身體姿態。

發展感官詞彙

訊息處理和創傷記憶的解決必須借助於不同系統的干預方能達成，並且是發生在不同層次的人類經驗中，諸如：認知、情緒和感官動作。有了這項了解，透過遊戲來刺激兒童感官詞彙的發展，就構成了建立技巧階段非常重要的一個面向。本書第十一章將會詳細探討如何在 EMDR 治療的不同階段中運用身體的介入。

與兒童發展標的序列

與兒童發展標的序列時，很重要的是要運用照顧者提供的標的序列所包含的資訊，以及在 EMDR 遊戲中從兒童收集到的資訊。當照顧者不在場時，可以利用社工員或其他參與兒童生活的成年人所提供的資訊。通常運用 EMDR 遊戲來收集發展標的序列所需要的訊息，就已

84

綽綽有餘。不過,本章所列舉的其他有趣的方式和策略,也都能非常有效地協助兒童找出 EMDR 處理的潛在標的。如果兒童正在辨認標的或是玩 EMDR 遊戲的時候,照顧者在場,那麼花些時間釐清照顧者在 EMDR 治療過程中的角色,是很重要的。這個問題將在第五章予以更周延的探討。

　　與兒童產生出標的序列通常不是一個直截了當的過程。在處理創傷素材的時候,必須考慮下列幾個因素:

　　一、運用非語言形式的溝通:很多遭受創傷的兒童在回憶創傷時無法使用語言。話語的產生、語言的理解以及語言的處理,都和位於左半腦下額葉的布洛卡皮質區(Broca's area)有關。這個重要的區域似乎會高度受到創傷影響。根據創傷研究先驅波士頓大學醫學院精神病學教授范德寇(Bessel van der Kolk, 1996)所做的研究,在創傷後壓力症患者回憶創傷事件時使用正子攝影掃描(PET scans),顯示出布洛卡皮質區的活動大幅減少。這些研究發現指出,受創的個人經歷失調的情感狀態時無法使用語言。這些個人可能在身體上和情緒上受到激發,但卻無法把他們的經驗訴諸文字。當我們了解這一點,那麼在治療當中提供非語言形式的溝通,就很重要。當兒童在辨認、選擇和處理創傷記憶的時候,這可以協助他們組織並整合自己的內在實相。藝術、畫畫和遊戲治療的策略,都可以協助兒童把可能在大腦內以身體和內隱的層次加以編碼的創傷經驗內容,更有效地傳達出來。

　　二、在辨認和處理創傷記憶時運用趣味和遊戲:在不同階段的 EMDR 治療中,在探索創傷素材之際,同時保持社會參與系統的活躍以及維持雙重察覺,是非常關鍵的。當個案感受到和治療師有連結,從而感受到涵容及內在調節時,就可以成功探索令他們感到困擾的素材。在 EMDR 治療會談中,遊戲可以大大促進兒童和治療師的連結及安全感。

　　三、讓兒童維持在適當的耐受度窗口:在準備和重新處理的階段中觸及令兒童困擾的訊息時,治療師必須成為兒童系統中有效的調節

85　者。在和兒童辨認創傷和負向事件時，治療師和兒童的內在狀態情緒同步的程度，至關重要。治療師必須明白何時可以探索創傷記憶、何時提供距離或何時應該轉變主題並投入不同的活動，正是這些使得運用 EMDR 來治療複雜創傷個案的工作顯得面貌多樣，同時又引人入勝。當兒童的喚起程度過高或過低時，治療師調節兒童的能力便攸關治療的成效。治療師自己的內在狀態以及語言和非語言的溝通，對於調節兒童情緒或使兒童的情緒失調，有著潛在的影響。如果治療師常常感到憂鬱並且處於喚起不足（hypoaroused）的狀態，或者對兒童或其行為感到惱怒或挫折，那麼兒童和治療師之間的雙方交流可能會對兒童的系統造成干擾。這些互動甚至可能對適度探索並處理內隱、適應不良素材構成障礙。治療師的聲調及音質、眼神的接觸、觸摸、身體的距離以及臉部的表情，都能促進兒童內在狀態的調節，或是相反地，造成兒童內在狀態的動盪。情緒與兒童同步的治療師能夠察覺，自己和兒童的互動會如何促進或妨礙觸及並整合創傷素材的過程。本書中所描述的 EMDR 治療八個階段中用來協助兒童的所有策略，將會在情緒同步、靜心察覺的治療師手中，得到更有效的運用。

　　以下幾個策略用意都在於協助兒童辨認出哪些經驗導致了目前的症狀，以及目前有哪些刺激來源啟動了這些記憶網絡。此外，也會探討如何協助兒童辨認語言前的記憶。治療師可以根據兒童偏好、溝通風格及特別需求來挑選一種合適的策略。

在兒童身上運用回溯既往及情感掃描

　　回溯既往及情感掃描非常有助於個人從現在連結到過去。不過，對於兒童來說，要了解這些技巧可能很困難。以下的方式對於將回溯既往或情感掃描運用在兒童身上很有幫助。切記，治療師在使用回溯既往或是情感掃描的技巧前，所有必需的訊息應該已經在 EMDR 遊戲

的階段辨認出來。治療師應該已經掌握到目前的誘因事件、負向認知和情緒。如果兒童無法找到任何負向認知，但是能夠辨認出情緒和身體狀態，那麼還是可以運用情感掃描的技巧。以下是回溯既往的指導語：

回溯既往指導語

「既然我們知道現在有什麼事情在困擾著你，那麼我們可以做一件事來幫助你的大腦找到過去在你身上發生過討厭事情的記憶。這個方法叫做『偵探工作練習』。我需要你想著（說出目前的誘因事件）、那些亂七八糟的想法（說出孩子之前在 EMDR 遊戲中所辨認出的負向認知）還有那個情緒（說出孩子所辨認出的情緒），然後讓你的頭腦做一些偵探工作，來發掘出你生命中出現過同樣想法和同樣情緒的其他時候。當你找到的時候，你可以畫一幅圖畫、寫下來，或者告訴我你的發現。」在進行這項偵探工作練習時，請把你的偵探工具準備妥當。你可以準備一副放大鏡、一頂偵探的帽子，使這項練習對兒童來說變得更加有趣、更有吸引力。

如果兒童無法辨認出記憶的認知層面，但是能夠傳達出情緒和身體部位，那麼你就可以採取情感掃描的技巧（Shapiro, 2001）。

情感掃描指導語

「我希望你想一想（說出目前的誘因事件）和那個情緒（重複兒童之前在遊戲中辨認出的情緒）以及你在身體的什麼地方感受到這些情緒，然後讓你的頭腦做一些偵探工作，來發掘出你生命中身體出現過同樣情緒的其他時候。當你察覺到任何東西時，你可以告訴我、寫下來或是畫出來。」

利用畫圖來協助兒童產生標的序列

有時候兒童很難用語言向治療師表達並揭露負向或創傷的經驗。以下的方法可以用來協助兒童辨認出目前的誘因以及 EMDR 重新處理的潛在標的。如果兒童發生解離，治療師應該要密切注意任何行為上或生理上的變化（參考第七章和解離兒童工作的準備策略）。你可以告訴兒童：「我很高興我們能夠漸漸彼此認識。我已經知道很多關於你的事情，譬如說你喜歡的、讓你開心的事情，還有你討厭的、讓你覺得不開心的事情。我們將要來談一談讓你感到困擾的一些事情。我們要來聽一聽孩子還有人們所說的不同的語言。我們都是很神奇的生物，會說不同的語言。我們有一個頭腦能夠說思想的語言，有一顆心能夠說情緒的語言，有一個身體能夠說非常特別的感官語言。我們先來看看你有哪些討厭的東西或難題。現在有哪些事情是讓你擔心的？」

如果兒童沒有辦法辨認出任何難題，或者是提出來的事情無關痛癢，而且絕口不提父母所報告的問題，那麼你可以告訴他：「我想讓你知道我已經和你的（媽媽、爸爸）見過面了，而且他們已經告訴我一些讓你感到困擾的事情。我希望你明白，我是兒童和家庭的幫手，而且很重要的是，我必須知道到底發生了什麼事，這樣我才能夠幫助你還有你的家庭。這就是為什麼你的（媽媽、爸爸）告訴了我所有關於你和你家人的事情。我希望你知道，這裡對孩子來說是一個非常安全的地方，你可以放心告訴我讓你覺得困擾或擔心的任何事情。我希望你能幫助我成為你最棒的幫手。你要知道，好的幫手都非常想要了解他們所幫助的小孩，所以他們會使盡所有辦法盡量得到最多的訊息，以便真正認識並了解孩子。」向兒童提及照顧者所報告的一些問題或症狀。明確地告訴孩子你會如何處理保密的議題，這能夠創造出發展信任的合適氛圍。為了使兒童放心，應該要讓他們知道，所有的議題將會開放而誠實地討論，而其目的在於幫助兒童療癒，並協助他們的父母成為他們能力所及最好的父母。先從一個次要議題著手，來

看看兒童是否能夠承受。無庸贅言，如果兒童否認照顧者的說法，或是拒絕處理某項議題，治療師需要尊重兒童想要和這項議題保持距離 87 的需求。也許這項議題對兒童來講壓力過大，那麼在探索這項議題之前，必須協助兒童達到更大程度的穩定。

　　你可以告訴孩子：「我從（媽媽、爸爸、社工員）那裡聽說（針對那個問題提出一般性的敘述，譬如：我聽說某個大人對你做了一些讓人討厭的事情，或是學校出了一些問題，或是有的時候你會傷心或生氣。讓孩子知道他可以坦然地討論這些事情，或是用畫圖、文字來表達）。請你告訴我那個討厭的事情、問題或煩惱上一次發生時的情況。你可以畫一張圖來表達那個問題，或是如果你願意的話，我可以幫你畫出來。」給兒童一張紙。如果孩子不想畫出這個困難或問題，你可以把孩子所描述的景象畫在一張紙上，讓問題更明確、具體地呈現在兒童面前。

　　「當你想到（說出孩子所辨認出的問題或煩惱），你會對自己產生什麼樣的亂七八糟想法？」如果兒童無法指出負向認知，你可以提供孩子寫有負向認知的圖卡、方塊或是球，然後告訴他：「這些圖卡、方塊或是球，上面都寫著孩子們有時候會出現的一些亂七八糟想法。我想要你看一看，然後挑出一些你現在對自己可能有的亂七八糟想法。如果裡面並不包括你的亂七八糟想法在內，你可以跟我說，或自己寫出來或是畫出來。」一旦兒童提出了負向認知，就在你或兒童畫出來代表問題的那個景象旁邊，畫一個想法泡泡。在想法泡泡裡面寫下負向認知。參考圖 4.6。你可以告訴兒童：「好了，做得很好。現在，我希望你想著（說出兒童所辨認出的問題或煩惱，並指著你或兒童畫出來的圖畫）和那個亂七八糟想法（說出兒童所辨認出的負向認知），然後讓我們來看看你現在有什麼樣的感受。」接下來在你或兒童畫出來的圖畫旁邊畫一顆心，把兒童說出來的所有感受都寫在那顆心裡（見圖 4.7）。如果兒童無法辨認出情緒，就把寫有情緒的圖卡、方塊或球交給孩子，然後告訴他：「這些圖卡、方塊或球上面寫著孩

圖 4.6　一位七歲小女孩所畫的現在誘因及伴隨的負向認知

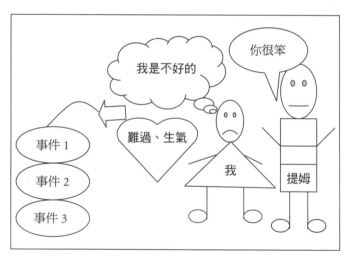

圖 4.7　運用圖畫來協助兒童發展標的序列

子們有時候會出現的感受。我希望你看一看，然後挑選出當你想到（說出兒童所辨認出的問題或煩惱）還有那個亂七八糟想法（說出兒童辨認出的負向認知）時所產生的感受。」

回溯既往　　　　　　　　　　　　　　　　　　　　　　　　　　88

　　治療師可以告訴兒童：「現在，我希望你想一想你的這個問題或煩惱以及那個亂七八糟的想法（說出孩子所辨認出的負向認知）和你的情緒。現在讓你的頭腦做些偵探工作，找出你生命中出現過同樣想法和同樣情緒的其他時候。」寫下兒童說出的任何事件。每當兒童報告一個事件，就問他有沒有更早發生的事件，直到找到最早的事件。「好了，做得很好。現在，我希望你繼續偵探工作，找出你出現過同樣想法和同樣情緒的其他時候。」如果兒童再也想不出任何事件，而且你從照顧者已經獲得能夠協助兒童的訊息，就可以告訴兒童：「我從（媽媽、爸爸、社工員）得知有事情發生（用一般性的陳述）。你還記得那件事嗎？我在想當你想到這件事的時候，你會出現的想法和情緒也許跟我們正在說的那些亂七八糟想法和情緒一樣？」按照時間的先後順序寫下所有事件，並辨認出與每一個事件相關的困擾程度。切記，我們仍然處於準備階段。我們才正要開始探索那些醞釀出目前症狀的逆境以及創傷記憶。我們要運用這些訊息產生出全面的臨床全景和標的序列。除非兒童能達到相當好的穩定和準備程度，否則不要貿然展開探索。如果孩子呈現出情緒失調的徵兆，就放慢速度或甚至全面停止。然後代之以運用策略協助兒童發展情感調節技巧。

情感掃描

　　當孩子無法找出負向認知，或是要協助兒童更加開放地討論情緒，或是回溯既往的技巧無法對過去的創傷記憶提供足夠的資訊時，治療師可以運用情感掃描的技巧。在這種情況下，情感便成為接觸記憶網絡的途徑。

　　你可以告訴兒童：「當你想到（說出孩子所辨認出的問題或煩惱），現在會出現什麼情緒？」在兒童或你畫出來的圖畫旁邊畫上一顆心，在裡面寫下孩子說出的所有情緒（見圖 4.7）。如果兒童無法辨認出情緒，就提供兒童帶有情緒臉孔的圖卡、方塊或球，然後告訴兒　　89

童：「這些圖卡、方塊或球上面呈現出孩子有時候會出現的情緒。我希望你看看它們，然後挑選出當你想到（說出孩子辨認出的問題或擔心）時產生的情緒。現在，讓我們利用情緒發覺工具在你身體裡尋找這些情緒，然後請你告訴我這些情緒所在的位置。」

你可以告訴兒童：「現在，我希望你想想你的問題或是煩惱、你的情緒還有這些情緒在你身體的位置。現在，讓你的頭腦來進行偵探工作，找出你生命中出現同樣感受的其他時候。」寫下兒童所報告的任何事件。每當孩子報告一項事件，一定要詢問有沒有更早發生的事件，直到找到最早的事件，然後你可以告訴兒童：「好了，做得很好。現在我希望你繼續進行偵探工作，找出有過同樣情緒的其他時候。」如果兒童想不出任何事件，而你已經從照顧者獲得可以用來協助孩子的訊息，那麼你可以對兒童說：「我從（媽媽、爸爸）知道有事情發生（說出一般性的陳述）。你還記得嗎？我猜想當你想到這件事的時候，你可能會出現我們所討論的那些感受。」按照時間的先後順序寫下所有事件，找出最早的事件、兒童最容易記起的事件以及最糟糕的事件。

記憶魔棒

記憶魔棒是另一種協助兒童辨認創傷事件的有趣方式。要運用這種策略，必須準備下列物品（見圖 4.8）：

● 不同顏色的緞帶
● 一根木棒
● 膠帶
● 空白貼紙
● 標示 0 到 10 的量尺（主觀困擾感受量尺）

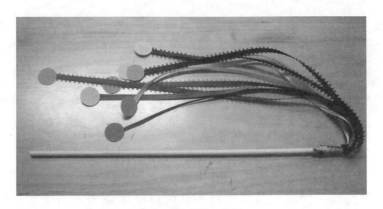

圖 4.8 記憶魔棒

　　緞帶用來代表創傷記憶，把緞帶一起繫在木棒頂端，就構成一根特別的魔棒。以下說明如何和孩子進行這個練習。你可以告訴兒童：「我很高興我們逐漸互相認識了。我已經知道關於你的很多事情，比如讓你喜歡、覺得開心的事情，還有讓你討厭、覺得不開心的事情。我們接下來要談一談讓你感到困擾的事情。我知道有一件很酷的東西，我們可以一起來做，叫做『記憶魔棒』。這根魔棒很特別，因為 90 它是關於所有發生在你身上的討厭的、不好的事情，不管是以前發生過的還是現在仍然在發生的。我這裡有一些不同顏色的緞帶、一根木棒、空白的貼紙和膠帶，來讓你創造自己的魔棒。我還有一個叫做『困擾量尺』的東西。這個困擾量尺可以幫孩子檢查一下他們覺得困擾或不開心的程度。讓我來示範給你看。困擾量尺上面有 0 到 10 的數字。0 代表這件事情完全不會困擾你，或是這個事情對你來說不痛不癢的；10 代表這件事情讓你困擾極了。我希望你想一想你曾經經歷過然後熬過來的所有討厭的、不好的事情。為每一件不好的事情挑選一條緞帶來代表它。每當你選出一條緞帶的時候，我希望你想一下那個讓你討厭的記憶，然後使用這個『困擾量尺』，依據那個記憶現在困擾你的程度多還是少，來決定緞帶多短或多長。現在讓我們開始來製作你的『記憶魔棒』，同時練習使用『困擾量尺』。首先想出一個討厭

的記憶，並且挑選一條緞帶。然後使用『困擾量尺』的時候，想一下這個記憶現在有多困擾你，或是讓你現在感到多麼不舒服。記得，0 代表不痛不癢，10 代表讓你困擾極了。現在你可以根據『困擾量尺』上的數字剪下一段緞帶，用膠帶把它貼在木棒上。然後在空白貼紙上寫下這個記憶的名稱，來幫助我們記得這個記憶的內容，接著把貼紙貼在緞帶的尾端。做得真好！現在，我們就照剛剛的方法來處理其他討厭的記憶。」你也可以透過 EMDR 遊戲，問兒童他們關於這個記憶的亂七八糟想法、情緒和身體反應。你可以使用圖卡、方塊或是球來幫助孩子辨認出記憶的這些面向。你可以告訴兒童：「當你想到（說出兒童所辨認出的負向事件），會讓你現在對自己產生什麼亂七八糟的想法？當你想到所發生的這件討厭的事情時，你有什麼樣的情緒？你在身體的什麼部位感受到這樣的情緒？」你可以提供兒童一些含有認知、情緒和身體感受的圖卡、方塊或是球。要注意兒童在觸及這些訊息時有什麼樣的反應。和兒童這些非語言的生理反應同步，可以幫助你決定要繼續進行或是放慢腳步。切記，每一個孩子都有不同的情感耐受窗口。有些兒童能夠承受對創傷素材比較深入的探索，然而有些兒童只能承受記憶魔棒這類不帶有任何其他詢問的簡單遊戲。

當兒童完成製作「記憶魔棒」的過程，要特別表揚兒童在這項練習當中所展現的堅強。同時很重要的是，治療師要建議兒童把魔棒留在你的辦公室，因為這支魔棒會在標的選取和重新評估的階段中再次使用到。這支魔棒所提供的訊息包括過去的創傷記憶、現在的症狀或誘因，以及每一項記憶所造成的困擾程度。在選取標的的時候，治療師可以選擇從最早的、最近的、最糟糕的或最不困擾人的事件開始著手，這主要取決於每一個兒童的情感耐受能力。第一類的兒童因為具有有效運用資源的能力，最有可能耐受重新處理最早的或是最糟的事件。相反地，對第三類兒童來說，如果治療師沒有給予廣泛的準備就從最早的或最糟的記憶開始著手，很可能會變得高度失調。

一旦所有的過去記憶及現在誘因經過重新處理之後，還可以將

「記憶魔棒」運用於重新評估的階段。在重新評估所有的創傷記憶時，記憶魔棒提供一個非常有趣的機會，來評估每一個記憶令人困擾的程度。這個時候，如果某個記憶已經不再令孩子感到困擾，那麼這條緞帶就可以從魔棒上剪下來，換上一條新的緞帶，代表包含著對自我的適應性、正向的新訊息。我將在第十章詳細描述如何在重新評估階段妥善運用記憶魔棒。

裝滿亂七八糟東西的袋子

91

如果你使用「裝滿亂七八糟東西的袋子」做為譬喻來解釋創傷和 EMDR 治療，那麼製作出那個「裝滿亂七八糟東西的袋子」將會是最棒的工具，用來協助兒童辨認過去的創傷記憶以及現在的誘因。製作那個袋子需要以下的材料：

● 紙袋、布袋或其他材料的袋子
● 各種不同顏色和大小的石頭
● 紅色、黃色和綠色的書面紙
● 空白貼紙（要用在石頭上）

製作袋子時，兒童可以挑選石頭或是畫圖來代表創傷記憶。可以用以下的方式介紹並解釋這個練習。你可以告訴兒童：「我們談過當討厭的事情發生在我們身上的時候，我們會有很多亂七八糟的情緒和很多亂七八糟的想法。我們的頭腦、身體還有心裡都覺得不舒服。這就好像我們帶著一個個裝滿亂七八糟東西的袋子。我們現在就要來製作一個屬於你自己的『裝滿亂七八糟東西的袋子』。這裡有一個袋子，還有一些各種顏色、大小的石頭。這些石頭代表著發生在你身上的討厭的、不好的事情，或是一些到現在還困擾著你的事情。我要你想一想發生在你身上的第一個討厭的或不好的記憶，然後選擇一個石

頭來代表它。如果這個記憶現在還非常困擾你，那麼就選擇一塊大石頭。如果這個記憶只是有一點點困擾你，那麼就選擇一塊非常小的石頭。你所挑選的石頭大小，一定要根據這個記憶現在對你有多困擾，或是讓你覺得有多不好受。你可以在這個空白貼紙上為這個記憶取一個名稱，然後把貼紙貼在石頭上，就可以記起這個記憶的內容。一旦你為所有的記憶挑好石頭之後，就把石頭全放到袋子裡。」如果你使用「晶洞」的譬喻來向孩子解釋創傷，可以結合袋子和晶洞的譬喻。用石頭來代表「我們生命中的晶洞」，鼓勵兒童去發掘他生命中所有的晶洞。要特別和兒童強調，我們做這項練習的目的，在於發掘每一個晶洞隱藏的獨特之處。雖然要打開每一個晶洞可能頗具挑戰性，但我們心中的目標要放在發掘每一個晶洞裡面隱藏的水晶。提醒孩子，這些水晶象徵著力量、新的自我意識、智慧還有對生命全新的謝忱。

　　如果孩子是使用畫畫來表達，你可以告訴他：「讓我們來製作你自己的『裝滿亂七八糟東西的袋子』。我有三種不同顏色的紙，紅色、黃色和綠色。你可以在這些紙上畫出所有發生在你身上的討厭的、不好的事情，或是到今天仍然困擾你的事情。我希望你想一下發生在你身上第一件討厭的或是不好的事情，然後挑選一張紙來代表它。如果這個記憶現在非常困擾你，那麼就選一張紅色的紙；如果這個記憶有一點點困擾你，就選一張綠色的紙；如果這個記憶讓你困擾的程度在中間，那麼就選一張黃色的紙。然後你就可以在這張紙上畫出這個記憶。一旦你畫完了所有的記憶，就把這些紙全放進你的袋子裡。」鼓勵兒童把袋子留在你的辦公室，找一個特別的地方，安全地存放這個袋子。如果兒童堅持要把袋子帶回家，那麼治療師必須和孩子及照顧者特別約法三章。他們必須格外留意，以免父母或是其他家庭成員任意接觸兒童視為隱私的訊息。提供矯正性的經驗，讓孩子感受到被尊重、驕傲，並且示範良好的界限，是非常重要的。也要要求父母和兒童每一次治療會面都要把袋子帶過來。不過為了避免侵犯界限的情況發生，治療師應該建議把袋子留在治療師的辦公室。之後當

所有的記憶都重新處理之後，這些石頭和圖畫就可以被另一批對自我　92
具有新的正向、適應性訊息的石頭和圖畫取而代之。這個時候兒童就
可以把袋子帶回家。

我的「生命檔案」

如果你對兒童用「檔案」的譬喻來解釋創傷和 EMDR，那麼兒童
可以創造一個盒子，用來放進所有創傷記憶和現在誘因的檔案。如果
你用的是電腦的譬喻，那麼可以把檔案畫成電腦圖解。圖 4.9 就是一個
十二歲孩子運用檔案的譬喻所畫的圖解。

時間軸

時間軸非常有助於辨認正向以及負向的生命經驗。在時間軸上所
指認出的駕馭經驗以及發展里程碑，可以在稍後做為資源予以深植。
兒童在訴說生命經驗時，負向的、創傷的經驗可以特別挑出來。照片
會很有幫助，可以促進兒童回想過去的記憶。準備一張夠大的紙，好
把孩子不同生命階段以及生命中重要時刻的所有照片或圖畫通通放在
紙上。時間軸的起點應該是兒童出生前的經驗和記憶。這其中包括孩

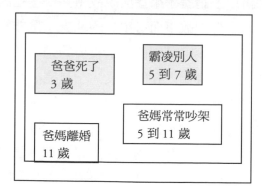

圖 4.9　檔案的譬喻

子可能知道的各個生命階段的資訊。如果有一張媽媽懷孕期間的照片，可以把照片貼在時間軸上。接著請孩子分享此時此刻與過去某個特定時間連結起來的感受。讓孩子辨認當自己注視著每一個發展階段的照片時，所產生的想法、情緒和身體狀態。以下的幾個問題可能有助於兒童觸及過去關於自我的外顯以及內隱訊息。當你現在想到妹妹出生的那個時候，有什麼感受？你現在對於生命中那個時候有什麼亂七八糟的想法？治療師也可以創造出距離感，使用「年幼的自己」或是「小小的你」來發問。你認為那個「小小的你」在媽媽肚子裡的時候有什麼感受？那個「小小的你」是覺得開心、難過還是煩惱？當時有沒有任何事情困擾「小小的你」？當時有什麼東西是「小小的你」

93　需要但卻得不到的？孩子是不是知道那個時候家裡所發生的任何事情？我們也要關注身體如何展現出孩子在那個生命階段中的故事。很重要的是，協助孩子傾聽自己的身體如何訴說故事。邀請孩子察覺當他注視自己每個發展時期的照片時，他的體內發生了什麼事。此外，邀請孩子察覺自己的心或頭腦是否知道任何年紀或時間點所發生的任何事。如果家長也在場，指示家長不要透露孩子所不知道的任何創傷事件。我們最想要了解的，乃是孩子自己版本的故事以及這些故事如何在孩子的頭腦裡編碼。如果孩子提到他在出生之後覺得害怕，那麼邀請孩子察覺是什麼造成了害怕。如果孩子提到身體的反應，譬如雙手刺痛，治療師可以邀請雙手來參與說故事。雙手在說些什麼呢？讓雙手帶我們前往為了得到故事而必須去的地方，是非常有力的做法。手能夠畫畫、做出動作或隱藏東西。很重要的是不要對身體的語言施壓，而要教導孩子察覺身體內在的感受。一旦完成時間軸，對駕馭經驗的記憶可以透過雙側刺激來深植，而負向經驗則按照標的序列來排列。一些無法以語言陳述的記憶，也許會以情緒或身體狀態的形式表現出來。這些在稍後可以成為標的，並加以處理。這些記憶也應該包括在標的序列裡。和第一個手足出生相關的雙手發抖以及害怕的感受，都可以成為標的。光是針對發抖的手、害怕以及特定的生命發展

階段、年齡或事件中的印象，就可以進行完整的評估和重新處理。

記憶偵測器：探索語言前記憶

　　這項別出心裁的策略能夠協助孩子進行適合他們發展階段的回溯既往。利用一根木棍，在木棍的末端繫上一張任何形狀的紙，便完成一個記憶偵測器了。這個偵測器應該看起來像個金屬偵測器。同時，在地上放置一張夠大的紙，上面畫出孩子生命的時間軸。這個時間軸非常簡單，只包括一些基本的圖畫，代表從懷孕開始的不同發展階段。治療師可以備妥事先製作好的、適用不同孩子的時間軸。可以在一張夠長的紙張上畫一條線，來開始製作時間軸。在這條線上面，畫一個明顯可以看出肚子裡懷著胎兒的懷孕媽媽圖像，然後畫一個初生的嬰兒，接著繼續畫出剛學會走路的小孩、到了學齡的小孩等等，依此類推。一旦時間軸和記憶偵測器都準備好了，讓孩子提出一個現在的誘因，然後辨認出和現在誘因有關的畫面、負向認知以及情緒反應。把現在誘因、負向認知以及情緒畫成圖，用膠帶貼到記憶偵測器上面。接著治療師和孩子一起站在時間軸前面，手上握著情緒偵測器，假裝你們兩人正在尋找金屬或黃金。當然你們並不是在尋找金屬，而是在尋找和現在誘因相關的記憶。你可以加上一個嗶嗶的響聲，讓這個練習更有趣味。你可以告訴孩子：「既然現在我們找到了讓你困擾的事情以及你產生的亂七八糟想法和感受，就讓我們使用我們的記憶偵測器，來找找看你記憶中出現過同樣亂七八糟想法和感受的其他時候。在尋找記憶的時候，我們要讓我們的心或身體裡面的直覺來引導我們。事實上，記憶偵測器就在你的裡面，給你力量去感受、發掘現在仍然困擾著你的往事。我們要從很早很早的時期開始探索起，所以就從你還在媽媽的肚子裡開始。當你想著過去生命中的那個時候，要注意這時候你發生了什麼，檢查看看你現在的情緒和亂七八糟想法是否在當時也出現了，或是你現在的感受當時也感受 94

到了，或是『小小的你』可能也感受到你現在感受到的那個討厭東西。」切記，我們所要尋找的乃是和現在的症狀相關的內隱性身體記憶。譬如，一個七歲的小女孩來接受治療，因為她對媽媽感到極端憤怒。她總是指責媽媽不愛她。她也總是指責爸爸和姐姐不夠愛她。這個孩子辨認出的負向信念當然就是「沒有人愛我」，她的情緒就是憤怒、傷心和挫折。當這個孩子使用記憶偵測器時，就從她在媽媽肚子裡的時候開始找起。她立刻就說她還在媽媽肚子裡的時候就已經有這種負向的想法和情緒。她真的說她聽到有人說她毀了媽媽的一生。她接著又說，因為她在媽媽的肚子裡，所以媽媽必須輟學。在問她更多問題之後，她說媽媽想要成為一位醫生，但是因為她的緣故，媽媽做不到。後來她的媽媽證實了這項訊息，說她必須放棄學業來撫養孩子們。媽媽說孩子可能是聽到了很久以前她和她丈夫討論這個問題的對話。媽媽承認自己是意外懷孕，而且起初並不想要這個孩子，因為她想要追求自己的事業。不過，她很高興擁有家庭，而這個議題早就被她拋諸腦後。孩子和家長從來沒有透露過這項訊息，直到使用記憶偵測器之後。此外，如果家長有孩子不同年紀的照片，也可以使用照片來製作時間軸。記下孩子說出的所有記憶，這樣才能根據時間的順序放進孩子的標的序列裡。

英雄的故事：很久很久以前⋯⋯

說故事是一個很棒的方式，可以觸及適應性以及令人困擾的記憶。此外，說故事也為孩子在辨認記憶時提供一個容易理解又有吸引力的途徑，同時還能夠幫助孩子看見活在他們內心的英雄。向孩子強調他們的故事實際上就是勇氣和求生存的故事，可以賦予他們的生命經驗嶄新的意義。就像製作時間軸一樣，從孩子出生前的故事開始。請孩子為故事下個標題，來表揚孩子的堅強。孩子可以用書寫或畫畫的方式來說故事。治療師也可以充當孩子的祕書，在孩子畫畫的時

候，幫他寫下故事的重要層面。治療師也可以邀請家長透過擔任書寫
記錄的工作來參與。為了讓孩子覺得有趣，治療師可以準備貼紙還有
剪貼簿的材料，供孩子裝飾並且凸顯重要的經驗。可以準備特別的貼
紙，專供正向經驗使用，其他的貼紙則用來表示困難或是負向事件。
鼓勵孩子讓自己的頭腦、心和身體都參與在故事當中。讓孩子知道，
有時候雖然我們的頭腦說我們生命當中的某一個部分或某一個事件是
好的、正向的，但是身體卻說出相反的答案。當我們想到生命中的某
一刻顯示某件事可能令人討厭或很困難，這時我們的身體也許會感到
暈眩、麻刺或是壓力。在我們關注自己想法的同時，也應該密切注意　95
心裡的感受以及身體的反應。讓孩子知道我們的頭腦可能會想要保護
我們，所以試著說服我們相信某件事情真的很好，然而事實上可能是
非常艱難的。頭腦並沒有惡意，只是試圖保護我們。因此，注意聆聽
由頭腦、心和身體共同說出來的故事，非常重要。當孩子在書寫關於
一段特別的時間或事件時，花點時間暫停下來，問問孩子他的心和／
或身體在說些什麼。要觀照到這些層面來寫故事，也許會花上較多的
時間。不過，當孩子在寫故事的同時，也正在運用靜心察覺並且發展
情感的、身體的以及認知的詞彙。而且，大腦中水平和垂直的整合也
獲得刺激。一旦寫作完成，治療師可以使用雙側刺激來深植所有的正
向及駕馭經驗，並將負向、創傷事件依照發生的先後順序放進標的序
列裡。在整個說故事的過程當中，不斷強調孩子求生存的能力，是非
常重要的。

獎牌、獎杯和證書

　　獎牌、獎杯和證書可以搭配時間軸和說故事來使用，以再次強調
孩子的堅強和生存能力。當孩子在敘述故事或是製作時間軸的時候，
就可以辨認出英勇的時刻以及求生存的資源。每當孩子克服一個挑
戰，治療師可以頒發一枚獎牌給孩子或是那個「小小的我」。可以把

一張圓形或方形的貼紙貼在「小小的我」的照片旁邊，或是讓父母為孩子製作一枚獎牌。可以用緞帶、紙張、亮片和珠珠製作一枚亮眼的獎牌。這些「榮獲獎牌的時刻」可以用雙側刺激來予以深植。當孩子意識到堅強或生存下來的時刻，請孩子辨認出情緒以及身體的部位，並且進行雙側刺激。

辨認目前的誘因

探索引發並啟動創傷素材的目前誘因，乃是 EMDR 治療的一大重點。以下一些有趣的策略可以協助孩子辨認誘因。

讓我有亂七八糟想法和情緒的事物

這項策略是來自「讓我憶及性虐待的事物」練習（Crisci, Lay, & Lowenstein, 1998）。這項策略的目的在於協助孩子利用五官的感受，深入探索所有目前的誘因。在進行這項練習的時候，你會需要六張白紙。在每張紙的最上方寫出下列內容：

第一頁：我所看到的事物讓我產生亂七八糟的情緒、想法和身體感受。
第二頁：我所觸摸的事物讓我產生亂七八糟的情緒、想法和身體感受。
第三頁：我所聞到的事物讓我產生亂七八糟的情緒、想法和身體感受。
96　第四頁：我所聽到的事物讓我產生亂七八糟的情緒、想法和身體感受。
第五頁：我所嚐到的事物讓我產生亂七八糟的情緒、想法和身體感受。
第六頁：別人說的或做的事情讓我產生亂七八糟的情緒、想法和身體
　　　　感受。

要求孩子在每一頁紙張上畫出引發負向想法、情緒和身體反應的事物。你可以告訴孩子：「我們來做一個很酷的練習，幫助我們找到那些在你生命中讓你產生亂七八糟情緒、想法和身體感受的事物。我

們的大腦和身體會透過好多方式來和我們說話。我們的大腦可以用語言和我們說話，我們的心會用感受和我們說話，我們的身體會用感覺和動作和我們說話。我們先從第一項開始。我希望你想一想，你現在有沒有看到你生命中有什麼事物，會讓你產生亂七八糟的情緒、想法和身體感受。你可以在這張紙上畫出所有讓你感到亂七八糟的東西。」重複同樣的指示來評估所有可能的誘因。在下一次的治療會談中，你可以使用圖卡、方塊還有球，幫助孩子進行更透徹的探索。然後，你可以協助兒童辨認出和每一個誘因相關的特定負向想法、情緒和身體感受。也可以運用回溯既往或是情緒掃描，來協助孩子探索過去那些造成目前症狀的逆境和創傷經驗。

我的鈕扣

　　這個練習的靈感來自於臨床社會工作師古德伊爾—布朗（Paris Goodyear-Brown, 2010）。請準備以下的材料：

● 鈕扣
● 紙娃娃或是身體的輪廓
● 膠水

　　可以用下列的方式向孩子介紹這項練習。你可以對孩子說：「我手上的這一個紙娃娃代表著你。還有這些鈕扣，代表著你生命中所有讓你感到亂七八糟的事物。我希望你想一想會讓你產生亂七八糟情緒和想法的事物，不管那是你看到的、觸摸到的、聽到的、嚐到的，還是別人說的或做的事情或東西。每當你想到一件，就可以挑一個鈕扣來代表你生命中的這個事物。然後，讓我們找出你在身體的什麼地方出現這種感受，找到後你就可以把鈕扣黏在那個身體部位上面。我們可以在鈕扣的周圍寫下一個短短的句子，來說明這個鈕扣代表的是什麼。」用同樣的做法來探索所有其他的誘因。如果時間允許的話，或

是在下一次的治療會談中，運用 EMDR 遊戲來幫助孩子找出認知和情緒。回溯既往或是情感掃描都可以用來辨認和現在誘因有關的過去經驗。

辨認令人困擾的事件、資源，同時評估創傷處理是否就緒

有一項非常有幫助的練習，靈感來自前夏威夷大學心理學副教授柏森（Sandra Paulsen, 2009），後來改編成適用於兒童的版本（Gomez, 2006），可以協助治療師評估孩子是否已經準備好，足以承受 EMDR 創傷處理。這項策略提供了有關於目前誘因、過去逆境的經驗以及資源的所有訊息。此外，這項策略也能捕捉孩子主觀上如何看待自己運用資源來因應目前困難和逆境的能力。為了進行這項練習，你必須準備兩個不同顏色的氣球。其中一個氣球代表孩子目前對於過去和當下困難處境的看法。另一個氣球則代表孩子對於現在擁有的資源以及運用這些資源來處理困難處境的能力的看法。以下的指導語示範出如何介紹這項練習，你可以告訴孩子：「這個很酷的練習可以幫助我更了解你，同時也幫助你更了解你自己。我為你準備了這兩個氣球。第一個氣球代表所有讓你現在感到困難的事物，以及所有你生命中曾經發生過的討厭事物。花一點時間想想所有這些討厭的事物，看看現在你的心和身體裡面感覺到它們有多大。接著你可以拿起第一個氣球來吹氣，或者如果你希望的話我可以幫你吹氣，一直吹到你覺得氣球的大小正好符合你身體裡面對那個討厭事物所感受到的大小。要根據所有這些討厭事物現在讓你感覺到的大小，把氣球吹成大的、中的或小的。如果討厭的事物感覺起來蠻小的，那麼就吹個小氣球。如果你的心和身體裡面感覺那個討厭的事物蠻大的，那麼你就吹一個很大的氣球。」一旦吹好了氣球，就請孩子在氣球上寫下所有現在和過去的負向事件。治療師請務必把所有這些資訊記錄下來。接著你可以告訴孩子：「第二個氣球代表的是，當你出現亂七八糟的情緒和想法時，所

有你生命中擁有的，可以幫助你感覺很棒的好東西，以及所有你自己
做的或是別人做的，可以幫助你的好事。同樣地，當你想著所有你為
了幫助自己所做的好事時，檢查一下你的心和身體裡面感覺這些好事
有多大，然後就把氣球吹得和你裡面所感受到的一樣大。」請孩子在
第二個氣球上寫下所有的資源。仔細觀察兩個氣球的大小很重要。如
果代表資源的那個氣球小於代表困擾數量的那個氣球，就清楚表示需
要為孩子發展更多資源。這也顯示需要加強孩子面對混亂情境時更有
效運用既有資源的能力。如果創傷的數量超過系統的負荷，貿然處理
創傷將會進一步造成兒童失調。讓孩子知道，你們兩人將會一起努力
讓代表「好東西」的氣球變得更大；等這個氣球變得夠大之後，你們
兩人會一起努力讓那個代表「討厭東西」的氣球變小。這個練習可以
在整個準備階段裡重複數次，以便評估孩子處理情感和困擾的能力是
否有所增加。如果治療師使用這個練習超過一次以上，那麼孩子不需
要把所有的創傷記憶或誘因寫在氣球上，除非有新的創傷記憶或誘因
發生。

探索和親子互動有關的標的

　　以下要運用一種有趣的方式來探索並辨認親子的互動。這些互動
也許造成一些適應機制的發展，譬如：支配行為、討好、角色倒置、
對依附關係的逃避和忽視、對依附對象的焦慮和糾結以及黏人等等。
父母的行為和回應，譬如：牽絆糾葛、忽略、拒絕、強調過高的成
就、有條件的愛、貶低、對依附關係採取忽視／糾結／紊亂的行為策
略，都應辨認出來。辨認這些互動模式的挑戰，在於它們內隱的本
質。以下是以「成人依附會談」各個層面為基礎，設計成兒童易懂的
有趣會談。為了進行這段訪問，治療師必須精挑細選一些沙盤物件和 98
動物。
　　一、要求孩子挑選三個沙盤物件來代表他各自和父母的關係。如

果還有其他重要的依附對象，也要把他們包括進來。孩子也許在出生頭五年裡有自己的親生父親或母親，但最後兩年有養父或養母，那麼孩子應該要指出代表親生的和現在的領養父母的沙盤物件和記憶。如果有超過四位依附對象的話，可能會讓孩子覺得壓力太大，尤其是當這些關係的相關記憶伴隨著創傷和失落的時候。要確定孩子將焦點只集中在主要的依附對象。你可以告訴孩子：「我實在很想要更加認識你，所以我們一開始先來了解你和你父母的關係，或是你們相處的情況。請告訴我你的生活、你的家人，還有所有曾經照顧過你的人。」讓孩子有時間述說他的故事並且辨認出主要的依附對象。接著繼續詢問孩子和每一位照顧者關係的性質：「我希望你挑選三個物件或動物，來代表或展現你和媽媽之間的關係。」

　　二、一旦孩子指出所選的沙盤物件，一次針對一個物件，請孩子形容這個物件，以及這個物件如何代表這個親子關係或有什麼關聯。你可以說：「讓我們從第一個物件開始來看看它如何代表你和媽媽的關係。首先請你告訴我關於你所挑選的這個物件的事。然後我希望你告訴我這個物件如何代表著你和媽媽的關係。」讓孩子有時間形容並訴說關於這個物件的事。有時候孩子可能會忘記把這個物件和媽媽的關係連繫起來。如果有這種情況，就溫和地提醒孩子談談這個物件或動物在哪些方面是如何代表他和爸爸媽媽之間的關係。接著再進入下一個物件，並描述和爸媽之間的關係，直到所有四個物件都描述過。然後問問孩子，對每一個物件有沒有什麼特別的記憶或是現在發生的事件。譬如，如果孩子選了一隻泰迪熊，因為他和媽媽的關係帶來許多滋養和關愛，那麼就請孩子談一談或畫一畫關於媽媽「慈愛」的記憶。和成人依附會談一樣，首先要從親子關係的角度仔細審視這群物件和描述。然後辨認出特定的事件來支持這樣的描述或形容。這些記憶也許來自於目前或是過去和父母相關的事件。察覺形容或敘述究竟是非常負向的、負向的、中性的、正向的還是非常正向的。接下來從每個記憶尋找可以指出下列潛在狀況的特定細節：

● 拒絕
● 疏忽
● 侵入和干涉的親職行為
● 慈愛或不慈愛的行為
● 表現及成就的壓力
● 角色倒置

　　察覺孩子是否願意分享依附經驗、表達感受、承認受傷，或是相反地，孩子也許很封閉、防衛心強。仔細觀察孩子是否有理想化或貶損父母親的跡象，以及是否提到沒有或是不記得任何關於過去或現在和父母互動的細節。另一方面，要注意孩子是否表達出生氣或是被挑起怒氣的事件。治療師也必須仔細觀察孩子是否提及任何自責、扮演親職以及角色倒置。辨認是否有任何負向、逆境或創傷事件以及和主要依附對象相關的失落。留意孩子的懼怕反應或是潛在的解離反應。這個有趣的訪問並不構成正式的、標準化的評估工具。這項訪問只是透過有趣的方式，將成人依附會談系統的一些層面運用在孩子身上，來更加了解親子關係。透過訪問所收集到的訊息，應該成為臨床全景很重要的一部分。負向的、適應不良經驗的重新處理，應該在父母努力改變親子互動模式的時候進行。如此一來，父母可以繼續強化適應性的機制，並且最終能夠強化包含適應機制的記憶網絡。

「心罐」
　　「心罐」是一項很棒的練習，不僅可以成為治療性的工具和資源，也是探索親子之間關係品質的工具。在進行心罐練習的時候，正向互動的交流就在進行，包括：眼神接觸、肢體接觸、給予及接受讚美和關愛的陳述。進行心罐練習時，要請孩子和家長製作一個非常別緻的容器，可以放在自己心裡。他們可以先想像，然後在心裡形成一個影像，接著將它實際畫在紙上，或是利用黏土做出來。你可以告訴

99

173

兒童：「我們要來想像、繪畫或是製作一個非常非常特別的東西，可以放在我們的心裡。這個東西叫做『心罐』。這個罐子很特別，因為它讓我們存放美好的、特別的東西，這些東西是我們對我們在意的人的感覺，或是和他們共同擁有的東西，尤其是我們覺得親密的人，譬如說爸爸媽媽等等。每當我們出現一個特別的時刻，譬如讓你覺得舒服的擁抱、一句讚美、一個笑容等等，我們都可以把這些放到心罐裡。做法非常簡單；我們注視著給我們這個特別的好東西的人，然後呼吸，將那個好東西吸進來，並且想像把它放入我們的心罐裡。我們可以決定要放什麼東西或者放多少東西到這個罐子裡。那麼我們就從你和爸爸製作一個罐子來開始吧，你們可以隨自己的意思，用任何方式、形狀、顏色、材料來做。」等兒童和爸爸用足夠的時間做出罐子之後，就請他們描述自己的罐子。「現在，我們要來練習把好東西放到心罐裡。父母總是會先開始，給孩子特別的東西放入他們的心罐裡。另一方面，孩子可以選擇要給還是不給父母特別的東西放進心罐裡。有些孩子會選擇給，有些孩子會選擇不給；給或不給都行。當我們要把東西放入心罐時，第一，我們彼此牽著手；第二，注視彼此的眼睛；第三，告訴對方要給他什麼東西放進心罐裡。接著對方可以把這個東西『吸入』心罐裡，至於要吸入多少，由他自行決定。讓我們從爸爸開始。爸爸，我希望你把你的心和你的聲音連結起來，當你注視著約翰的眼睛並且牽著他的手時，從你的心底深處，對他說或做一件美好的而且十分特別的事情。」一旦家長完成這個練習，鼓勵兒童按照自己的意願，自行決定要吸入多少這個東西，然後把它放在心罐裡。接著詢問兒童是否想要給家長什麼東西放進心罐裡。切記，孩子可以自由決定要不要這樣做。要仔細察覺，家長和兒童在每一個步驟中如何行動和互動，這將會為治療師提供寶貴的訊息和洞見，了解親子之間耐受正向互動經驗的能力。他們如何回應眼神的接觸？雙方是否都開放接受肢體接觸的經驗？兒童是否願意將家長給的東西放入心罐？家長給兒童的東西也可能帶有許多意義。有些家長可能在表達

愛，但卻帶有很多條件，譬如：「當你在學校表現好的時候，我非常 100
開心」，或是「這個禮拜你做到了我要求你的每一件事情，我感到很
開心，你真是個好孩子」。有些家長所說的話並沒有表達出太多連
結，譬如：「你的眼睛真好看，你真是一個漂亮的小女孩」。有一個
五歲小女孩的媽媽，在被邀請「放入某個東西」到小女孩的心罐時，
她以非常慈愛的聲音告訴小女孩，媽媽多麼以她為傲，並且覺得自己
很榮幸能成為她的媽媽。她繼續說女兒是個多麼令人驚奇、堅強的小
女孩，她的心裡對女兒充滿了愛。這位媽媽用她的全身、她的眼神還
有她的聲音，向小女孩傳達了她深深的母愛。這個時刻即使對身為治
療師的我來說，也是一個令人感動的時刻。我深感榮幸能夠見證這位
媽媽對她孩子的愛。仔細觀察家長用語言和非語言所傳達的東西，以
及右腦和左腦如何參與這個經驗，都極富啟發性。另一方面，我們必
須仔細觀察兒童的反應。兒童會不會對於家長的反應感到有壓力，或
是相反地，兒童是不是表現得很平靜，開放地接受家長的眼神、肢體
接觸以及所提供給心罐的東西？有些兒童可能真的會拒絕接受家長所
提供的任何東西，而另外一些兒童可能會竭盡所能地為家長提供讚
美，好讓家長的心罐充實飽滿。治療師應該鼓勵家長多多在家裡練習
心罐遊戲，以便促進和兒童之間的親密和連結。然而，很多難以耐受
親密和連結的家長，往往在下一次的治療會談時報告說忘了使用心罐
練習。

　　由於這個遊戲的確有可能造成兒童和家長雙方情緒失調和激發，
因此治療師在這次會談的尾聲必須提供一個結束練習，譬如平靜處所
或是進行一些有趣的身體活動。在下一次的治療會談中必須分配一些
時間單獨和家長會談，然後單獨和兒童會談，藉此探索他們進行心罐
練習的經驗。對於習慣採取逃避和忽視策略的兒童和家長來說，心罐
練習可能高度觸動情緒，結果很可能引發負向情感。另一方面，採取
矛盾和糾結策略的兒童和成人，他們的關係糾纏不清，可能總是希望
把整個心罐塞滿。有一位十一歲女孩的爸爸，當他的女兒選擇不給他

的心罐任何東西的時候，他覺得非常受傷。爸爸在接下來的治療會談中表達出非常深沉的悲傷，讓他憶及自己在孩提時代與拒人於千里之外的父親的經驗。他非常糾結於女兒和他不夠親密。這次的經驗成為了一個媒介，連結了現在的親職行為和爸爸自己過去的依附創傷。

在我的臨床工作中，心罐練習成為許多家長和兒童觸及深沉依附創傷的一項工具，這些創傷之後可以成為標的並予以重新處理。在探索心罐練習的經驗時，可能會浮現出正向的反應以及困擾。正向的時刻和經驗，也許可以透過辨認出情緒和身體狀態而進行更深入的探索，然後再運用雙側刺激予以強化。當困擾出現時，也可以進一步探索。如果合適的話，也許可以運用回溯既往或是情感掃描，來觸及那些隱藏於現在的激發和惱怒之下的過去經驗。很重要的是辨認出這個困擾是由什麼引發的。是因為眼神接觸、肢體接觸或是接收了正向的互動經驗所引起的？還是相反地，是因為給予對方正向的回應所引起的？心罐及其不同層面事實上可能本身就是一個標的，可以運用標準程序步驟重新處理。

101　摘要和結論

建立技巧的階段以及 EMDR 遊戲的使用，宗旨在於協助兒童探索令他們感到困擾的創傷性素材。透過遊戲，讓兒童維持在適當的情感耐受度窗口，並且保持社會參與系統活躍，就能讓兒童探索原本可能造成失調的東西。治療師情感同步、有趣的同在，對於兒童內在的涵容感及情緒調節極具貢獻。解離、不安全依附的兒童會明顯展現出難以耐受情感的狀況。他們在探索創傷性素材時，可能很容易變得過度喚起或是喚起不足。當兒童能夠透過有趣的方式去探索過去難以承受的記憶時，一股新的駕馭感便開始油然而生。在準備階段，以及其中的建立技巧階段，藉著發展感官、情緒和認知詞彙及察覺，可以提供機會強化兒童的整合能力。遊戲能夠強化兒童辨認、標示及探索身

體、情緒和認知的能力，進而有機會刺激右腦、左腦的活動以及皮質
和皮質下的大腦區域。雖然更大程度的整合要在 EMDR 治療重新處理
的階段才能達成，但本章所描述的遊戲以及有趣的活動就能開始促進
並刺激不同層次的訊息處理，同時強化兒童情感耐受的能力。

【第五章】與父母和家庭系統工作：
AIP 模式及依附理論

103　　和具有高度創傷及內在紊亂的兒童一起工作時，把父母和照顧者納入整個 EMDR 治療的八個階段中，對於獲致最佳治療成果至關重要。「父母的回應既能擴大和增強嬰幼兒的正向情緒狀態，也會減弱他們的負向情緒狀態。這些重複的經驗，就編碼成為程序記憶（procedural memory）。」（Kandel, 2006, p. 374）對於傷害是來自父母的兒童，天天重複受到照顧者傷害的經驗，會持續增強和塑造他們的神經系統。在治療師試圖處理並整合這些適應不良的神經網絡之際，照顧者卻持續予以加強，可能會影響治療效果。若能讓照顧者理解重複同樣的親子互動模式會對發展中的大腦和自我意識產生什麼作用，便有著根本的重要性。另一方面，治療師若能對照顧系統及依附模式在代間傳遞的相關性有所了解，也是一個重要關鍵。根據喬治和所羅門（2008），照顧系統的發展及因而產生的照顧行為，是生理因素和經驗因素之間複雜交流的產物。尤其是在跟紊亂型依附和解離傾向的孩子工作時，有必要了解他們「殘缺的照顧系統」（George & Solomon, 2008）。這些作者指出，紊亂型依附兒童的照顧系統特色是缺乏保護、放棄照顧及陷於無助。與父母疏忽照顧的兒童工作時，每天重複的親子互動模式會持續增強兒童的不良適應。此外，與照顧者頻繁地處於負面和失調的互動中，也會讓兒童持續處於內在不斷受到激發的狀態。當兒童持續處於高喚起或低喚起的狀態裡，這些狀態就會變得敏感起來，最終成為特質（Perry, 2009）。

　　具有壓力、憂鬱、精神病症和缺乏適當支持的父母，已被確認是影響親職照顧品質的重要因素。同樣重要必須強調的是，父母目
104　前照顧兒童的困難，可能不僅根植於父母自身過去懸而未決的依附

創傷及失落，也來自目前正在經歷的苦難。里昂－露絲和賈克布維茲（2008）指出，在低壓力的狀態下，很難從嬰幼兒與母親的互動中區分出有條理的依附和紊亂的依附。然而，如果處在壓力狀態下，即使父母在成人依附會談中被歸類為習得安全型依附（earned-secure category），也可能與兒童形成紊亂的依附。根據適應性訊息處理模式，目前的壓力情境可能會成為啟動的刺激源，使這些早期依附創傷的記憶網絡回到被啟動的狀態。當這些網絡被啟動時，會讓一個人採取與以往較為一致的行為方式，而不是現在的行為方式（Shapiro, 2001）。

　　許多研究人員已經指出，母親對嬰幼兒及彼此關係的看法，是影響親職照顧最有關連的因素（e.g. Bokhost et al., 2003）。根據喬治和所羅門（2008），母親的察覺力以及對嬰兒和彼此關係的看法，嚴重受到母親自身依附經驗的記憶和感覺所影響。就如明尼蘇達大學兒童發展研究所教授斯魯夫（L. Alan. Sroufe）等人（2005）所說的，很重要的是要強調，親職行為並非一成不變，實際上會隨著兒童的發展階段而有相應的改變。此外，每一個兒童也會在每一位父母或照顧者身上引發不同的親職反應。在臨床的觀察中已經注意到，遭受過性虐待或性剝削的母親，會呈現某種帶有性挑逗的養育行為模式（Sroufe & Ward, 1980）。這些養育行為並沒有出現在同一父母的所有兒童身上，而且似乎只有當嬰幼兒或兒童不遵循父母的要求時才會出現。類似的觀察，也出現在施加身體虐待的父母親身上。有幾個觀察到的重要面向，值得加以強調：第一，帶有性意涵的照顧方式，只會受到男性嬰幼兒或兒童促發。第二，當父母親在經驗到壓力，不能成功地讓孩子服從時，這種行為就會受到促發。第三，這種親職行為，無論是性虐待或身體虐待，往往隨著父母的壓力增加而逐步升高，從隱微的展現到比較明顯而公然的展露（Sroufe & Ward, 1980）。從適應性訊息處理的觀點來看這些發現（Shapiro, 2001），我們可以看見兒童的行為、性別、氣質，在不同發展階段很有可能會啟動父母含有早期遭受性虐待

或身體虐待經驗的記憶網絡。在父母的養育行為表現出滿足感官愉悅意味的情況中，嬰兒的性別以及讓母親感受到壓力的反應，似乎成為啟動的仲介。值得注意的是，嬰幼兒在子宮內的經驗和基因結構會導致新生兒的整體氣質。而嬰幼兒的特性和氣質，反過來會啟動父母不同的記憶系統，導致親子之間潛在的失功能互動。

　　下面的例子可以說明這一點：一名五歲的小女孩因經常在不如所願時大發脾氣，被帶來諮商。媽媽形容她是一個很會操弄他人而且喜歡反抗的孩子。根據媽媽所說，這孩子在嬰幼兒期就很難安撫，並且在出生後的六個月有腹絞痛的問題。而她的姊姊，相反地是很安靜、聽話的孩子；就算是在嬰幼兒時，也很安靜、容易安撫。在進行更徹底的評估後，媽媽能夠分辨出跟孩子行為相關的負面信念、情緒和身體狀態。媽媽表示她感到自己失控，而且認為自己是一個沒有能力的母親。她的個人歷史顯露出她跟自己親生父母分離，又遭受領養父母拒絕及忽略的經驗。我們可以看出，她最小女兒的氣質如何可能啟動媽媽帶有懸而未決的昔日不幸依附經驗訊息的記憶系統。當媽媽被問到孩子大發脾氣的時候她如何反應，她表示她偶爾會一再打她屁股、對她吼叫，其他時候她會把自己鎖進房間裡，任憑孩子在房門外不斷尖叫。媽媽懸而未決的創傷和所處逆境，屏蔽了她與孩子的需要同步並給予相應回應的能力。父母是透過未經整合和懸而未決的記憶透視鏡，來觀看、解釋和體驗孩子當下的需要及行為。值得強調的是，媽媽對孩子的虐待及拒絕行為只有在她無法安撫孩子情緒時才會被引發出來，而且在孩子持續挑戰媽媽的調節能力時，她的反應會逐漸增強。至於大女兒，就算在嬰幼兒期也不會引發媽媽如此的反應，因為大女兒擁有平靜的氣質。這些處於潛伏狀態的記憶網絡，在沒有誘發事件的情況下，很可能就維持關閉狀態。可是，我們幾乎不可能一輩子都免於再次將這些記憶網絡帶回活化狀態的誘因和環境刺激。

　　此外，會使兒童的系統產生失調的父母反應，似乎也關係到父母反映、呈現兒童內在世界並賦予意義的能力。在檢視母親洞察力的研

究中發現，父母對兒童的觀點及想法的洞察程度，可以預測嬰幼兒的依附模式。

以色列海法大學兒童發展研究中心主任卡倫—凱莉（Nina Koren-Karie）等人 [20] 進行了一項研究，針對 129 位有十二個月大嬰兒的母親進行洞察力評估。媽媽們先觀看嬰兒和自己相處的錄影帶。接著對母親們進行會談，詢問她們自己的想法和感受，以及主觀上對嬰兒的想法和情緒的體會。研究發現，母親的洞察力與易受影響的養育行為和嬰兒的安全依附有關。根據佛納吉和塔吉特（Fonagy & Target, 1997），這是指「照顧者對孩子將心比心的能力」（p. 152）。其他由英國約克大學心理系教授梅恩斯（Elizabeth Meins）與不同團隊分別進行的研究 [21]，使用了錄影帶和自由遊戲（free play），顯示從父母反映兒童行為的能力可以預測兒童的依附安全類型。這種反映能力被稱為心思察覺（mind-mindedness）。安娜佛洛伊德中心資深研究員思禮德（Michelle Sleed）和佛納吉（2010）則提出，父母自身依附經驗相關的心智狀態、父母對兒童的反應和互動以及父母表述嬰兒心思的能力，三者間彼此互有關連。父母依附記憶的啟動，似乎會干擾他們對嬰兒心理狀態的理解及共鳴能力。換句話說，父母自身的依附史相關的心智狀態，可能直接影響他們針對嬰兒建構出有條理、連貫、總體且整合的敘述和看法的能力。這樣的父母對兒童心理的看法，可能直接影響他們與兒童互動和反應時的應變和一致性。

安斯沃斯等人（1978）的研究中一個引人矚目的發現顯示，最後與母親發展出逃避型依附模式的嬰兒，跟其他嬰兒一樣經常被抱著。只是，這些母親並沒有在嬰兒實際表現出想要被抱著的訊號時去抱他們。安斯沃斯的團隊觀察到，當嬰兒明確地表示他們想要被擁抱或抱起來時，這些母親實際上卻保持距離並轉開身體。一個可能性很高的假設認為，考慮到這些母親可能因為自身依附經驗而帶有忽視的心智　106

20　原註：Koren-Karie, N., Oppenheim, D., Dolev, S., Sher, S., & Etziom-Carasso, A. (2002).
21　原註：Meins, Fernyhough, Fradley, and Tuckey (2001) and Meins et al. (2002).

狀態，因此嬰兒的需求實際上啟動了她們早期適應不良的依附經驗記憶。此外，這些母親回應自己的照顧者缺乏情感提供所使用的策略，將再次被嬰兒的反應啟動。在明尼蘇達縱向研究中（Sroufe et al., 2005），發現照顧者對嬰兒的心理領會，是養育素質的有力預測指標。有些照顧者無法了解嬰兒的需求，認為兒童「情感需求很大」。其他母親無法將嬰兒視為一個自主的個體，因而認為孩子有責任滿足父母的需求。在父母照顧品質之中發現了兩個顯著的重要變數：理解和意識到嬰兒是獨立存在個體的能力，以及視嬰兒為需要照顧的生命的能力。

另一個值得探討的面向，是當嬰兒和兒童暴露於自我與父母的表徵有所衝突和矛盾的情況下，所可能產生的不利影響。根據里奧提（2009），「父母的溝通方式若是令人感到害怕或困惑，但不是明顯虐待嬰兒，可能會啟動解離的心理過程。病態性解離，主要是在嬰兒期無法將多重且不一致的自我與他人模型，組織成單一的心理狀態和一致的行為狀態，而不是對嚴重創傷經驗的痛苦難以忍受所形成的心理防衛。」（p. 56）這些令人困惑、不一致和紊亂的養育行為，可能是照顧者帶有尚未解決的創傷和失落訊息的神經網絡被啟動之後的行為，所帶來的結果。只要照顧者的記憶系統持續未加處理和整合，兒童就可能會持續暴露於同樣的經驗，而為解離機制的形成奠下基礎。以下的例子呈現照顧者適應不良的神經系統被引發之後，是如何使兒童持續暴露於多重而不一致的自我與他人模型中。一位在兩歲時被收養的八歲小女孩，被她的養父母帶來治療。她數次爆發劇烈的怒氣，大部分是針對媽媽。她會辱罵媽媽，甚至威脅要殺了媽媽。孩子對自己的暴怒以及因而出現的行為都沒有記憶。他們多次打電話給危機處理專線，而且常常必須住院治療。各種藥物都不見效果，有時還因為頻繁更換藥物而使孩子和整個家庭都變得更糟糕。父母在治療時曾經接受過廣泛的心理教育和管理孩子情緒爆發的具體策略。在逐步調查親子互動後，媽媽說出她自己小時候多方面遭受父母虐待的歷史。當

孩子在情緒激動和辱罵她的時候，她不再處於成人狀態，感到再次受到傷害，而將孩子視為迫害者。結果，媽媽無法以成人母親的角色，使用在治療時提供的策略來作出反應。父親說，媽媽在與女兒的對峙中完全變了樣子。根據父親的說法，有時候媽媽會非常害怕，表現得像是一個「比真正年齡還幼小的人」。其他時候，她又會變得激動，大吼大叫，而且威脅要拋棄孩子。在這些對峙之後，媽媽會感到非常內疚，為了補償，她允許孩子為所欲為、予取予求，包括多吃糖或破壞重要的家規。此外，由於媽媽無法處理孩子的情緒，當孩子威脅她時，她感到非常無能為力，所以不停地撥打危機處理專線，甚至沒有迫在眉睫的危險時也是如此。孩子說，媽媽經常尋求危機處理專線、醫生和心理衛生專業人員協助，使她感到自己「很糟糕」、「不正常」和「有病」。孩子說，她必須不斷聽著母親在電話中重複訴說她所有的「壞」行為，以及她是多麼有問題。另一方面，在孩子情緒激動時，父親則依然高度無動於衷且置身事外。有時父親也變得激動起來，他會用身體的力量來壓制孩子。儘管多年來許多不同的治療師努力地與這個家庭工作，但沒有任何改進。事實上事情持續惡化且愈演愈烈。

107

在審視這個臨床情況時，很明顯地，除非父母自己過去的創傷和依附經驗受到適當的同化、整合和解決，否則他們的反應只會持續進一步讓兒童情緒失調，促成內在的混亂和解離狀態。如果媽媽繼續以彷彿自己有時是迫害者，有時是受害者，有時又是拯救者的心態去感受和回應兒童，那麼兒童很可能沒機會建立對自我與他人帶有適當和健康的表徵的記憶系統。

基於所有上述的發現和概念，與不安全依附、解離和創傷兒童的照顧者和父母工作，是至關重要的。協助照顧者發展心智化、心思察覺、心智洞察力（mindsight）、內在洞察（insightfulness）及後設認知

監控能力（metacognitive monitoring abilities[22]）等等[23]，是十分重要的基礎，所有這些概念都關乎嬰兒安全依附關係的發展。

我們可以得出一個結論，即父母自身依附經驗相關的心智是否連貫，會關聯到父母對嬰兒世界的敘述是否連貫。為了提升父母的洞察力、反思功能、同理心以及最終的心智連貫性，需要對父母過去懸而未決的依附體驗、創傷和失落加以整合、同化，並達到適應性的解決。

EMDR 治療的基本目標之一，就是促進神經系統的整合和合成。當我們變得整合，並達到更大程度的內在完整性時，我們就能完全地擁抱自己，從而能夠完全地擁抱他人並與他人共鳴。根據席格（2010）所說，「共鳴需要我們依然保持分化——我們知道我們是誰——同時也可以與他人連結。」（p. 63）如前所述，具有不安全心理狀態的父母或許能夠達到分化，但是沒有能力與他們的孩子連結和連繫，並因此強烈地促使兒童過早獨立。有些父母則無法分化，不把兒童看作是獨立的個體，因而導致互相牽絆的親子關係。

對於在照顧系統中發生創傷與逆境經驗的兒童，讓照顧者參與工作，是至關重要的。但問題依然是何時以及如何在 EMDR 治療中與照顧者一起工作。

就算針對照顧者的工作在準備階段便大量開始進行，也必須在 EMDR 治療的所有八個階段中持續。照顧者和家庭系統的穩定，會大大擴展兒童內在的安全感、涵容和調節。要促使失功能和失調的家庭互動發生改變，可以透過 EMDR 治療八個階段的不同層面來處理。父母對於治療以及自己參與孩子治療過程，往往會帶著不同的想法和期望。有些父母想要清理整個房子，有些只願意清理一個房間，有些則只是想清理一張桌子。考慮到這些，就應該盡早對治療的期望加以澄清。參與程度的多寡可能取決於兒童的需要和照顧者積極參與的意

108

22　譯註：指對於自己的認知歷程能夠覺知並控制的能力。

23　原註：本段提及的五項概念，出處依序是 Fonagy & Target, 1997; Sleed & Fonagy, 2010、Mein et al., 2002、Siegel, 2010、Koren-Karie et al., 2002、Flavell, 1979; Main, 1991。

願。運用褒揚、關懷和尊重的方式，治療師便可望提升照顧者的責任感和參與。在我看來，有三個可能適合讓照顧者參與和介入的層次。切記，若要提供照顧者直接介入，應該取得適當的同意。此外，應當公開討論，釐清誰是主要案主（在此是孩子）。邀請其他治療師與照顧者一起工作，也有可能是必需的。如果是這種情況，治療師之間應該維持密切的溝通。

有些父母可能只需要心理教育，以促使親子間適應不良的互動能有所改變。其他父母除了接受心理教育之外，還需要提升他們的情感調節能力。然而，為了獲得最好的治療效果，對大多數解離、分裂和不安全依附兒童的父母而言，需要重新處理與自己依附創傷和傷害有關的記憶網絡，因為這些記憶網絡持續屏蔽了他們對兒童的感知。如果父母繼續加強自我與他人多重且不一致的心理模型，兒童記憶網絡的整合就可能會受損。

在 EMDR 治療的第一階段，與複雜創傷個案工作時，成人依附會談是 EMDR 治療師非常強而有力的工具。如果由於父母有忽視、糾結或懸而未決的心智狀態，以致無法促成孩子的依附安全，那麼與孩子的工作可能因此變慢或受損。考量到施行成人依附會談需要花費六十至九十分鐘，比較容易的做法是把它納入初始歷史搜集的一部分。這樣可以節省大量的時間和精力，卻依然能清楚描繪雙方互動情形、孩子與每一位父母之間的特定依附模式，以及照顧者自身依附經驗相關的心理狀態。

要決定父母參與治療的時機及程度多寡，始終是一個複雜的問題和抉擇。在大多數情況下，當兒童呈現的症狀或困難，與來自親子關係的創傷、逆境、混亂有關時，應盡可能把父母親納入。對於父母選擇參與本章所述層次中的哪一個，都要給予至高的尊重。然而，關於充分參與或完全不參與所造成的益處和難以明察的困難等相關資訊，應該公開且溫和地與父母討論。有了這些資訊，父母可以針對短期和長期的可能後果做出最終的明智決定。以下列出父母可能會有的困

難，在這些情況之下往往需要為照顧者提供 EMDR 治療：

● 父母由於自身依附經驗而形成忽視、糾結或懸而未決等心理狀態。
● 父母有尚未解決的昔日創傷經驗和／或失落。
● 父母有干涉和支配的教養模式。
● 父母有拒絕和疏忽孩子的傾向。
● 父母傾向給予孩子成就壓力。完美主義的父母無法提供真正無條件的愛。
109 ● 父母有夾帶性意涵和角色倒置的傾向。父母或許未必與兒童真正進行性活動，但照顧者私底下將孩子當成有如伴侶一樣對待。父母在身體和情緒上沒有清楚的界限，以致在情感上將孩子捲入來滿足個人的需求。
● 父母將界限向外擴散，以致出讓自身的父母角色。結果，孩子被視為同儕、伴侶或照顧者。
● 父母缺乏自我調節能力。
● 父母承受著任何一種或多種醫療或心理方面的疾患，以致干擾到他們藉由互動調節孩子的能力。
● 父母與孩子互動時，呈現令人驚恐或感到害怕的反應。
● 父母對子女、配偶等施加身體虐待、情感虐待或性虐待。
● 父母缺乏支持系統及伴有高度壓力。
● 父母有解離現象。
● 任何一位父母的親子互動出現失功能狀況，以致持續傷害孩子並增強適應不良的記憶系統。

第一層次：心理教育

　　運用適應性訊息處理模式、依附理論、調節理論和人際神經生物學原理來幫助父母更深入地理解自己的親職角色，可以打造出一個堅

固的基礎。非常重要的是，要以簡單和容易理解的方式提供這些資訊。在說明這些資訊時，使用隱喻和譬喻常常有所助益，否則一般父母可能會覺得陌生而艱難。重要的是要強調，隱喻也是右腦的語言。把協助父母更深入、更清楚了解自身親職角色這個最終目的牢記在心，可以協助你找出最佳的傳達方式。以下是有助於父母實現這一目標的譬喻。這些譬喻也有事實和理論結構，可以讓左腦也參與其中。然而，這並不是傳達資訊的唯一方式；事實上，一些父母可能對於線性以及基於事實的解釋有更好的回應。如果是這樣，就可以提供依附理論、神經科學和適應性訊息處理的相關著作資訊。

鏡子譬喻：了解依附關係與適應性訊息處理的基本原則

　　這個譬喻旨在幫助父母理解兒童的自我意識無法孤立地發展出來，而是要透過與重要依附者重複的互動才能發生。這能夠幫助父母意識到，當前與孩子的雙方交流也許正在增強具適應性或適應不良的記憶網絡。你可以說：「當我們來到這世界時，我們有一個大腦、一個身體和一套神經系統，準備好藉由遭遇到的經驗和環境來給予塑造。在這個時候，我們雖然有了形成自我意識的要素，但我們必須從自己最親近的人事物獲得經驗，才能形成並發展自我意識，因為我們這時還沒有這種意識。這就好像你們面前有一面鏡子，才可以透過鏡子照到自己。」將一面真正的鏡子舉在你的胸前，面對著那些照顧者。「透過這面鏡子，我們可以了解到我們是好的還是壞的，是可愛的還是不可愛的。父母的言語、行動、內在狀態、臉部表情、陪伴或缺席，都反映出我們是誰以及我們生存的價值。每一個經驗都在兒童大腦中經過編碼，也在父母的大腦中經過編碼。這些鏡像經驗在孩子大腦中形成檔案，包含著所有關於自我、父母、世界的訊息。這些檔案通常是被封鎖起來的，除非我們環境中的某件東西或某個人把它們打開。當這些檔案被打開或被啟動的時候，所有情緒、身體感覺以及對自己的信念也會處於被啟動的狀態。這使我們在當下產生情緒、想

110

法和身體感覺，而這些情緒、想法和身體感覺會提醒我們過去與生活中重要的鏡像對象相處的經驗。換句話說，過去會繼續塑造我們如何回應現在，最終則影響了我們如何塑造未來。既然如此，我希望你們花幾分鐘，就只要注意看看你的孩子每天從這面鏡子上會看到什麼。你可以想像你說出或做出的事情，或是你發出的非語言訊號，都是在向孩子傳達訊息嗎？你認為你的孩子需要看到、感覺到或聽到關於他自己的什麼？你的孩子早期從你和他人那裡接收到些什麼，來形成關於自我、你和這個世界的檔案？」

要針對有助於發展正向而健康的自我意識及內在調節意識的養育行為和互動，建立起一個臨床全景。另一方面，也要將助長紊亂、逃避或焦慮依附模式以及最終導致兒童系統失調的養育行為納入全景中。此外，即使能夠促成孩子依附安全的父母，也可能曾經有過逆境和創傷的經驗。在討論這些經驗時，他們可能展現出連貫而一致性的心智狀態，而且從成人依附會談的觀點來看，這可能是這些經驗獲得解決的徵兆。重要的是要切記，成人依附會談並不審視與這些記憶相關的干擾程度，而是觀察在探索這些經歷時心智狀態的連貫性和敘事的連貫性（Hesse, 2008）。被歸類為具有安全自主依附經驗的父母，可能記憶中仍然帶有困擾，因而有可能在現今被兒童的行為或其他壓力源啟動。根本重要性的是，要幫助父母理解，帶有適應性與適應不良經驗的神經網絡，如何在此刻奠定和斡旋他們對兒童的養育與回應行為。

安全依附的雙方關係中有一個重要面向，即照顧者有能力在親子的日常互動發生決裂時加以修復。根據修爾（2009），父母有能力在發生與孩子不同步之後，及時恢復與孩子同步，就會喚起正向狀態並對負向喚起加以調整。幫助父母辨別不能同步的時刻，並瞭解及時修復的重要性，應該是治療初期階段與照顧者工作的一部分。

恆溫器譬喻：了解調節理論原則

　　這個譬喻旨在幫助父母理解他們作為兒童系統外在的心理生理調節者角色（Schore, 2009）。此外，它能幫助父母看到讓兒童長期處在負面喚起狀態的潛在後果如何蔓延。你可以說：「我們出生時，我們的大腦、身體和神經系統，都沒有能力處理和調節內在情感狀態。這就像一個全新的恆溫器正在調校如何處理和調節我們內在的感覺。然而，大自然為我們所有人提供了外在的恆溫器：我們的父母、照顧者和生活中的其他重要人物。兒童的恆溫器和照顧者的恆溫器之間恆定的相互作用，可以為兒童的恆溫器帶來適當的發展。可是，如果照顧者的恆溫器任憑兒童的內在狀態飆到極高或降到極低，而不予以任何介入，讓它冷卻或增溫，就會讓兒童經歷到極高或極低的內部狀態。有時候，父母也許會感到非常有壓力而焦慮，或悲傷而沮喪。嬰兒或兒童事實上會感受到父母的感覺；像是心跳、肌肉緊張和驚恐的姿態。這些經驗事實上會讓兒童產生許多恐懼和極高或極低的情緒狀態。現在，需要給予兒童調節的，卻是製造混亂和失調狀態的那同一個恆溫器。由於沒有外部恆溫器，並且不得不保持在非常高或非常低的情緒狀態中，使兒童的恆溫器永遠無法適當地發展。由於沒有外在的恆溫器，以及持續在極高或極低的情緒狀態下，兒童的恆溫器沒有獲得適當的發展。遺傳基因的影響結合了兒童出生前後經歷的所有經驗，塑造出這個恆溫器對生命需求的反應方式。兒童的恆溫器仍然企圖調節自身情緒狀態的高低，但通常我們不去關注，或是把這些企圖標示為不好的或是有問題的。好鬥、迴避目光、偷竊、囤積、對抗、吸吮拇指、搖晃甚至自我傷害等行為，實際上是試圖調節情緒狀態的方法。兒童的恆溫器越是採用這些策略來調節自我，兒童在成年後就越有可能在調節情緒高低上出現更加棘手而持久的困難。事實上，現在眾所周知，恆溫器和調節策略是會代代相傳的。由自身恆溫器出現困難的父母扶養長大的照顧者，可能難以調節自己的和孩子的情緒高低狀態。考慮到這一切，為了協助你的孩子發展出更健康的方式去找

到平衡，我們必須每天提供能幫助孩子感受到調節並發展出有效恆溫器的互動經驗。為了提供這些經驗給孩子，我們必須從調校你自己的恆溫器開始。因此一個很重要的治療目標便是，協助你盡可能成為自己和孩子最好的恆溫器。」教導父母了解，大自然所賦予的工具能讓他們透過互動來調節兒童，也透過互動和孩子同步，這樣便能為發展親職技能鋪好第一層基礎，有助於安全依附的建立。父母的內在狀態、與兒童內在狀態產生共鳴的能力，以及透過碰觸、眼神接觸、語調和臉部表情等產生連結的能力，還有其他等等，便構成了一些同步和情感調節的基本工具。要評估照顧者目前調節兒童的能力時，可以這樣說：「你能告訴我關於你自己的恆溫器的事，以及當你經歷情緒高低不同狀態時使用這個恆溫器的能力嗎？你比較常出現怎樣的狀態？是高的情緒狀態，例如憤怒、高度焦慮或恐懼？還是在低的情緒狀態，例如悲傷、憂鬱或是情感麻木？你認為你早期與父母的經驗如何影響你現在調節自己和孩子的方式？你覺得比較常出現在你孩子身上的情緒狀態是什麼？哪些是你和孩子較容易處理的？哪些是你和孩子較難處理的？你注意到你的孩子會做些什麼來調節情緒狀態？你做了些什麼，來幫助你的孩子調節情緒狀態？你的方法和你父母幫助你調節你情緒的方法，很像還是不同？」要求他們說出具體的例子。一旦明確描繪出親子互動的全貌，就可提供指導，並藉由角色扮演來傳授不同的養育策略。重要的是，在探索這些內容時，不施加任何情緒上的批判。這項探索和工作是為了同時療癒兒童和父母。邀請父母成為你的協同探索者。兒童依附關係修復心理治療創始者休斯（Dan Hughes）在《照顧孩子的有效策略》（*Attachment Focused Parenting*）中所做的工作；普維斯（Karen Purvis）和她的《與兒童間的聯繫：將希望與治療帶入領養家庭》（*The Connected Child*）；以及教養專家福布斯（Heather Forbes）和帕斯特（Bryan Post）的《超越管教》（*Beyond Consequences Logic and Control*），都提供了非常有幫助和實用的策略。此外，席格（Daniel Siegel）的《不是孩子不乖，是父母不懂》（*Parenting*

From the Inside Out）和《教孩子跟情緒做朋友》（*The Whole-Brain Child*），都是父母很好的資源[24]。這些書都很容易閱讀，並以清晰曉暢　112
的方式提供資訊，對於有複雜創傷孩子的父母來說，都是非常好的資
源。

從適應性訊息處理和依附關係角度教導父母如何當父母

　　大多數父母帶孩子來接受治療，是盼望能改變孩子。根據福布
斯（2009），父母必須自問的一個問題是：我可以如何了解我的孩
子和他未滿足的需求，而不是：我可以如何改變我孩子的行為。應
該要加強刺激父母更深入地了解孩子的好奇心和動機。孩子情感系
統嚴重失調的親生父母和領養父母，經常會用遏制、吼叫和遠離的方
式對待孩子，讓孩子更加孤立，以致與父母斷了連結。要父母與一位
出現我所謂「欲拒還迎」行為的孩子建立健康的聯繫，是一項艱鉅的
任務。「我想要你靠近，但要你離我遠遠的」，是這些父母不斷從兒
童那裡接收到的訊息。這些行為經常可以在依附創傷和反應性依附疾
患（reactive attachment disorder, RAD）兒童身上看見，有可能非常難
以處理。很多時候，這跟兒童所忍受的重大兩難有關：即照顧者同時
啟動了兒童的依附系統和防衛系統（Liotti, 2009; Main, 1995; Schore,
2009）。兒童所依靠和賴以為生的對象，跟引發他動物性防衛反應的
是同一個人。停在當下，透過具有適當界限的愛和接納與兒童產生共
鳴，是成功處理兒童這兩個系統同時受到啟動時的關鍵。在與領養父
母工作時，要對他們解釋過去的照顧者表現出令人恐懼或感到驚恐的
行為時，孩子的感受會讓他將這些照顧者視為恐懼和危險的來源。結
果，兒童的防衛系統受到刺激，導致孩子想要對抗或逃離父母。當孩
子無法擺脫危險源，便只好選擇投降，並可能進入一種類似恍惚的狀
態，這似乎是解離反應發展的開端（Liotti, 2009）。另一個也受到這

24　譯註：前述部分著作有中文版，《照顧孩子的有效策略》為心理出版社出版；《不是孩子不乖，是父母
　　不懂》由野人出版社出版；《教孩子跟情緒做朋友》由地平線文化出版社出版。

些父母刺激的系統，是依附系統。這個系統的建立，是為了確保兒童取得連結及最終得以生存的需求能夠滿足。現在，當新的養父母試圖接近孩子、設定界限或給予照顧時，便無可避免地會啟動兒童身上帶有過去親子依附互動失功能訊息的神經系統。當這些神經系統被激發時，動物性的防衛，以及與此相衝突的、驅使孩子尋求親近的生物力量，便彼此糾纏在一起。當父母了解到他們的孩子並非如同很多絕望的父母所漸漸相信的是壞透、是惡魔或是毀損了，並且反過來學習去理解孩子的痛苦和深重的傷害，痊癒就能開始了。當親生父母實際上便是孩子恐懼與危險的來源時，在說明這些資訊時要謹慎以對。很重要的是，在不引發內疚和羞愧的情況下，鼓勵父母負起健康合理的責任感。也許較適當的做法是先保留這些訊息，直到父母的狀態可以承受這些資料的時候再分享。

第二層次：自我調節

EMDR 治療準備階段的一個重要目標，是協助父母發展調節自身和孩子的能力。根據修爾（2011），「依附關係調節了互動上的同步與否」（p. 21）。有助於安全依附的親子互動，呈現了情感同步的存在，從而產生正向狀態的喚起和相互的修復。這兩個過程最終帶來自我調節的發展（Schore, 2010）。然而，在充滿挑釁和情感匱乏的環境中長大的孩子，便已經廣泛表現出情感失調。如果兒童持續每天與無法同步互動的照顧者生活在一起，前景就不樂觀。對於這樣的個案，可能需要與照顧者或家長進行大量而直接的工作。加強現有資源，開發新的資源，最終幫助父母在面對兒童帶有啟動效果的行為時，取得並運用這些資源，對這個治療階段中是至關重要的。在一個全面性的 EMDR 治療中，這個層次的介入包括：教導父母放鬆技巧、立定當

下練習（grounding exercises）[25]、界限、靜心察覺、平靜安全處所和資源發展與深植，也包括各種旨在幫助父母發展或增強同步、同理、情緒連結、情感溝通和反思功能等能力的練習。如果孩子的治療師在這階段同時也與父母一起工作，必須簽署適當的同意書。此外，應該提供合宜的資訊，協助家長作出知情的決定。此時，也可以轉介給另一位 EMDR 治療師。

放鬆與立定當下練習

　　兒童出現廣泛情感系統失調的父母，每天都要面臨教養的挑戰。一些放鬆練習是非常有幫助的，例如：光流放鬆（light stream, Shapiro, 2001）、漸進式肌肉放鬆（progressive muscle relaxation, Jacobson, 1938）、視覺化想像練習（visualization and imagery exercise），可以讓照顧者從中找到一個平和、舒適的地方。很多時候，父母需要進行立定當下練習，而且，可以從參加瑜伽課程中受益。鼓勵父母在日常例行活動中納入身體運動，教導他們靜心察覺也有幫助。

協助父母發展同步

　　同步這個概念非常複雜，並且需要有能夠與另一人的系統共鳴的能力。幫助父母擴展充分體驗自己感受和身體狀態的能力，會是一個好的開始。此外，與父母密切進行工作，協助他們體驗和注意兒童的反應和內在狀態的變動，也會很有益處。在所有八個階段的 EMDR 治療過程中，使用靜心察覺和心智洞察力（Siegel, 2010）與照顧者工作，可以協助父母發展敏感度，並開始能夠真正與兒童連結。使用治療錄影帶，可以有效幫助父母和治療師達成這方面的目標。在獲得照顧者或其他參與者適當的同意下，可以將運用到治療性遊戲和遊戲治療活動的會談時段錄影下來。這些錄影帶可以成為絕佳的評估和教學

25　　譯註：grounding exercises 指使自己的心思與當下的此時此地連繫起來，藉以穩定強烈情緒的練習。

工具。治療師可以徹底地探索父母的反映能力以及為孩子的反應和內在世界賦予意義的能力。治療師可以一邊觀察錄影帶中孩子與照顧者的相處情形，一邊藉由提問來辨識出父母對所觀察到的行為的內在反應。治療師也可以探索父母對兒童的行為和反應所賦予的意義和說法。

很多治療模式都用錄影帶來增強父母對孩子的需求產生連結及同步的能力。其中，治療性遊戲尤其鼓勵使用錄影帶，藉以促進父母察覺及了解孩子內在世界和需求的能力。

治療師可以將父母、兒童和治療師都在場的遊戲時段，或只有兒童與父母共處的時段，錄影下來。之後，治療師可以與父母一起觀看錄影帶，在無數次觀察孩子反應的同時，也進行靜心察覺和同步的練習。在觀看遊玩時段時，要經常停下來，觀察兒童和父母的不同反應。以下的問題可以協助你引導出父母的察覺、靜心察覺和同步：「當你看到孩子正在做的事情時，你察覺到此刻你內心及身體發生了什麼？你的身體正在針對此刻跟你說了些什麼？你的心針對此刻正在告訴你什麼？你有察覺到任何感受嗎？你的頭腦針對此刻正在告訴你些什麼？你有注意到任何想法嗎？對於孩子此時此刻在錄影帶裡可能經驗到的東西，你有注意到什麼嗎？你有沒有注意到孩子此時此刻在錄影帶裡可能需要些什麼？當你對孩子現在的體驗和需求變得越來越能察覺時，你在自己身體裡現在有沒有注意到或感受到什麼？當你注意到孩子的感覺和需要時，你希望能夠對孩子做些什麼或說些什麼？你覺得你這種反應會如何影響孩子的感受和行為？你在錄影帶中做出回應（說出家長在錄影帶裡的回應）時，你注意到孩子發生了什麼？他是平靜下來還是變得更激動？你的孩子是變得與你關係比較緊密，還是剛好相反，變得更疏遠你？你的孩子如何向你傳達他已有足夠的激勵，或他需要你更多積極的陪伴？」請注意，你可能會碰觸到父母未解決的依附和成長方面的創傷。如果發生這種情況，以溫和的方式請父母注意自己所給予的回答，以及這樣回應兒童的方式如何與自己過去的依附經驗有關。此時，你可以鼓勵父母將創傷或逆境的事件及

114

相關的情感放入容器中。這個容器可以在此刻與父母一起創建出來。如果父母還在適當的情感耐受度窗口中，溫和地請他們探索這些過去經驗如何影響目前與孩子的互動。此外，一旦父母經驗到自我察覺以及對孩子心靈的深刻理解時，就暫停下來，並請父母注意此時的感覺是什麼。如果這些感覺是正向的，就確認在身體的哪個部位，然後用慢速度短回合的雙側刺激予以植入。在觀看錄影帶並持續與照顧者一起工作時，要運用每一個機會增強父母對孩子的任何正向反應和自我察覺到對孩子深刻理解、感受和共鳴的時刻。永遠要先強調父母所採取的任何正向做法，以及對孩子反應的任何新洞察或正向理解。其次，辨認出與這些新的察覺、想法及洞察有關的情緒。第三，辨識在身體的哪個部位。最後用雙側刺激予以植入。

　　下列描述的初步過程是關於理解父母內在對孩子的表徵。一位七歲女孩被養母帶來治療，因為精神科醫師診斷她有潛在的躁鬱症。據說，這孩子在三歲被收養以前，曾經遭受過嚴重創傷。據媽媽說，孩子晚上很難入睡，而且容易煩躁。媽媽描述這孩子會操縱人，而且會說謊。兩次接續的遊戲時段都錄下過程，並在事後治療師與媽媽一起觀看。在遊戲期間，孩子不斷想要變換活動，並一直說她很無聊。她也說想吃東西，儘管媽媽表示在會談前她已經吃過一頓大餐了。治療 115 師經常暫停錄影帶，協助媽媽注意她的內在反應。媽媽表達出對孩子的行為甚至是活動都感到厭煩。媽媽所建構出來的敘述中，認為這孩子「完全知道」她正在做什麼，而且就是試圖要操控治療會談。媽媽也時常說這孩子跟她自己的媽媽簡直如出一轍，會騙人而且頑固。這次會談清晰地提供了親子關係的本質。媽媽不斷與孩子負面情感狀態鬥爭，反而啟動了媽媽與自己母親的負向依附經驗。結果，這位養母的反應通常充滿了厭煩、暴躁和憤怒。媽媽過於沉浸在自己的經驗中，阻礙了她對孩子渴望連結和愛的深切需求給予同理和同步的能力。

　　一旦建立了基礎了解，治療師便開始著手幫助媽媽在觀察兒童行為時，察覺並仔細留意自己的內在情感、認知和身體反應。此外，治

療師也努力協助媽媽能夠自覺地意識到自己對兒童的反應和內心世界
所附加的意義。治療師和緩地提供其他可能意義，並幫助媽媽擴展反
映和洞察能力。治療師提供了其他選項，並溫和地請她注意孩子正在
經歷的恐懼和焦慮，而且注意姿勢、眼神接觸、聲音和動作的改變，
這些都顯示了心理生理喚起的變化。治療師在適當時間與媽媽討論她
個人的依附經驗是如何在她感知孩子行為時入侵，而且影響了她的想
法。這個準備工作開始建立了一定程度的整合，以及對自我和孩子的
察覺。有些時候媽媽能夠注意到孩子的需要，並將她的行為視為適應
機制。在某些時刻，媽媽能夠真正了解孩子為什麼遠離她或避免眼神
接觸。我要強調一個事實，那就是當這種情況發生時，媽媽已經能夠
超越自己的痛苦和傷害而去觀看。我要求她注意，擁有這個新的察覺
是什麼感覺。當媽媽表達的是正向感覺時，治療師就請她注意她的情
緒以及這些情緒在身體的位置，然後施行雙側刺激。其他時候，媽媽
的反應沾染了負面情緒，這時不用說，就不進行雙側刺激了。感受到
負面情緒的那些時刻，便可以用來辨識受到孩子啟動的神經系統。接
著便將這些記憶呈現給母親知曉，如此一來她就能在充分了解的情況
下決定是否進入針對父母的第三層次 EMDR 介入。媽媽的記憶屏蔽
了她對孩子的看法，這些記憶將被放進標的序列，之後會使用完整的
EMDR 程序進行處理。運用錄影帶來工作，創造了適當的環境來評
估和觸及她的記憶網絡，而這些記憶網絡正在妨礙她發揮同理並與孩
子在感情上交融而不致失調的能力。在我的臨床經驗中，即使父母不
選擇重新處理這樣的記憶系統，但一定程度的處理和理解就已經達成
了。只是達到理解的狀態，也可能對親子互動產生最小程度的正向影
響。此外，有些父母需要一些時間對於他們所獲得的洞察進行某種程
度上的思考和整合。他們經常會在稍後回來進行更多的工作。事實上
房子不必一次就完全清理好。父母可以選擇現在做一部分工作，之後
再回來作更進一步的處理。

發展界限

　　提升父母對自身個人界限的察覺，是非常重要的。如果父母連自己的界限都不能知道，怎麼能辨別他人的界限，以及教導兒童有關他們個人空間的概念呢？如果我們自己對空間和界限的感覺都無法獲得認可，又如何能夠發展出一致和連貫的自我意識？在我的臨床經驗中，父母的心智狀態若帶有自身依附經驗方面造成的不安全感，往往對自身界限的感覺很薄弱。這些父母可能會變得干涉及牽絆以致侵犯了兒童的界限，如同心智狀態糾結的父母通常會發生的那樣。相反地，父母帶有忽視的心智狀態時，則是以過份保持距離的方式破壞了界限。父母若帶著懸而未決的心智狀態，可能會採取使人恐懼不安或表現出恐懼的行為而侵犯界限。有些時候，兒童可能會經歷到父母太過干涉，有些時候又會覺得父母過於遙遠而疏離。教導家長了解人們如何發展個人界限的感覺，應該在準備階段時就進行。如果親子間的互動明顯出現侵犯界限的狀況，那麼兒童的個體化發展過程就會受到限制和阻礙。父母會有特定的挑戰及優勢存在，取決於他們目前與創傷、失落和依附經驗有關的心智狀態。要針對界限議題工作時，協助父母辨認自己對界限的習性，通常會有幫助。此外，辨認出父母反應的驅動力更是極為重要。例如，一個對母親表達極度憤怒的十二歲男孩說，他覺得母親對他的親密程度以及肢體上不請自來的關愛表現，讓他感到窒息。我要求照顧者專注在想要擁抱孩子的那一刻，同時注意此時是誰的需要獲得滿足。媽媽回答說，她才是那個真正需要擁抱的人。實際上媽媽非常誠摯地告訴我，她很想體驗以前父親擁抱她時的感覺。事實上，媽媽也說，她認為孩子應該滿足父母的需要。她補充說，這是她小時候從父母那裡接收到的明確訊息，尤其是從父親身上。

父母的界限練習

　　讓父母舒適地坐著，治療師則遠遠地坐在父母前面。測試不同程

度的身體距離，直到父母可以找到在心理、情感和身體上感覺適當的距離。鼓勵父母在探索不同距離下的想法、情緒及身體狀態時，保持靜心察覺。一旦父母找到正確的距離，鼓勵他們用枕頭、繩子等將界限具體呈現出來。請父母注意他們的身體界限，並且注意這個界限跟身體狀態和情緒的關連。如果與注意身體界限時相關聯的情緒是正向的，請父母確認情緒位在身體的哪個位置，並提供慢速度、短回合的雙側刺激。如果父母的反應是負向的，不要施以雙側刺激。我們只增強與察覺身體界限相關的正向情感。如果父母可以忍受當下情緒或身體反應，就可作進一步的探索，以對這經驗所引發的記憶網絡提供有價值的訊息。然後，請父母注意自己的情緒界限，去靜心察覺：意識到自己的感受和他人的感受是什麼意思、感覺如何，而這一次要注意
117　父母的情感空間與治療師的情感空間之間的明確界限。依循同樣的程序，幫助父母注意心理和心靈的界限。

　　接下來，請父母想像自己的孩子在這房間裡，並為孩子闢出一個空間。請父母選擇一個適當的距離。如果父母對於想像有困難，可以請他們帶孩子的照片過來。要求父母用抱枕、繩索等來實際呈現孩子的空間。請父母在孩子照片周圍建立一個圓圈，或想像孩子就在圓圈裡面。注意父母放置孩子的地方距離自己多近或多遠。請家長注意，對他來說距離遠還是距離近會比較容易接受。哪一個比較容易，端賴父母的依附經驗。對於傾向於干涉並且很難把孩子看作獨立個體的父母，請他們運用靜心察覺去注意，將孩子放置在與自己分開但同時依然維持連結的位置時，感覺起來是怎樣？用有形的物體來象徵這樣的連繫。例如，一條從父母的空間連到孩子空間的繩子或絲帶，作為一個象徵以及一種有形的方式，讓父母能體驗到依然與孩子有所連結。同樣地，請父母注意身體和心對於這個經驗正在傳達些什麼。如果情緒和身體反應都是正向的，請父母專注在這些正向的情緒和身體感覺，並使用慢速度、短回合的雙側刺激予以植入。

　　相反地，對於無法忍受連結和親近的父母，擴展由連結與親近的

互動經驗所形成的情感耐受度窗口，便可能是工作的目標了。可以從父母感覺適當的距離開始，慢慢地前進到能夠接受更大程度的親密。根據依附關係研究，與情緒連結相關的情感耐受度窗口很狹窄的父母，可能會在孩子明顯表露情感需求時出現重大困難。用孩子的照片或請父母想像孩子對自己表達出情感需求，也可以增強這種經驗。建立一個從最能容忍到無法忍受的等級，然後同樣一點一點地協助家長運用靜心察覺去探索每一步和每一個層級的親密。任何正向的時刻都必須要加以探究。辨認出與那個經驗有關的正向感覺和在身體上的位置後，使用雙側刺激。然而，由於父母有意識地察覺他們的身體、情感甚至認知反應，因此困擾和不適可能也會出現。只要父母可以容忍相關的情感，並對於進一步探索抱持開放態度，這就是值得探索的自我察覺重要時刻。可以運用回溯既往和情感掃描，支持父母探索過去經驗如何醞釀目前的養育反應和回應。如果父母選擇參加完整的 EMDR 重新處理會談，在這個練習過程中也許便可以辨認出 EMDR 重新處理的潛在標的。如果在這個會談中探索和觸及過去的逆境經驗時，應該運用狀態轉換策略將父母帶回到心理生理平衡的狀態。在結束會談之前，也許需要使用呼吸練習、放鬆和容器。一項基本原則是，帶有困擾素材的記憶網絡曾受到觸及和啟動的每一次會談，都應該運用到狀態轉換策略。永遠要記得必須將父母帶回到情感平衡狀態，並要在會談結束前執行這項工作。

　　在一次界限練習裡，一位對兄弟姐妹有強烈攻擊行為的九歲男孩的母親說，想像她的兒子在一個分隔開來的「泡泡」中，讓她產生高度的焦慮。她說，她想要感受到孩子非常非常靠近她。她也很難分開 118 兒子的感覺與自己的感覺。這位母親在處理兒子的暴力事件時，最主要障礙之一，就是無法區分她自己的與孩子的感覺。特別重要的是，這個在大腦中依然處於內隱編碼狀態的訊息，讓這位母親的意識無法取得。這個練習讓治療師得以更深入地探索媽媽焦慮的根源，並努力讓她與兒子建立起健康界限，同時又可以維持連結。

開發資源

使用平靜安全處所和資源發展和深植的標準程序，可以幫助父母擴展自己耐受和調節情緒的能力（Korn & Leeds, 2002）。資源發展和深植標準程序不僅是幫助父母開發資源的最佳方法，還可以增進父母在面對兒童的誘發行為時運用資源的能力。在進行資源發展和深植之前，先辨識出妨礙健康親子互動發展的養育行為，是非常重要的。無庸贅言的是，如果出現虐待的養育行為，就應該採取適當措施予以矯正，並向兒童保護機構通報。以下是需要予以矯正的無效教養反應方式：

● 變得激動，並陷於親子權力鬥爭。
● 大吼大叫並嘮叨不休。
● 對孩子該做或不該做什麼進行長篇大論的說教。
● 距離遙遠而疏離。
● 干涉和侵犯界限。
● 在必要時不設界限。
● 不完整執行結果。
● 缺乏自信，而且在必要時難以說「不」。
● 評斷和批評孩子。
● 諷刺和戲弄。
● 使用「冷處理」。
● 利用孩子滿足父母的需求。
● 不斷指出負向行為。
● 支配和壓制孩子。

這些無效的教養行為，大多是父母受到環境和依附經驗塑造出來的結果。此外，可以透過適應性訊息處理模式，將父母的這些反應看作是早期適應不良經驗的顯現，而這些經驗很有可能在大腦裡以內隱

方式編碼（Shapiro, 2001）。由於這些記憶是內隱的，當這些訊息受到目前的刺激所引發時，父母可能在主觀經驗上無法記起那些經驗（Seigel, 1999）。考量到這點，協助父母辨認出哪些當前的誘因和過往的經驗啟動了目前失功能的養育反應模式，可以幫助父母把過去與現在連繫起來。協助父母讓這些訊息得以使意識察覺，是邁向整合很重要的一步。對於嚴重情感失調的父母，在探索誘因和經驗的影響因子之前，應該先達到適當的穩定度。此外，在啟動資源發展和深植以及解決依附創傷與依附受損之前，應該先評估解離的狀況，並予以排除。如果父母有嚴重的創傷，應該轉介至另一個 EMDR 的治療師，並與孩子的治療師保持密切溝通。

以下是資源發展和深植步驟的概要（Leeds, 2009），經過我加以改編之後運用於與照顧者的工作。

一、標的狀態：辨認出兒童引發父母適應不良素材的行為、情緒或狀態。這些狀態對於父母來說往往是具有挑戰性的，並且讓父母無法展現適當的教養行為。父母可能變得煩躁不安並和兒童陷入權力鬥爭，或父母在需要設定適當界限時遇到困難。可以透過一些詢問來辨認，例如：孩子的哪些情緒反應和行為讓你覺得很難處理，或挑起你的怒氣？花點時間，仔細想想看你孩子所說、所做的事情，有哪些是讓你覺得難以處理？你自己與孩子相關的那些反應模式中，有哪些是你想改變的，或者有哪些地方你希望有不同的感覺、想法或做法？

二、辨認出想要擁有的教養行為，以及能夠給予支持的信念、情緒和身體狀態：協助父母根據已知曉的依附關係選擇一種教養行為。一旦確定了行為，就探索能夠支持這種教養行為的潛在正向信念、情緒、身體姿勢和狀態。

三、探索潛在資源：支持照顧者選擇在被孩子的行為引發時有助於處理的資源。

● 駕馭經驗：找出父母的生活中，什麼時候曾出現他所期望的教養行

為或品質。找出在什麼時候，出現過相關的信念或正向情緒。

● 關係的資源：找出可支持父母的人物或楷模，這些人物要不是能夠具體展現教養品質，就是能夠提供照顧者支持或協助。讓照顧者身邊環繞著所有「幫手」和支持者，將會是非常強大的視覺化資源。

● 象徵性資源：讓照顧者選出一個有助於增進教養品質或行為的象徵。也可以是支持這種品質的正向信念、情感或身體感覺相關的象徵。

● 身體資源：找出一種身體姿勢或狀態，能夠支持、增強或促進所期望的教養行為。

　　四、一次針對一個資源，創造出一個感官上的圖像。找出與此資源相關的情緒、身體狀態和姿勢。

　　五、評估資源的有效性：請父母想像與孩子互動有問題的狀態，然後檢驗資源有否幫助。使用分級 1 到 7 的量尺，1 是沒有幫助，7 是非常有幫助。如果父母發現這項資源對於支持教養素質或行為沒有幫助，請選擇其他資源進行。逐一檢驗不同的資源，直到找到適當的。

　　六、深植：為這項資源再次創造一個感官上的圖像。引起與這種資源相關的情緒和身體狀態，然後施以慢速度、短回合的雙側刺激（四至六次）。重複數次。

　　七、未來場景：請父母想像資源正在支持他們使用已知曉依附關係下的教養策略或行為。接著，請父母想像在未來面對孩子呈現出具有引發效果的特質及行為的狀況。一旦父母可以想像出在未來發生的事件中，自己能夠有效地利用資源和以依附關係為依據的教養行為，便施加慢速度、短回合（四至六）的雙側刺激。只要依然維持正向，可以重複二或三次。

　　請記住，在使用資源發展和深植程序之前，治療師應該教導父母新的教養策略，並與他們一起練習。角色扮演非常有幫助，可協助父母充分理解並把這些新的策略整合到他們的教養方法中。在這之後，

120

可以用資源發展和深植程序幫助照顧者在兒童出現具啟動效果的行為時，更有效地取得及使用資源和教養策略。

第三層次：重新處理和整合記憶

向父母提供不同層次的介入時，他們可能會認為這第三層次的代價太高或需時太久。在我的臨床經驗中，現在不提供最好的治療方式，從長遠來看，可能導致以後成本更高、更曠日廢時並且效果更差的情況。此外，治療師應該強調發展中的大腦具有極高的可塑性，以及早期介入對促進心理和情緒健康的重要性。

這個層次的介入對兒童有解離症狀的父母來說，極為合適。根據里奧提對解離的病因學模型（參見第一章），兒童之所以會進入解離狀態，是始於與主要照顧者形成紊亂的依附關係之際。然而，即使紊亂依附模式已經存在，如果主要照顧者自身依附經驗相關的心智狀態取得條理，就可以獲得充分的心理健康。為此，在全面 EMDR 治療中與父母進行的第三層次介入，便包括重新處理促成不當教養行為的經驗因素。幫助父母達到一定程度的整合與內在秩序，將有助於兒童對於自我和他人發展出單一且更為一致的模型。照顧者的適當穩定度應該具備足夠的情感耐受程度。至於其解離經驗，則必須仔細進行適當的評估和探索。極為重要的是，恪守你的臨床專業範疇。一些 EMDR 兒童治療師可能不具備處理高度解離成人的專業知識。因此可能需要提供父母適當的轉介，請他們諮詢更能勝任的治療師。無論如何，為了獲得最佳治療效果，父母的治療師和兒童的治療師之間應該保持溝通。在分享資訊上取得適當同意是必需的，自不待言。此外，孩子的 EMDR 治療師在企圖與父母直接工作前，應仔細檢視國家委員會針對與家長工作所制定的規章。如果父母雙方都同意接受治療，兩人應該分別與不同的 EMDR 治療師工作，以免利益衝突，同時也要與兒童的治療師保持密切聯繫。

一旦父母和治療師都建立起適合這個介入層次的態度，探索與不當教養互動相關的經驗促成因子及過去依附經驗就可完成。在此重申，引起家長的好奇心和渴望了解兒童，至為關鍵。我通常會邀請父母成為我的協同探索者。當我們要了解父母、兒童以及他們內隱和外顯的動力時，我會邀請父母執行「偵探工作」。

121　　以下是建立父母的標的序列所需的步驟（參見圖 5.1）：

一、找出當前失功能的教養反應模式。這些反應包括但不限於以下狀況：在情緒上與身體上疏離、干涉、權力鬥爭、封閉、嘮叨、支配、角色倒置、與孩子互動時情緒失控、批評等等。

二、找出孩子具有誘發效果的反應並建立誘因圖譜：誘因可以存在於不同層次的人際經驗中。父母也許會被某種情緒、想法、行為、

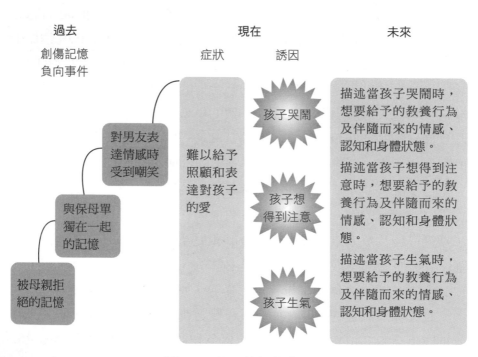

圖 5.1　父母的標的序列

症狀等所啟動和誘發。針對最近出現負向教養反應的事件，形成一個圖像。

三、找出一個可以代表這個事件的圖像。

四、找出父母在想到孩子的誘發行為時，自己所抱持的負向信念。你可以說：「當你想到那個圖像時（描述孩子當時的啟動反應），你現在對自己有什麼負向的想法？」

五、找出與此圖像和負向信念相關的情緒反應。你可以說：「當你想到那個圖像（描述孩子的啟動反應）以及話語（說出那個負向信念）時，你現在的感受或情緒是什麼？」

六、進行回溯既往，或者如果父母無法找出負向信念時，可以進行情緒掃描（Shapiro, 2001）。你可以說：「我希望你想著（描述孩子的啟動反應）、話語（說出那個負向信念）和你出現的情緒以及你在身體哪裡注意到這些情緒，接著讓你的心回溯到較早的時候，你記得什麼時候也有過同樣的負向想法、同樣的情緒以及身體反應嗎？」

重要的是，治療師能盡早幫助父母進行回溯既往，以找出與當前 122 受到兒童引發的反應相關的早期依附經驗。與父母的情緒狀態同步並靜心察覺父母的心理生理反應，將會引導這項練習獲致成效。如果父母超出了情感耐受度窗口，能夠同步的治療師應該利用策略帶領父母回到情緒平衡狀態。應該使用給予支持的陳述、呼吸、靜心察覺、刺激當下覺知等等方式，來恢復情緒的平衡。

一旦父母找出過去經驗，便按時間排列順序，以建立一個標的序列。重要的是向父母呈現出教養問題的樣貌以及一個可能的治療計畫。營造出一個親近、尊重、信任和有趣的氣氛，讓這些深沉的素材得以在其中探索，是至關重要的。良好的幽默感和笑聲總是美好的工具，可以讓人們聚在一起探索自己是誰以及哪些領域需要療癒。在這個時刻，我們不想誘發和啟動父母的防禦，而是想刺激他們對探索和自我察覺抱持開放態度。以下例子說明如何呈現當前問題的樣貌。

這是一個十歲男孩的故事，他出生時就由兩位高成就的父母領

養。他們帶孩子來接受治療，是因為他在學校表現太過低落。他沒有
動力完成功課，也不願履行家裡的任何責任。父母兩人，大多是媽
媽，總是要「隨時盯著」他去完成所有他該做的事。仔細觀察家庭的
動力，顯示媽媽是高度糾結於成功和成就的照顧者。事實上，她對孩
子的表現從來沒有滿意過。媽媽說她感到很絕望，以致會在孩子缺乏
反應時變得極端憤怒而暴躁。這孩子開始會編造故事，甚至對自己生
活中非常簡單的問題都會說謊。撒謊引起媽媽更多的憤怒，有時讓她
想要跟孩子疏離。媽媽辨認出的主要反應是：激動和疏離。爸爸則試
著在孩子和媽媽之間調解，只是都徒勞無功。他在自己原生家庭中經
歷過許多衝突，因此不惜任何代價都要避免衝突。當媽媽和孩子之間
發生衝突時，他會嘗試介入，但如果不成功，他就會完全遠離。父親
也不知如何處理孩子的說謊問題。他說，如果孩子繼續這樣下去，最
終陷身囹圄或成為罪犯，會讓他感到不知所措。與媽媽的會談中顯示
出，她兒子說謊和在家中及學校中低成就所帶來的負面信念，是「我
很無能」和「我不是個夠好的媽媽」。當媽媽回溯自己的過去，她說
腦海中出現了她繼父傷害她的畫面。她總覺得自己要對被虐待的事情
負責，也要為她認為很無能且沒自信的母親負責。媽媽說她總是試著
做到完美，把每一件事做正確。她成為一名刑事律師，而且把一生都
致力於她的事業，直到結婚並收養這個孩子。她還說，不知為何，她
的孩子讓她一直想到自己的繼父，一個「懶惰」而且是「騙子」的
人。另一方面，父親表示，自己在一個非常貧窮的家庭長大，他的父
母常常出入監獄；當他父母坐牢時，總是由他的大哥照顧他。找出孩
子啟動了他哪些記憶網絡之後，他說他對父母的生活方式感到很羞
恥，而且擔心自己的兒子將來可能會像他們一樣。

123　　要加以強調的是，以上所有的訊息，在最初接案會談時都沒有提
過。必須在適當的時機才可以加以引發，同時給予有關適應性訊息處
理模式的教導。由於這些訊息在大腦中是內隱編碼，即使被啟動也保
持在意識之下，所以父母通常不會在初評會談過程中的資料搜集時揭

露，或可能認為這與他們孩子的治療工作沒有相關。一旦完整的全貌浮現出來，我便可以好好向父母呈現整個狀況，並提出一個可能的治療計畫。我會說：「我想讓你們知道我有多麼榮幸，可以陪伴你們和你們的家人進行這趟療癒的旅程。我知道這次探索有多不容易，但你們展現出怎樣的勇士鬥志！我將向你們重複所有你們提供的訊息，以及我從你們孩子那裡得到的訊息。我會把所有訊息放在一起，並為你們提出一些假設。請了解，你們才是你們生命的專家，所以請隨時糾正我，不必有所顧忌。當我在述說時，請試著注意你們的腦海、心和身體發生了什麼，看看我說的內容是否在某種程度上與你們產生共鳴。我邀請你們自始至終成為我的協同探索者；請隨時增加或更改我將提供的任何訊息，不必有所顧忌。請記住，這跟評斷或批評無關，而是為了療癒、察覺和理解。好的，我開始了：當你們的孩子拒絕履行責任和家務並有說謊問題時，媽媽生命中讓人不安的事件的記憶網絡便受到啟動。它啟動了你一些負向的信念，如『我不夠好』、『我無能』，及伴隨而來的絕望、憤怒和悲傷等情緒。這些都是在你的童年時期，與繼父以及無能保護你和照顧你的母親一起生活的經驗中，所形成的舊有的負向信念。你學會了去適應這些負向的經驗和相關的信念、情緒等等，而採用的方式是總是努力追求完美和表現。這是你小時候找到的一種方式，用來滿足你想要獲得連結、接納和自我價值等的需求。

「當你的孩子說謊、不聽話，而且似乎很懶散的時候，便引發了你對繼父的舊有記憶。這些記憶和所有因記憶受到啟動而產生的信念、情緒和身體反應，遮蔽了你對孩子的看法，導致你眼中看到的孩子是懶惰的，而且是騙子。當你感受到與過去的記憶有關的憤怒、絕望和悲傷時，你對孩子變得更煩躁，並跟他展開權力鬥爭，或有時候你就乾脆抽離，把自己鎖在房間裡。

「另一方面，爸爸，當你的記憶網絡被啟動時，讓你想起父母帶給你的羞恥經驗。你害怕孩子可能會像他們一樣，導致你跟孩子疏

離，然而這時孩子實際上需要的是他和你兩人可以更彼此連結。另一方面，你們的孩子從小時候起，成就表現便成為他獲得你們的愛跟注意的方式。但在他看來，對於成就表現的要求卻是高不可攀，以致有時候他乾脆放棄。對他來說，與其努力了卻依然達不到你們的標準，不如不去努力還比較容易些，所以他就停止努力。請你們了解，我們天生需要與人連結，當他不能合乎你們的標準時，他不僅覺得失去你們的認同，還覺得失去你們的愛和彼此的連結。當涉及任何與成就表現有關的議題時，帶有關於他不夠聰明的訊息的記憶網絡便受到啟動，伴隨著傷害和痛苦出現。然後，當媽媽感到生氣或變得疏離時，就啟動了孩子大腦中的記憶網絡說：『我是一個壞孩子，我不值得被愛。』並伴隨著受到拒絕、甚至有時候是情感上的拋棄所帶來的痛苦和恐懼。你兒子所經驗到的這些負向情緒、信念和身體狀態，與他早期始於被生母遺棄的經驗產生連結，然後又與他的表現對你們倆來說不夠好的經驗所形成的記憶產生連結。請你們了解，我們不是在談論一個壞孩子和不夠好的父母。我們是在談論一個好孩子和做得夠好的父母，在他們自己昔日未解決事件的記憶被啟動時，良好的意圖和智
124 慧便受到蒙蔽，使得你們兩人難以完全活在當下而與孩子彼此連結，並給予真正無條件的愛和接納。現在，請花一點時間注意這個訊息是否在某種程度上讓你們產生共鳴。有什麼我需要修改，使這個假設更貼近你們和孩子所發生的事情嗎？」請父母給予評論，並且如果感到對當前問題的描述並不正確，請他們予以修改。當你邀請父母擔任協同探索者時，鼓勵他們發揮靜心察覺和好奇心。

　　請注意，我們不是從心理動力學的觀點來詮釋，而是將父母和兒童提供的訊息回過來呈現給他們看。所有從回溯既往、情感掃描和詢問個人史所收集到的資訊，都原封不動地按照父母向治療師提供的那樣，呈現回去。治療師只是把資料綜合起來然後對父母呈現回去，好讓他們在知情的情況之下決定療程要如何進行。一旦你架構出扎實的臨床樣貌，便向父母提出下列不同層次的介入：「既然我們對當前問

題已有一個清晰的樣貌，這裡有一些不同層次的介入：

一、層次一：清理一張桌子。你的孩子將接受完整的 EMDR 治療，最終目標是處理和透澈了解早期遭受遺棄的記憶，以及與目前缺乏動機和負向自尊相關的表現。而當你的孩子在接受治療時，你會參與其中，但在這個階段，我們只是清理桌子。我會與你們見面，提供你們可以幫助孩子的心理教育和特定的教養策略。

二、層次二：清理一個房間。孩子會接受完整的治療，而我們會做一些工作幫助你們在這議題上調節你們的情緒。這階段會包含心理教育和幫助你們發展資源，好讓你們可以幫助自己自我調節情緒反應，而且能夠更有效地運用所提供的教養策略。

三、層次三：清理房子。除了針對你們孩子的工作之外，你們也要接受完整的 EMDR 治療。這樣你們便可以針對孩子目前持續啟動的那些昔日經驗進行工作。這個層次的介入需要你們現在投入較多的工作，但以長遠來看反倒是省事。這個工作還需要採行團隊方式，因為我們需要兩位 EMDR 治療師分別幫助兩位。我想讓你們知道，無論你們想清理一張桌子、一個房間還是整個房子，我都會在這裡陪伴你們。花時間慢慢想想這些，然後讓我知道你們的決定。此外，你們可能想要調整你們和孩子所要參與的治療工作的步調。你們可以先完成一個層次的工作，以後再回來做其他的。」

在這種方式下，大多數真的需要完整 EMDR 治療的父母，會傾向選擇「清理整個房子」。如果父母不需要完整的 EMDR 治療，則不需要提出這樣的選項。無庸贅言，和在親子關係及放棄職守的照顧系統中受到創傷和傷害的兒童工作時，他們的父母最有可能從本章提出的 EMDR 第三層次介入獲益。然而，與高度創傷和解離的父母工作時，納入其他治療師參與父母的治療工作，會有所助益。

照顧者參與兒童會談

有關父母參與兒童會談該到什麼程度的問題，仍然沒有定論。一些兒童治療師在每個會談中都讓父母加入，而有一些則很少讓父母參
125 與。一些治療師認為，在兒童還處於相當脆弱的狀態時，邀請父母參與兒童的治療會談，只會使父母對兒童造成創傷的循環更加持久。對這些治療師而言，只有在父母做了足夠的治療工作後，才可以參與。而不同學派的治療師會提出爭論，認為倘若親子關係是創傷的由來，只跟兒童工作會減損治療效果。在這情況下，介入重點將會導向修復親子間的依附關係，作為兒童療癒的基礎。特別是在提供 EMDR 治療時，不同階段都提供不同層次的參與機會。一些 EMDR 治療師會邀請家長參與準備階段，但不在重新處理階段參與。在我看來，療癒會發生在不同層面上：個人方面和系統方面。EMDR 治療可以促進兒童和父母系統的療癒，以及親子依附的連結。在我的臨床經驗中，結合個別與兒童和照顧者會談以及親子聯合會談，會產生最佳的治療效果。每次會談永遠都有明確的方向和目標，是極為重要的。例如，在準備階段使用治療性遊戲活動時，目的是開始為親子互動的連結、調和及同步奠定基礎。幫助照顧者與兒童建立靜心察覺的連結，讀懂兒童不斷變化的情感狀態，是適合這個階段的目標。在這個時候，過早在父母面前討論任何創傷性記憶，對治療過程可能會是阻礙而不是促進。很重要的是，要考量父母在自我察覺和整合方面所達到的程度，是否能夠對兒童將心比心，刺激兒童的系統裡出現療癒。在 EMDR 所有八個階段治療中，都可以結合個別與照顧者和兒童會談以及親子聯合會談。初步重點是擺在使照顧者和兒童之間的連結恢復到某種程度，這便可以藉由在聯合會談中運用遊戲、歡笑和撫育性碰觸來達成。至於與照顧者的個別會談，便適合使用聯合會談所錄下的影片來協助父母發展更高的敏感度去覺知兒童和將心比心。一開始，與照顧者的會面可能比與兒童單獨會談更頻繁。隨著照顧者的理解、同步程度及自

我察覺能力逐漸提升時，兒童個別的準備會談就可以逐漸密集，緊接著可以進行一些聯合會談和一些個別重新處理的會談（見圖 5.2）。當兒童準備好進入創傷重新處理階段時，父母便能更達到扮演積極參與者的位置，促進這些記憶的整合和同化。此時，父母不再繼續傷害兒童，而是準備修復關係。並非所有重新處理階段的會談都需要父母在場。事實上，結合了個別會談和聯合會談的重新處理會談組合，似乎是最好的安排。一方面，兒童單獨與治療師工作，可以賦予兒童控制感。體驗到自我的療癒力量，可以使孩子感到激勵和振奮。另一方面，當父母在場時的工作，兒童可以感到被聽見和被感覺，並且在整合創傷記憶的關鍵時刻經歷到修復。當需要修復時，父母的在場可以在治療師的指導下提供修補性的交織，對兒童吸收這樣的訊息有強大的幫助。建立一個清晰、完整、初步的臨床全景輪廓，將非常有助於

126

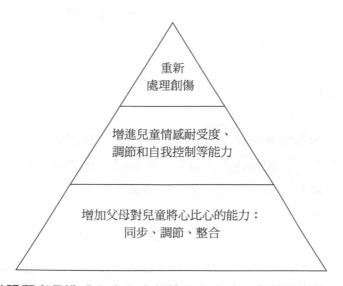

圖 5.2　當照顧者是造成兒童傷害的始作俑者時，與他們密集工作是必要的。這個圖顯示了 EMDR 治療的工作進程，初始比較偏重在父母身上和修復親子關係上。緊接著增加與兒童個別工作，隨後則是重新處理創傷和逆境事件的記憶。

治療師架構一個真正適合孩子需求的治療計畫。因此，父母在整個治療中如何參與以及參與的程度如何，將取決於每個個案的需要。

沒有父母參與時

對於在兒童保護服務系統中與兒童工作的治療師，兒童的父母可能不在場，或可能正處於暫停親權或進行重聚的司法程序中。這些兒童有的可能住在寄養家庭或收容機構裡。在這些情況下，除了幫助孩子情緒分化和調節之外，仍應與寄養父母展開某種程度的工作，以促進適當的連結。前兩個層次的工作，即心理教育和自我調節，可能適合寄養父母參與。收容機構工作人員也可以從心理教育中獲益，以協助孩子感到安全和情緒調節。在這種情況下，所有八個階段的大部分工作將會與孩子以個別工作的方式完成，兒童與治療師的關係就會成為改變和療癒的重要因子。我們是否有能力用我們內在的臂膀抱著孩子走過 EMDR 的八個階段旅程，將是至關重要的。

摘要和結論

許多有複雜創傷的兒童是在照顧系統內受到傷害。他們也許不斷在情緒、身體、性和精神方面重複經歷虐待。他們與父母的關係所經驗到的是牽絆和干涉，或相反地，是疏離和缺乏連結。父母的回應讓他們經驗到的可能是感到驚恐或令人害怕，因而他們發展出包含不一致而多重的自我與他人模型的記憶網絡。父母若有未解決的創傷和失落，有可能使兒童的內在系統持續維持在高度紊亂中。依附關係研究已經確認，在父母自身依附經驗相關的心理狀態、父母對兒童將心比心的能力所形成的照顧行為，以及兒童與照顧者的依附模式之間，互有關連。只要父母持續被過去發生的事件記憶所蒙蔽，目前的親子互動就會繼續受到影響，有時候甚至會被過去所劫持。這將繼續使照顧

者未解決的創傷和失落傳遞並轉移到下一代的情形延續下去。當父母　127
或過去的照顧者是傷害的因子時，與照顧者工作是獲致最佳 EMDR 治
療效果的重要基礎。其他 EMDR 治療師的加入可能有其必要。保持治
療師之間的密切溝通，將大大增進治療效果。本章介紹了一個與照顧
者工作的模式，包含了三個層次的治療。父母需要參與多少、什麼時
候參與，要看每個兒童的需要來決定。建立一個周全的治療計畫和清
晰的臨床全景，將會更準確地指引父母的參與在整個 EMDR 治療中應
該如何、什麼時候進行，以及參與程度的多寡。

【第六章】評估與診斷兒童的解離：復原的起點

法蘭西絲‧華特斯（Frances S. Waters）／撰
國際創傷與解離學會兒少職業訓練中心主任

129　　　最早能查考到的童年解離文獻，是法國醫師安東‧戴斯賓
（Antoine Despine）於 1836 年所報告的一個十二歲女孩埃絲特勒
（Estelle）的案例（Ellenberger, 1970）；然而，直到一個世紀之後，童
年解離這現象才漸漸有人再次開始探討[26]。從那時起，關於這個主題的
文獻持續增加，包括：解離的歷史觀點（Silberg, 2000; Silberg & Dallam,
2009）、調查研究[27]、共病研究[28]、個案研究[29]、理論（Putnam, 1997）與臨
床著述[30]、解離症狀檢核表[31]，以及全球各地的研討會。另外，前國際創
傷與解離學會會長心理治療師戴爾（Paul Dell）和加拿大麥基爾大學精
神病學系講師歐奈爾（John O'Neil）（2009）近期編纂了一本詳盡而完
整的文獻集，能幫助我們更深入了解解離的分類。

　　　國際創傷與解離學會（The International Society for the Study of
Trauma and Dissociation, ISSTD; www.isst-d.org）起先贊助《解離》
（*Dissociation*）這份專業期刊的發行[32]；2000 年，ISSTD 發行了自己的刊

26　原註：Bowman, Bix, & Coons, 1985; Braun, 1985; Riley & Mead, 1988; Chu & Dill, 1990; Coons, 1985; Fagan & McMahon, 1984; Kluft, 1984, 1985; Weiss, Sutton, & Utecht, 1985.

27　原註：Becker-Blease et al., 2004, 2011; Kisiel & Lyons, 2001; Macfie, Ciccehtti & Toth, 2001; Shimizu & Sakamoto, 1986.

28　原註：Kaplowa, Hallb, Koenenc, Dodged & Amaya-Jacksone, 2008; Malinosky-Rummel & Hoier, 1991.

29　原註：Coons, 1996; Dell & Eisenhower, 1990; Stolbach, 2005; Waters, 2011.

30　原註：Shirar, 1996; Silberg, 1996/1998; Wieland, 2011.

31　原註：Armstrong, Putnam, Carlso, Libero & Smith, 1997; Dell, 2006; Evers-Szostak & Sanders, 1992; Putnam, Helmers & Trickett, 1993; Steinburg, 1994; Stolbach, 1997.

32　原註：可於美國奧勒岡大學圖書館網站免費下載：https://scholarsbank.uoregon.edu/xmlui/handle/1794/1129

物《創傷與解離期刊》（*Journal of Trauma and Dissociation*），持續把學術工作的成果傳遞給相關專業人員。目前 ISSTD 的網站進一步擴增，提供家長和老師評估與治療兒童解離的準則和常見問題解答；ISSTD 的專業訓練機構亦提供完整詳盡的兒童解離線上課程。另外，ISSTD 也贊助製作訓練課程 DVD《兒童創傷與解離》（*Trauma and Dissociation in Children*, Waters, 2007），以協助專業人員——尤其是法庭裡的評估人員和檢察官——理解解離的徵兆，並提供可運用於兒童虐待與疏忽照顧案件調查的有效策略。

　　由於大量的解離文獻中，絕大多數仍持續以成人解離為探討重點，因此上述 ISSTD 的努力為如何精確地評估兒童解離帶來一道曙光，並且更加促進專業人員、學術人員、家長及老師了解令人費解的兒童、青少年解離現象。然而，解離兒童有很高的共病機率，或由於解離症狀持續被忽略而未受到辨識，致使這些孩童一直被誤診為其他更常見的病症，如注意力不足／過動症（ADHD）、雙相情緒障礙症（bipolar）、精神病症（psychoses）、行為規範障礙症（conduct disorder）等等（McElroy, 1992; Waters, 2005a）。

解離的理論發展和概念化

　　自 1990 年代早期，不同學科領域開始出現許多理論模式，提供更寬廣的切入觀點來理解記憶、意識和身分的中斷與分裂現象。神經生物學領域的貢獻[33]，讓我們得以檢視創傷如何影響某些大腦結構以及如何損傷意識和記憶。依附和關係理論[34]則聚焦在兒童與父母關係的創傷，以及解離過程和障礙症的發展。

　　在解離的領域，也有一些理論出現，我將簡述其中幾個。北卡羅

33　原註：Bremner et al., 2003; Bremner, 2005; Stein, Koverola, Hanna, Torchia & McClarty, 1997; Vermetten, Schmahl, Lindner, Loewenstein & Bremner, 2006.

34　原註：Liotti, 1992, 2009; Lyons-Ruth & Jacobvitz, 1999; Main & Solomon, 1986; Siegel, 1999.

來納大學精神病學教授普特南（Frank Putnam, 1997）視解離為一種對於毀滅的巨大恐懼所產生的防衛機制，導致個人將痛苦的情感和記憶區隔出去並與自我疏離。

普特南（Putnam, 1997）進一步在他所提的**截然區隔的行為狀態模式**（Discrete Behavioral States Model）中，探究在母親反覆無常和虐待的照顧下，嬰兒的反應出現截然區隔的切換的早期發展。這些截然區隔的行為狀態切換，在解離的自我初始化階段中，形成了將害怕、困惑的經驗予以分割的模式。

凡德赫特等人（van der Hart, Nijenhuis, and Steele, 2006）詳述了他們以賈內的早期工作成果為基礎，所發展出的**人格的結構性解離**（Structural Dissociation of the Personality）模式；在該模式中，受創傷的自我會根據兩種複雜的行動系統進行分割。其中一種系統是「看似正常的人格」（the apparently normal personality, ANP），能使個人執行必要的功能，例如工作。而另一種系統「情緒人格」（the Emotional Personality, EP），則是在創傷發生之時，因應威脅所產生的防衛，並在此後固定化了的行動系統。情緒人格包含了創傷記憶，以及相關的受創情感、想法和行為。這些行動系統可能更進一步分裂成第三層級系統，包含許多看似正常的人格和情緒人格，為自我承擔起額外的行動，以面對並處理不同的生活任務。

兒童與家庭治療師絲汀和關注心理健康議題的專欄作家坎達爾（Stein & Kendall, 2004）所提出的**慢性創傷壓力對兒童的全面心理影響模式**（Global Psychological Effects of Chronic Traumatic Stress on Children Model），奠基於美國加州大學舊金山分校精神病學臨床教授梨諾·泰爾（Lenore Terr）早期關於第二型創傷（Type 2 trauma, 1991）的研究，檢視了慢性創傷的影響，受波及的範圍包括兒童發展中的大腦、意識和記憶的改變、身分認同的擾亂、調節情緒和喚起程度的困難、過動與注意力、關係問題以及信念系統的改變。

范德寇等人（2009）曾提議將**發展創傷疾患**（Developmental

Trauma Disorder）納入《精神疾病診斷與統計手冊第五版》，他們聚焦
在多重人際創傷所造成的影響——個體經歷身體、情感、自我和關係
上的失調以及創傷後類群症狀。這類疾患會持續六個月以上，並造成
重大功能損傷，包括解離。

　　華特斯（Waters, 1996, 2011）所提出的**治療解離兒童的四重治療模**　131
式（Quadri-Therapeutic Model for Treating Dissociative Children），是一個
結合四種理論——依附理論、發展理論、家庭系統和解離理論[35]——用
於評估和治療解離兒童的完整模式。

　　四重治療模式的依附理論，源自於鮑比的喪親兒童心理反應架
構。他將兒童經驗到的悲傷和哀悼階段，描述為：尋求失去的對象的
行為、產生敵意、求助、絕望、退縮、退化、混亂，然後行為重整轉
而依附一個新的對象。至於我的理論模式，是奠基於上述鮑比關於兒
童如何因應與父母分離的模式，但相較而言是一個窗口（window）
的概念，藉此理解兒童置身於使人驚恐、困惑或家長施虐的環境時，
必須撐過極為震撼的心理衝擊而生存下來的方式。相較之下，我的理
論模式認為，處在極端震驚、無助且不堪一擊情境中的孩子，會將
情感、感官知覺、對於理想父母的失落等等予以隔離開來，藉此找到
生存之道。兒童的反應是要把不可忍受的潛在害怕、悲傷、哀傷和脆
弱等強烈情感以及相關的因應行為，內化進各個自我狀態中，例如：
被內化的虐待型父母狀態、幫手／友善狀態、生氣憤怒狀態、憂鬱狀
態、帶著性意涵的狀態等等。而這些不同的狀態，可能是支離破碎
的、發展不全或發展較完全的，如同我們在解離性身分障礙症（DID）
所觀察到的。

　　這個四重治療模式的發展理論，包含了德裔美籍發展心理學家艾
瑞克・艾瑞克森（Eric H. Erickson）檢視自我（ego）認同形成的心理社

35　原註：以上四個理論的資料出處依序為：（Bowlby, 1973, 1980; Mahler, Pine & Bergman, 1975; Main &
　　　Solomon, 1986）、（Erikson, 1968; Piaget, 1954）、（Bowen, 1978; Minuchin, 1974; Satir, 1983）、
　　　（Putnam, 1997）。

會發展理論（1968）；這自我認同，是一種由日常社會互動所塑造出來，在意識層次的自我感知。自我的發展會經常性地受到新的經驗所改變。他詳述了關係經驗的八個階段，從出生開始，若每階段都能成功達成，將能建立個人能力、對親密關係的接受能力和對自我的安全感，直到老年。然而，我的理論模式發現，童年的創傷經驗會破壞自我認同、信任、自主性、親密感等的發展，導致某種程度的自我認同混亂和分裂。

提出幼兒心理發展理論的匈牙利兒童精神分析師馬勒（Margaret S. Mahler）的分離和個體化理論（Mahler et al., 1975）也提供了發展階段的概念，從嬰兒期開始，直到達成一個健康的自我認同。完成每個階段的任務，將有助於個體身分感知的發展；然而，童年早期的虐待，特別是施虐者為母親的情況下，會破壞兒童發展的過程，使其無法達成健康的個體化，從而阻礙了個體安全地對情緒和環境進行探索。結果，這樣的兒童可能會依靠自我的解離和分裂，來防衛和抵抗原始創傷和環境中後續的創傷誘因所引發的不堪負荷感受；這樣一來便破壞了兒童透過統一的自我認同來達到個體化的能力。

四重治療模式中的家庭系統理論，是奠基於家庭系統理論創始人美國精神科醫師包溫（Murray Bowen, 1978）、美國家族治療先驅薩提爾（Virginia Satir, 1983）和發展出結構派家族治療的美國兒童精神科醫師米紐慶（Salvador Minuchin, 1974）的研究成果，把家庭視為一個情緒單位，檢視家庭成員間的相互影響。家庭裡破壞性的互動，例如虐待或依附關係的破壞，會導致或影響解離性的防衛。家庭系統理論著重於檢視家庭成員及他們各自的創傷、未解決的依附關係、解離和心理疾患的歷史。而我的理論模式強調整個家庭參與評估和治療的重要性，以便促進有效的溝通和關係，減少任何會影響解離的行為，並提供一個安全的環境。

四重治療模式藉由檢視上述不同理論如何交互地提供了一個基礎，讓我們了解兒童以解離做為防衛的發展和複雜性，從而提供了一

個完整且整合的觀點。這樣的概念化，對評估和整個治療過程很有幫助。

所有這些神經生物學的、依附的、關係的、解離的理論模式，乃 132 衍生自不同科學領域並聚合了其中相交重疊的構念，大大提升解離病源學的可信度和了解。這些理論模式一致認同，解離的潛在起因是由童年創傷、虐待和疏於照顧的經驗所引起。

儘管有這些當代的研究、理論模式及培訓課程，兒童解離在今日還是常常受到忽略、誤解或質疑。專研心理創傷、解離的美國精神科醫師柯魯夫特（Richard P. Kluft, 1984, 1985）將這樣的現象歸因於欠缺對兒童解離行為的辨識力，因為兒童解離行為的表現不同於展現出更為截然區隔狀態的成人解離。另外，對於兒童指稱有些聲音[36]是自己不良行為的原因或否認自己所作所為的狀況，人們也不予採信或懷疑。由於照顧者會因兒童「說謊」或指稱出現分離狀況而予以懲罰，因此更加阻礙解離兒童揭露解離對他們的影響。

凡德赫特等人（van der Hart, Nijenhuis & Steele, 2005）亦假設了另一個忽略受創個體出現解離的重要因素：專業人員未看出創傷可能牽涉到自我的內部出現某種程度的分裂和解離，使得評估者將解離視為周邊症狀，而不是創傷後壓力症的核心特徵。

更常見或廣泛受到公認的疾患，如注意力不足／過動症、適應障礙症、身體症狀障礙症（somatization disorder）、發展障礙症和雙相情緒障礙症，常在受創兒童身上被指認出來，唯獨沒有辨識出解離（McElroy, 1992; Waters, 2005a），導致兒童經年累月的情緒痛苦、自我認同混亂、記憶問題、未被解決的創傷和徒勞無功的治療。

36　譯註：原文為複數 voices，指不同自我狀態的聲音。

兒童和青少年解離的評估過程

要對複雜創傷兒童進行詳盡的評估，不是單一一次會談或在諮商早期的連續幾次會談就能做到，而是一個持續不斷的過程。

如同運用 EMDR 的適應性訊息處理模式（Shapiro, 2001），每一階段都要再次評估個案能否推進到有效處理創傷的能力。治療師會在所有階段不斷獲得更多資訊，並不斷重新評估如何介入。解離症狀或許直到 EMDR 治療的後期階段才會出現，尤其會出現在創傷處理之時。就這種情況來看，在治療繼續進行之前先評估解離的程度，或許是明智的做法。

探索各種形式的創傷，包括：身體創傷、性方面的創傷、情緒創傷、目睹家暴、醫療相關創傷／疾病、身陷戰爭或天然災害和意外，以及這些創傷的長期性（chronicity）和家庭的反應，對於評估兒童如何抵擋這類經驗、是否啟用解離程序，是不可或缺的工作。了解這些過程，將有助於治療師做好準備，以便運用 EMDR 治療和適應性訊息處理模式有效地處理兒童的創傷和逆境事件記憶。

解離可以是非病態性的或病態性的。一些非病態性解離的徵象，包括做白日夢或恍神、幻想或是打電玩時全神貫注的狀態。這些經驗並不包含任何的自我分割（self-fragmentation），而且一般來說不會妨礙兒童的整體調適，除非帶有一些強迫性的性質，例如一連玩幾小時的電腦遊戲，而妨礙了睡眠或功課。

病態性解離的範圍可以從中度延伸到重度。中度的形態是出現現實感喪失（derealization）和失去自我感（depersonalization）。隨著嚴重程度持續增加，便形成多個自我狀態。這些自我狀態可能只在內在運作，並沒有主控整個身體，不過它們依然會大大地影響兒童的情緒、感覺、行為和記憶。這些孩童會被診斷為其他未註明的解離症（dissociation disorders not otherwise specified, DDNOS）。解離最嚴重的形式，是存在多個截然區隔的自我狀態，且會主控整個身體，導致相

133

當大的記憶問題、自我認同混亂，以及更明顯的情感和行為切換；這些兒童即符合解離性身分障礙症的診斷。以下是這些指標更詳盡的描述。

主要的解離指標和案例描述

精神科醫師彼得森（Gary Peterson, 1991）提供了一個兒童解離問題檢核表，前洛杉磯加州大學臨床講師霍恩絲坦和普特南（Hornstein & Putnam, 1992）則檢視了兒童和青少年解離症的臨床現象。在評估主要解離指標時，務必使用有效的解離檢核表，並伴隨詳盡的會談過程。這些所呈現的主要解離指標，通常是互相關聯、彼此影響而且／或取決於其他的指標。解離症狀可能突然出現或快速地消失，也可能只是偶爾出現，取決於受到什麼所啟動。正是因為這些症狀具有變動的性質，所以經常被忽略或誤解。

我將以接受我治療的一個被領養的九歲亞洲女孩莉莎做為例子，來描述每一個主要的解離指標。莉莎和她的養父母及兩個兄弟住在一起。她媽媽提供了自收養以來，莉莎持續惡化的嚴重情緒和行為問題的龐雜個人史。莉莎從開始就學以來，經常只能在學校待上半天，就會因為在學校頻繁的暴躁行為以及和同學之間發生嚴重問題而被送回家。九歲了，但莉莎仍然無法打開瓶罐或拿好餐具。

她媽媽注意到，當莉莎四個月大前來美國時，整趟旅途她都在熟睡中度過，儘管穿了過多的衣服而全身流汗濕透。她對熱沒有感覺反應，甚至在這麼年幼時，就顯現出感覺障礙的跡象。養父母在收養莉莎時，並未被告知任何的創傷歷史，但他們有注意到她的牙齦腫大，似乎是一顆腫瘤。不過，兒童牙醫在檢查後指出那不是腫瘤，而是牙齦遭到不明原因的外傷。從嬰兒期到學齡前，莉莎對用口進食極度防衛，而每次餵她吃東西時，對她和她父母來說都是一種極不愉快的經驗，因為她會拒絕奶瓶或湯匙入口，直到她非常飢餓。如果有人靠

221

近，她會很激烈地揮舞小手臂並猛烈地踢腳；她也會拚命抵抗別人幫她刷牙。她的行為清楚地呈現，彷彿先前有過口腔受創的經驗。她的舌頭會伸出嘴巴外面，而且一直到五歲才沒有流口水，因為那時她的臉部肌肉才得以發展。她認不得鏡中的自己，直到三歲時媽媽教她才認得。她經常面無表情。

莉莎和養母無法建立起關係的連結。當莉莎情緒崩潰時，如果媽媽試圖靠近去安慰她，她會尖叫和猛烈拍打，表現出一種紊亂的依附型態。然後當她媽媽試圖走開，莉莎又會表現出害怕和痛苦而追著媽媽，抗議她離開。莉莎完全無法安撫，極具破壞性，而且可以持續狂怒幾個小時，而她媽媽渴求解決問題的程度同樣劇烈。莉莎常常不記得這些情緒爆發的時刻，而且被問到時，會呈現眼神呆滯狀。這些突然的情感和行為轉換，往往沒有理由也無法預測。這是她整個幼年期很常見而重複的型態。莉莎無法被安撫和高度破壞性的狀況可以持續數小時。

134　　莉莎早期變本加厲的麻煩行為，促使她媽媽瘋狂地搜尋解答，尋求各式各樣的評估。十八個月大時，莉莎接受一位職能和語言治療師評估，被診斷為低度動作發展和「破碎的」（splintered）肢體能力；她有明顯的說話和語言遲緩。自此，她一直接受職能和語言治療，直到來我這邊進行評估為止。

在莉莎學齡前那幾年，她媽媽去領養機構諮詢，尋求如何應對莉莎狀況的建議。對方告訴她莉莎有反應性依附障礙症（reactive attachment disorder），指導她去做擁抱治療（holding therapy, Welch, 1988）；那是一種由家長或治療師強迫性且持續地擁抱兒童，藉此發展兒童與家長依附關係的技巧。這個技巧有很多爭議。媽媽被指導要持續不中斷地擁抱莉莎，直到她開始與她產生連結。媽媽抱著莉莎好幾個小時，期間莉莎奮力抵抗到昏厥過去，而清醒後依然再次掙扎著要逃離媽媽。在受到壓制之下，她的壓力反應系統遭到啟動，使她的害怕加劇，結果造成解離。莉莎的暴怒情況有增無減。

　　六歲時，有一位精神科醫生評估過莉莎。據稱他無法作出確診，但診斷她有焦慮症和對立反抗症（oppositional defiant disorder, ODD）。他開了一種抗憂鬱劑，後來又加了一種抗精神病藥物，但媽媽後來沒有繼續給莉莎吃，因為情況沒有進步。

　　莉莎的媽媽在絕望之際又求助了一間非常知名且受敬重的兒童輔導中心，那裡診斷莉莎為其他未註明的發展疾患和對立反抗症。鑑別診斷中考慮排除情感疾患。莉莎被指出有行為、感覺、情緒、認知和學習的問題，建議的處理方式是行為治療，但後來證實無效。由於莉莎的暴躁行為，家人的日常活動極度受限。

　　莉莎的媽媽就在帶著莉莎去找整脊師的同時，也來找我進行評估，那位整脊師給了令人驚訝的獨立診斷意見，高度呼應了我的評估。我會藉由以下標題特別指出莉莎的主要解離症狀，來解釋我的診斷。

失憶

　　兒童的記憶可能會出現變動，包括想不起過去或現在的創傷以及／或非創傷的經驗。他們的記憶可能是斷斷續續的或混雜而不相連。某個時刻他們可能記得的事件，在另一些時刻卻可能不知道，或者可能只有一些概略的記憶。他們可能會回想起創傷的某些部分，而且描述時伴隨著受到扭曲的感覺，例如管狀視覺（tunnel vision）或只聽到事件的片段。他們可能忘記了老師、學校功課、假期或甚至自己的父母，如同莉莎的案例這樣。

　　與莉莎的第一次會談中，當她玩著娃娃屋的時候，我詢問她是否有記憶方面的問題，她簡單且清楚地回答：「我花了不少時間才記住我的父母是誰。」她還說，她也花了不少時間來記住她的兄弟是誰。更進一步詢問時，她表示，當她的功課被批閱完發回來時，她不認得，考過的試卷也是；還有她與家人一起從事過的活動，她也不記得。她還指出，她被責備打了她的兄弟，但是對於自己做過這樣的事

她完全沒有記憶。

解離兒童對於自己的破壞行為出現不一致的記憶，常被家長或專業人員誤解為他們在說謊或是試圖操弄，以避免承擔後果。對於成人而言，處理這類事件很令人惱怒，但對於解離兒童來說，因為一些他們完全不記得做過的事而遭受責罵和教訓，常常更是令人困惑、挫折和驚嚇的。儘管兒童有可能會以操弄手法來避免一些後果，但受創的兒童有明顯的記憶問題是十分常見的，而且應該將解離視為一種會發生的可能性，來加以謹慎仔細地探索。以帶著同理心的方式去進行，將可以降低孩子的羞愧，並鼓勵他們探索解離所架起的藩籬，以及造成他們失憶症的潛在因素。

兒童混雜而不相連的記憶取決於很多因素，例如：他們的自我（ego）是否強壯到足以應付這些記憶，尤其是如果這些是創傷記憶時；環境的安全性；對於沉浸在現在或過去事件內容的恍惚狀態是否有所察覺。此外，僅僅是以同理的態度詢問孩童這類相關經驗，常常便能讓他們有機會討論自己的失憶經驗，就像莉莎，當她告訴我她的經驗時，看起來彷彿鬆了一口氣。

恍惚行為以及恍惚狀態或自我狀態

從中度解離進展到重度解離的連續過程裡，當兒童因為焦慮或面對提醒創傷記憶的事物而想要逃離時，他們可能會目不轉睛盯著別處或「恍神」。對於長期受虐的兒童，恍惚行為可能變成一種習慣，甚至在輕度的壓力之下也會發生，這種現象通常老師會注意到。在這些時候，兒童可能難以說出恍神的前一刻發生了什麼事，或者是什麼激發了這個行為。有時候，他們出於困窘而可能會說覺得在學校很無聊。重要的是，要進一步探索這些時刻是否有更重要的意義，以及是否呈現出與某種情感、創傷性誘因和／或自我狀態存在相關的模式。

一個更嚴重的解離形式，是存在著多個自我狀態。幼兒出現幻聽或有關人物的視幻覺時，可能會認為它們是「想像的朋友」，而不

會歸類為自我狀態，直到年長到能夠理解那些人物的意涵為止。然而，這些「想像的朋友」可能彼此間會出現強烈的情感和衝突（Frost, Silberg, & McIntee, 1996），造成孩童相當大的痛苦。我曾治療過一些幼兒，他們斷然堅持自己那些「想像的朋友」或「憤怒的聲音」是真的，不是想像出來的。

兒童可能會創造出各種不同年齡的自我狀態，有著不同的角色、情感和行為，可能都直接與他們的創傷經驗相關（Waters & Silberg, 1998）。這些不同的自我狀態可能會按照各自的功能而被賦予名字，並且對兒童具有特殊意義，例如英雄人物、加害者或憤怒的部分。它們可能在兒童的情緒、行為、知覺、想法和關係上，有著不同程度的影響。

有些自我狀態認同了加害者的角色，會展現攻擊性或自傷的行為，例如割傷自己、襲擊他人等等，這些自我狀態通常引起家長或專業人員最大的注意。它們經常是介入的焦點，並被診斷為對立反抗症或行為規範障礙症。還有一些自我狀態會擔負起英雄人物的身分，當兒童受虐時，藉由「幫助她飛走」或替她承受虐待的方式，來「拯救」孩童。

有時候，自我狀態就只是**沒有任何情感**的創傷記憶「報告者」。這樣的表現可能會使專業人員感到困惑，他們可能懷疑創傷是否真實出現過，也可能低估創傷在兒童身上的影響。但如同斯第勒在《兒童創傷和解離》DVD 課程（Waters, 2007）所解釋的：「……這是一個解離的標記。這表示『事情沒有發生在我身上』，或『事情是發生在我身上但並沒什麼要緊』。對這事情沒有情感。沒有感覺的成分。沒有個人所有權的意識。」（這也是一個失去自我感的跡象，以下會予以討論。）

因為長期受創，解離兒童甚至對微小的刺激也容易很敏感，在受到誘發時，他們可以很快地切換自我狀態。這些恍惚的狀態可能在沒有明顯刺激的情況下突然地出現或消失，而且可能只帶有與自身經驗

136

相關的特定記憶。他們對其他自我狀態或自身當下環境的察覺，可能是不穩定的，取決於不同自我狀態之間的保護屏障如何。這些自我狀態可能在隱藏多年後出現，對兒童的身體取得主控，或從內在以貶低的評論騷擾兒童，或施加壓力使兒童做出自我毀滅或攻擊性的行動。這些自我狀態會出現，從事攻擊行為，然後消失，讓兒童不知所措。而當孩童否認這樣的行為時，卻經常遭受說謊的指控。

莉莎在幾個月之內總共描述了五個自我狀態。在接受整脊師評估的那段期間，莉莎向我透露了瑪莉和湯米兩個嬰兒自我狀態。整脊師在不知道莉莎有多個解離狀態的情況下，做出一個非常卓越的評估：她一直保留著自己原始的嬰兒反射。莉莎被診斷為「不對稱張力頸部反射」（asymmetrical tonic neck reflex, ATNR），這個現象通常在嬰兒期出現，六個月大之後就會消失。呈現的跡象為：當眼睛轉向一個方向，頸部也會轉到同樣的方向；當頭部轉到一個方向，手臂和腳也會伸向相同方向等等。莉莎的嬰兒反射，便是那兩個嬰兒自我狀態存在所導致的！此外，這兩個自我狀態持續地影響並限制她身體的靈巧度和強度，因此她才打不開瓶罐或沒法穩穩地拿著餐具。

莉莎還辨識出「幫手」，就是被她內化的媽媽。另一個成人幫手「陰影」，是在莉莎說她在自己裡面看見一個陰暗人物之後顯露出來的。還有辛蒂，一個九歲大、充滿憤怒的自我狀態，是莉莎在一次情緒爆發時發現的。莉莎好像會從無助而有極度分離焦慮的嬰兒自我狀態，快速切換成辛蒂——一個如果媽媽在她大哭時靠近來安慰就會暴怒的自我狀態。至於莉莎的嬰兒幫手和「陰影」自我狀態，常會與要掌控的內化母親自我狀態直接對立衝突。當她從一個自我狀態切換到另一個自我狀態時，會伴隨著明顯的失憶，導致莉莎處於一個充滿害怕和困惑的混亂生活裡，不但嚴重地損害她的記憶、行為和情感，還對她依附媽媽的能力產生不利的影響。

當兒童呈現出極端且矛盾的言行，特別是出現嚴重的發展遲緩（退化的行為）時，就應該考慮是否存在著不同年齡的恍惚狀態／自

我狀態，並仔細進行評估。雖然不同的自我狀態一開始時能幫助兒童在創傷中存活下來，但是有些自我狀態後來可能會對兒童的生活帶來嚴重損害，除非它們的存在被知曉，並且針對它們的創傷性角色加以處理。抗拒介入、否認自己的行為和飄忽不定的言行呈現，都是重要的警訊，需要治療師去探索是否存在著多個自我狀態。

極端的心情和行為切換

　　心情和行為快速且極端的波動，經常被視為是雙相情緒障礙症或對立反抗症的一種形式，尤其是如果只從表面來看，而不是從解離的病因來理解時，更是如此。解離兒童突然切換的反覆無常表現，是不可預期、令人困惑的，且在處理上極具挑戰性。如同上述，這些波動往往是因為自我狀態的快速切換，而這些自我狀態有著不同的情感，如開心、生氣、難過、害怕等等。他們也可能對於食物、穿著、玩具、活動呈現喜好上的變化無常，而且會有互相矛盾的思考模式和突然的身體抱怨，例如頭痛、胃痛和四肢疼痛。雖然這在照顧者或專業人員眼中看來很令人困惑，但應該要探索這些極端的情緒和行為切換，是否是因為自我狀態的分割和產生所導致的。如果家長能詳細描繪這些切換，將可提供一個組合誘因與切換的寶貴對照，讓 EMDR 治療師用於評估而能做出正確診斷。

　　當莉莎感受到身體威脅、置身於人群中、目睹有人在學校受到傷害、長途旅行（當她被領養時，歷經長途旅程來到美國），還有父親因公出差時（害怕被拋棄，因為她跟他最親近），她便會呈現快速切換。這些都是會提醒創傷的事物，挑動了解離的防衛。她的這些不同部分有時會主控了她，有時會她從內在感到它們的強烈情感。她的情緒起伏不定，從害怕擺盪到攻擊再擺盪到失望沮喪，同時間嚎啕大哭數小時，甚至想要死掉。她的日常功能也是起伏不定的，而且特別倚賴她的嬰兒自我狀態，這時她會退化到嬰兒說話的方式和嬰兒模樣的行為或生理能力。

137

幻聽和視幻覺

出現聲音和漂浮的物體、臉、人物或影子等影像，常常是其他未註明的解離症或解離性身分障礙症兒童的特徵。這些幻覺源自創傷經驗，是分裂的指標。如同之前不斷提到的，這些聲音可以是敵對的、友善的、有幫助的或具破壞性的。

青少年對於說出自己聽見聲音的事可能會有所猶豫，因為害怕被看作是「瘋了」。抱持同理心詢問兒童關於幻覺的事，同時說明其他有類似創傷歷史的兒童也有這種經驗，可以使他們對揭露這些經驗的抗拒降到最低。我通常會對他們解釋說，這些聲音是他們的一部分，運用某些方式在幫助他們面對「發生在他們身上的壞事，即使那些聲音聽起來很生氣」。這樣的方式可以幫助孩童開始理解這些聲音的含義，也能減少他們對於這種狀態的焦慮和恐懼。這樣做還能提高憤怒的自我狀態在治療中合作的意願。

為了讓我可以了解兒童對諸如「可怕人物」等等視幻覺的感知，我會在 EMDR 治療初始階段請兒童把這些視幻覺畫出來，以便更詳盡地評估解離反應。它們的畫像會提供許多診斷資料，因為從中展現了兒童對那些聲音或自我狀態的覺知，例如：它們的身分認同發展得如何，它們有多少力量，以及兒童對它們的害怕程度如何。有的兒童會畫出一個頭，或一個完整的龐大身體，有著大得超乎正常尺寸的手臂和看起來很可怕的臉。

在 EMDR 治療的準備階段，我會提供更進一步的心理衛教，讓兒童了解這些部分所包含的感受不是他們獨自能夠處理得來的，以及這些部分也需要幫助才能學會用合適的方式表達它們自己。去除這些幻覺的神祕面紗，有助於促使兒童表達他們的內在經驗。

莉莎無所顧忌地陳述她的幻聽和視幻覺。對她來說，能夠理解它們，並開始對於它們的影響有一些掌控，是一種釋放和解脫。她的媽媽在這幾次的治療中經常在場，而且表現出高度的同理、支持且不加批判，這大大幫助莉莎克服關於這些幻覺的羞愧，特別是與尷尬行為

相關的幻覺。

一旦兒童理解那些令人害怕的聲音和影像之所以會形成是為了幫 138
助他們生存下來，他們對於要揭露這些幻覺的害怕和抗拒就減少了。

失去自我感和失去現實感

儘管前面已經提過失去自我感和失去現實感，仍值得在此再次強
調和深入闡述。

斯第勒等人（Steele, Dorahy, van der Hart & Nijenhuis, 2009）清楚明
確地將失去自我感描述為：(1) 存在一個進行觀察和體驗的自我或人格
部分（Fromm, 1965）；(2) 意識與自我或身體脫離（也就是對自己感到
陌生或不熟悉、出竅經驗）；(3) 與情感脫離，例如麻木；(4) 一種不
真實的感覺，例如彷彿置身夢中；(5) 對身體的知覺有所改變或出現幻
覺（Noyes & Kletti, 1977）。失去現實感則牽涉到一種對自己的環境不
熟悉或感到不真實的感覺，以及感到空間與時間出現扭曲（Steinberg,
1995, p. 162）。

斯第勒等人（Steele, 2009）認為，很多形式的失去自我感和失去現
實感，是意識和記憶上出現變化。

名古屋市立大學醫學部精神醫學系清水雅之（Masayuki Shimizu）
和淺香山醫院精神科坂本正三（Shozo Sakamoto）（1986）的研究，描
述了十六個十五歲前就發展出失去自我感的案例。大多數我治療過的
解離兒童在描述經歷失去自我感和現實感喪失時，也同時出現多個自
我狀態。然而，我曾和一個被領養的青少年工作，他並沒揭露有任何
自我狀態跟他的失去自我感和失去現實感有關連。

至於莉莎，她的失去自我感頗為嚴重，而且絕大多數跟她的嘴巴
有關，但也與身體的其他部位有關，在她進食的時候便會受到啟動。
舉例來說，莉莎感覺不到她的嘴巴，無法嚐到或聞到食物的味道，無
法察覺自己如何咀嚼食物。她對滴落在她手臂、大腿或腳上的食物，
渾然不覺。在進一步的探索中發現，雖然莉莎的嬰兒自我狀態並沒有

掌握她身體的主控權，但它們卻在她的內在產生影響，使她的感覺喪失。這個例子闡明了致使這些兒童的症狀長久持續的影響因素受到複雜的牽動；也許在家長眼中看來，這些孩童很粗心、懶散並且抗拒糾正，但事實上，他們的狀況卻是因為身體感覺麻木的緣故。

評估工具

在詳盡完整的會談過程中，有一些針對兒童和青少年的黃金標準解離評估工具，兼具效度和信度。這些工具可以更進一步地幫助 EMDR 評估者進行診斷，作為完整評估的一部分。

一份供照顧者使用的常見檢核表，是**兒童解離檢核表**（Child Dissociative Checklists, CDC, Putnam et al., 1993），老師們也可用來評量學童的行為。適用於學齡前至十二歲的兒童。

最廣為使用的標準化測量工具，是供家長和老師填寫的**兒童行為檢核表**（Child Behavior Checklists, CBCL, Achenbach, 1992）。這份兒童行為檢核表可評估兒童的內化與外化行為，而且很常被用來診斷注意力不足／過動症。然而，這份檢核表在下列項目與解離症狀重疊：行為表現比實際年齡小很多、無法專心、注意力不持久、困惑或糊裡糊塗、做白日夢或發呆出神、茫然的注視、情緒或感覺的突然改變。很多研究已採用兒童行為檢核表來有效地探查兒童的解離。

有一些是解離的自陳檢核表。普遍使用的是一份 30 道題目的問卷，**青少年解離經驗量表**（Adolescent Dissociative Experience Scale, ADES, Armstrong et al., 1997）。另一個較全面完整的是有 218 道題目的**青少年多面向解離問卷第六版**（Adolescent Multi-Dimensional Inventory of Dissociation v. 6. 0, Dell, 2006），評估了解離的十四個主要面向。這份問卷可以用電子郵件寄信至 pfdell@aol.com 向 Dell 博士索取 [37]。

37　編註：現在已可在網站 http://www.mid-assessment.com/ 下載。

芝加哥大學小兒科副教授斯鐸巴克（Bradley C. Stolbach, 1997）的**兒童解離經驗量表及創傷後症狀問卷**（Children's Dissociative Experience Scale & Posttraumatic Symptom Inventory, CDES-PSI）是一個為七到十二歲兒童所設計的自陳式評估工具，但作者表示他發現這個工具對於青少年也有幫助（Stolbach, personal communication, May 2006）。這份問卷可以有效地區分出受創兒童和未受創孩童，而且兒童很容易填寫。雖然對於解離並無有效的常模，但我發現，這個問卷對於檢測受創兒童的解離症狀很有幫助。對於更年幼、尚不會閱讀的兒童，我會以不摻雜任何情緒的方式將問題念出來給他們聽，以免影響結果的準確性。

兒童知覺改變量表（Children's Perceptual Alteration Scale, CPAS, Evers-Szostak & Sanders, 1992）是一個給八到十二歲孩童使用的自陳式解離測驗。它是從成人的「知覺改變量表」發展出來的（Sanders, 1986），既有助於測量童年的解離，也能測量正常發展和童年心理疾患。

南加州大學凱克學院精神醫學教授布瑞爾（John Briere, 1996）的自陳式**兒童創傷症狀檢核表**（Trauma Symptom Checklist for Children, TSCC），有六個臨床量表：焦慮、憂鬱、創傷後壓力、解離、憤怒及性方面的顧慮。裡面有三個解離問題，可以用來篩檢兒童是否需要用特定的解離檢核表來進一步詳細評估。即使兒童在這個檢核表上沒有呈現出解離狀況，我仍會用其中一份解離檢核表加以施測，特別是當這個孩童表現出解離症狀時。

瑪琳‧史坦伯格博士（Marlene Steinberg）發展出**解離症的結構性臨床會談**（Structural Clinical Interview for DSM Dissociative Disorders, SCID-D; 1994），施測者需要先接受訓練課程。這項工具適合用在能維持持續性注意力、認知功能達到平均或更高程度的青少年。

當照顧者和孩童在檢核表的項目中的勾選達顯著程度，我會進一步詢問以釐清細節。

鑑別診斷與共病

夏琵珞（2001）所提出的適應性訊息處理模式指出，當個體因創傷而處在高度喚起的情況下，訊息處理便會受到阻撓。結果，創傷經驗便在適應不良的情況下被儲存起來，以致出現了症狀。受創的兒童和青少年未經處理的創傷經驗常常會導致高度的共病現象。這些症狀可能會混淆或掩蓋了創傷的起源和解離的後遺症。這正是在受創兒童身上會看見的眾多症狀，例如：極端的情緒起伏、無法專心、反抗的行為，而這些都會被賦予更為人熟知或接受的診斷，例如：雙相情緒障礙症、對立反抗症和注意力不足／過動症。即使新近的報告已經提供了創傷經驗的資訊，很不幸地，臨床工作者仍會漠視其重要性，而依據最為完整發展或最為困擾的症狀來診斷，因此對任何解離的現象不予理會（Waters, 2005a）。這個狀況特別需要加以正視，因為對創傷予以早期檢測並適當處理，包括採用 EMDR，可避免兒童在無效的治療和醫療方案中，冤枉地經歷數年症狀變本加厲的狀況。

140 　　在解離孩童身上的共病症狀格外複雜，因為這些症狀可能短暫而強烈，也可能持續數天、數月或數年，然後突然消失。如同先前已強調過的，由於這些起伏不定的症狀往往包含在解離性身分障礙症或其他未註明之解離症兒童的多個自我狀態中，所以這些現象常使診斷人員感到混淆，很難看出這些短暫呈現的自我狀態中所發生的突發、偶發症狀與彼此間的關聯性。自我狀態可能有特定的行為或情緒問題，根源於它們如何受到創傷所影響。**結果便是，可能會有一長串鉅細靡遺的共病症狀和診斷套在解離兒童的頭上。**

　　普遍在解離兒童身上常見的共病症狀或診斷為：創傷後壓力症、注意力不足／過動症、對立反抗症、雙相情緒障礙症、精神病症、物質濫用、強迫症（obsessive-compulsive disorder）、性方面的問題、行為規範障礙症、身體型障礙症（somatoform disorders）、焦慮、憂鬱和飲食障礙症（eating disorders）。

　　莉莎的媽媽將莉莎的症狀陳述得很完整，並且寫下大量的筆記，描述她女兒令人費解的言行所呈現的種種細節。然而，莉莎依然被精神科醫師和之後求助的兒童輔導中心診斷為焦慮症和對立反抗症。兩者皆未考慮到她嬰兒時的早期創傷史以及解離的症狀。

　　為幫助 EMDR 治療師的評估，以下我將討論三個對於解離兒童常見的錯誤診斷，這些診斷與解離有重疊或相似的言行呈現，但其中包含的截然差異卻受到忽略。

注意力不足／過動症

　　注意力不足／過動症和解離有很多重疊的症狀，以致經常掩蓋了解離的現象。不熟悉恍惚（自我）狀態這種解離跡象的臨床工作者，會把受創兒童無法專心或做白日夢的現象歸因於注意力不足／過動症。馬里諾斯基—盧米埃（R. R Malinosky-Rummel）和霍伊爾（Tamara S. Hoier）（1991）從事的研究便引用受創兒童的這些相似處；這些兒童在解離檢核表和兒童行為檢核表的解離症狀部分，都勾選了顯著的程度。如同先前在「評估工具」段落裡提到的，兒童行為檢核表針對解離的部分所提出的常見徵兆中，在於注意力不足／過動症兒童身上特別會看見的是：無法專心、困惑或糊裡糊塗、做白日夢或發呆出神以及茫然的注視。為了給予正確而合適的治療，在假設兒童無法專心是屬於注意力不足／過動症的類型之前，先評估創傷和解離是非常重要的。

雙相情緒障礙症

　　雙相情緒障礙症是一種情感系統的失調，情緒會從輕躁到憂鬱出現震盪起伏，通常持續數週到數月。在過去的十年間有個很戲劇性的轉變，也就是在面對兒童時，雙相情緒障礙症的診斷標準變得較寬鬆、較不嚴格，而且確診的兒童中百分之九十會服用有效性和安全性僅經過少數測試的藥物（Moreno et al., 2007）。小兒科雙相情緒障礙症

的確診機率，在過去十年間已增加了四十倍（National Institute Mental Health, NIMH, 2007）。兒童和青少年的雙相情緒障礙症確診，2002-2003 年的案例比 1994-1995 年的案例增加了四十倍。這個狀況導致這個診斷出現相當多的爭議。

解離的其中一個標誌，是快速、極端的情緒和行為切換，可能持續數秒至數小時，有時還伴隨著失憶。如同上述所說明的，這些極端的切換可以歸因於帶有強烈情感的自我狀態，但司空見慣的狀況卻是並未在診斷時將解離納入考慮。

澳洲昆士蘭大學精神醫學系副教授（Peter I. Parry）和美國精神科醫師勒文（Edmund C. Levin）（2011）有一篇影響深遠的文章，以批判的角度從多個面向檢視了影響小兒科對雙相情緒障礙症過度診斷和錯誤診斷的因素，其中除了暢銷書籍、媒體和製藥產業的影響之外，還包括診斷時並未檢視發展階段創傷和依附因素對情感失調的影響。

《最易誤解的兒童病症：雙相情緒障礙症兒童之確認指南》[38]（Papolos & Papolos, 2000）的共同作者珍妮特‧帕波羅斯（Janet Papolos），在美國國家公共廣播電台的「無限心智」（Infinite Mind）節目接受會談時，提到家長將自己的孩子描述為：

像化身博士那樣……孩子會有那種表情。他們的眼神會變得非常的呆滯，而且孩子的表情非常兇猛，好像在為自己的生命搏鬥般……而在狀況結束後，孩子不會記得這一切。他們通常會睡著，而且甚至不記得這一切，但假如他們記得的話，會覺得自己糟透了。

這是許多家長在說到他們學齡前或年齡稍長的兒童出現解離時，會有的典型描述，我（Waters, 2005b）和其他人（Silberg, 1998; Wieland, 2011）也都在研究中如此描述過。

38　　譯註：原文書名 *The Bipolar Child: the Definitive and Reassuring Guide to Childhood's Most Misunderstood Disorder*。

　　只有少數雙相情緒障礙症的研究有提到童年時期遭受身體虐待和性虐待的歷史 [39]。在分辨雙相情緒障礙症與其他疾患重疊的症狀有何差異，以及兒童與成人的創傷和解離之間有何關係等方面時，尚需更多的專業教育。已經有一些報告在研討會中探討這個議題了 [40]。

　　哈佛醫學院臨床指導哈芮絲（Jennifer Harris, 2005）在一篇令人耳目一新的文章裡面描述了一名十歲男童的案例，他在接受雙相情緒障礙症的藥物治療時，一再被逐漸加高劑量。在詳細的案例分析中，這男童吐露了遭受祖父母嚴重毆打的經驗，也清楚地描述了在受到激發時出現失去自我感和現實感喪失的解離症狀。他陳述說：「我就只看到紅色……我不太知道我在哪裡或我在幹嘛……我不覺得我在自己的身體裡。」（Harris, 2005, p. 530）我們需要更多的研究來理解創傷、情緒失調和解離之間的相關性。

　　評估莉莎的兒童輔導中心曾認為莉莎有情感疾患，但似乎不太明白是什麼導致她的情感失調。解離完全沒有被討論到。

幻覺、精神病或思覺失調症

　　杜魯學院柏林分校心理學教授摩斯科維茲（Andrew Moskowitz, 2011）提供了一個很有價值的歷史描述，指出對於幻覺的診察有兩個對立的典範：幻聽和視幻覺絕大多數被認為是源自生理因素（大腦疾病）的精神疾患，而非心理因素，如：創傷經驗所導致。「幻覺是精神疾患」這個概念之頑固而歷久不衰，大大影響了《精神疾病診斷與統計手冊》，也掩蓋了提出「思覺失調症」一詞的瑞士精神病學家尤金·布魯勒（Eugen Bleuler, 1911/1950）的開創性研究，他將思覺失調症描述為人格的「分裂」（split off）。

　　這兩個典範對「分裂」的看法不同，但現今觀點常將焦點強力集

39　原註：Blader & Carlson, 2006; Hyun, Friedman & Dunner, 2000; Levitan et al., 1998; Mueser et al., 1998; Wexler, Lyons & Mazure, 1997.

40　原註：Levy, 2009; Waters, Laddis, Soderstrom & Yehuda, 2007.

中在幻覺是因大腦失調的觀點，致使幻聽和視幻覺這些與解離重疊的症狀在臨床上被辨識出來的時候，絕大部分都是將解離患者誤診為精神病或思覺失調症[41]。

142　　精神病及思覺失調症與其他未註明之解離症或解離性身分障礙症的一個主要差別為：解離個案所陳述的幻聽或視幻覺，是導因於**創傷相關經驗**所形成的多個**自我狀態**（Kluft, 1987a; Ross, Joshi & Currie, 1990）。此外，土耳其科奇大學醫學院精神醫學教授薩爾（Vedat Sar）和伊斯坦堡大學鑑識科學研究所教授埃爾丁克（Erdinç Öztürk）（2009）則解釋道：

　　解離病患聲稱身體裡有另一個人存在，或擁有多於一個的人格，這些陳述不該被認為是妄想。這樣的聲稱並不是源自於一種原發性思考障礙（primary thought disorder），而是源自於那種經驗本身——那些另外的人感覺起來確實「不是我」（Sullivan, 1953）。相反地，思覺失調症病人的妄想卻是原發於思想內容的錯亂。（pp. 536-537）

　　我在工作中遇到很多受創兒童和青少年，他們所陳述的幻聽和視幻覺是源自於多個自我狀態，但先前卻都被診斷為精神病疾患。他們所接受的治療方式是精神藥理取向，既沒什麼效果，也未將注意力放在那些聲音的意義與它們的創傷起源。

　　有很多研究和臨床報告已經描述具有其他未註明之解離症和解離性身分障礙症的解離兒童和青少年所出現的幻覺[42]。

　　EMDR 治療師在診斷方面要能熟悉多個自我狀態之中與創傷相關的幻覺，這對於解離兒童的復原而言至關重要，因為如此才不致使這些症狀被誤診為精神病或思覺失調症，而能給分裂的受創兒童一

41　　原註：Bliss, Larson & Nakashima, 1983; Rosenbaum, 1980; Ross, Joshi & Currie, 1990; Ross, Norton & Wozney, 1989.

42　　原註：Coons, 1996; Dell & Eisenhower, 1990; Hornstein & Putnam, 1992; Putnam, 1997; Silberg, 1996/1998; Shirar, 1996; Waters, 2005b, c; Wieland, 2011.

個有效的、整合的針對性治療方式。關於幻覺鑑別診斷的更完整分析，我鼓勵讀者閱讀戴爾和歐尼爾那本文獻集的〈第十篇：解離和精神病〉（Part X: Dissociation and Psychosis）（Dell & O'Neil, 2009, pp. 519–568）。

會談過程的構成要素

　　如同其他的評估一樣，如何與兒童和家庭成員進行會談，取決於很多因素。需要考慮的相關因素包括：專業標準、臨床判斷和風格、會談的目的、兒童的年齡，以及兒童獨自會談較自在或與家屬一起較自在。除非青少年想要單獨會談，否則通常一開始我會在家長或照顧者陪同下與兒童或青少年會面，以便蒐集基本的轉介資訊和能夠辨識的資訊，以及一些發展史。我特別注意家長和兒童如何互動，如何定義問題。有些時候，我會單獨與家長會談，以得到更詳細的發展和創傷歷史與症狀。我也會單獨和兒童會談，以評估他的整體功能、他與家庭成員和同儕的關係、創傷和學業的經歷，以及症狀。當我認為有需要時，也會要求與其他家庭成員會談。

　　當莉莎的媽媽要我評估莉莎的時候，她正處於絕望之中而且憂心忡忡。她在電話中對女兒過去歷史的簡短描述讓我清楚地感覺到，在見莉莎前，我需要從媽媽這邊蒐集更詳盡的歷史，以便我之後能快速和有效地介入莉莎的問題。我與她媽媽會談兩小時，對於莉莎的症狀蒐集到有條理且依照時間順序安排的描述，從她四個月大被安置到他們家到現今，涵蓋了整個發育、學業、社會和家庭的歷史，我也重新審視她先前接受的種種評估和介入方式。我的假設是，她症狀的起源為不明原因的口腔創傷，發生在她於亞洲寄養家庭安置期間的某個時候，而且，她呈現出解離性的防衛機制。

　　莉莎有嚴重的情緒失調。因此 EMDR 治療的第一階段便包含了針對情緒調節能力的評估。EMDR 認證諮商師阿德勒—塔琵雅（Robbie

143

L. Adler-Tapia）和心理治療師斯第勒（Carolyn S. Settle）（2008）強調
發展情感調節技巧的重要性，特別是對解離兒童而言，因為這樣他們
才能持續與治療保持連結；這也是我的目標，因為莉莎指認出了能說
明她不穩定情緒的多個自我狀態。

評估家庭環境

　　家庭環境對於童年發展出解離的影響，絕對不能等閒看待，倚賴
先前形成的解離機制來因應的狀況，也不容小覷。現今已十分令人接
受的觀念是：為了讓兒童得到治療，他們需要一個安全的環境。曾任
國際創傷與解離學會會長的兒少解離專家希爾伯格（Joyanna Silberg）
便指出：「我認為，越來越充滿敵意和孤獨的環境不可能建立真正的
連結和關係，這種環境會進一步促使解離症狀變得牢固。」（Silberg,
2001, p.1）其他專家也描述了負面的環境對兒童形成解離防衛機制的影
響，特別是當家長也呈現解離的狀況時[43]。這些兒童對一再發生的虐待
會顯得特別地脆弱。而柯魯夫特（Kluft, 1987b）討論了有解離性身分
障礙症的媽媽是否適任親職的議題。

　　我所治療過具有解離症狀的家長，在兒童的照顧上分屬於光譜的
兩端，從能夠提供安全的環境，到對兒童施虐而迫使我必須轉介到兒
護單位的，都不乏其人。從我的經驗看來，能夠提供孩子穩定環境的
解離成人，是那些主動尋求治療並處理自身傷痛的家長。他們因此能
夠成為敏感的、同理的且給予保護的家長。

　　詳盡的家長歷史資料，應包含：任何形式的創傷、與自己父母的
依附關係、解離情況，還有法律、財務、醫療方面的訊息，以及其他
心理健康狀況，這將有助於評估者判斷這些資訊與解離兒童症狀的相
關性。

　　我曾和自身也有嚴重創傷、未解決的依附議題及解離的寄養和領

---

[43]　原註：Benjamin & Benjamin, 1992; Benjamin, Benjamin & Rind, 1996; Mann & Sanders, 1994; Peterson & Boat, 1997; Yeager & Lewis, 1996.

養家長工作，他們全心奉獻，但會受到他們那需要高度技巧來應對的解離兒童所激發。有些便會虐待自己的孩子。轉介這些父母進行治療、提供他們支持團體和喘息照顧服務，可以避免虐待的狀況出現，或使環境能夠恢復安全狀態。

莉莎很幸運，她的養父母來自一個穩定的環境，他們的父母能夠給予支持，親子間有著健康的依附關係。養父母兩人的婚姻看起來健康而傳統，母親是家庭主婦，而父親外出受雇以賺取生計所需。這其中並沒有看見什麼嚴重的問題。不過，領養了莉莎後，媽媽確實在懷孕時出現過一次高風險狀況，致使她在妊娠後期必須臥床休息；這件事大大加劇了莉莎的症狀。他們的另外兩個孩子，則是健康而調適良好。兩個孩子能忍受莉莎的爆發，但這情況的確對他們造成了壓力。

從家長處蒐集兒童的歷史資料

即使主訴問題與創傷無關，詢問創傷和解離相關的問題依然有其重要性。家長通常是因著最感頭痛的症狀，例如對立行為、注意力問題和發怒議題，而前來尋求協助，但可能並未察覺到潛在的起因。就算有的家長確實陳述了兒童曾遭受某種形式的創傷，可能也不理解這些和兒童的症狀有何相關。

從父母那邊詳盡蒐集從孩子出生前到現在的發展歷史，將有助於 144 評估任何當前症狀的可能起因。詢問的問題應包括：所有形式的人際創傷，與父母分離，痛苦的醫療處置和介入處理方式，意外，戰爭經歷，天然災害，與父母及手足和同儕的關係，學業表現，課外活動，以及任何法院／法律相關的接觸。建立一個對應兒童年齡和症狀肇始的重大事件時間軸，將有助於發展出因果的關聯。

在蒐集創傷的歷史時，需特別把注意力放在兒童的家長有無幫助兒童應對。任何解離症狀的徵兆都要加以探索。由於家長常常不曉得解離的徵兆是什麼，因此教導他們關於解離現象的指標性特點，能引導出更加正確和完整的回答。應該涵蓋的議題包括：任何恍惚行為的

徵兆、頻率和持續時間；懲罰後依然堅持否認自己做出破壞性或爆發性的行為；一點小小刺激或「無明顯原因」就激發出極端的心情和行為轉換；以及其他對重要和／或日常事件出現超越尋常健忘的記憶問題，尤其是在爆發性的事件過後。我們很容易覺得兒童對於那些行為的否認是在逃避責任，但記憶問題在解離兒童身上是很常見的。要求了解某個事件的細節，有助於追蹤兒童記憶的缺口。

　　以下是有助於辨認解離症狀的問題清單。其中有些問題也許不是必要的，可依家長的回答來決定。臨床工作者應該帶著謹慎的判斷力來使用這個指引。許多問題與國際創傷與解離學會網站（www.isst-d.org）上「針對家長的常見問題」相關。（雖然問題是男性／女性皆適用，但為了簡化，以下統一運用男性代名詞。）

詢問家長的問題清單

● 你有看到你的孩子發呆、沒有回應或沉浸在他自己的世界（不包括他打電玩或看電視的時候）嗎？這種情況有多頻繁，且持續多久？

● 你的孩子會有極端的心情和行為轉換嗎？如果有，請描述一下那些時候的情形，以及你對於他的行為和情感注意到什麼？他是否在某些時候看起來很不一樣？如果有，是如何不一樣？

● 你的孩子對於一些喜歡的食物、活動、衣服等等，是否會在其他時候感到討厭？

● 在這些時候，你有沒有注意到孩子的眼睛出現任何轉變？像是不停眨眼、眼神飄移、翻白眼和／或聲音及言談舉止改變？

● 你的孩子是否即使在你親眼目睹之下依然否認他的攻擊／破壞行為？此時他都怎麼回應你？他是否甚至在受到懲罰之後，依然持續否認那些行為？他是否會否認其他不構成問題的行為或情況，例如一些交談或活動？

● 你的孩子是否曾經說他聽到聲音或看見東西／人們，但其實他周圍沒有任何人？請描述一下那些時刻。

- 你是否曾聽見你的孩子對自己說話並且／或以第三人稱的方式稱呼他自己？在那些時候，他是否聽起來像是用不同的聲音在說話？他的聲音聽起來是比較年幼還是比較年長？
- 你的孩子（超過八歲後）有一個想像中的玩伴嗎？請描述你所注意到的情況。
- 你的孩子有時候會看起來不一樣且行為舉止也與平時不同，但並非生病的緣故？請描述這些時候的細節。
- 你的孩子過去和現在是否對於一些他應該記得的事件，像是假期、生日等等，有記憶方面的問題？
- 你的孩子是否會堅決否認你曾經告訴他去做功課或一些家事，而你交待那些事情時是與他面對面交談，他那時也並非忙著任何其他活動，例如玩電腦或看電視等等？

145

這些問題我都問過莉莎的媽媽，替我與莉莎的會談奠下了基礎。

與兒童會談

當解離兒童從一個自我狀態切換到另一個自我狀態的時候，可能呈現出難以捉摸的轉變，尤其是如果自我狀態的年齡與兒童的生理年齡很接近的時候，這個轉換就很難偵測到。這些轉換可能發生在有解離性身分障礙症或其他未註明之解離症的兒童身上。其他未註明之解離症兒童可能內在有影響轉變的自我狀態，但還不致於主控整個身體。轉變可能很快速地發生，以致不容易偵測且難以捉摸。

以下是一些轉變的跡象：

- 當別人跟他說話時，他會突然發呆或看起來表情呆滯。
- 在無預警的情況下，快速眨眼、眼神飄移或翻白眼。
- 其他的臉部改變──咬嘴唇或深深皺起眉頭。
- 聲音的音高、音調或用語上的改變，例如：像幼兒般說話，或出現

成人的命令聲調。

● 身體姿勢從放鬆變成僵硬，或從協調變成笨拙不靈活。

● 在同一個句子中呈現矛盾的想法，例如：「我完全無法跟我媽相處；我們處得還不錯。」或「我討厭足球；我喜歡踢足球。」

● 行為喜好上有戲劇性的改變，例如：本來很享受在治療室畫畫，後來變成討厭這麼做。

● 對於自己或治療師剛剛才說的話，有不同的體認、理解，或是對於稍早陳述的創傷性和非創傷性事件呈現困惑、不一致或否認的狀態。

很重要的是，我們要注意到，即使一些很尋常的問題，也可能會對受創兒童有誘發效果。這些問題可能出乎意料地引起解離和自我狀態的轉變，特別是當問題提及會誘發創傷的事物時，例如加害者的名字、與創傷事件相關的事情或症狀。探索促成這轉變的因素，是解開解離過程起因的一個關鍵步驟。解離兒童常常不知道是什麼促成了這突如其來的改變，因此嚴謹而詳細地詢問是必要的，以找出**就在這轉變的前幾秒發生了什麼事**（Silberg, 2012）。針對兒童心裡發生了什麼事、感受到什麼身體感覺、是否有任何內在衝突、內在聲音或任何會讓人苦惱的提醒事物，提出詢問，將會提供很有價值的資訊，有助於找出是什麼挑起了這些轉變。若詢問後，兒童表示不知道／沒注意，就先一一記下這些時刻，之後再回過來詢問一次，尤其是出現類似的轉變時，這樣或許可以帶來啟發。一旦會談者與兒童相處更久後，這些自我狀態的轉變模式會更加顯而易見，而一個複雜的圖像就浮現了。

這些在情感和思考過程的轉變，可以顯示出一些內在混亂或衝突的證據，或許與某些自我狀態有關，而兒童對這些自我狀態在意識層次上可能有所察覺，也可能毫無所覺。不同的自我狀態可能對食物、穿著、活動的偏好有所不同，而且與家長、手足、朋友、老師等人的關係並不一致。不同的自我狀態可能在學業和社交表現上展現程度分歧的技巧，取決於它們的年齡、形成背景以及目的而定。有些轉變可

146

能難以捉摸，有的可能較為極端。解離兒童可能會非常快速地切換，以致我們很容易忽略這些轉變，或把它們歸為其他因素，例如：兒童很緊張，或只是認知損傷。然而，正是這些轉變可以成為解離的線索。詢問的問題應該設計成既適合探索會談中發生的轉變，亦能探索平時兒童所經驗到的突發改變或轉變。

　　如同任何心理狀態測驗，在此也應詢問有關幻聽和視幻覺的問題。如果獲得確認，那麼建議接下來該追問有關這些幻覺的細節，包括頻率、誘因、聽見什麼和看見什麼的細節，以及對兒童的影響。在具體詢問解離症狀時，我會用一種若無其事的方式來提出這些問題，並說明我和很多描述過類似經驗的兒童工作過。我會向兒童解釋，這些經驗之所以會發生是因為壓力和令人苦惱的事件。這樣讓事情歸屬於正常狀態的方式，能幫助他們自在地談論自己的幻覺。

　　我通常在初始階段會跟兒童與照顧者一起會面，以了解受到關注的議題是什麼，並開始建立友善關係。很重要的是，要從比較中性的範疇開始問起，譬如兒童的興趣、習慣、最喜歡的遊戲和電視節目、任何偶像／英雄，或他們崇拜的人物（Adler-Tapia & Settle, 2008）。

　　在評估過程中的某些時機點，我會請兒童和照顧者填寫合適的解離檢核表。我會請青少年對那些他勾選顯著分數的題目做些說明。

　　希爾伯格（Silberg, 1998）探討了一些可以幫助兒童揭露他們內在經驗的會談策略。因為幼童在會談時如果一邊玩耍的話會比較沒有壓力，所以我會在他們玩玩具或娃娃等東西時，詢問有關解離經驗的問題。對於煩躁不安的青少年，我會讓他們握著一個可以擠壓揉捏的球，提供畫畫的工具或一些能幫助他感到比較冷靜與自在的其他活動。詢問的問題中有些與解離檢核表上的題目類似。

　　以下即為探索兒童和青少年的解離症狀時，建議該提出的問題。這些問題可能需要依照兒童的年齡和發展階段來調整或換個表述方式，也要根據兒童回應這些問題的能力來調整提問的步調。

針對兒少的一些建議詢問題目

● 你以前或現在有想像的朋友嗎？他們對你來說是否彷彿是真的？如果是，在哪些方面讓你這麼覺得？

● 有些經歷過類似情況的孩子說會聽到聲音，不論是從心裡面或是從外面聽到的。你也發生過那樣的情況嗎？

　　如果答案是肯定的，便接著問以下問題：

● 他們聽起來是友善的、生氣的、難過的還是害怕的⋯⋯諸如此類？他們說些什麼？你多常聽見他們？就在你聽見他們之前，發生了什麼事？當你聽見他們時，你有什麼感受？當你聽見他們時，你有什麼想法？你會跟他們說話嗎？

147 ● 你是否曾經看到一些人、事、物，但後來發現你看到的其實不存在，或是你無法確定他們是否存在？

　　如果答案是肯定的，便接著問：在那些時候，你有聽見聲音嗎？如果有，他們在說些什麼？請描述你看見了什麼？你什麼時候看見他們？你多常看見他們？在那個時候，你在做什麼、感覺到什麼或在想什麼？

● 你是否發現過自己腦中一片空白，而且不曉得此時此地正在發生的事？

　　如果答案是肯定的，便接著問以下的問題：

● 這樣的情況有多常發生？就在腦袋一片空白之前，發生了什麼事？在你腦袋一片空白之前，你感受到什麼或在想什麼？這樣的情況會持續多長的時間？持續最短的時間是多久？最長又是多久？你去了心中的哪裡（兒童可能不知道）？其他人，像是家長或老師，有注

意到這種狀況嗎？如果有，他們會跟你說什麼？你有辦法控制這種
情況，還是它就是會發生（無法控制）？

● 你對於辨認或想起你的父母、手足、朋友、老師等等，是否出現過
困難？

　　如果答案是肯定的，便接著問以下問題：

● 在哪些時候出現這種情況（早上起床的時候，晚上上床睡覺的時
候，壓力大的時候）？誰讓你難以想起來或辨認出來？那些時候你
會聽見聲音嗎？在那個時候你有什麼感受和想法？這種情況有多常
發生？你告訴過任何人這些情況嗎？

● 你會不會很難回想起你做過的事，例如寫功課？你有沒有在拿回老
師批閱過的功課後卻發現你不記得你寫過？或是你不記得畫過畫、
玩過遊戲、做過家事或其他活動，但別人卻說你做過那些事？

　　如果答案是肯定的，便接著問以下問題：

● 可以請你告訴我有關那些時候的事嗎？多常發生？在那些時候，是
否好像發生過什麼可能跟你記憶喪失有關的事？你那時候是不是在
生氣、感到有壓力，還是跟人起衝突？你會不會在心裡或從外面聽
到任何聲音或看見東西，而那些好像之後當你出現記憶困難時卻不
在了？

● 你是否難以記得一些發生在你身上的可怕的或不好的事物？

　　如果答案是肯定的，便接著問以下問題：

● 你能不能告訴我關於那些狀況？（治療師要注意的是，此時不宜一
下子探問太多關於創傷的細節，因為孩子可能還沒準備好或是還不
夠強壯到足以處理這些揭露。你或許會親眼目睹一些有助於診斷的

解離性轉變。要注意孩童的反應，並且依循可靠的治療指導方針和原則。）

切記，這些問題可以在整個評估過程中提出，也可以在治療階段期間提出，如前述所說明的。這些只是更進一步探索失憶、恍惚狀態和其他解離經驗的起始點。

第一次見莉莎時，我們坐在地上玩娃娃屋，我一邊問了些一般性問題，譬如她喜歡做什麼事等等。然後我問起了關於記憶的問題。她說自己得花一些時間才記得起她的父母和手足，而且會被指責做了一些她完全不記得自己有做過的事。她確認自己有聽見一些聲音，其中一個聽起來像是個嬰兒，還有另一個聽起來模糊不清的聲音。我向莉莎保證，其他兒童也說過類似的經驗，並且我知道如何幫助有這種經驗的兒童們。次日早晨，我接到一通她媽媽打來的電話，她很興奮地告訴我，在那次會談後，莉莎回到等候區，在她媽媽的旁邊坐下，然後第一次看著她媽媽的眼睛，微笑了。她媽媽對於莉莎臉上不再「面無表情」的狀況感到激動不已！媽媽擁抱了自己的女兒。這份陳述證實了，我的問題和保證為莉莎開啟了一扇邁向療癒的門。她看起來像是鬆了一口氣，因為終於有人了解她了。

其他附帶的會談和附帶的報告

在適當的揭露下，跟老師、學校、之前的心理師、醫療和法律相關人員、兒童保護機構以及其他專業人員接觸，具有無可衡量的價值，因為可以從中收集到關於創傷歷史、先前的診斷和失敗治療經驗的確切資訊。長久經受無效的精神病藥物及臨床處遇的受創兒童，通常有潛在的解離過程，致使他們對一般的標準治療產生抗拒。

校長和老師常常是第一個發現學生有明顯解離跡象的人，他們會注意到學生的失憶狀況、恍惚行為以及極端的情緒切換，這對我的診

斷和治療設計非常重要（Waters, 2011）。當我接到一個呈現出解離症狀的兒童個案時，我會引介相關的教育工作人員去國際創傷與解離學會的網站，閱讀專為老師提供的兒少常見問題的內容（http:// isst-d.org/ education/faq-teachers.htm）。然後，我會在後續追蹤中進一步與老師和學校輔導老師商議，討論解離跡象以及有效減少兒童在教室裡出現解離行為的策略。

　　向兒童保護單位和警察諮詢，並取得他們的調查報告，可以了解創傷發生的時間順序以及年年在相同時間出現的相關反應。跟調查人員說明解離的跡象，能幫助他們對於兒童的恍惚行為或不一致的陳述可以有更正確的理解。我會引介兒童保護人員、法院鑑識人員和律師觀看創傷解離訓練課程的 DVD（Waters, 2007），以幫助他們更加了解解離兒童的反應。

　　我與莉莎的整脊師合作，告知她我對莉莎的嬰兒自我狀態的評估，以及我們雙方不謀而合的工作。她被激起了興趣，也樂於接納這樣的說法。她讓莉莎做了一系列的核心肌力和（身體）兩側整合運動，藉此幫助莉莎的頭和雙臂能以相反方向跨過身體中線。當我在工作中幫助莉莎的嬰兒自我狀態增長年齡時，她做這些運動的能力便有了很戲劇性的進步。她終於能夠打開瓶罐，而且能好好地拿握餐具了。

　　我聯繫收養機構，跟他們討論莉莎呈現出的複雜狀況需要針對解離給予專門的治療，並請求他們給予她的密集治療經濟支助，獲得了核准。

　　莉莎不再因為在學校大發脾氣而被送回家，我便不需再與她的老師商討了。我透過她媽媽的定期報告來監測莉莎在學校的進展。 149

摘要和結論

　　這個案例突顯了創傷如何在一個無助的嬰兒身上造成深遠的影響，因為嬰兒無法求援，就只能藉由解離的方式來逃離自身處境

（Liotti, 2006, 2009; Solomon & George, 1999）。在評估當中，EMDR 臨床工作者需要廣泛蒐集任何創傷的早期歷史，並且要認知到嬰兒「不會因為太年幼而沒有感覺」，而對他們來說，解離是一種有效逃脫處境的可靠方式。

在評估兒童時，檢視過去治療歷程的功效可以提供一個線索，來了解是否有任何的解離過程導致先前治療的失敗。在莉莎的案例中，標準化的、令人接受的或令人質疑的治療介入，皆會在無意間加重她的解離。由於她的解離機制，導致她接受的藥物對情緒調節沒有效果。擁抱治療對於莉莎與媽媽建立依附關係的能力有著負面的影響，而且似乎加重了她的解離反應。行為治療也沒有效，因為她解離的自我狀態控制了她的行為；若沒有辨識出那些自我狀態的存在和角色，只根據行為而予以懲罰或獎賞，對於矯正她的麻煩行為並無太大意義。

就像莉莎的案例，當受創兒童顯露出分裂的能力、退化或發展遲緩、恍惚行為、極端的情緒切換和記憶問題時，便應該要考慮到解離的可能性。過去治療的失敗，證實了需要進一步探索可能阻礙進展的潛在解離機制。

最後一點且至關重要的是，莉莎周圍的安全環境以及她敏銳、有同理心且盡職負責的媽媽持續用詳實豐富的筆記追蹤莉莎變幻莫測的狀態，對於評估莉莎是否存在解離狀態，是極有幫助的。

早期未被指認出而未被治療的解離，可以是深具破壞性的。解離的兒童和青少年可能在一生的歲月裡都呈現出功能衰弱的症狀。雖然受創兒童呈現出令人費解的樣貌，以致容易因為過多的轉變症狀而受到曲解和誤解，但這錯綜複雜和變幻莫測的樣貌，卻正是解離的特質。EMDR 專業人員不應只為了這些症狀而分神，以致錯失讓症狀維持下去的核心主角——潛在的解離過程。否則，解離兒童將會持續在身分認同、記憶以及對環境的感知上遭受損傷，而這一切將會阻礙他們發揮潛力的能力。

早期辨識出解離過程是最為重要的步驟，有助於設計一個有效的

治療程序，在伴隨著安全的環境下，會讓兒童的能力得到滋養，從而得以釋放解離的機制。這將為解離兒童鋪設一條通往一個統一自我的道路，進而能夠追求充實的人生。

　　莉莎承受了九年的狂亂生活，充滿嚴重的憂鬱、對自己和周圍環境感到困惑、不斷受到提醒早年創傷的事物所誘發、多次的評估和失敗的介入，之後她的解離症狀才被指認出來。詢問簡單但有效的相關問題，是很重要的，如此才能揭露她的解離防衛，而這解離防衛嚴重地導致她持續不斷且使功能衰弱的症狀。莉莎的復原現在終於開始了。

【第七章】針對解離兒童的進階準備策略

與兒童談論解離

151　　很多時候，有著輕度、中度或重度解離的兒童，會需要大量的準備工作，才能理解解離、學習如何溝通關於解離的事，以及熟悉雙重注意力策略。在詳盡地評估兒童案主的解離經驗之後，便應該教導兒童關於解離的意義：解離是什麼，如何發生，為何我們認為發生解離了，以及我們可以如何跟別人溝通有關解離的事。《繽紛多彩的我》（*The Different Colors of Me*）[44]（Gomez & Paulsen, in press）這本書，就是向兒童解釋解離的書中最早問世的其中一本。這本書不僅說明解離是什麼，也以兒童易接受的隱喻和譬喻來對兒童解釋不同程度的解離。這本書也能用來當作與兒童展開初次溝通的工具，討論當他們解離時是怎麼回事。很多解離的兒童會開始自行理解他們的經驗。以下是一個被診斷為解離性身分障礙症（dissociative identity disorder, DID）的二十歲女性，對於自己兒童時期解離反應的反思：

　　「我們賦予很多事情名稱，甚至為他們對我們所做的事命名，但說到我們做了什麼事來因應……我為這些事情取了不同的名稱，取決於我在做什麼或嘗試要做什麼。我會做出我所謂『成為一個洋娃娃』的事，當我變得麻木時；我當時還沒有詞彙去表達『麻木』，也還不理解『麻木』，但我自己給了它一個名稱。我甚至能知道我有不同程度的解離。『漂浮』、『折疊起來』、『走開』、『變小』……當我完全解離到意識不清的地步，我便稱之為『我的世界』遊戲，我會

44　譯註：這本書目前的原文名為 *All the Colors of Me*。

走進我自己的世界，遠離這真實的世界。我還會做一件我稱為『躲藏』的事；我專注在一些東西，像是牆或門，上面有些凸起、紋理或顆粒，然後我會在它們裡面找出一些形狀。在我的一生中，我有很多有關牆壁和天花板的奇怪記憶。這是我們從非常、非常幼小時就會做的事。一開始是執著於某些東西。我有一些在嬰兒床裡數著木條的記憶；不是真的『數』，而是……從欄杆的一端開始看到另一端，很井然有序地一遍又一遍重複。」

　　非常值得強調的是，這位女性在這麼幼小的童年，就能夠對自己心智和身體的經驗有這種原始層次的察覺。儘管她當時還沒有能力在外顯意識的層次上反思這些經驗，直到日後靜心察覺地研究自己的解離反應時才發展出反思能力，但當她還是兒童時，就已經能對那些經驗賦予一些意義了。與解離兒童工作的臨床工作者所需的一個重要特質就是好奇心。在了解每個兒童各自如何用獨特而與眾不同的方式組織他們對世界的主觀感知時，抱持真誠的興趣去審視，將能大大有助於對解離狀況的衡鑑和評估。將這點牢記在心之後，在談論解離時，就可以請兒童分享他們如何開始了解這些解離的狀況，並為不同程度的解離命名。詢問他們是否有名稱或方式來指稱這樣的經驗，或過去是否曾和任何人分享過這些獨特的經驗。有些解離兒童對這類的反應可能沒有太多外顯、意識層面的察覺。如果有所察覺，他們可能會以為每一個兒童都有解離的行為。如果他們曾向其他人吐露這樣的經驗，可能會使他們遭到羞辱或漠視。因此他們在心理治療中，也許不會敞開胸懷地分享這些經驗。重要的是，要強調解離的本質最終是正向的，且是為了求生存。首先，幫助兒童能夠第一次看見他們是如何生存下來，以及解離經驗實際上怎麼造就他們成為「英雄」。當兒童第一次用接納和欽佩的眼光看待自己，便開始建立關於自我的內在運作新模式。本章將會提出很多策略、譬喻和隱喻，從不同的角度和觀點來說明和看待解離。臨床工作者將能擁有寬廣的方法，向兒童介紹和解釋解離。我鼓勵你，身為一個治療師，在忠於自己的觀點和風格

152

的同時，能夠使用這些策略來更加配合每個案主的需求。

自我的不同部分

　　使用一種左、右兩側大腦都能觸及的語言，特別是觸及右腦，對於解離兒童一直都很有幫助。幫助兒童理解自我多重面貌的譬喻和故事，可以在 EMDR 治療的準備階段加以運用。一個得自大自然啟發的精彩譬喻，能幫助兒童理解自我的不同部分。葛梅茲和柏森的書中便運用了彩虹做為譬喻，以兒童容易接受的故事，幫助他們理解解離的多重自我狀態。這些準備策略和譬喻，對六歲以上的兒童很有幫助。

彩虹的譬喻

　　彩虹的譬喻，可以如以下來呈現：「當我們出生的時候，我們都擁有一個『閃亮的我』和所有顏色的彩色鉛筆，可以在我們裡面創造一個彩虹。當我們開始觸摸、聆聽、嗅聞、品嚐和觀看這個世界，我們就在開始畫屬於我們自己的特別的彩虹。我們內在的彩虹有著不同的顏色。有時候我們是紅色的，而有時候我們是藍色的。就好像是我們裡面有一個顏色組成的家庭。例如，有些小孩裡面的顏色是一種喜歡跳舞或愛好運動的顏色。而有些小孩，可能有一種只要事情不順自己意思就會非常生氣的顏色。所有的顏色都認識彼此，當一切事情都很順利的時候，就能一起工作。有些時候，一些負面的東西或不愉快的事情發生在我們身上時，我們就會出現不同顏色混在一起的感覺和想法。發生這種情況的時候，這些顏色就很難彼此相連，也不能與『閃亮的我』連結起來。有些顏色，帶著所有混在一起的感覺和想法，這都是從發生在我們身上的不愉快事情而來的。這些顏色，也帶著所有我們為了保護自己不受到那些亂七八糟東西影響所作的一切事情。舉例來說，我們可能學會總是像變色龍那樣混入周遭的顏色並取

悅每個人，我們也可能學會遠遠離開而與周遭分離開來。我們可能學會讓自己麻木，這樣一來便不用去感覺。當我們想起那些發生過的不愉快事情，和那些亂七八糟的感覺和想法時，這些顏色就被嚇壞了。而這些顏色被嚇壞的時候，可能會想要離開然後逃跑、打架，或可能就呆住了。它們可能會做一些傷害自己和其他人的事。有時候，它們會做很多危險而讓自己感到興奮刺激的事，好讓自己不用感受到其他帶著亂七八糟東西的顏色。很重要的是永遠要記得，儘管我們有很多顏色，我們依然是一道有著獨一無二『光輝閃亮的我』的美麗彩虹。

　　有時候這些顏色分離得太遠，所以一個顏色可能沒有注意或不知道另外一個顏色在做什麼。當它們闖了禍，就會使小朋友非常困惑，而且不記得是自己的哪一個顏色做了這件事。當所有亂七八糟的東西不再存在，所有的顏色就能與『光輝閃亮的我』連結，並且一起工作，這樣，這個兒童就能欣賞與享受自己的彩虹了。」

　　你可以邀兒童畫一個「光輝閃亮的我」以及不同顏色的自我，或等到「顏色」在會談中浮現，再邀請這個特定的顏色出來讓人聽見、看見等等。另外一個方法是，幫助兒童用彩虹的顏色創作出一個圖譜。每個顏色代表自我的一個部分；那個部分也許是當兒童得不到想要的東西時的生氣和暴力，或是取悅別人，特別是取悅照顧者，從而滿足自己要求的部分。一旦每個顏色被辨認出來，你可以使用自我狀態（ego states）的介入方式，或內在家庭系統（IFS）的介入方式（詳見第十三章）。如果你選擇製作一個系統的內在組成圖譜，可以用一個具體又好玩的技巧，就是拿著麥克風採訪每一個顏色或部分。可以準備一些不同顏色的帽子，讓兒童戴著帽子或其他有顏色的東西來接受訪問。請兒童用自我的各種不同顏色來畫出彩虹。邀請每個部分加入並選擇它自己的顏色，你可以對兒童說：「我在想我們是不是能認識你的彩虹上各種不同顏色？我注意到，有一個部分，當事情不如預期時會使它很難受。我想邀請這個部分來選擇一個顏色代表它自己。」一旦這個部分選好了一個顏色，並且也同意接受訪問時，治療

師可以邀請兒童當見證人，看看這個顏色或部分用它想要被看見和被
了解的任何方式，所呈現出來的樣子。要求這個部分讓兒童知道它需
要兒童了解它哪些東西；關於什麼東西會讓它冒出來這件事，它想要
兒童知道些什麼？這些資訊都可以記錄在兒童的標的序列裡。此外，
發現這個顏色或部分為兒童做了些什麼，是很重要的。表揚並感謝這
些部分一直以來所做的工作，是非常重要的起始步驟。要注意兒童承
受得起多少探索。治療師與兒童的內在狀態同步的能力，是任何治療
活動的主要基礎。要注意任何生理上或行為上的改變，這樣能讓你知
道是否有其他的部分或顏色出現了，或者是否應該使用讓兒童情緒狀
態平穩下來的策略了。要抓準兒童能量流動的節奏和步調。這個彩虹
的譬喻，可以幫助兒童接觸存在於他們裡面的多樣性和多重性，也能
幫助那些過度認同於負向自我觀點的兒童，用較為寬廣且擴展的觀點
去看待自己是誰以及自身「光輝閃亮的我」的存在。他們會認識到自
己擁有的遠遠不只是受創的部分而已。此外，這個譬喻也促進和鼓勵
對那些受傷的部分以及它們為了幫助和保護兒童所作的工作，給予接
納、理解以及最終的憐憫。

當兒童學到了自己的多樣性，個體的完整性便同時受到突顯。儘
管兒童擁有各種不同的顏色，但在我們每個人裡面只有一個人和一個
「閃亮的我」。更多在 EMDR 治療中使用內在家庭系統的策略，詳見
第十三章。

154　兒童解離工具箱

一個介紹解離觀念的好方法，是使用「兒童解離工具箱」（可以
用一個至少有三個抽屜的盒子，來製作這個工具箱）。工具箱裡面可
以放進關於解離的資訊、描述廣泛解離反應的圖卡，以及幫助兒童保
持雙重察覺的工具。這個工具箱對解離提供了一個比較具體而有形的
體驗。箱內的物件可以分成三類放置：幫助兒童了解解離症狀和解離

的物件；幫助治療師和兒童評估當前的察覺、能量高低和意識程度的物件；以及用來幫助兒童回復雙重察覺的物件。

幫助兒童理解不同解離程度的說明工具

1. 有關解離的童書。
2. 一疊以繪畫或美術圖片呈現不同解離經驗的卡片。一些經驗，諸如：漂浮的、失去自我感、現實感喪失、感覺麻木、聽見聲音或有記憶缺失等等，皆可加以舉例說明。從網路下載的美術圖案，也是很有用的。

說明、保持和回復雙重察覺的工具

1. 各種顏色的幾何圖形。
2. 不同的質地／材質或一本涵蓋不同材質的童書。
3. 一些小容器，裡面裝著兒童能輕易辨識出的基本氣味。果香、口香糖、餅乾麵糰、香草和薰衣草，便是一些比較適合兒童的氣味。對於會過敏的兒童，或許不適合使用氣味。
4. 不同口味的口香糖。
5. 手指玩偶或小型填充動物娃娃。
6. 有著兒童或站或跳等美術圖案的卡片。

幫助兒童探索和評估當下察覺的工具

1. 各種動物圖卡，代表不同程度的內在能量、當下察覺和喚起程度。
2. 標誌。用綠色、黃色和紅色的書面紙來製作這些標誌。剪下三個方塊，然後用膠水在每一個標誌的後面黏上一根木棒。在綠色方塊上寫「在」，紅色方塊上寫「不在」，黃色方塊上寫「一半在」。兒

童可以使用這三個標誌來表示自己處在當下的情況。當兒童覺得完全處在當下，就使用綠色方塊標誌；當他完全不覺得自己處在當下，用紅色方塊標誌；當他覺得還算是處在當下，便用黃色方塊標誌。

3. 打開後能形成一個圓或半圓的手扇。

155
4. 可彎曲肢體擺出「從僵直不動到完全癱軟」姿勢的人物模型或懸絲木偶。

5. 有著兒童唱歌圖樣的塑膠卡片。

　　這些工具可以用貼紙裝飾，使它能更吸引兒童。以下按照順序說明可以如何使用這些工具來介紹解離概念：

　　步驟一：用童書或圖卡，講述一遍當兒童解離時會發生什麼事。說明人怎麼會解離，並強調解離在適應方面的功用。不過，要跟兒童討論解離現在可能會對他們造成困擾。協助兒童辨識出他在某些特定而特殊的情況之下可能出現了解離。使用前面幾章所描述的譬喻，將解離視為一種生存資源。列出一個清單，並把這些經驗都放在一張卡片上，這樣便能發展出一個能夠共同溝通這些經驗的方式。這張卡片會保存在兒童的臨床檔案中，但治療師在 EMDR 重新處理階段會需要用到。

　　步驟二：找出在談論解離經驗時，所該使用的字眼。請兒童分享他／她一直以來是如何稱呼這些不同的解離反應。如果兒童並沒有特定的稱呼，詢問兒童，你們兩個人在治療過程中應該要怎麼稱呼這些經驗，藉此發展出共同的詞彙。

　　步驟三：鼓勵兒童察覺不同層次的人類經驗，諸如認知、情緒和感官動作。讓兒童知道人類有很多不同語言。你也可以用我們聽廣播或看電視時轉到不同頻道的方式來譬喻，介紹我們的頭腦所擁有的那個語言頻道。讓兒童知道，頭腦說的語言是想法和字句，心說的語言是感受，身體說的語言是感官和動作。一旦已經辨認出解離經驗，請

兒童去探索或注意，在每一個經驗裡，頭腦、心和身體對這個經驗各自傳達了些什麼。請兒童時常轉到每一個頻道聽聽、看看，不過一次只注意一個頻道。要記得，在這個階段，我們要幫助兒童的是邁開步伐，開始發展察覺、靜心察覺，以及理解解離是如何、何時發生的。

步驟四：使用以下的策略，來評估兒童當下的察覺和意識的範圍：

「在」、「一半在」和「不在」的標誌：這些標誌是設計來幫助兒童理解和辨識不同層次的當下察覺。使用的時候，首先解釋這些標誌就像一個內在的指南針，可以讓我們知道我們在不在這個當下。這些標誌可以讓我們檢查我們的內在是完全在這當下、一半在當下，還是完全不在這當下的察覺裡。以下舉例說明介紹這些標誌的方法，你可以說：「我有這些非常酷的牌子，可以幫助小朋友理解他們有沒有處在當下。有些時候，小朋友可能跟我一起在這裡，但他們不一定處在這個當下。有些時候，他們的身體在這裡，但他們的頭腦或心卻在其他地方。有些時候，他們可能認為他們的身體在這個當下，但卻不太能感覺到自己的身體。我有三個牌子，一個寫『在』，一個寫『一半在』，還有最後一個是寫『不在』。當你『在』的時候，你可以很清楚地聽見我，很清楚地看見我，很清楚地知道你在我的辦公室這裡，而且你感覺非常的清醒。當你感覺自己『不在』，你會覺得好像是從非常、非常遙遠的地方聽見我的聲音；你會覺得很想睡覺，而且儘管你就在我面前，你依然會覺得我好像離你非常的遠；你可能會開始覺得自己很小，而且你可能只會感覺到你身體的一些部分或者完全感覺不到你的身體；你也或許會去到你心裡一個很特別的地方，當事情不如預期或當你感到不舒服時，你就會去那裡。當你是『一半在』當下，你會覺得我的聲音有一點點遠；你可以看見我，但我可能看起來離你有一點距離；你可能會覺得你的頭有一點漂浮的感覺，或可能覺得有一點想睡覺。好，我們來練習吧！我要你留意一下你現在有沒有在當下，然後你可以舉起『在』、『一半在』或『不在』的其中一個牌子。」如果兒童正處於解離狀態，可以用一些「兒童解離工具

156

箱」中的工具與他練習。這麼做的目的是：(1) 幫助兒童熟悉雙重察覺工具；(2) 找出對兒童較有效的策略來恢復雙重察覺；(3) 讓過程可以預期，因此在重新處理階段使用這些工具時，兒童會感到熟悉而不陌生。

一旦兒童已經練習過每一個雙重察覺的工具，並表示對當下有足夠的察覺了，便請兒童留意這個感受，然後給予慢速度短回合的雙側刺激。這麼做的目的，是為了增進兒童留在當下的能力。此外，這也幫助兒童學會辨識出這些感覺穩定和處在當下的時刻。下列是些額外的工具，能用來增進兒童理解不同程度的意識和察覺。

一個打開能形成全圓或半圓的手扇：手扇是解釋不同解離程度時非常好用的工具，也能幫助兒童理解意識的範圍。一個打開一百八十度而呈半圓形的扇子，代表兒童的頭腦、心、身體能夠完全接受範圍廣闊的刺激，而且在觸及困擾素材的不同因素和面向之際能夠停留在當下。這也代表兒童的頭腦、心和身體依然能夠涵容令人困擾的訊息，同時停留在適當的喚起程度。一個完全打開呈三百六十度的扇子，代表頭腦、心和身體可能無法承受令人困擾的訊息。這也表示兒童正進入一個過度喚起的狀態，並因為觸及太多的困擾素材，而正失去雙重察覺。一個完全合起來，或只剩四分之一圓大小的扇子，代表兒童完全失去雙重察覺。這表示意識的範圍部分或全部受到限制。我認為，倘若兒童還可以用扇子告訴治療師自己當下察覺的程度，那麼他或她應該還有部分是處於當下的。要求兒童用「扇子溫度計」或「測量扇」或「解離扇」，來讓你知道他或她現在處在當下的程度如何。再提一次，這個特別的扇子，應該要與「在」、「一半在」和「不在」的標誌一起使用，或取而代之。扇子與標誌的使用目的相同，然而，在評估雙重察覺和意識範圍時，扇子可以呈現更多的可能性。

可彎曲肢體擺出「從僵直不動到完全癱軟」姿勢的木製人物模型或懸絲人偶：如同解離扇或測量扇一樣，木偶可以協助兒童表達不同的喚起程度和解離狀態。有些木製動物或人物模型若從它的中心點壓

下去，就會變得僵硬而直直挺的，當緊拉著動物的繩子減輕力道時，又會變得癱軟。要求兒童使用這種動物／人物模型來表示此刻他們對自己的身體感覺如何。一個直挺的動物／人物模型，可以表示適當程度的能量和喚起狀態。一個呈現出無力、肢體鬆垮的動物／人物模型，可以代表情感系統的失功能到了完全癱瘓的地步。解離扇子和解離木偶（圖 7.1）是適合兒童發展程度的有趣工具，可以幫助兒童理解不同程度的意識、能量和當下察覺。

步驟五：使用工具陪伴兒童練習回復雙重察覺。找出兒童覺得特 157 別有幫助和有效果的工具。使用這些工具的主要目標之一，用法國精神科醫師賈內（Pierre Janet）的話來說，是擴張意識的範圍並恢復對當下的察覺。由於右腦蘊藏著我們的情緒，且與大腦的皮質下區域有較多連結（Siegel, 2010），因此在處理依附關係和逆境的記憶時，右腦將會高度參與並受到啟動。當兒童已經超出了情感耐受度窗口時，為了調整喚起程度和平衡右—左腦的活動，刺激左腦可能是有好處的。由於左腦參與了歸類標記（labeling）、列表（listing）、邏輯和語言的工作（Siegel, 2010），使用一些敦促左腦參與的活動，可能有助於兒童回復雙重察覺並回到適當的情感耐受度窗口。此外，刺激前額葉使它發揮整合的能力，並且啟動丘腦的活動（Lanius, 2005），也可能協助兒童回復雙重察覺。以下就是一些適合兒童使用的雙重察覺工具。

圖 7.1　解離的木偶

運用多種幾何圖形：不同顏色的幾何圖形是設計來讓兒童投入描述、標記或選擇形狀和顏色的過程。從兒童解離工具箱中取出已經剪好的不同顏色的幾何圖形；治療師可以請兒童描述一個幾何形狀，或選出一個特定顏色的圖形。

運用多種材質：不同材質的運用方式有很多種。可以請兒童用觸摸來辨認出某一種材質；也可以請兒童指出哪些物體或動物擁有他所觸摸到的材質。

運用多種氣味：有些研究已經指出，丘腦的活動對於解離所扮演的潛在角色。丘腦活動的降低可能與解離反應有關聯[45]。此外，我們已經知道，嗅覺訊息是唯一可以避開丘腦的感官刺激形式。其他所有進入大腦的感官訊息，都要行經丘腦。加拿大心理學家拉尼厄斯（Ulrich F. Lanius, 2005）已經指出，使用嗅覺刺激可能是啟動丘腦活動的一個有效方法。了解這些之後，為了藉由刺激丘腦活動來重建雙重察覺，可以請兒童猜測或辨認氣味。這些氣味可以成為兒童解離工具箱的配備，包含一些適合兒童的基本氣味。一旦兒童辨識出兩或三種氣味，治療師便可以再次使用「在」、「一半在」或「不在」的標誌、解離扇或木偶。這麼做的目的，是為了評估兒童處在當下的程度如何，同時並評估每個恢復雙重察覺策略的有效性。

運用口香糖：在重新處理逆境事件記憶的過程中，應該讓兒童的社會參與系統得到活化，以促成該記憶的整合和同化。嚼口香糖可以經由咀嚼刺激消化系統、唾液分泌及臉部肌肉，來達到副交感神經腹側迷走神經系統的活化。對於高度解離的兒童，可以在創傷重新處理階段的每次會談中，一開始便讓他們嚼口香糖。也可以選擇只在兒童呈現出可能發展成解離狀態的低度喚起狀態時，再給予他們口香糖。

運用填充動物娃娃或指偶：另一個擴張意識範圍的方法，是要求兒童描述一個填充動物娃娃或一個物品。兒童解離工具箱裡可以放入

___

45　原註：Lanius et al., 2002; Lanius, Blum, Lanius & Pain, 2006

不同的小物品和填充動物娃娃。當兒童出現過高或過低喚起的生理跡象，例如呼吸、皮膚色調、聲音、瞳孔大小或肌肉張力出現改變時，治療師可以請兒童拿著一個物品然後描述它。當兒童描述完這個物品，治療師應該再一次用標誌、扇子或木偶來評估兒童當下察覺的程度。此外，跟兒童玩來回丟、接玩偶或填充動物娃娃的遊戲，也可以幫助兒童保持穩定和恢復當下察覺（Knipe, 2010）。

運用畫有兒童不同身體姿勢和動作的卡片：最好且最快回復雙重察覺、將兒童帶回到當下的方法之一，便是做動作。使用網路上的圖片，或簡單手繪兒童的不同姿勢，譬如：直挺挺的站立姿勢、手臂往上或往下等等，製作出一疊卡片。要求兒童看著圖片然後模仿圖上的動作。一旦兒童做出了第一個動作或身體姿勢，便評估他的能量程度和當下察覺，並請兒童注意這個改變。

模仿臉部動作：讓兒童運用臉部肌肉，藉著臉部表情跟治療師互動，這樣可以經由刺激社會參與系統而協助兒童恢復當下察覺。製作一疊卡片，每張只寫一句話，用來提醒你和兒童這個策略。一句例如「模仿臉部動作」的句子，就能提示你或兒童運用這個策略。用你的臉做出這些動作或是各種臉部表情，然後請兒童模仿你的這些臉部情緒表達。一旦兒童模仿成功了，要求兒童注意自己的內在能量在程度上發生了什麼變化。

歌唱和運用我們的聲音：根據發展出身體經驗創傷療法的彼得・列文博士（Peter A. Levine, 2010），歌唱和吟誦能打開胸腔、肺部、嘴巴和喉嚨，刺激「迷走神經的眾多蜿蜒分支」（p. 125）。跟兒童一起唱歌或只是哼哼唱唱，都具有很大的效力。列文說得好：「臉對著臉，眼對著眼，聲音對著耳朵，我對著你的接觸……使個案有可能成功地打開一個進入社會參與系統的小小開口。」（p. 127）

運用動物圖案卡片：用不同動物的美術圖片做出一疊卡片。不同的動物代表不同的身體姿勢、喚起程度和內在狀態。例如，一隻長頸鹿有著挺直的姿態而且很平靜；一隻彎著身體走路的大猩猩；一隻慢

159 到不行的烏龜；還有一隻飛快奔跑的馬。問兒童什麼動物最能代表他的能量程度和身體姿勢，便能得知兒童的喚起程度和當下察覺程度。與兒童逐一探索不同的動物，同時跟兒童解釋每一隻動物可能代表什麼。例如，你可以說：「當我們感覺像一隻長頸鹿的時候，我們覺得自己很大、很高，而且我們覺得自己裡面很強壯、很平靜。這種感覺，跟我們真實的高矮胖瘦完全無關；我們可能人很小，但是內心強烈感覺到自己很高、很大；而我們也可能人很高、很大，但是心裡卻感覺很渺小、很糟糕。當你感覺像一隻長頸鹿，你可以看見我、聽見我，並且知道你在這個地方很安全。但當我們感覺像一隻烏龜，我們感到很害怕，而且可能需要很多的保護，這就是為什麼我們需要一個很棒的殼，可以讓我們在穩定安全的空間中受到保護，也能保護我們。我們走得很慢，因為我們的心裡感覺很緩慢，而我們周圍一切的事情看起來都是很緩慢地在進行。當我們感覺像一隻老鼠，我們覺得自己非常微小，而且沒有人看得見我們，儘管我們事實上人很大。我們不覺得自己很強壯，而在內心，我們覺得很害怕，所以我們努力很快地移動，或者僵住不動。當我們感覺像一隻老鼠，我們會覺得自己內心的事物跑得好快，儘管我們身體不能動彈。」在你們逐一看完所有的卡片和動物後，請兒童察覺哪個動物最能代表他或她現在的感受。然後，運用兒童解離工具箱裡不同的工具與兒童練習，把兒童帶回「長頸鹿的狀態」。一旦兒童表示自己回到了長頸鹿的狀態，要求兒童注意像一隻長頸鹿是怎麼樣的感覺。請兒童察覺在長頸鹿狀態下的所有良好感受，以及在身體的哪裡感覺到這些好的感受，然後進行慢速度短回合的雙側刺激。

運用健身球：在重新處理困擾記憶的階段，讓兒童坐在一個健身球上，可能可以幫助兒童在全程中維持內在體感（interoceptive）和身體察覺。由於在健身球上保持平衡牽涉到肌肉察覺、穩定、維持在中心，還要同時與內在感受接觸（Levine, 2010），因此在探索和重新處理困擾素材的階段中，健身球便成為一個用來維持雙重察覺的好工

具。然而，在我的臨床經驗中，為避免兒童從球上跌下造成可能的生理傷害，應該只用在輕度到中度解離的兒童身上。

在重新處理階段時，兒童解離工具箱應該一直擺在離兒童和治療師很近的地方。此外，所有這些策略都應該在準備階段之初就開始使用，好讓兒童熟悉。這些策略可以幫助兒童增進社會參與的能力和內在體感的察覺；之後，在處理創傷時，這些策略還可以用來恢復雙重察覺。為了在創傷重新處理階段時讓這些策略發揮更大效用，治療師必須敏感於微小的生理改變，因為這些便是出現解離、進而喪失當下察覺的信號。

促進大腦─身體的連結：聚焦在身體感官的 EMDR 策略

當兒童經歷創傷、疏忽和艱困時，他們與自己身體的關係會出現障礙並陷入混亂（Levine, 2010）。這些兒童會非常難從經驗中學習，因為他們的身體沒有能力吸取整體的經驗而從中學習。因此，根據列文的看法，這些兒童便會用一些缺乏效能和效果不佳的策略來應對和適應他們的環境。刺激內在體感的察覺，是以 EMDR 治療與解離兒童工作時在準備階段的必要基本工作。應該加以刺激的察覺包括身體內部感受、本體感受（proprioceptive）以及運動─肌肉知覺（kinesthetic-muscle）。為了幫助兒童經驗到「完整的世界」而不是「支離破碎的世界」，就需要兒童在感覺動作、情感和認知的層面上有所整合。在 160 EMDR 治療的不同階段刺激感覺動作的整合和處理，是至關重要的，特別是對於和自己身體失去連結的兒童。以下是一些刺激當下察覺及內在體感察覺的 EMDR 進階策略。

促進兒童當下的內在體感察覺

這個策略是為了增強兒童對此時此地的現實擁有內在體感的察覺。這對高度解離的兒童非常有幫助。採用一個強調此時此地的方法，請兒童參與其中，且不帶任何好、壞或對、錯的評斷。這個策略應該在準備階段時就向兒童介紹，但在重新處理的治療會談中如果兒童開始解離的話，也可以使用。

要開始增進兒童對此時、此地的察覺，可以這麼說：

治療師：「我們要開始用你在我診療室裡所看到、聽到、聞到、摸到和嚐到的東西來做練習。我們就從你現在正在看著的東西開始。你的**眼睛**告訴你，你現在在哪裡？」

兒　童：「我的眼睛告訴我，我現在在你的診療室裡。」

治療師：「我想請你留意用你的眼睛**看見**你現在在哪裡的感覺是怎樣。」給予慢速度短回合的雙側刺激。

治療師：「留意一下，你的手以及你的身體正在**觸摸**什麼？你的手和身體對於你現在在哪裡，正在告訴你些什麼？」

兒　童：「我的手正在告訴我，我現在坐在你診療室裡的一張沙發上。」

治療師：「我想請你留意，聽到你的身體和你的手告訴你，你現在正坐在診療室裡的一張沙發上，是什麼感覺？」再一次，給予慢速度短回合的雙側刺激。如果兒童陳述出不安或負向的反應，便不要給予雙側刺激。然而，如果兒童可以忍受，便與兒童進行「偵探工作」來探索這個不安的反應。探索眼睛或耳朵正在對兒童說的哪些事，使他經驗到不安。也可以問問，他的頭腦、心或身體對於這個經驗正在說些什麼。你也可以用麥克風來訪問眼睛或耳朵，使這過程變得有趣好玩些。

治療師：「我現在想請你用你的**鼻子**，來注意你聞到的氣味對於你現在在哪裡說了些什麼。」讓你的診療間經常出現某種氣味，可以

幫助兒童對你的診療室從嗅覺上產生關聯。

兒　童：「你的診療室通常聞起來像甜甜的東西，所以我的鼻子正在告訴我，我在你的診療室裡。」

治療師：「我想請你注意從你鼻子得到這些資訊是什麼感覺，並且注意這個地方的氣味。」給予慢速度短回合的雙側刺激。

治療師：「當你專注於你的耳朵，以及那些你聽到的聲音，你的耳朵告訴你，現在你在哪裡？」

兒　童：「我聽到鳥叫聲，我也聽到你的聲音，所以我知道我在安娜的診療室裡。」

治療師：「我想請你注意，從你的耳朵得到這些資訊是什麼感覺，並且注意經由你耳朵所聽到的鳥叫聲和我的聲音。」

治療師：「我現在要給你一片口香糖。我想請你嚼著它，並且注意你口裡的味道正在告訴你，你現在在做什麼，還有你現在在哪裡？」 161

兒　童：「我的嘴巴告訴我這是草莓口味的口香糖，而我正在安娜的診療室裡嚼這個口香糖。」

治療師：「非常棒！現在繼續感覺這個草莓口味的口香糖，並且注意你正在安娜的診療室裡嚼這口香糖這件事。」給予慢速度短回合的雙側刺激。

這些導向當下、專注於感官的介入，能提升兒童停留在當下和靜心察覺的能力。在 EMDR 治療的重新處理階段時，如果兒童失去雙重察覺且出現解離的跡象，也可以使用這些策略。

促進運動知覺的察覺：肌肉對話

教導兒童認識我們肌肉如何、何時和傳達些什麼訊息，可以提升他們與自己身體連結的能力，也能知道肌肉有什麼重要的訊息要傳達給我們。如果少了這些訊息，我們可能會迷失，以至於明明在安全情境中，也會出現像是正在面對危險的反應，或是其實在危險中，出現

的反應卻像是安全無虞一樣。生存和適應，需要適當地整合大腦從我們的朋友——肌肉——所接收到的訊息。

　　我們可以運用大自然的智慧，來說明聽肌肉說話的重要性。運用動物和自然界的狀態，可以幫助兒童體驗和整合運動知覺的訊息，例如：緊實、鬆弛、無力而不結實、柔軟、僵硬和缺乏彈性。舉例來說，不同種類的樹木，有著不同程度的硬度和彈性。請兒童去感受成為一棵橡樹會有怎樣的感覺，然後變成一棵修長而有彈性的棕櫚樹，如此可以讓兒童體驗繃緊和放鬆的肌肉。讓兒童想像一隻手、一隻腳或整個身體都是木頭做的，那麼像鐘擺那樣擺盪的話會是什感覺；如果是用義大利麵做的，擺盪起來又會是什麼感覺。請兒童去察覺哪個擺盪感覺比較好或比較不好，以及／或這些身體狀態通常想對他或她表達些什麼。從這個練習也可能得知關於兒童現在和過去經驗的重要訊息。從事這些練習之後，後續可能會有不同的治療路徑。當兒童學會與身體連結和傾聽身體的聲音，便可以提供更多的認知任務。在提取程序記憶時，我們可能會詢問這些肌肉反應通常什麼時候出現？負向認知也常伴隨著特定身體姿勢和身體的反應；因此一旦一個通道被觸及，其他的便可能也會打開。不同的標準程序和練習的使用，取決於特定的目標、兒童的需要，以及所進行的 EMDR 治療階段而定。可以在 EMDR 治療不同階段中通用的特定身體介入方式，將會在接下來的幾章中討論。

兒童的呼吸和立定當下練習

　　幫助兒童想像腳下生出根、身體長出翅膀，能促進平衡、整合和療癒。與天空和大地連結，給予了我們根基和安全感，還帶來自由和多種可能性。鼓勵兒童練習在觀察時靜心察覺，並將意識專注於此時此地。此外，要促進不帶好壞或對錯評斷的察覺。首先，請兒童留意察覺土地和地面，講述植物從很深的土壤中獲取所有營養元素。橡樹

162

在生長到一定程度之後，會深入土壤以及自己裡面，然後才進入另一個生長週期。請兒童與土地連結，才能感受到土地如何餵養我們和支持我們。請兒童想像自己長出根，藉此感受與土地的連結，並且感覺身體像樹木那樣四平八穩。另外一種譬喻則可以包含動物在裡面。比方說，請兒童想像，如果自己的腿擁有像青蛙腿那樣穩穩抓住地面的特殊力量，會是什麼感覺？要求兒童注意，自己的腳如何感覺到土地。請兒童只要注意自己與地面和土地連結的感官知覺，並停留在這種感官知覺之中。要求兒童去感受像青蛙一樣結實同時又充滿彈性的腿，這樣的腿讓青蛙可以在跳躍和著地時四條腿如此完美地同步而協調。如果兒童陳述自己的情緒和身體狀態是正向的，便用慢速度短回合的雙側刺激來加強這個新的察覺。也可以跟兒童練習呼吸，請兒童注意呼吸可以是快的也可以是慢的，並要求兒童注意哪一種呼吸速度感覺比較好、比較熟悉，但最後維持在最舒服而放鬆的呼吸節奏中。一旦兒童找到對的速度和步調，便給予慢速度短回合的雙側刺激。如果負向的素材不管在什麼時候受到啟動，在恰當的情況下可以溫和地加以探索，或改換活動，將兒童帶回到內在平衡狀態。此外，將兒童的知覺維持在現實中，讓兒童知道我們只是允許自己的身體擁有不同體驗而已。

另一個受耶魯大學校牧室佛教宗教指導蘇密·隆敦（Sumi London, 2004）啟發而發展出來的有趣練習，是請兒童搖晃嬰兒入睡，同時注意察覺自己的呼吸。要進行這個練習的話，你需要一個填充動物玩偶或洋娃娃，將它放在兒童的肚子上。兒童應該要躺著，才好實驗不同的呼吸節奏，從慢速到中等速度到快速呼吸。請兒童注意，不同的呼吸節奏可能會讓肚子上的娃娃有什麼感覺。最終的目標是要使娃娃感覺非常舒服，然後可以睡著。本章提到的所有練習，在進行時家長都可以在場。當兒童實驗不同的韻律和速度時，請他或她留意察覺，並且給予雙側刺激來加強這個感覺。再一次強調，在 EMDR 治療的這個階段中，雙側刺激只能運用於當兒童處在中性或正向的狀態時。如

果出現負向內容，就溫和地加以探索。如果兒童變得焦慮躁動或失調時，就運用前幾章所描述的任何一種狀態改變策略，把兒童帶回平衡和平靜。

運用吹泡泡

要以有趣的方式幫助兒童學習呼吸策略，並從中注意空氣和肺部的節奏，可以運用吹泡泡來進行。用不同的速度和節奏吹泡泡，對兒童來說非常好玩而且能樂在其中。在 EMDR 治療的不同階段中，都可以請兒童快速地吹出「快泡泡」，或非常緩慢地吹出「慢泡泡」。在準備階段時，可以邀請家長到治療會談中觀看兒童做這些練習，這樣他們便能每天持續與兒童進行練習。

幫助兒童尋回他們的身體

時常出現解離狀態的兒童，對自己身體的察覺度都非常低。他們會感到麻木，或覺得身體是支離破碎和分裂的。很多兒童在嘗試去感覺自己身體並找到一些可以控制的感覺時，所可能採用的策略通常會讓父母和心理衛生專業人士誤解。在兒童努力要從身體取得一些感覺時，有時會做出使父母困惑的事情。我遇過一些兒童，堅持要穿非常緊的衣服或是內衣；還有一些兒童，並非出於需要也沒有明顯的原因，卻堅持每天背著很重的背包去學校。當問到為什麼要背沉重的背包？他們會說，就是喜歡這樣的感覺。一個有著中度解離症狀的六歲孩童，每天早上都會提出一個令她媽媽感到很奇怪的要求；到了替她綁頭髮的時間，她會要求媽媽一再拉緊她的頭髮來綁成馬尾，緊到讓她媽媽覺得可能會很痛的地步。然而，這孩子卻從未說過覺得痛，而且如果媽媽不照她的要求做，還會對媽媽生氣。對於很多解離兒童來說，無法感覺到自己的身體，可能就是自傷行為的根本原因。幫助兒童與他們的身體重新連結，是很重要的，但是應該要循序漸進。太

163

快、太早與身體連結，很有可能在兒童的系統裡造成失調。當治療師已經辨認出兒童缺乏內在體感的察覺，就應在準備階段展開與身體重新連結的步驟。在兒童身上或許會發現從輕度、中度到重度與身體解離和脫離的不同形式，因此應該要評估他們能感覺到多少自己的身體。把靜心察覺帶入身體和那些身體狀態，應該是與解離兒童進行準備階段時的一個重要面向。以下將闡述一些可用來與不同發展階段和年齡層次的兒童工作的策略。

針對幼兒的策略

運用幼兒的神奇思考能力來設計有趣的策略，或許會很有助益。當父母能夠參與時，親子關係所提供的完美氛圍，會使身體甦醒過來。帶有撫育性質的碰觸和遊戲，構成了喚醒身體的強而有力方式。治療性遊戲活動結合了遊戲、連結和碰觸，是刺激身體察覺的極佳途徑。有鑒於自我的感覺無法在孤立中發展，而要透過一再重複的親子互動來建立，因此要修復並重新連結幼兒對身體的感覺，就應該透過與照顧者的連結來進行。幫助兒童感受到「被感覺」（Siegel, 1999），可以為發展健康的身體察覺提供適當的條件。一些遊戲活動，如：身體輪廓、手印和腳印以及臉部彩繪等等，可以創造出合適的環境，來與身體重新連結或進行首度連結。如何在 EMDR 中運用治療性遊戲，詳見第十二章。

針對學齡兒童的策略

學齡兒童亦能受益於運用到身體的好玩活動。此外，透過對身體的靜心察覺來刺激大腦活動和神經生成，已經證實效果非常強大。對一些兒童來說，他們的依附經驗已經以獨特的方式塑造了他們的大腦。根據兒童為因應依附需求所發展出的不同策略，使得他們右腦或

164　左腦的活動可能會因而更加突顯或減少。逃避型和忽視型依附模式的人，右腦的參與會減少，來迴避他們未滿足的連結需求所帶來的痛苦。另一方面，焦慮型、矛盾型和糾結型的人，右腦可能會呈現被淹沒且混亂的狀態，影響到前額區域的因應能力（Siegel, 2010）。另外，當大腦低層次區域（lower regions）正在發育的兒童經歷到創傷和艱困時，對於調節戰鬥、逃跑或凍結的反應會遭遇較大困難。這些反應，可能會被當前環境中的微小刺激所啟動（Perry, 2006）。在 EMDR 治療全程的不同階段中，都應該刺激垂直和水平的整合（Siegel, 2010）。整合要在 EMDR 的準備階段就開始培養，但在重新處理階段會更快速地達成。本書不同章節中所提出的許多練習，目的便在於刺激兒童大腦的低層次區域和皮質下區域，使它們能與大腦高層次區域同步工作。此外，促進「水平」的整合也同樣重要，如此左、右腦才能一起工作。一些活動的運用，例如下述這個活動就是設計來刺激身體的靜心察覺，和促進各個不同系統間的聯繫（更多身體介入方式的運用，詳見第十一章）。

　　在這個活動裡，你可以使用麥克風與兒童身體的不同部分接觸，請兒童以靜心察覺來注意自己的身體各部分和器官。以下的對話示範如何引導這個活動。

　　治療師：「我們要來認識我們的身體，以及它怎麼對我們說話或唱歌。讓我們來看看你的身體如何對你說話或唱歌。我們就從注意你的右手開始。你可以感覺到你的右手嗎？它感覺起來冷冷的、暖暖的，還是非常熱？」

　　兒　童：「它感覺起來有點暖暖的。」

　　治療師：「你右手這個暖暖的感覺，是好的感覺，還是不好的感覺？」

　　兒　童：「是好的感覺。」如果兒童陳述出負向感受，請兒童注意這個感受，並利用這個做為探索的機會。訪問這隻手。用麥克風與右手或左手進行一場對話。邀請各個部分彼此互相對話。如果右手有

正向的感覺，而左手有負向的感覺，便請雙手彼此對話。右手會對左手說什麼呢？

治療師：「好，我想請你只要注意或專注在你的右手，和這暖暖的感覺。」給予慢速度短回合的雙側刺激。

治療師：「你可以感覺到你全部的手指以及你的右手掌嗎？還是只感覺到一些？」

兒　童：「我感覺到全部的手指。」

治療師：「好，現在只要感覺你右手的所有手指，並且注意擁有所有的手指是怎樣的感覺？」給予緩慢短回合的雙側刺激。

治療師：「右手有想要動一動嗎？還是它想靜靜地停留在本來的位置？」

兒　童：「我覺得它好像想要動一動。」

治療師：「你覺得右手想要做怎樣的動作？它是想要上下移動？甩動？用力緊握？握拳？還是想要做別的？」

兒　童：「右手想要握拳。」

治療師：「好，那就來握拳，然後就單單注意你的右手正在做的事。」給予慢速度短回合的雙側刺激。

看兒童的狀況而定，也許一開始你給大腦其中一邊的刺激會多過另一邊。此外，當你把察覺帶到身體的兩側之後，請兒童同時注意兩邊的手或兩邊的腳。同時，加入一些對器官的察覺，如心臟、胃和肺。如果兒童說手或身體其他任何部位沒有任何知覺、感覺或感受，那麼你就說：「好，那我們要來做一些活動，幫助你現在能夠對你的手有一些感覺。讓我們從在你的右手上塗抹一些乳液開始，然後來做一個手印。」兒童可以在手上塗上手指畫顏料或乳液，或者治療師可以指導家長把乳液塗抹在兒童的手上，然後把手按在紙上做出手印。一旦手印做好了，在上面灑一些粉末，使手印更明顯可見。這些手印會讓兒童開始對於手的存在感更加真實與具體。請兒童注意印在紙上的手以及相關的感覺。當兒童正在注意手印時，給予慢速度短回合

165

的雙側刺激。然而，如果兒童陳述負向的反應或感覺，便不提供雙側刺激，而是把握這個機會來探索這些負向反應和感受。對這隻手，或這個痛苦，或這個不舒服的感受，進行採訪。要記住，任何的反應，無論是正向或負向的，都代表一個機會。如果反應是正向或中性的，便是一個運用雙側刺激來加深這個察覺或正向反應的機會。如果是負面的，便是一個探索的機會。如果反應持續是中性或正向的，可以對另一隻手和雙腳進行一樣的活動。你也可以用鋁箔做出一個完整的手的形狀。用鋁箔做出雙腳、雙腿、雙手、雙臂、頭和軀幹的形狀。在製作這些印模時，治療師可以指導家長用鋁箔來包覆兒童身體各個部分；可以協助家長包裹雙手或腳。不過，在治療的早期就應該取得家長和兒童對於肢體觸碰的知情同意書。

很重要的是，治療師在兒童從事這些活動時，要持續與兒童的內在狀態保持同步。有些兒童也許能夠全然參與這個活動，然而其他兒童可能只能耐受其中的一小部分。要注意的是，無論在準備階段的哪個時間點，任何工作，儘管是正向的訊息，也有變成負向的潛在可能。如果兒童變得焦慮激動或陳述負向情緒時，便要著手運用本書所描述的其他準備策略，來幫助兒童感受到涵容和調節。此外，要運用你自身的系統與兒童共鳴，把他或她帶回情緒的內在平衡狀態。好好運用大自然賦予你的東西：你的內在狀態、眼神接觸、聲音的高低和音色，以及帶著撫育性調節功能的碰觸。如果兒童正在經歷負向情感，那麼治療師耐受與調控自身情感的能力，將會影響兒童的經驗。從開始焦慮激動、感到懼怕，到後來有效使用調節策略，這整個經歷會成為兒童的駕馭經驗。如果治療師在現場能夠與兒童同步，並且溫和地重建情緒平衡，這樣的經驗對兒童而言會是一個勝利的行動。然而，如果治療師也一起變得失調、懼怕或挫折，這整個經驗便可能會增強兒童的無助感和對負向情感的恐懼。如果使用了一個策略，但卻無法將兒童帶回平衡的狀態，要記得，永遠都會有機會加以修復的。

166　　　治療師能與兒童在生理層面產生多少共鳴，是極重要的關鍵。根

據席格（2011）的研究發現，增加身體察覺會使人對於其他人更有同理心，「當我們能感覺到自己的內在狀態時，與他人共鳴最基本而重要的路徑也就被打開了。」（Siegel, 2011, p. 62）要想幫助兒童發展內在體感的察覺，需要治療師擁有充分感覺和經驗自己以及自己身體的能力。

當身體不存在

有些兒童的確表示沒有辦法察覺或辨認自己身體的任何感覺。這時應該以緩慢的步調，來幫助兒童與身體重新連結。被診斷為解離性身分障礙症的兒童，或許對身體有一種混淆和扭曲的感覺。不同的部分（parts）、人格狀態（alters）或自我狀態（ego states），可能會開始相信它們擁有不同的身體。然而，在我的臨床經驗中，這些兒童的解離藩籬並不像成人身上的解離性身分障礙症那樣牢不可破和頑固。因此，對於兒童來說，將不同部分整合起來，可以更快達成。

第一次與身體相遇

創造出對於認識身體的好奇心和真切渴望，就可以打造出一個治療的堅固基石。以初次見面的眼光去認識身體不同的部分和器官，可以讓我們在擁抱身體的過程中融入一些好玩的元素。很多兒童被問到他們在自己身體上經驗到什麼時，可能會回答常見的答案：「我不知道。」以下的策略並不需要兒童先前有過察覺身體感覺的經驗，只需要對與身體第一次相遇抱持著好奇心。這些策略是展開學習身體語言的好方法，同時還能讓兒童處在遊戲狀態中。

治療師：「我們要來學習了解我們的身體如何向我們說話。有時候我們停止傾聽自己的身體，因為有太多亂七八糟的感覺在身體裡面。現在我們要開始來慢慢地一點一點認識我們的身體。讓我們花一

點時間先聽聽看，身體是否正在告訴我們一些什麼。這是一種不同的語言。身體是用感覺和動作的語言來說話。緊張、刺痛的感覺、彷彿肚子裡有蝴蝶在拍動翅膀的感覺、麻木，以及其他種種感覺，都是身體所使用的語言。你可以用想像創造一個身體的衛星或天線，用來幫忙你找出身體裡的感覺。我想請你開始使用你的衛星或天線，看看你是否可以接收到任何身體的訊號。我也有一個『感覺發覺工具』。使用這個發覺工具時，你可以從頭到腳掃描或檢查你的身體，看看是否能找到任何東西。」給兒童足夠的時間使用這個感覺發覺工具；這個工具其實是一個放大鏡，讓兒童用來檢查整個身體。要提供選項來幫助兒童與身體連結（詳見第十一章）。先前本章中已說明過幫助兒童與一些感覺連結的策略。然而，這個練習適用於一開始便表示對身體沒有感覺或感受的兒童。

兒　　童：「沒有。我沒有感覺到任何東西。」

治療師：「好，沒關係。我們就開始來跟身體初次見面吧。想想你初次認識某個人的經驗。我邀請你，只要對初次見面感到好奇就可以了。我們要畫一張你的身體的圖，或做出你身體的輪廓，來開始進行第一次跟你的身體見面。」完成之後，沿著身體的輪廓跟兒童檢視，有沒有哪個部分或器官有多一點點的感覺，或是兒童感到跟哪個部分或器官有更多連結。你可以要求兒童使用不同的顏色分別代表沒有感覺的部分，以及有一些感覺的部分。你也可以用黏土製作出這些身體的部分。讓兒童選出有一些感覺或感受的身體部分或器官。要求兒童畫一張這個區域或部分的圖。邀請兒童與這個部分進行對話。與年幼的兒童工作時，你可以用麥克風來訪問這個身體部分。

治療師：「讓我們帶著好奇心來看看這一個部分。我們來看看這個部分的溫度可能是怎樣。先來猜一猜。你覺得它可能是暖暖的、冷冷的還是熱熱的？它是很緊張而且僵硬呢，還是非常平靜而且富有彈性？它是停止不動的呢，還是裡面在動？」在學習這個新語言的初步知識時，應該要提供兒童一些選項。如果兒童對身體或特定的身體部

位感受到分開或遠離的狀態，便要慢慢一步一步帶領兒童與這個身體部位連結。請兒童想像或實際上用真實的線或繩子，與這部分的身體建立一些連結。一旦某種程度的連結建立起來了，引導兒童漸漸向這個部分越靠越近，直到兒童可以完全地擁抱這一部分，並且感覺到它是自己身體的一部分。如果中性的或正向的感覺湧現，使用雙側刺激來予以增強。但如果陳述的是負向的反應，就用有趣好玩的方式來加以探索。害怕與身體或身體的一部分連結，也可以成為運用 EMDR 治療的處理標的。

　　一位年輕女性個案很清楚地說，她的身體從未有過任何感覺。在開始做上述的練習時，她指出她的心是她感到最有連結的器官。她實際上畫了一個圖，圖中她的頭和她的心都與身體分離（圖 7.2）。她還把自己的心畫在一個提在她手上的籃子裡。我們抱著不帶批判的好奇心來面對這幅畫。當我開始訪問這顆心的時候，她又畫了另一幅畫，

圖 7.2　對身體的主觀經驗。這個個案的年齡、
性別和其他細節均已變更，以保護個案的身分。

將這顆心畫在一個鎖起來的盒子裡（圖 7.3）。我們從盒子的外面看著，帶著好奇心，彷彿第一次跟這顆心見面，我協助她猜想這顆心在說些什麼？有什麼感覺？這顆心的溫度、質地、形狀或顏色是如何。我們玩著猜想的遊戲，而我提供她選項，讓她可以有不同可能性的選擇。我想再說一次，這個時候只是在猜想，就像是我們第一次跟這顆心見面一般。隨著會談的進展，有一天，這位個案陳述說，這顆心現在在盒子的外面了。治療師鼓勵她去想像向這顆心靠近，並且注意這顆心和她身體的其他部分發生了什麼事。當她的回應是正向的，便給予慢速度短回合的雙側刺激，來增強這個正向的感覺經驗。之後，我們牽了一條線來幫助她與這顆心連結，而最後她畫的一些圖中，這顆

圖 7.3　在盒子裡的心。

心被放進了她的身體裡。一旦兒童能夠完全地擁抱和感覺她的心，便給予更多的雙側刺激。再強調一次，如果兒童回答「我不知道」，鼓勵兒童去猜猜這顆心或任何其他的器官正在經驗著什麼，就好像這是初次的發現一般。這些策略也可以在 EMDR 治療的重新處理階段中，當作交織（interweaves）的方式使用。

　　並不罕見的是，兒童可能會指出性器官是有較多連結或感覺反應的器官。因此，謹慎地協助兒童不帶羞愧地接納與理解自己身體，是十分重要的。當兒童經驗到高度的性喚起，要讓他的注意力在性器官 168 與身體其他部位之間來回轉換／擺盪（pendulate），或進行偏向認知層次的工作，以調節其喚起程度。帶著接納而不加批判的態度，運用靜心察覺來注意這些感覺。你可以使用以下任何提問：「當你注意到私密的部位有刺刺的感覺時，你的心裡發生了什麼事？或者，讓我們來注意你的肚子，當你的私密部位有刺刺的感覺時，你的肚子可能會有什麼感覺？有沒有哪一個身體部位的感覺剛好相反，或是並沒有刺刺感覺的？如果把這個刺刺的感覺轉換成我們說的語言，那麼你的私密部位在說些什麼？它們需要什麼？」很重要的是，如果家長在場共同參與，要讓他們明白治療師會引導這個諮商會談。需要事先讓家長做好準備，並再三保證治療師會處理任何可能出現的狀況，也會在需要家長有所行動的時候透過任何介入方式來指引家長。這些當然需要治 169 療師擁有足夠的經驗並能良好掌握效果。如果治療師本身還有一些尚未被處理、整合和解決的過往創傷或負向經驗，兒童在談到身體和私密部位時可能會引發羞愧和不舒服的感受。治療師應該察覺到工作時的適當界限何在。倘若超乎我們自身專業層面，或所處理的議題在自己身上都尚未達到最起碼的解決和理解，是無法構成最佳的臨床實踐的。

發展和刺激情感調節的遊戲

　　儘管 EMDR 有一段很長的準備期，但是有解離症狀和不安全依附模式的兒童，仍很難觸及創傷和苦難的記憶。因此，這些形成目前不同功能區域受損癥結所在的記憶，會持續被現在的環境刺激所啟動（Shapiro, 2001）。為了促進療癒，這些記憶需要在某些時刻予以重新處理和同化。而幫助兒童克服「對記憶的恐懼」（van der Hart et al., 2006），是高度受創兒童在準備階段工作時的重要面向。以下的遊戲和標準程序，是設計來幫助兒童克服創傷記憶中內隱的恐懼。「泳池的譬喻」和「進進出出」技巧可用來說明這些策略。在這個譬喻中，泳池代表兒童內隱或外顯地感到害怕而逃避的負向事件、創傷的記憶。深陷在情感失調中的兒童，缺乏可以安全進入這些泳池或在其中游泳所需的「救生衣」。他們實際上發展出了「泳池恐懼症」，不管經過多長時間的準備，對泳池的恐懼仍然存在。在準備階段，治療師已經幫助兒童發展出游泳技巧，並製作出救生衣。然而，儘管有了所有這些技巧和游泳裝備，兒童可能依然害怕潛進這些記憶中。治療師必須一小步、一小步地幫助兒童克服踏進「泳池」的害怕。運用「進進出出」的技巧來接觸泳池，同時並尊重兒童所能忍受的程度，便是一個好的起始。記住這點之後，我們便能理解，一開始兒童可能只能忍受把指尖放進池子裡，然後很快地就縮回來。之後，治療師可以支持兒童建立較高的調節能力，以便游到泳池的對岸。很多作者提出了一些處置的標準程序，例如：持續植入當下定向感和安全感（constant installation of present orientation and safety, CIPOS; Knipe, 2010），我將其歸類為「進進出出」的策略。這些標準程序和策略，也可被視為擺盪（pendulation）（Levine, 1998/2010）[46]、震動（oscillation）（Ogden, 2006）以及微步調整（titration）。無論我們如何稱呼這些活動，它們

46　　譯註：擺盪是指在兩者間來回轉換，在此也就是在感知安全處所和創傷記憶之間來回轉換。

都是設計來幫助兒童克服對內隱記憶的恐懼，並希望能增加兒童的情感耐受度、提升整合能力，以及改善調節能力。當記憶的認知、情感和感覺動作面向受到提取和啟動時，這些活動也有助於提升兒童停留在當下和保持雙重察覺的能力。

「探訪記憶的肌肉」

對高度受創和解離的兒童來說，克服對創傷記憶的恐懼可能是最大的挑戰之一。很多時候，儘管廣泛進行了準備工作並處理情感耐受度，但這些兒童仍然可能拒絕重新處理產生創傷的記憶。這個以「探訪記憶肌肉」為譬喻的活動，便是設計來幫助那些光是想到這些記憶就依然感到害怕的兒童。以下便示範如何使用這個策略。　　170

治療師：「我知道要想起那些發生在你身上的壞事情，是很不容易的。我也知道你希望那些過去發生的壞事情不要再來煩你、不要再讓你感到不舒服。我們可以做一些事，來讓探訪過去的記憶對你來說容易些。你知道，我們運動或練習舉重時，會發生什麼事嗎？嗯……我們身體的肌肉會變大、變強壯，這樣才能讓我們的身體更有力量。有時候，那些『探訪記憶的肌肉』也許需要一些鍛鍊，才能變大、變強壯。它甚至可能變得比令人不舒服的記憶更大，這樣一來當我們之後探訪那些令人不舒服的記憶時，可能就不會那麼的辛苦或困難。我們將從畫出你身上發生的事開始。我知道要去想或畫出你身上發生的事仍然很困難，所以我們會慢慢地進行，並且還要邀請小幫手一起來幫忙。你想要帶哪一個小幫手進來呢？」給兒童一點時間來找出小幫手，或甚至把小幫手畫下來。你可以在前一次的會談中，請照顧者和兒童從家中帶來一些在兒童生命中正向且重要人物／角色的照片／圖片。

「我想要你畫出這些小幫手，或只要在腦子裡想像就好，他們會幫助你感到安全、舒服或強壯，或是幫助你擁有任何你探訪這個討厭

記憶時可能需要的感覺。我想請你想像這些小幫手就坐在你旁邊。」花些時間幫助兒童找出他／她想要這些小幫手坐在諮商室的哪裡。「現在，告訴我，當你想到你的小幫手時，你感覺如何？」

　　兒　童：（可能的回應）「我覺得很好、很安全。我想要我的狗狗坐在我旁邊的地板上，我的表姊坐在我的右邊，還有我的媽媽坐在我的左邊。」

　　治療師：「當你想像你的狗狗、你的表姊和你的媽媽就在你旁邊時，你感覺如何？」

　　兒　童：「我感覺很開心、很安全。」

　　治療師：「你在身體裡面的哪裡感受到這些感覺？你可以使用感覺發覺工具來找出你身體裡的這些感覺。」

　　兒　童：「在我的肚子裡。」

　　治療師：「好，我想請你想著你的小幫手們，感覺他們都在你旁邊；並且想著這些你擁有的好的感覺，以及這些感覺待在你身體的哪個部位。」提供慢速度短回合的雙側刺激。

　　治療師：「好，現在你注意到什麼？」

　　兒　童：「我感覺很好、很安全。」重複這個過程兩或三次。

　　治療師：「現在，有著你的小幫手陪在你旁邊，我想請你開始畫這件發生在你身上的討厭事情。你在畫的時候，要注意是否有亂七八糟的感受和想法冒出來；然後，如果畫這些變得太困難或太令人不舒服的時候，我想請你使用『我需要休息一下』的信號牌，只要你需要，使用多少次都沒關係。那我們就開始在這張紙上畫畫吧！」信號牌可以事先做好，上面寫著「我需要休息一下」，然後背面黏貼一根木棒。兒童也可以只要舉起手來表示需要休息。這個策略也可以運用沙盤來進行。要求兒童創作一個關於這個不好的或討厭的記憶的故事，並且告訴兒童，只要他需要，中間想暫停幾次都沒關係。

　　兒　童：（在圖畫完成一半以上後）「我想要用『我需要休息一下』信號牌。」

　　治療師：「你很懂得怎麼使用你的信號牌呢。我們就來休息一下。在休息的時候，我想要你想著你的小幫手，或者看著你的小幫手的圖畫。」讓兒童與這些小幫手在一起幾秒鐘時間。

　　「在想著你的小幫手：狗狗、表姊和媽媽的時候，你現在感覺如何？。」

　　兒　童：「我仍然感覺有一點亂七八糟。」

　　治療師：「我很高興你能讓我知道你的感覺。我想要你持續想著你的小幫手，想像狗狗、表姊和媽媽都在你旁邊，然後你與他們在一起一會兒。」讓兒童充分體驗這些資源，然後問：「你現在感覺如何？」

　　兒　童：「我又覺得很好而且很開心了。」

　　治療師：「好，現在，檢查一下這些好的感覺在你身體的什麼地方，然後眼睛跟著我的手指。你現在注意到什麼？」

　　兒　童：「我感覺非常好！」

　　治療師：「現在，如果你覺得可以的話，我想請你回去探訪那個發生在你身上的討厭記憶，然後看看你能畫出多少或在沙盤裡擺出多少這個故事。要記住，你現在是在訓練『探訪記憶的肌肉』喔，並且，只要你想要就可以停止或休息。」

　　兒　童：「好。我完成了。」

　　治療師：「好，做得好。你這麼做好勇敢。你畫出了發生在你身上的那件不好的事情了！」

　　這個策略也可以設定時間限制，好讓兒童回去跟相關的資源待在一起。例如，要求兒童每隔十秒或二十秒便暫停一下，然後請兒童想著小幫手或任何其他資源。每一次兒童回去跟資源相處並且表示在情感上有正向的改變時，治療師就給予慢速度短回合的雙側刺激。請記得，我們不是在重新深植這個資源，而是在強化兒童從負向狀態移到正向情感狀態的能力。明白這個道理之後，治療師便應在每一次兒童

回去跟資源相處並且表示正向情感狀態時，給予雙側刺激。

當前解決方案的深植

　　當前解決方案的深植（installation of present resolution, IPR）是啟發自創傷與失落兒童全國學院創辦人斯第勒（William Steele）和韋恩州立大學社工學院副教授萊德（Melvyn Raider）（2001）所發展出的一個練習。在那個練習中，要求兒童先畫一幅過去創傷事件的圖，再畫一幅現在的自己的圖。我將這個很棒的練習稍作改動，成為 EMDR 治療的標準程序之一，用於經過廣泛準備卻仍然對困擾記憶持續感到強烈恐懼的兒童身上。這個標準程序只適用於目前已經不再經歷負向或創傷事件的兒童。如果正在處理霸凌記憶的兒童，在當下仍遭受到霸凌，便不該使用這個程序。這個標準程序如下：

　　你可以這麼說：「我們要來畫兩張圖畫，一張是『以前』的你，另一張是『現在』的你。我知道要想著或畫出發生在你身上的事，仍然是很困難，所以我們會帶著小幫手跟我們一起。你想要帶哪些小幫手一起呢？我想請你畫出這些小幫手，或只是在腦子裡想像，這些小幫手能幫助你感到安全、感覺很好或很強壯，或是幫助你擁有你在開始探訪這討厭的記憶時所可能需要的任何感受。我請你想像那些小幫手就坐在你旁邊。現在，告訴我，當你想著你的小幫手時，你感覺如何？」給兒童充足的時間來回答或畫出這些小幫手。與「探訪記憶的肌肉」一樣，對於對記憶有著強烈恐懼的兒童，備妥資源在一旁，是非常有助益的。「現在你有你的小幫手的圖畫了，我想要你注意你的感覺如何，然後找出這些感覺待在你身體的什麼地方。現在，請你想著你的小幫手，同時感受那些好的感覺以及它們待在身體裡的哪個地方。」給予雙側刺激，並且只要這個資源持續與正向狀態有關聯，便重複予以深植兩、三次。

　　你可以這麼說：「既然現在你有了小幫手，就讓我們從畫圖開

始，或是，如果你比較想用沙箱，就用沙箱。第一張圖的標題是『以前的我』。想著那件發生在你身上的令人討厭或不好的事情，然後畫下那時在你周圍發生了什麼事、誰在那裡幫忙你、你那時感覺如何、你那時在做什麼，或你那時的大小。如果你在畫這幅畫時，這些不好的感受變得太難受，你可以舉起『我需要休息一下』的信號牌，然後想著你的小幫手。請記得，只要你需要，我們就可以休息，很多次也沒關係。」一旦完成了第一幅畫，就說：「現在我想請你畫第二幅畫，標題是『現在的我』。」一旦兒童完成了，協助兒童把這幅畫再盡量畫得詳細和具體。詢問一些能幫助兒童辨識出「現在有何不同」的問題，例如：你現在有多大？多強壯？你現在知道了些什麼你以前不知道的？此外，問問兒童學會的技巧、出現在兒童生活中的小幫手、兒童以前沒有但現在擁有的能力和資源。大致來說，就是詢問能顯示事情在任何程度上得到解決的任何事物，或是能顯示那件逆境或創傷事件現在已經結束的任何事物。一旦完成了這兩張圖，就開始在兩者間來回擺盪或微步調整。要求兒童注視著「現在」這張圖，並且注意感受以及這些感受所在的身體部位。如果這些感受是正向的，給予慢速度短回合的雙側刺激。再要求兒童注視著「以前」這張圖，並且注意任何出現在腦子裡、心裡和身體裡的東西。一開始只要持續想著那個困擾事件幾秒鐘，大約五秒或十秒，依照兒童能耐受的程度來取決。然後請兒童回過來再次注視著「現在」這張圖。有時候給予兒童一些提示，有助於重新引導兒童回到當下。當你們倆都看著「現在」這張圖的時候，你可以再次問兒童一些問題。你可以說：「你現在安全嗎？這個令人厭惡的事情現在還在發生嗎？你現在有小幫手嗎？你有比較強壯了嗎？你現在知道有些事物可以幫助你保護自己了嗎？」等兒童回答完一個問題，再問下一題。鼓勵兒童注視著這張圖，並注意出現的感受以及這些感受待在身體的什麼地方。如果兒童陳述正向感受，給予慢速度短回合的雙側刺激。給予足夠的時間，讓兒童的情感狀態能夠切換並改變為正向的狀態。回到「以前」這張

圖，讓兒童注視著它幾秒鐘，並注意任何情緒或身體狀態。以微步調整的方式，隨著兒童顯示出對過去困擾事件的耐受能力擴大，便漸漸增加注視時間長度。在一次會談中，只要兒童能承受，便盡量多次在「以前」和「現在」這兩張圖之間擺盪或微步調整。記住，只有當「現在」這張圖引發出兒童正向情感時，才提供雙側刺激。沙盤也能使用於這個標準程序中。把一個沙盤分成兩邊，或是如果你辦公室裡有兩個的話，便使用兩個沙盤。其中一邊，兒童可做出「以前」的景象，另外一邊則是「現在」的景象。當兒童在兩者之間擺盪或微步調整時，交替遮住其中一邊。將這個標準程序使用於許多兒童之後，我的經驗顯示，一旦成功使用了這個標準程序，便很容易讓兒童推進到對困擾記憶的完整評估和重新處理。我的假設是，這個標準程序也許能協助兒童的大腦，開始找出記憶的時間和空間。

狀態改變的深植

有些兒童可能無法忍受想著逆境的記憶，也很難將這些記憶畫出來。因此治療師可能必須從當前的誘因著手，或由較小的困擾開始。這個標準程序的目的，在於增進兒童改變情感狀態的能力和擴增調節的空間。你可以說：

治療師：「我們來玩些遊戲，幫助你把『感覺肌肉』變得更強壯、更大，好不好？有時候，感覺肌肉需要一些鍛鍊，如果我們能把這些肌肉鍛鍊得更強壯、更大，也許你就更能應付這些感覺了。我知道有一個練習，可以讓我們開始鍛鍊『感覺肌肉』，讓它變大、變強壯。我們就先來把你的身體畫到我放在地上的這張紙上。」與兒童一起畫出身體的輪廓。你需要一張夠大的紙來進行這個活動，好讓兒童能夠躺在上面，再由你或照顧者在紙上描畫出兒童的身體輪廓。以下是進行這個標準程序的描述。

治療師：「我想請你想著你的安全處所，或是一樣我們放在你的

『輔助工具箱』裡的東西，讓你可以在覺得亂七八糟的時候用來幫助自己。」關於輔助工具箱的製作方式，請見前面第三章的介紹。

兒　童：「我想要我的『好幫手們』跟我一起在這裡。」

治療師：「就讓我們來想著你的小幫手們。告訴我，當你現在想著你的小幫手時，感覺如何？」

兒　童：「我覺得很開心、很好。」

治療師：「你在身體的什麼地方感受到那些感覺？或者，那些感覺待在你身體的哪裡？你的身體如何傳達這些感覺給你？或者，你也可以使用感覺發覺工具，在你身體裡面找找這些感覺。」

兒　童：「我感覺那些好的感覺在我的肚子裡。」

治療師：「那我們就來在你的身體輪廓上畫出你的小幫手，就畫在你的肚子上！」兒童可以畫出來，或使用貼紙來代表每一個小幫手。

治療師：「現在請你想想有沒有什麼事情讓你有一點點不舒服的，當你想到了，就讓我知道。」

兒　童：「我想到了。」這時跟孩子確認一下他／她所選出來的困擾事件，可能會有幫助。因為我們希望從較微小的困擾事件開始，等到孩子對於改變情感狀態有了足夠的練習後，再鼓勵他／她提出困擾程度較高的事件。

治療師：「當你想起這件事時，你感覺到什麼？」

兒　童：「我覺得有點難過。」

治療師：「你在身體的哪裡感覺到這個難過？」

兒　童：「在我心裡。」

治療師：「現在讓我們來把這些難過的感覺畫在你身體的輪廓圖上，就畫在你的心裡。先看看這些感覺是否有形狀，有什麼顏色，摸起來是什麼感覺，或者溫度高還是低，然後就按照你所看見的、感覺到的、想到的，把這些感覺畫出來。」給兒童足夠的時間，去辨識和畫出這些感覺的不同面向。當兒童完成後，便可開始讓兒童在負向情感狀態和他／她選擇的資源所引發的正向情感狀態之間擺盪。

174

治療師：「現在，我想請你再一次專注於你的小幫手以及他們在你身體上所待的那個位置。想像他們現在就坐在你的周圍，然後看看你有什麼感覺。」

兒　童：「我又開始在我的肚子感覺到好的感覺了。」

治療師：「做得好！現在請繼續想像著你的小幫手，和所有你開始在肚子裡感覺到的好感覺。」給予兒童足夠時間轉換到正向的情感狀態。請兒童將注意力放到先前在身體輪廓上畫出來的資源圖樣。

兒　童：「我又在我的肚子裡感覺到這些好的感覺了。」

治療師：「我想請你繼續看著小幫手的圖畫，然後專注在你肚子裡的好感覺。」給予慢速度短回合的雙側刺激。

治療師：「你現在注意到什麼？」

兒　童：「我現在覺得很安全而且開心。」

治療師：「現在我們要回到那個讓你有一點點困擾的事情上。讓我們在你的身體輪廓圖上找出那個畫了亂七八糟感覺的位置，然後注意，當你開始想著這些的時候，發生了什麼？」

兒　童：「我心裡又有這些亂七八糟的感覺和想法了。」

治療師：「謝謝你讓我知道你的感覺。我知道這可能有點困難，但是要記住，我們正在鍛鍊這些『感覺的肌肉』，所以只要看著那些感覺就行了。注意那些感覺在做什麼，它們是否在移動，還是靜靜待著？我們只要帶著好奇心來看著它們就好了，就好像這是我們第一次遇見它們，正要認識它們一樣。」

兒　童：「它們正試著要擠出來，而且好像在移動。」

治療師：「好，就讓我們與它們待在一起幾秒鐘。」給予兒童足夠的時間，去注意與那個微小困擾相關的負向情感反應。你可以設定一個固定的時間，例如每十五或二十秒鐘便切換一次。你也可以就只是讓兒童停留在負向狀態，直到他使用暫停的信號或「我需要休息一下」信號牌。隨著兒童的情感耐受度擴增了，便可以慢慢拉長兒童想著負向事件的時間。確定已經給予兒童適當的教導，讓他知道可以使

用暫停的信號，或者等設定的時間到了便會切換。也可以請兒童戴兩頂不同顏色的帽子，一頂代表正向的狀態，另一頂代表負向的狀態。　175
這會讓這個標準程序更加好玩、有趣，而且使狀態的改變對兒童來說更加明顯而具體。

治療師：「現在，我們要回去想著小幫手了。讓我們再一次看著你畫在身體輪廓上的小幫手，並且注意著你身體裡的好的感覺，然後看看會發生什麼。」

兒　童：「我又覺得很好了。」

治療師：「那些好的感覺在你身體的什麼地方？」

兒　童：「在我的肚子裡，而且也在我的心裡。」

治療師：「好，那麼現在讓我們注意著那些在你身體裡的好的感覺，然後眼睛跟著我的手指頭，或是讓我在你的膝蓋上輕輕拍打。」

當你在負向事件和正向資源及其相關的情感之間來回往返時，持續進行擺盪或微步調整。你也可以轉變事件，要求兒童提出一個困擾程度較高的事件。

與照顧者一起進行狀態改變深植

狀態改變深植的標準程序，也可用在兒童和照顧者在一起的時候。在處理依附系統時，照顧者的參與是基本且重要的。在照顧者和治療師所給予的安慰和滋養之中體驗並擁抱情感狀態，可以強化這些情感經驗。家長或照顧者必須在當次會談前便獲得清楚的資訊，讓他們明白自己的角色，並對進行的過程有心理準備。當兒童正在經驗正向情感狀態時，可以指示家長加入而與兒童的正向感覺連結起來。可以運用一條繩子來連結家長和兒童的情緒及身體狀態。指示兒童和家長雙方只要停留在這個正向狀態裡就好。如果兒童可以承受正向情感和身體的親密，可以指示家長在這個練習活動中靠近兒童或抱住

兒童。如果兒童發展出逃避型的依附策略，就不要強迫兒童與家長親近。兒童可以選擇一個與家長之間「剛剛好」的距離。要提供足夠的資訊給家長，才能使家長在遵循治療師的指示時，同時也感受到在會談中獲得掌控權和尊重。為了幫助家長和兒童在轉換不同的情感狀態時能夠融入，治療師可以請他們製作一條細麻繩或繩子，使他們之間的連結對兒童而言更明顯而具體。

你可以說：「我們要來製作一條非常特別的『感覺繩子』。這條繩子能幫助你和你的父母，與你的感覺連結起來，也與彼此連結起來。你們可以用任何想要的顏色或材質來做這條繩子。你們也可以隨自己想要的樣子來裝飾這條繩子。讓我們花點時間在心中想一想要怎麼製作這條特別的繩子，當你想出來了，就讓我知道。好，我們從媽媽開始。請告訴我妳的『感覺繩子』長什麼樣子。」給予家長足夠的時間來描述這條繩子，然後再詢問兒童。你也可以從兒童先開始，或是誰想先開始都可以。一旦他們完成了對這些繩子的描述，便使用上述狀態改變深植的標準程序，從兒童的一個資源開始。當兒童陳述正向的情緒和身體狀態時，要求家長和兒童接上彼此的繩子，好讓家長也可以感覺到兒童當下的感覺。這個策略的一個主要目標，是幫助兒童「感覺到被感覺」，也幫助家長真正地與兒童連結和共鳴。當兒童進入負向情感狀態時，請家長和兒童相互連結他們的感覺繩子，讓家長能與兒童的狀態相連結。

持續植入當下定向感和安全感

持續植入當下定向感和安全感（Constant Installation of Present Orientation and Safety, CIPOS）這個標準程序一開始是 EMDR 國際學會認證諮詢師暨指導者奈普（Jim Knipe, 2006, 2010）發展出來的，後續由德國心理學家艾格絲（Dagmar Eckers, 2010）做了些修改，以便適用於兒童。根據奈普，這個方法是為了幫助解離個案能在微步調整、

受到控制且能預測的方式下，觸及創傷相關的素材。使用持續植入當下定向感和安全感時，要使個案的注意力專注在當下置身於諮商室裡的安全感。要給予足夠的時間讓個案完全專注於當下在治療師辦公室裡的現實。這個方法不但可以幫助解離兒童回復雙重察覺，也能讓他們靜心察覺到何時自己是身在此時此地，何時不是。這也能幫助兒童走過對於帶有困擾內容的記憶所感到的恐懼。以下是我自己對於持續植入當下定向感和安全感的調整做法，我從 2008 年開始，一直成功地將這個方法運用於高度解離兒童身上。持續植入當下定向感和安全感可以與一些工具一起搭配運用，例如兒童解離工具箱，來強化兒童對於此時此刻的定向感。使用持續植入當下定向感和安全感時，要在案主同意參與的情況下進行。兒童在治療師的辦公室裡也應該要感到安全，或至少感到能夠控制自己。以下的範例，可以幫助你知道如何開始與兒童進行這個工作。

你可以說：「我有一個很酷的活動，我們今天可以一起來做。不過，這個活動進行到某個時候，我們要去想想、去畫下來或去寫下來發生在你身上的那件不好的或令人討厭的事。同時我們在這活動中也要想辦法幫助你知道和感覺到，就在現在、在這裡完全跟我一起待在這個辦公室裡會是怎樣的感受。」

與兒童工作時特別重要的是，讓兒童感到在諮商室裡而且跟治療師待在一起，是很安全的。幫助兒童理解創傷或逆境事件已經結束了，而且現在並沒有發生，是很重要的。為了增強兒童處於當下的定向感，在詢問關於當下現實的問題之後，應該給予雙側刺激。「你可以告訴我你現在在哪裡嗎？你在我的辦公室裡看到了幾個娃娃屋？你現在正坐在哪裡呢？你的手現在正在觸摸著哪裡？你現在在這個地方有聽到哪些聲音？」在兒童回應每一個問題之後，請兒童注意著這感受，然後給予慢速度短回合的雙側刺激。

在 CIPOS 標準程序中運用解離工具箱

持續植入當下定向感和安全感標準程序的一個重要面向，是使兒童定向於當下的時間，並且在兒童失去雙重察覺時，幫助他恢復雙重察覺。另一個建議在持續植入當下定向感和安全感標準程序中使用的策略，是與個案玩投擲丟接的遊戲。拿工具箱裡的填充玩偶或一顆球，與兒童來回投擲丟接，可以是一個把兒童帶回當下的有效策略。運用兒童解離工具箱裡所有的雙重注意力工具以及持續植入當下定向感和安全感標準程序，可以協助治療師和兒童：

1. 幫助兒童熟悉雙重察覺工具。
2. 讓治療師測試這些工具，找出其中最有效率和效果最佳的策略，來恢復雙重察覺並把兒童帶回當下。
3. 每次與兒童練習過一個兒童解離工具箱中不同的工具後，便使用「在」、「一半在」和「不在」的標誌來評估。你也可以使用「解離扇」或「解離懸絲木偶」。使用這些的目的，是要評估兒童是否充分專注在當下。例如，在來回投擲丟接填充玩偶後，請兒童使用標誌來評估進行這個練習活動之後他或她是不是處在當下。當兒童完全地處在當下了，便給予慢速度短回合的雙側刺激，來增強兒童的當下察覺。

評估記憶

你可以請兒童把事件畫出來，或在沙盤裡建造出這個事件的故事。限定一段時間，讓兒童用繪畫、沙盤或黏土來做出事件的故事。時間可以限定在十到二十秒。一旦時間結束，請兒童停下手邊的工作，並對兒童說：「很棒，現在再一次把你的注意力放在『你現在正在哪裡』。」使用兒童解離工具箱中的某個雙重注意力策略，並讓兒童有足夠的時間回到當下。一個我調整過後合併應用於持續植入當下定向感和安全感的方式，是在兒童已經觸及創傷記憶且使用了雙重

注意力工具後，再使用標誌、解離扇等等。對兒童說：「現在，我們
用這些標誌、扇子或木偶，來看看你現在有多處在當下。」如果兒童
還沒有充分地定著在當下，便使用另一個雙重注意力策略，直到兒童
十分地定著在當下為止。然後，請兒童繼續畫出或建構這個記憶的故
事。重複這個過程，直到這繪畫或故事完成為止。然而，如果在某個
時刻，兒童變得高度失調，便繼續使用雙重注意力工具以及本書提過
的調節策略，直到兒童恢復了雙重察覺，並且達到充足的穩定度以及
情緒平衡。

摘要和結論

對於有解離傾向的兒童，通常需要運用進階策略來幫助他們維持
在足夠的穩定和處於當下，以便承受創傷處理的程序。幫助兒童了解
解離，以及解離對於求生的作用，是 EMDR 準備階段的重要面向。幫
助兒童熟悉各式各樣的雙重注意力策略，並且與每個兒童測試這些策
略是否有效，也是必要的。一旦發現了特定的解離反應之後，治療師
和兒童就能在這些反應被啟動時有所預備。在 EMDR 治療的準備階
段，治療師應賅要與兒童一起討論解離經驗，並針對萬一兒童浮現解
離現象時如何因應，跟兒童預先演練。本章提供了多樣、好玩且適合
兒童發展程度的策略，來穩定兒童並恢復雙重察覺。在這之後，才能
針對兒童痛苦癥結所在的記憶進行同化與整合的過程。

【第八章】第三階段：評估

179　　評估階段的主要目標是：

- 觸及含有創傷性素材的記憶網絡。
- 觸及並啟動記憶的認知、情感及身體層面。
- 運用兩項量尺來建立記憶的基準線：正向認知效度量尺以及主觀困擾感受量尺。

　　一旦兒童達到夠好的穩定程度並且準備好進入創傷處理，治療師便應該在兒童及家長的合作下，選取處理標的。在預備重新處理令人困擾的素材時，必須遵照以下的步驟：

- 鼓勵兒童把之前深植的資源帶來。如果兒童製作出「輔助工具箱」或是「安全盾牌」（safety shield）等等，那麼他應該把這些東西帶到重新處理的治療會談來。
- 請照顧者妥善照料兒童的基本生理需求，包括睡眠、進食以及身體的休息。兒童的情感耐受度窗口會因為基本生理需求而擴大或縮小，兩者息息相關。如果兒童在治療會談的前一天晚上沒有充足的睡眠，跟生理系統獲得充分睡眠和休息相較起來的話，他可能會感到疲憊而容易變得煩躁。確保兒童基本生理機能的需求得到滿足，就能為 EMDR 治療的處理程序順利揭開序幕，帶來豐富的收穫。
- 所有能夠讓兒童的喚起程度保持在可控制範圍內，從而得以促進創傷記憶處理的資源，都應該準備就位。如果寵物參與了準備階段並且能夠幫助兒童感到安全和平靜，那麼就要求家長和兒童把寵物帶到治療會談來。由於寵物先前已經熟悉了辦公室及治療師，應該不

至於造成會談中斷。

● 讓兒童可以取得帶有認知、情緒以及身體感受等內容的圖卡、方塊和球。

● 如果在探索記憶時曾經使用涵容的資源，並且有所幫助，那麼在評估以及重新處理的所有階段就可以再度運用這些資源。座墊屋、害羞毛毯、雨傘屋、隱形帽子等等，都需要為兒童準備好。　180

● 在觸及和重新處理記憶之前，治療師應該對於可能需要的資源以及認知交織等等，有明確的方向和計畫。一旦確認兒童預備好進入EMDR 治療的重新處理階段，這些就需要做好安排。這時候照顧者參與的程度應該已經確定，而且如果可能的話，治療師應該已經和照顧者展開某個程度的工作。

● 如果在重新處理令兒童困擾的素材時照顧者將會在場，那麼家長應該清楚了解他們的角色。治療師應該告知家長關於治療會談中將會發生的事情，好讓家長還有兒童對這個程序有心理準備。

● 因為 EMDR 的重新處理階段緊接在評估階段之後，治療師應該已經準備好可能用得上的認知交織，以便在兒童處理記憶發生阻礙時可以派上用場。治療師最忌沒有準備就貿然進行重新處理的治療會談，尤其是面對複雜創傷的個案時。

● 如果確認兒童有解離現象，並且已經有充足的準備，那麼應該隨時備妥「兒童解離工具箱」供兒童和治療師使用。提醒兒童可以使用「在」、「一半在」以及「不在」標誌、「解離扇」或是「解離木偶」。盡可能提高整個治療過程的可預期性，以便降低執行時的焦慮。

● 提醒兒童，EMDR 治療進行的方式沒有對或錯。他們怎麼做都可以。

● 治療師要讓自己的內在狀態做好準備，以便在這些擁抱過去並從中發現自由的深邃時刻中，和兒童情感同步並且連結。花一點時間呼吸，並且尋找你的內在力量、智慧、平靜、接納以及「內在的手臂」（inner arms），或任何你在見證並促成這個整合過程時所需要

的東西。

和交感神經系統敏感的兒童工作

具有複雜創傷歷史的兒童，可能系統已經變得敏感，使他們甚至在安全的狀態中也傾向於採取戰鬥—逃跑的模式（Cozolino, 2006; Porges, 2011）。當戰鬥—逃跑的反應因為創傷記憶而一再被啟動，常常被現在的環境誘因所觸發，就會導致「身體的警報系統」始終保持在啟動的狀態。如此一來，在觸及並重新處理創傷性素材的時候，這些兒童可能會變得很容易過度喚起，損傷兒童維持雙重察覺的能力。這些很容易迅速進入極高度喚起狀態的兒童，可能會表現出侵略性、劇烈的怒氣爆發，如同那些很容易在面對甚至很輕微的環境刺激時便「拔腿就跑」的兒童。準備階段會為這些兒童提供合適的資源來適當地調節喚起。然而不論準備有多充分，由於創傷記憶還沒有得到處理，一旦在評估階段遭到啟動，這些兒童很可能會脫離情感耐受度窗口。治療師必須謹慎安排重新處理的治療會談，以便盡可能加大兒童的喚起程度及整合能力。藉著創造更高度的安全感、涵容以及連結來調節喚起，可以協助兒童更有效地融合創傷及逆境的記憶。譬如說，在展開評估階段之前，便可以將有助於提升安全感和平靜感的資源帶入治療會談當中。治療師可以告訴兒童，當我們去「探訪」記憶時，他可以帶著小幫手。我們可以把所有小幫手，無論是真實的或想像的，環繞在兒童的周圍，形成一個圓圈（Shapiro, 2001; Gomez, 2008）。不管小幫手是用玩偶、相片來呈現，或只是想像有媽媽、爸爸、寵物、天使等等待在身邊，都可以讓兒童知道，他們不需要單獨進行這項工作或是單獨「探訪」記憶。治療師也要更積極地運用自身，告訴兒童：「我會全程陪伴你，我們一起來完成這件事。切記，你並不孤單，我和你以及你所有的小幫手同在。」如果兒童需要「顧問群」（advisors；見第九章），也可以讓顧問群在一旁待命。當兒童

181

們感受到自己擁有資源、獲得陪伴並且很安全，那麼他們保持雙重察覺以及處於當下的能力就得以擴展。一旦兒童的生理狀態得到調節，就可以前往「探訪」創傷或逆境的記憶了。

和副交感背側迷走神經系統敏感的兒童工作

　　長期承受創傷的兒童可能會表現出敏感的背側迷走神經系統（Levine, 2010）。兒童會對甚至非常微小的環境挑戰，表現出崩潰和投降的自動反應。結果，在 EMDR 治療的評估階段，當他們的創傷、逆境記憶被觸及和啟動時，可能會引發崩潰反應。這些兒童往往會「活在」喚起不足的狀態中。結果便是，他們可能會有孤僻、顯得退縮、愛做白日夢以及解離的傾向。當中有些兒童會發展出適應的方法，並「抬高」自己喚起程度。幻想以及創造出想像的平行世界，往往是他們藉以適應現實生活中之困難和逆境的防衛機制。另外一些兒童則往往借助於一直「做事」（doing）而不是「存在」（being）來適應。他們往往會說覺得很「無聊」並且需要不斷地有娛樂。因此，如果在評估階段以及之後的重新處理治療會談中，提供身體動作以及比較大量的活動，會有助於讓這些兒童保持投入、集中精神並留在當下。透過有趣的活動，可能有助於讓神經系統做好準備，並驅動兒童「探訪」逆境和創傷的記憶。此外，動作可以幫助他們保持雙重察覺，並且維持在適當的情感耐受度窗口裡。譬如，運用「車站」來穿越評估階段，可以讓治療的過程變得有趣、好玩。這項「車站技巧」的做法是布置七件物品而創造出七個車站，每一件物品代表 EMDR 評估階段中循序漸進的七項程序步驟之一。將坐墊或是不同顏色的圖畫紙擺放在地上，告訴兒童，當他們在「探訪」記憶時，將會穿越七個車站。兒童和治療師一開始先坐在第一個坐墊上，或是坐在第一張長方形圖畫紙旁邊。治療師邀請兒童提出代表這項記憶的畫面。一旦兒童對這個問題給出了回答，他就可以移動到下一個車站，在那裡兒童要辨認出負向認知。可以把認知圖卡、球或是方塊放在那個車站上，

讓兒童擁有辨認負向認知所需要的資源。當兒童移動到第三個車站時，便請兒童辨認正向認知，然後按照這樣的方式進行下去，直到完成評估階段。一旦兒童抵達終點站，並且辨認出困擾的感受在身體的哪個位置，就可以展開減敏階段了。

182 選擇標的

在處理單一事件或是單純的創傷後壓力症時，EMDR 治療整個八階段的過程往往非常直截了當。EMDR 的基本程序可以引導我們挑選出原始的事件或是「最早的關鍵事件」，作為第一個標的，接著再找出最糟的事件。然而面對具有長期、發展創傷的兒童，在選擇標的時，治療師必須特別謹慎。如果這些兒童調節喚起的能力不足，那麼治療師可能必須將創傷記憶分層或片段處理。另一方面，治療師也必須謹記，這些逆境及創傷經驗往往是在語言前的發展階段所經歷的。因此兒童們對於這些記憶也許無法從認知上回想起來，但這些記憶卻一再受到目前的環境觸及和啟動，而藉由身體呈現出來。

和情感調節能力不足的兒童工作時，治療師可能需要先從困擾程度比較低的標的開始著手。此外，在這樣的情況之下，治療師可能必須將兒童更頻繁地帶回到一開始的標的，以防止兒童進入其他情感衝擊比較強烈的記憶。也就是說必須更經常使用 EMD（動眼減敏）的程序。另一方面如果兒童在情感上無法連結到比較早期的事件，那麼治療師可能需要從最近的標的開始著手，就像面對使用逃避作為防衛機制的兒童時經常會出現的狀況。

美國心理治療師克契爾（Maureen Kitchur, 2005）在她的策略性發展模式（Strategic Developmental Model）中，建議首先處理童年中期（四歲到十一歲）的標的，之後才處理她所謂的「第一順序處理」（first order processing）記憶。這些記憶對應於非語言及語言前的早期經驗。童年中期的記憶比較容易為兒童所記得，因為這些記憶發生的

時候，大腦裡面發展外顯記憶所需的重要結構已經存在。兒童可以比較容易觸及這些記憶的不同存在，例如認知、情感及身體元素。因此對於治療師以及兒童來說，比較能夠充分觸及記憶系統，並且能夠使第一次 EMDR 治療經驗獲得成功。當治療師和具有多重、發展創傷的學齡兒童工作時，先從他們比較容易用口語表達的記憶開始著手，可能會有利於 EMDR 治療的效果。根據克契爾（2005），「非語言、支離破碎的童年早期標的，往往牽涉到深度的身體處理、強烈的情感，而較少認知的或左腦的程序⋯⋯」（p. 33）根據克契爾，這就是為什麼治療師需要改變處理的順序，先從童年中期的記憶著手，之後才處理「第一順序的標的記憶」（first order targeting memories）。在處理非常早期的記憶標的時，孩子「可能會極端脆弱並且無法用語言表達他們的需要」（Kitchur, 2005, p. 33）。在決定重新處理記憶的順序時，必須考量兒童整體的臨床全景、目前的情感耐受度、穩定性等等。然而根據我的臨床經驗，針對深藏地、內隱地根植在腦中的記憶加以處理，會為這些在生命早期遭到傷害的兒童、青少年及成年人帶來深遠的蛻變，而這些傷害通常來自重要的依附對象。

觸及語言前創傷與逆境

在大腦的高層區域尚未發展完成時所編碼的記憶，會缺乏認知和語言的層面，要處理這些記憶可能是極大的挑戰。EMDR 的早期創傷標準程序（O'Shea, 2009）提供了一個方法，可以觸及並處理出生前以及即將出生前後的創傷。這項標準程序注重的是序列性時間階段以及早期創傷所造成的身體後遺症。和兒童工作時，特別是和具有複雜創傷的兒童，無可避免地將會以語言前時期的創傷為標的。因此，治療師必須以適合兒童發展階段的策略來觸及早期的創傷記憶。我發展出一些可以觸及語言前創傷和逆境經驗的策略，其中有一些符合早期創傷標準程序的做法。以下是觸及語言前記憶及早期依附經驗相關困擾

的一些可能途徑。

運用時間軸、記憶偵測器、生命故事、內在衛星及天線，
透過目前的誘因來觸及語言前記憶

　　運用「引導式回溯既往」（directed float backs）、「記憶偵測器」、故事和時間軸來觸及語言前記憶，非常有助於發掘這些內隱的記憶（參考第四章的完整描述）。這些記憶被觸及時，可能缺乏認知的元素，而且可能是透過身體的層面來與這些記憶連結。然而，當前具有引發效果的刺激所牽動的情緒、身體狀態甚至認知，很有可能成為觸及記憶網絡的管道。治療師可以請兒童創作一個生命故事；當兒童在探索不同的發展階段時，鼓勵他們尋找他們可能知道或可能聽說過關於自己生命中那段時期的任何事情。如果兒童提不出任何和早期發展階段相關的事件，那麼便去尋找這些非意識記憶所留下的情緒和身體足跡。治療師可以詢問兒童，他的頭腦、心或身體對於兒童生命中某一段特定的時期有什麼話要說，這將會提供非常關鍵性的訊息。所有這些資料都可能成為潛在的處理標的。

　　要觸及依然藏在內隱、非意識記憶中的神經網絡，誘因是非常重要的路徑。一旦當前的誘因已經辨認出來並加以評估後，便應該運用引導式回溯既往、時間軸以及記憶偵測器，展開對於出生前、出生後經驗的徹底探索。如同第四章所陳述的，治療師應該協同兒童畫出在媽媽或是「肚子媽媽」（belly mom）裡的「小小的我」以及兒童生命中不同的發展階段。首先要觸及現在的問題或誘因，接著用記憶偵測器來探索相關的負向認知和情緒。也可以將記憶偵測器對著情緒和身體狀態來進行情感掃描（Shapiro, 2001）。雖然記憶偵測器是一個外在的工具，但治療師總是要鼓勵兒童從內在去看見並且感受這個工具。外在的工具只不過象徵著存在於兒童心中真正的記憶偵測器。當記憶偵測器放到每一個發展階段的圖畫上時，邀請兒童從內在進行搜尋。此外，也要請兒童在搜尋記憶的過程中，察覺現在的亂七八糟想法、

情緒以及／或身體狀態。譬如，一個六歲男孩非常害怕單獨睡覺，他辨認出以下的負向信念：壞事即將發生。當他想到要在自己房間裡單獨睡覺的時候，便表現出害怕和寂寞。他的父母在一開始的接案會談中表示，據他們所知，這個兒童從來沒有經歷過創傷或逆境。他從一出生就被收養，而且在整個收養的過程中毫無困難。治療師請他畫出他生命中最早的那個「小小的我」，並且用記憶偵測器來發掘發生在那個小小的我身上的事情。他從畫出親生母親在體內懷著「小小的我」開始。他說他的「小小的我」在親生母親的肚子裡覺得很安全。然而當他把記憶偵測器放在他剛出生的幼小自己的圖畫上面時，他說他覺得很害怕。他說當時他的「小小的我」覺得不安全，而且認為壞事即將發生。當我問他是什麼事情讓他的「小小的我」感到害怕，他說他很害怕、傷心而且寂寞，因為他的媽媽已經離開他，而他一個人被留在醫院裡。養母表示他根本就不是一個人被留在醫院裡。無論如何，這個兒童的主觀認知以及這項記憶很可能就是如此在他的大腦裡編碼，造成他深沉的孤獨和絕望感。如同你所看到的，當前的誘因成為觸及的管道，藉以發掘這個每天晚上必須單獨在自己房間睡覺時就一直遭到啟動的語言前記憶。

　　另一位八歲的女孩貝絲，被診斷具有情感疾患，她表現出極端的憤怒爆發以及極端的悲傷、哭泣。她說她覺得沒有人愛他，因為她是個壞小孩。她在學校有嚴重的社交困難，而且雖然她的成績優異，卻總是和同儕格格不入。在完成適當的準備之後，我們展開了對過去記憶的探索。這個兒童主要的誘因是她媽媽的情緒狀態，以及媽媽對她的三個姐妹表達任何的關愛或照顧。當我們探索她的誘因時，所有的誘因都具有同樣的負向信念：我的媽媽不愛我。她把這個信念詮釋為：因為我是個很壞、不可愛的小孩。她的媽媽具有嚴重情緒問題以及解離的歷史。媽媽不太記得她女兒兩歲到四歲的事情。她甚至找不出貝絲兩歲到四歲的任何照片。我鼓勵媽媽從親朋好友那裡收集資訊，看看在她女兒生命中的這些重要時期發生了些什麼事。媽媽的

親朋好友指出，就在女兒兩歲的時候，媽媽出現非常嚴重的憂鬱，而且沒有接受治療，整天睡覺和抽菸。她的鄰居說有時候還幫她照顧孩子。當貝絲四歲的時候，媽媽能夠開始接受精神治療，並且服用精神藥物。媽媽也說自己一輩子都為嚴重的情緒失調而掙扎，而且自己的過去充滿創傷和艱辛。然而，貝絲兩歲時媽媽的憂鬱及情緒問題，從來沒有被提起過，也沒有和貝絲討論過，更沒有在最初的接案會談中提到。我請這小女孩把她的生平寫成一本書，書名是「在我裡面的英雄」。她從自己還在媽媽的子宮裡開始寫起。帶著之前在治療會談中所提到的誘因以及亂七八糟的想法和感受，她在鼓勵下透過她的書去探索、發掘這些想法和感受是什麼時候誕生的。我鼓勵她在故事中探索的時候打開她的「內在指南針或衛星」。

她說當她在媽媽肚子裡還有剛出生的時候，並沒有這些想法和感受。我請她仔細地注視在她心中和身體裡的內在指南針，看看這些討厭的東西是什麼時候開始的。在探索這些記憶的時候，藉由請她連結到自己的身體，讓我得以探索來自於右腦的訊息。她指出當她兩歲的時候，這些感受和想法誕生了。她無法提出任何顯示出當時發生了什麼事的畫面，只是在心中有種感覺。這個兒童居然有能力發掘出她的媽媽完全與她和她的心斷絕關係的確切時間點，真是令我大為感動。她也觸及了其他的記憶，包括她的媽媽對她吼叫、拒絕她，這些後來成為重新處理的標的。媽媽也創作了一個故事，訴說當貝絲兩歲的時候發生了什麼事。在重新處理這項記憶時，我藉著認知交織將媽媽的這個故事告訴了貝絲。這個個案將在下一章作進一步的討論。

將依附行為當作標的

當前的依附和照顧行為，可以讓我們一窺兒童的依附系統。要辨認出兒童早期受創的依附經驗，可能是項非常艱巨的任務，因為這些經驗根深蒂固地存在於內隱的記憶裡。環繞於這些依附相關經驗的逃

185

避、糾結以及紊亂，往往不是兒童或父母在意識層次上能夠觸及的。這些依附記憶的探索和觸及，可能要從現今啟動依附系統的引發刺激來著手。

和採取逃避策略的兒童工作

　　當前的照顧和依附行為，很有可能會啟動依附系統，以及伴隨而來的過去失能的依附經驗。對於那些對父母採取逃避型依附的兒童來說，他們主要的適應機制就是對依附的需要採取疏離和忽視。為了保護自己免於承受父母不願意、不能夠滿足自己對愛和連結的需求而帶來的痛苦，這些兒童採取逃避和疏離來求生存。對這些兒童來說，眼神的接觸、身體的接觸以及與照顧者和他人之間的正向互動經驗，都有可能啟動負向的情感以及痛苦情緒。即使是很簡單的與父母四目交接，都可能讓這些兒童非常難受，因為這牽動了痛苦的內隱依附記憶。切記，這些兒童的父母會鼓勵他們及早獨立和自給自足；這些父母在面對兒童遭受身體和情緒上的痛苦時，告訴兒童要咬牙挺過去並且堅強起來。和這些兒童工作時，我們其實是處理一個失靈或關閉的依附系統（Main, 1995; Siegel, 2010）。喬治等人（Carol George, Nancy Kaplan & Mary Main）在 1984 年發展出來的成人依附會談，幫助我們一窺具有不安全心智狀態的成年人的內心。這些會談的一些發現，可以用來推斷學齡及較年長兒童的心智在早期依附經驗影響下如何運作。有時候，逃避型兒童可能很難記得過去任何與依附相關的事件以及／或負向的事件。即使在進行引導式回溯既往以及情感掃描的時候，他們也可能會說沒有記憶。這在忽視型依附關係的成年人身上往往顯而易見，也可能會在逃避型的兒童身上看到。除了缺乏記憶之外，將照顧者理想化也很常見。他們往往會提到擁有完美的、很棒的早期和現在經驗，但卻沒有辦法提供任何事實或特定的記憶來支持這樣的說法。這些兒童往往會在治療會談中報告一切都很順利，儘管根據家長和老師的說法，他們其實出現了嚴重症狀。由於對過去的依附

經驗缺乏記憶，而這些經驗可能是現在症狀的核心癥結，因此我們可以將依附行為列為治療標的。無庸贅言，如果父母持續強化逃避並忽視連結，那麼依附行為的處理可能適得其反。在以依附行為和記憶作為治療標的之前，必須先和照顧者工作，才能達到最好的療效。

　　和逃避型依附的兒童工作時，可以發展出一套將照顧和依附行為予以分層處理的方式。比較妥當的做法是，先從兒童比較容易耐受的行為開始，接著才處理那些啟動最大困擾程度的行為。以下舉出一些可以作為治療標的的依附行為：

- 和照顧者的眼神接觸。治療師必須留意，某位照顧者可能比另一位照顧者觸發更多的不安。
- 有距離的擁抱。
- 非常親密的擁抱。
- 讚美。
- 愛的表達，無論是否有眼神接觸。
- 坐在家長的腿上。
- 餵兒童吃飯，甚至是年紀比較大的兒童。
- 臉部彩繪、塗指甲油，以及一般的接受慈愛照顧。
- 有趣的活動，例如和照顧者一起追逐泡泡。

　　一旦完成依附行為的層級，治療師就可以針對每一項依附行為，進行評估、減敏、深植、身體掃描的標準程序。然而如果家長仍然拒絕或忽略兒童連結的需要，那麼就不建議以依附行為當作治療標的。而且還要注意，如果家長還沒有獲得某種程度的治療（見第五章和家長工作的策略），那麼這些標的對家長來說也可能具有啟動效果。要記住，兒童的逃避策略很有可能是回應家長的照顧行為而發展出來的。有時候在針對依附行為進行工作時，可能得在家長沒有親臨現場的情況下展開。在這種情況下，治療師可以運用家長的照片，或是要

186

求兒童想像注視著家長的眼睛或是坐在家長腿上。之後可以請家長提供兒童比較具體的經驗。如果依附行為的標的對兒童來說並不恰當，那麼以最近的事件做為標的，通常可以成為逃避型依附兒童的出發點。由於缺乏記憶或是無法在感情上與過去的經驗連結，那麼以最近的經驗或甚至將來的事件來開始，可能是必要的做法。有時候，這些兒童以逃避作為因應和照顧者缺乏連結的主要策略，他們有可能會說記得過去一些逆境的記憶。雖然如此，他們卻經常可能無法在情感上和這些記憶連結。根據伯吉斯（Porges, 2011），主要的情緒偏重於右腦。對逃避型依附兒童來說，他們學會大量依賴左腦來因應與依附經驗連結的痛苦感情（Siegel, 2010）。他們的左腦習於主導，結果使得他們說話的方式往往可能抽離情感。即使觸及了尚未解決的潛在痛苦記憶時，這些兒童往往還是會說很難與這些記憶的情緒和身體層面連結。他們很可能會說這些事件不再對他們構成任何困擾，而且沒有必要在這上面著力。治療師必須和這一類的個案做大量的準備工作，以便幫助他們復甦右腦的程序。前面幾章提出的一些策略，可以協助達成這個目標。

和採取矛盾策略的兒童工作

另一方面，焦慮—矛盾型依附的兒童可能記得許多過去的記憶，但是當他們記起來的時候，受到啟動的程度如此之高，以致於他們害怕訴說或是記住這些記憶。這些兒童會呈現出過度啟動的依附系統（Main, 1995; Siegel, 1999）。他們往往會黏人，而且好像覺得從照顧者那邊得到的注意力永遠不夠多。角色倒置、情緒糾纏以及模糊不清的界限通常存在於他們和照顧者的關係中，不論是現在或過去。對這些兒童來說，和照顧者分離可能是巨大焦慮的來源。看著父母對其他手足付出關注、給予禮物或讚美，便成為不安的來源。這些兒童和逃避型依附的兒童截然相反，他們可能擁有過度活躍的右半腦，如同我們在具有糾結心態的成年人身上所觀察到的（Siegel, 2010）。這些兒

童可能會情緒氾濫，因此，必須有充分的準備來幫助他們有效地調節情緒。幫助左半腦安撫右半腦，進而促進水平的整合及平衡，將是EMDR 治療早期階段的一大重要目標。此外，和他們的照顧者工作，對於幫助這些兒童達到平衡和整合也至關重要。對這些兒童極端重要的一些標的和誘因，可能依然埋藏於非意識的內隱記憶裡，因此兒童和家長都不會在最初的接案會談中報告這些資訊。如此一來，治療師可能便認為兒童生命中並未存在逆境，因為找不到標的。從和照顧者的依附關係衍生出焦慮特質的兒童，父母的情緒狀態和臉部表情對他們來說可能是強大的啟動刺激。切記，這些兒童一直承受著父母情感上的龐大壓力，而且由於缺乏清楚的個體化以及和父母之間的界限，使得他們的內在狀態持續受到父母的情緒狀態影響。父母反覆無常且令人難以喘息的情感所帶來的傷害，可能便是兒童當前焦慮和症狀的核心。這些兒童的潛在標的，便是父母的情緒狀態、聲音、否定、挫折的臉部表情等等。問問兒童，當父母感到不高興、哀傷或生氣時，他們有無什麼亂七八糟想法、情緒或身體反應，通常便會得出適切的處理標的。要求將照顧者的照片帶來，或畫出照顧者不同的臉部表情，或許會大大突顯這種經驗。無庸贅言，必須等到父母已經清楚了解自身的心態以及他們是如何影響了兒童，才能這麼做。此外，照顧者也應該接受 EMDR 治療。父母的照片可以當作探索其他過往依附經驗的跳板。你可以運用時間軸、記憶偵測器或故事，透過當前造成引發的刺激（父母的情緒狀態和非語言的表情），來探索記憶網絡。請兒童畫出父母的表情。要求兒童注意，當他或她注視著父母的臉孔時發生了什麼。如果兒童說看著圖像時出現負向的反應或感受，便請兒童探索這個經驗。要求兒童辨識出跟父母臉孔圖像有關的亂七八糟想法、感受和身體狀態。請兒童辨認在哪些時刻或事件裡父母會展露出此時他正在探索的這種情緒。如果兒童能夠辨識出特定的事件，那麼那個事件伴隨著父母臉部表情的圖像，就可以用來當作標的。如果需要拉開較大的距離，或許可以將「一個人」呈現出生氣、挫敗或哀傷

等等的臉部表情當作標的。

和採取紊亂策略的兒童工作

　　第三類的兒童是紊亂型依附的兒童。那些兒童的照顧者極可能有令人害怕的照顧行為，或是他們自身深感恐懼。此外，他們和現在或過去的照顧者的互動，具有不同步、失調、缺乏敏感度的特色，而且很有可能被迫經歷冗長的過高或過低喚起狀態（Schore, 2009）。和逃避型以及矛盾型依附的兒童一樣，這些兒童的治療標的也可以在親子的互動中找到。通常這類兒童的當前誘因可以先作為治療標的，之後再深入探究他們的依附系統。對於這些兒童來說，即使已經做了大量的準備工作，要處理令他們害怕的早期依附經驗，恐怕一開始還是會造成太大壓力。無庸贅言，兒童屬於紊亂型依附的父母應該接受完整的 EMDR 治療。此外，這些兒童可能更加容易表現出解離的反應，因此非常有必要針對解離做好充分的準備，同時和家庭系統進行全面的工作。而且，在重新處理這些困擾他們的記憶時，極為可能需要採取分層和微步調整的方式。

以「心罐」為標的

　　在第五章充分討論的心罐，可以作為觸及含有傷害性依附經驗的記憶系統的管道，並且在某些情況下，心罐本身便可以作為治療標的。治療師可以將心罐遊戲當中受到啟動的不同依附行為，諸如：眼神接觸、身體接觸、接受讚美以及給予讚美，排列成一個層級。每一項都可以單獨作為標的，處理的順序則視兒童的情感耐受度而定。當兒童擁有相當足夠的情感耐受能力時，就可以處理誘發兒童最高困擾程度的依附行為。然而，如果兒童調節情感的能力十分有限，就應該從最不會啟動情緒的依附行為開始著手。

188

以發展階段為標的

　　當兒童對於早期的創傷事件缺乏外顯記憶的時候，治療師可以用兒童不同的發展階段和時期作為治療標的 [47]。兒童可以在治療師的協助之下製作出一條時間軸。如同前述，第一條時間軸可以專門用來發掘「勝利的行動」，讓兒童接受「獎牌」。和高度失調的兒童探索負向事件之前，可以用雙側刺激來定位並強化駕馭經驗和資源。使用照片（Kitchur, 2005; Gomez, 2008）可以促進觸及正向和負向經驗的過程。每一個發展階段，尤其是三或四歲之後，可能會包含「亂七八糟的」想法、感受和身體狀態。雖然在事情發生的時候，大腦還沒有發展出把訊息轉移成外顯記憶的能力，治療師仍然可以評估當兒童現在想到某一個發展階段時會做何反應。我們要審視的是兒童在此時此地如何從認知、身體和情緒上組織這項經驗。雖然在記憶最初受到編碼的時候，認知的層面尚未存在，但是有些兒童可能開始對這項經驗發展出「後設知覺」。對於其他一些兒童來說，這項經驗可能仍然以身體的、內隱的方式來編碼。根據席格（Siegel, 2012），每次當記憶被尋回（retrieved），它就產生蛻變。啟動類似神經放電型態的嶄新經驗，可能會增加、強化或改變原本編碼於某個特定記憶系統裡的訊息。一旦了解這一點，我們就應該從評估兒童有能力觸及的不同記憶層面開始著手，並且運用這些訊息創造一個基準線。對兒童說：「當你看著這張你四歲時候的照片，想想看你是否對自己有什麼和生命中那個時候相關的亂七八糟想法。」如果兒童沒有辦法發掘任何認知，就藉由詢問兒童跟那段生命時期相關的感受來觸及情感，取得兒童的主觀困擾感受量尺的分數以及感受所在的身體部位。再一次地，鼓勵兒童傾聽我們所說的多種不同語言：運用想法和話語的頭腦語言；透過感受來訴說的心的語言；透過身體感覺和動作來訴說的身體語言。鼓勵兒

47　原註：Gomez, 2009b, 2010a; Kitchur, 2005; O'Shea, 2009.

童就只是注視某一個發展階段或時期的真實照片或兒童自己畫出來的
圖畫，察覺相關的感受以及這些感受在身體的位置，同時提供雙側刺
激。請兒童仔細傾聽並且察覺他的頭腦、心還有身體在訴說什麼。本
書第十一章特別討論到如何使用身體的介入方式來為兒童提供 EMDR
治療。如同本章稍早所回顧的，兒童可以從自己「在媽媽肚子裡」的
時期開始進行。首先請兒童探索他對於自己生命的這個時期所知道的
任何事情。凡是兒童所透露的負向訊息都可以成為標的。然而如果兒
童沒有任何的外顯回憶或記憶，只要讓兒童想一想生命中的某一個時
間點或是年紀，可能就會帶出負向的想法、感受和身體狀態，可以成
為標準程序步驟的標的。再一次強調，發展階段或年紀可以成為治療
標的。治療師可以請兒童帶來一張那個年紀的照片或是畫一張那個年
紀的圖。然而，如果兒童在評估階段不能辨識出認知，那麼可以去觸
及情緒、主觀困擾感受量尺以及情緒在身體的部位。當治療的標的是
語言前記憶時，很有可能兒童會缺乏負向信念，因為這些記憶在編碼
時，外顯編碼所需要的重要大腦結構還沒有完全發育。在重新處理發
展階段時，可能會有更為特定的記憶浮現出來，可以留待日後再重新
處理。

在情感耐受度窗口之內工作

　　和具有良好情感耐受能力的兒童工作時，每當觸及逆境的記憶，
可能不需要治療師積極的介入。然而具有複雜創傷並且情感耐受度偏
低的兒童，可能會需要治療師更大程度的參與。EMDR 治療師可能需
要協助兒童調節並減少喚起的強度，同時約束神經網絡在評估和重新
處理階段中所受到的啟動。以下一些策略可以用來約束並微步調整評
估階段中觸及困擾素材的份量：

記憶的圖解和輪廓：尋找失落的寶藏

　　評估階段的程序步驟之一，就是辨認出代表記憶最糟那部分的畫面。針對複雜創傷個案而進一步調整的做法，就是從代表記憶最不讓人困擾的那個部分的畫面開始進行。這是一項很有趣的策略，允許兒童觸及並處理整個記憶，但是仍然停留在嬉戲的狀態裡。這項做法本身便可能會降低兒童在記憶遭到啟動時所經驗到的喚起程度。治療師可以請兒童把記憶想成三種不同的顏色：綠色、黃色和紅色。運用這三種不同顏色代表不同程度的強度和力道，來為記憶畫出輪廓，將能夠得出記憶中比較容易耐受的部分。記憶的輪廓可以藉由圖畫或是敘述來勾勒。可以請兒童使用綠色、黃色和紅色的圖畫紙畫出事件的順序，也可以用這三種不同顏色的小卡片來寫下故事。記憶的每一個部分都有一個顏色來代表困擾的程度，從輕度的綠色、中度的黃色到高度的紅色。從記憶的綠色區域開始著手，詢問兒童代表綠色區域的畫面是什麼。執行完整的評估時，必須辨認出負向認知、正向認知、正向認知效度量尺、情緒、主觀困擾感受量尺以及情緒在身體的所在位置。這個遊戲第一部分的目標在於找到失去的寶藏：正向認知。在減敏的階段當中，治療師可能需要更常將兒童帶回到綠色區域的畫面，以防止兒童進入令他們高度不安的紅色區域。兒童可能會辨認出一個或好幾個綠色區域，當第一個綠色區域相關的困擾程度降到零的時候，就可以允許兒童進入下一個綠色區域。如果兒童辨認出一個以上的綠色區域，就按照時間的順序來排列。一旦所有綠色區域在主觀困擾感受量尺上達到 0，就可以進入黃色區域，同時要防止觸及紅色區域。治療師可以很溫柔地邀請孩子探訪黃色區域：「現在你已經打開了黃色區域，對你來說，當你察覺這個記憶的第一個黃色部分時，從 0 到 10，現在討厭的感覺有多少？」每當孩子提到觸及了紅色的高度困擾區域時，治療師就要再一次請孩子回到黃色區域來。一旦和黃色區域相關的困擾都在主觀困擾感受量尺上達到 0 的程度時，治療師就可以和孩子進入紅色區域。一旦所有區域在主觀困擾感受量尺上都達到

190

0，就應該要完成深植階段以及身體掃描。這個策略可以變成一個好玩的遊戲，讓主觀困擾感受量尺達到 0，成為打開下一個區域的鑰匙。一旦記憶的所有區域都勾勒出輪廓後，就可以描繪出一座迷宮。被指認為「綠色」的部分可以畫上門，通往黃色區域；而被指認為「黃色」的部分便畫上通往紅色區域的門。可以為這項策略取個有趣的名稱，譬如「尋找失去的寶藏」，或是「（兒童的名字）和失落寶藏的故事」。這個寶藏就是兒童的正向認知。這個正向認知就放在遊戲的最後，而一旦找到了這個寶藏（即所有的紅色區域都在主觀困擾感受量尺上達到 0），就可以執行深植階段以及身體掃描。

把記憶分層

　　和近期事件標準程序（recent event protocol）非常類似的是，可以把記憶分層為比較小的場景。開頭的時候，從創傷事件快要發生之前的記憶開始分層，直到整個事件結束的那一刻為止。把記憶切分成比較小的場景，或許會讓困擾素材的份量對兒童來說比較易於掌握。為了增加趣味性，可以請兒童扮演電影導演，打造不同的電影場景，就從逆境或創傷事件即將發生之前開始。有些兒童可能會覺得戴上一頂真正的「導演帽」很開心。這頂帽子只有在針對某項特定記憶工作時，才可以戴上。

　　創作出這項記憶的劇情敘事，或是請兒童在不同的紙張上畫出個別的場景。兒童也可以為每一個場景創作一齣木偶戲。一旦整個記憶的劇情敘事都創作出來了，如同近期事件標準程序（Shapiro, 2001）的做法那樣，便先從兒童接收到某件「討厭」的事情即將發生的第一個跡象，開始著手。一旦場景描繪出來了，治療師就要針對那個部分的記憶進行完整的評估、減敏以及深植。繼續按照時間的順序來處理每

一個場景，直到每一個場景在主觀困擾感受量尺上達到 0 以及正向認知效度達到 7。一旦所有的場景都得到完整的評估、減敏以及深植，就可以針對整個記憶運用主觀困擾感受量尺來檢測。如果主觀困擾感受量尺高於 0，就繼續請兒童思考完整的記憶，直到主觀困擾感受量尺達到 0。然後遵循基礎的 EMDR 深植程序，將整個記憶的正向認知予以完整地深植。接下來，請兒童對整個記憶進行身體掃描。請兒童想著整個記憶，同時運用「情緒發覺工具」或「偵測器」，或者就只是從頭到腳掃描全身。身體掃描程序應該要確實遵守。它和近期事件標準程序有一項不同之處，在這裡並不先去觸及記憶中最糟的部分。

191　取而代之的是，事件正要發生之前的周邊場景成為首先處理的目標。之後再按照時間的順序，重新處理所有其他的場景。這些周邊場景往往比較不容易造成啟動，因此對於難以調節情感的兒童來說，比較容易率先予以重新處理。雖然治療師必須遵照所有的步驟來重新處理具有高度啟動效果的記憶，只要處理得宜，整個過程對兒童來說應該十分流暢。這就好比舞蹈的編舞，雖然專業舞者必須練習所有的片段和技巧，將其融入整支舞蹈的架構順序中，但觀眾觀看並感受到的是一支完整的傑作。如果治療師不能妥善整合 EMDR 的任何步驟和標準程序，那麼兒童或任何年齡層的個案可能會得到斷斷續續而支離破碎的處理經驗。

EMDR 兒童治療百寶箱

這個百寶箱在治療師當中名聞遐邇，因為它出現在美國 EMDR 基礎訓練所使用的一支錄影帶裡。這個新的百寶箱一邊有六個抽屜，另一邊有兩個抽屜。原來的百寶箱一邊只有三個抽屜，而另一邊只有一個抽屜（見圖 8.1）。當初發展這個百寶箱時，我心目中的目標是希望 EMDR 治療的標準程序對兒童來說除了適合他們的發展階段所需，同時也吸引人、具體、實在並且安全。以下就是「EMDR 治療百寶箱」

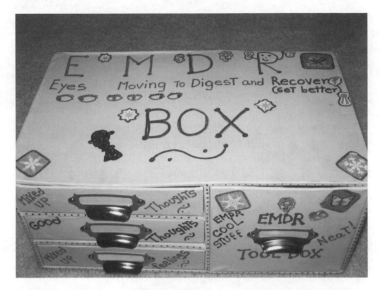

圖 8.1　原先只有四個抽屜的 EMDR 兒童治療百寶箱

能為接受 EMDR 治療的兒童提供的一些好處：

● 以好玩的方式引入 EMDR 治療。
● 在 EMDR 治療的評估階段和重新處理階段，提供視覺的提示來引導兒童。
● 在準備階段為兒童提供可以藉由遊戲來發展情緒、認知和身體感受詞彙的工具。
● 百寶箱包含了與評估階段相同的序列，以具體的方式來呈現，有助於在標定一項記憶時完成辨認負向認知、正向認知、正向認知效度、情緒、感受量尺，以及感受在身體的所在位置。
● 百寶箱讓 EMDR 對兒童來說變得更為有趣、熟悉、可預測以及安全。

　　百寶箱的六個抽屜包含了 EMDR 治療評估階段的每一個程序步　192
驟，其架構如下：

311

1. 第一個抽屜存放著所有負向認知的圖卡。
2. 第二個抽屜存放著所有正向認知的圖卡。
3. 第三個抽屜存放著小小的泡綿數字，從 1 到 7，可以組合起來成為「想法量尺」。其中還有不同種族背景的小小兒童人物。治療師可以使用動物來代替小人物在「想法量尺」上「行走」。
4. 第四個抽屜存放著各式各樣情緒臉孔的圖卡。
5. 第五個抽屜存放著從 1 到 10 的泡綿數字，可以組成「困擾量尺」。其中也有一些動物的或是不同種族背景的兒童人物，可以在「困擾量尺」上「行走」。
6. 第六個抽屜存放著「情緒發覺工具」或「偵測器」，用放大鏡來代表。
7. 百寶箱右邊的兩個抽屜存放著玩偶，用來作為「EMDR 幫手」，同時還有認知、情緒和身體感受的方塊。第一個抽屜的標籤是「EMDR 幫手」，第二個抽屜是「EMDR 遊戲」。

　　以這種有形的方式向兒童呈現完整的程序步驟，使得觸及記憶網絡的工作對兒童來說更為簡單並且降低壓力感。

EMDR 俄羅斯娃娃團隊

　　EMDR 俄羅斯娃娃團隊的作用，和 EMDR 兒童百寶箱一樣。為了建立這支 EMDR 治療團隊，需要一組俄羅斯娃娃（見圖 8.2）。這些娃娃的大小不一，小的可以裝在大的裡面。你需要六個娃娃，以便評估階段的每一個步驟程序都能有一個娃娃來對應。每一個娃娃都有一個名字，譬如：艾瑪（Emma）裡面裝著適用於兒童的負向認知小卡片；馬可斯（Marques）裝著所有正向認知的小卡片；朵拉（Dora）裝著 0 到 7 的數字，以及如何使用「想法量尺」的說明；羅絲（Rose）裝著情緒臉孔的小卡片；麗塔（Rita）裝著 0 到 10 的數字，以及如何

193

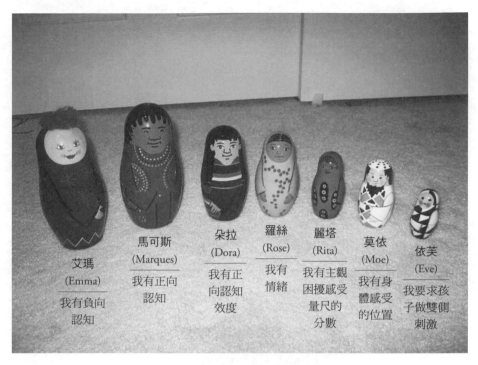

艾瑪
(Emma)
我有負向
認知

馬可斯
(Marques)
我有正向
認知

朵拉
(Dora)
我有正
向認知
效度

羅絲
(Rose)
我有
情緒

麗塔
(Rita)
我有主觀
困擾感受
量尺的
分數

莫依
(Moe)
我有身
體感受
的位置

依芙
(Eve)
我要求孩
子做雙側
刺激

圖 8.2　EMDR 俄羅斯娃娃團隊

使用「困擾量尺」的說明；最後，莫依（Moe）裝著如何使用「情緒發覺工具」找到身體位置的說明。在評估階段中，請兒童看看每個俄羅斯娃娃的裡面，找出每一個娃娃承擔的任務或問題。在評估階段觸及記憶時，治療師會請兒童打開每一個娃娃，找出每一個娃娃裡面的訊息和問題。當兒童打開第一個娃娃時，治療師便鼓勵兒童找出和他正在觸及的記憶相關的亂七八糟想法。一旦找到這個想法，治療師就請兒童打開下一個娃娃，然後再下一個娃娃，直到完成這項記憶的基準線以及伴隨的評估階段。俄羅斯娃娃團隊也可以應用於本章稍早提到的「車站」遊戲（也見於第九章）。將每一個團隊成員放置在七個車站當中的一個。這些車站可以用坐墊或其他物品來代表。然後就請兒童探訪每一個車站以及車站所屬的團隊成員，直到評估階段完成為止。在我的臨床經驗中，一旦第一個記憶成功地予以重新處理好，並

且兒童熟悉了 EMDR 的治療方式及程序之後，那麼兒童往往會承擔起治療過程的主導和所有權。很多兒童藉著運用 EMDR 兒童百寶箱或是 EMDR 俄羅斯娃娃團隊，引導著評估階段的步驟向前進行。他們會知道下一步是什麼，而且可能不太需要治療師指示就自行打開抽屜或娃娃。如此一來，兒童就會對自己的治療過程感受到更大的掌控和所有權。不管如何，兒童在整個過程隨時都能得到治療師的支持和陪伴。擁有主導、掌控和所有權並不代表在治療過程中落單；相反地，在探索、觸及記憶以及邁向適應性的解決時，療癒會在和照顧者、治療師獲得連結所產生的溫柔力量支持下，應運而生。

　　EMDR 兒童治療百寶箱以及 EMDR 俄羅斯娃娃團隊，讓評估階段對兒童來說變得有趣、好玩、可預料並且實際；能夠高度促進評估階段程序步驟的過程。這些遊戲讓原本對於兒童來說可能相當困難、抽象的過程，注入了有趣的元素。

使用 EMDR 治療以及沙盤治療

　　在完整的 EMDR 治療當中，最棒的輔助方式之一就是沙盤治療。根據美國德州州立大學專業諮商學程教授霍麥爾（Linda E. Homeyer）和美國喬治福克斯大學諮商學程教授斯威尼（Daniel S. Sweeney）（2011），「沙盤治療表達了沒有訴諸口語（nonverbalized）的情緒議題。由於遊戲是童年的語言，也是任何年齡層個案不能或不願訴諸口語時所用的語言，因此沙盤提供了非常安全的表達媒介。如果遊戲是語言，那麼小物件就是文字。」（p. 8）由於沙盤工作的象徵性質，這種形式的治療可以提供不同程度的距離感以及溫和的管道，來觸及內隱的自我還有右腦。要觸及那些仍然深埋於非意識的內隱記憶，是件相當艱巨的工作，因為在和父母及兒童的接案會談或是一般的會談中，這些記憶可能不可得。根深蒂固的依附經驗，譬如忽視、角色倒置、情緒抽離等等，家長或兒童可能都很少公開表達出來。此外，在

沙盤工作中所運用的象徵和小物件，能夠提供兒童在探索經驗時經常需要的距離感，否則他們可能會感覺壓力過大（見圖 8.3）。沙盤也能夠讓觸及早期和語言前時期的創傷和逆境記憶更為容易。受到高度創傷及情緒失調的兒童可以從比較遙遠的距離去開始觸及記憶，以非指導性的方式創作出一個故事或一個世界。兒童也可以創作一個故事來代表自己的困難、煩惱或是現在所擔心的事情，也可以在沙盤裡創作出創傷或逆境中實際發生的故事。

194

　　兒童在沙盤中所創作的故事，可能是絕佳的治療標的，尤其是當兒童即使得到充分準備卻仍然覺得觸及創傷記憶極有壓力的時候。另一方面，習慣使用逃避策略來因應的兒童，或許透過沙盤治療而能夠慢慢地擁抱痛苦的經驗，雖然這些痛苦的經驗仍然屬於內隱編碼，而且是他們一直竭盡所能要脫離的。兒童在沙盤裡所呈現的故事，起初往往可能很表面，而且大量受到左腦影響，這在採取逃避策略的孩子身上尤其如此。根據深入研究人際神經生物學的加拿大治療師貝德諾赫（Bonnie Badenoch, 2008），「受苦於逃避型依附的兒童，可能創作出一個內容幾乎都是出於左腦程序的沙盤。」（p. 225）很多治療師因此感到洩氣，因為他們把這種結果視為兒童不願參與任何治療工作。很多時候，一旦 EMDR 工作展開了，兒童慣於使用的適應機制就會浮現出來，因為它們也是根植於記憶網絡。另一方面，採取矛盾型策略

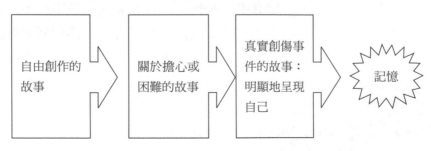

圖 8.3　在完整的 EMDR 治療當中使用沙盤治療，
來製造和創傷或逆境不同程度的距離

315

的兒童，會呈現出高度情緒失調的情感系統，沙盤治療可以幫助他們以漸進的方式觸及逆境的記憶，而不至於導致兒童感到被情緒淹沒。

必須再三強調的是，挑選沙盤物件時務必謹慎。「漫不經心地蒐集沙盤小物件並不恰當；刻意而用心地挑選才對。個案可能會對紊亂無章的物件蒐集感到困惑，或是對毫無節制的諸多物件在情緒上感到被淹沒，或是被有限的物件蒐集所局限。」（Homeyer & Sweeney, 2011, p. 3）以下是沙盤治療能為接受 EMDR 治療的兒童提供的不同程度距離。

一、自由創作的故事：當兒童即使已具備充裕的資源，仍然不願重新處理創傷時，自由創作的故事依然能夠在提供最大程度的距離下捕獲兒童內在的衝突。在這樣的情況下，要請兒童以自己感覺到的「呼喚」來選擇沙盤物件，而不需要多加思索。「沙盤的玩家是在組合一個大量運用右腦的敘事，經常是奠基於內隱的、之前沒有意識到的主題。」（Badenoch, 2008, p. 223）一旦選定了物件，就請兒童創作出一個故事或是一個「世界」。要給兒童時間去審視這個故事並「感受到完成感」。這個故事對兒童來說是否感覺已經完成，或是需要有所增加或減少？一旦兒童創作出故事，就請他說說這個故事。根據貝德諾赫（2008），讓兒童述說自己在沙盤中創作出來的故事，可以藉由把文字帶入在非語言狀態下發展出來的經驗和故事，而有助於促進右腦和左腦的連結。EMDR 治療師可以從請兒童說故事開始，之後再詢問銘印在沙盤世界裡的整體感受以及情感經驗。治療師也可以詢問誰是主要的人物，以及兒童是否是故事的一部分。評估階段的程序步驟將隨著故事的主要人物或兒童（如果他是故事中的一部分）而進行。然而，如果兒童為了創造更大程度的距離感而選擇了一隻「猴子」來代表自己，那麼所有的問題都將指向「猴子」。譬如，「我在想，這個故事對這隻猴子來說，最突出或最討厭的是哪個部分？」治療師也可以請兒童擔任主要人物的配音或是翻譯人員。負向和正向的

195

信念以及評估階段其他所有的層面，都要導向主要人物。諾雅是個在寄養家庭照顧下的九歲女孩，她呈現出憂鬱的症狀，並且具有憤怒爆發及帶著性意涵的行為。她在父母身邊長大，目睹過嚴重的家庭暴力情景，看到父親殘酷地虐待母親。她創造了一個粉紅小豬和其他農村動物住在農場的故事。那裡有一個「壞透了的農夫」，對待其他的動物都「真的很壞」。諾雅說，故事的主人翁粉紅小豬非常生氣，很想要幫助其他的動物，但是卻很怕農夫。諾雅否認自己是故事的一部分，但是透過「粉紅小豬」，她觸及了帶著困擾素材的記憶網絡裡的重要層面。接下來的幾章裡，將會討論在減敏及其他重新處理階段中使用沙盤的工作。

二、關於當前的擔心或困難的故事：兒童可能不願意碰觸真實的創傷事件，而且即使已有充分的準備，兒童可能還是沒有辦法完全擁抱含有逆境的記憶系統。然而，兒童有可能願意碰觸當前的擔心或難處。這有可能便是現在的誘因或具有引發效果的環境刺激，和神經網絡仍然有所牽連。治療師可以請兒童創作一個關於他的家庭的故事或「沙盤景象」（sandtray picture）。當造成傷害的人存在於家庭系統及家庭動力中，這樣的做法可能很有價值。請兒童選擇小物件來代表家庭的每一個成員，並且創作出一個包含整個家庭成員的故事或世界。在這個故事裡，「自我」是故事的一部分；不過，是用一個物件來代表。為了製造距離，一旦故事完成了，左腦便會被牽扯進來，以便支持一個連貫的敘述得以浮現（Badenoch, 2011）以及整合記憶系統。首先，請兒童觀察完成的沙盤，以便「讓整個場景在視覺上被感知為一個單一的單元」（Homeyer & Sweeney, 2011, p. 40）。然後請兒童描述這個故事。同樣地，要辨認出故事的主要人物，而且主要人物在EMDR治療評估階段所有的程序步驟都已經完成。另一個值得採用的方式，是要求兒童擔任故事的觀察員，請兒童用自己的觀點來審視這個故事，辨認出這個故事或世界的哪一個部分對他來說明顯就是「最討厭的部分」。「當你看著這個故事或世界，你現在對你自己有什麼

亂七八糟的想法？」或是「當『小馬』或是『小男孩』看著故事的這個部分時，他現在對自己會出現什麼亂七八糟的想法？當『小馬』或『小男孩』看著故事的這個部分時，他希望對自己有什麼好的想法？」評估階段的所有其他程序步驟都可以對著故事中代表小孩的這個角色來進行。

三、關於真實創傷事件的故事：自我明顯地呈現：如果兒童已經準備好充分觸及記憶，而且他的「自我」很主動參與，就可以請兒童在沙盤裡創作出真實創傷或逆境的故事。在這個層次裡，兒童可以選擇使用動物而不是人物物件來製造距離。治療師可以再一次地向主要角色提出評估階段裡的所有制式問題。兒童已經指認出主要角色是代表他自己的一個人物。高度受創的兒童在重新處理的治療會談中可能需要進行「自由創作的故事」一陣子，接著再過渡到「關於當前的擔心的故事」，之後才終於能夠在沙盤裡或是利用其他諸如畫畫的方法，來完全地擁抱記憶。很重要的是要察覺，在自由創作的故事以及真正創傷事件的故事中是否都觸及到同樣的記憶系統。不過，先從自由創作的故事著手，可以讓兒童藉循序漸進的方式從「後門」進入記憶網絡。隨著記憶慢慢得到整合，兒童受困擾的程度便得以降低，讓兒童每一次都能進入新的記憶管道並且得到更大程度的融合。記憶的觸及和重新處理是漸進、分層進行的，這樣的話，從內隱記憶過渡到外顯自傳性記憶的浮現時，才不至於對兒童的系統引發進一步的情緒失調。

評估階段指導語

以下的指導語示範如何為兒童進行評估階段。治療師可以依照所選擇的治療標的來修改措辭。

「今天我們將要開始幫助你的大腦消化和咀嚼發生在你身上的一些討厭的事情。我們將會幫助你的大腦把所有的片段聚集在一起，然

後把發生在你身上那件困難事情的所有檔案組織起來。我們在進行EMDR 的時候，我會要求你注意你的頭腦、你的心或是你的身體在告訴你什麼。我會問你一些問題，譬如說，當初發生了什麼事？你現在察覺到什麼？我希望你能讓我知道你的任何想法、任何感受、任何你在腦海裡看到的或是在身體感受到的東西。做 EMDR 沒有所謂對或錯，你怎麼做都行；只要讓你的大腦自己去工作就行了。記住，你如果開始出現亂七八糟的感受或想法，或者你的身體開始有不舒服的感覺，那是你的大腦在發出訊號告訴你：『嘿，是我在咀嚼這些亂七八糟的東西啦。我只是在把所有的碎片聚集在一起並且把這些檔案整理好。』如果這個工作變得太難了，要記住你可以使用你的暫停信號。讓我們來練習一下你的暫停信號。做得好！」

　　和解離兒童工作時，你可能需要提醒他們使用「兒童解離工具箱」。你可以告訴兒童：「我這裡也備有兒童解離工具箱，是我們以前玩過的。有需要的時候，我們會使用『在』、『不在』還有『一半在』的標誌，或是解離木偶、解離扇之類的。在我們努力整理這個記憶的時候，這些東西都能夠幫助你繼續待在此時此地而不會離開。如果你開始離開了，你就聽不太清楚我的聲音，或是你開始會感覺或看著我變得距離很遠，這個時候你就可以使用這些標誌來讓我知道，或是就使用你的暫停信號。」你可以提醒兒童在 EMDR 治療初期階段所報告的解離經歷，並且要求兒童在這些經驗出現的時候務必讓你知道。

　　選擇兒童想要的小幫手（伊莉莎白、馬利歐、大衛或羅比）並且提供雙側刺激。

　　「你今天想要哪一位 EMDR 幫手？」如果兒童不想用眼睛移動的方式來進行，就讓兒童指出他所偏好的雙側刺激型式。從之前和兒童及照顧者發展出來的標的序列中，挑選一個記憶來進行重新處理。

　　告訴兒童：「你告訴過我一些發生在你身上的討厭事情。現在我們來挑選一件事情，讓你的大腦在今天咀嚼、消化並且整理好。」如果兒童製作過「記憶盒子」或「記憶魔棒」，就把它們準備好以便挑

319

選標的。

你可以告訴兒童：「我們要不要從當你（說出年紀或時間的參考點）時，發生在你身上的那件討厭事情開始？」如果兒童同意，就繼續推進評估階段。如果兒童對處理這項記憶顯得猶豫不決，便辨認並且探索他的猶豫從何而來。兒童可能需要特定的資源來幫助他「探訪」這個記憶。探索看看有沒有其他記憶是兒童比較願意去處理的，並且探索是什麼讓「探訪」這個記憶對兒童來說比較容易些。

1. 畫面

選項一：「那件發生在你身上的討厭事情裡面，有什麼畫面、部分或是景象特別突顯？讓我們把這個畫面畫出來。」

選項二：「那件發生在你身上的討厭事情裡面，最容易面對的部分是什麼樣的畫面或景象？讓我們把這個記憶最容易面對的部分畫出來。」

選項三：「那件發生在你身上的討厭事情裡面，最困難面對的部分是什麼樣的畫面或景象？讓我們把你最困難面對的部分畫出來。」

2. 負向認知

「當你想到（說出代表這項記憶的畫面，或者展示那幅圖畫），你現在會對自己產生什麼亂七八糟或是負向的想法？」或是「你對自己的什麼亂七八糟或負向的想法，會跟著（說出代表這項記憶的畫面，或者展示那幅圖畫）一起出現？你可以看看那些帶有亂七八糟或是負向想法的圖卡、球或方塊，然後找出你現在出現的亂七八糟或負向的想法。」

3. 正向認知

「當你想到（說出代表這項記憶的畫面，或者展示那幅圖畫），你會希望現在對自己有什麼樣美好的或正向的想法？你可以看看那些

圖卡、球或方塊，然後找出你希望擁有的美好或正向想法。」

4. 正向認知效度（「想法量尺」）

　　使用「想法量尺」，並且在兒童面前放置1到7的泡綿數字（見下列圖示）。提供兒童一個可以在想法量尺上行走的小幫手或是小娃娃。把上面寫有正向認知的卡片放在數字7的旁邊，然後說：「現在我們要使用這個叫做想法量尺的酷玩意。這個想法量尺可以幫助兒童檢查這個好想法對他們來講有多真實。讓我示範給你看。想法量尺上面有1到7這些數字。數字1代表這個想法對你來說感覺起來完全不真實，而7這個數字代表這個想法感覺起來完全真實。現在我們就來練習利用這個想法量尺檢查你剛剛所挑選的這個好想法。當你想到（說出代表這項記憶的畫面，或者展示兒童畫的圖畫），這個句子（說出那個正向認知）對你現在來說感覺有多真實？記住喔，1代表你覺得這句話完全不真實，而7代表你覺得這句話千真萬確。」讓兒童用娃娃或小幫手在想法量尺上「行走」，直到兒童能指出正向認知效度的分數。

5. 情緒

　　你可以告訴兒童：「當你想到（說出代表記憶的畫面，或者展示圖畫）以及這句話（說出正向認知），你現在有什麼樣的情緒？」

6. 主觀困擾感受量尺（「困擾量尺」）

　　使用困擾量尺，在兒童面前放置0到10的泡綿數字（見以下圖示）。給兒童一個能夠在困擾量尺上行走的小幫手或小娃娃。

198 「現在我們將要使用這個叫做困擾量尺的酷玩意。困擾量尺可以幫助孩子檢查他們感到困擾或不開心的程度有多少。我來給你做個示範。困擾量尺上有 0 到 10 的數字。數字 0 代表這件事完全不困擾你，或是這件事情對你來說不痛不癢。數字 10 代表這件事情非常困擾你。現在我們就來練習使用這個困擾量尺，檢查一下發生在你身上的那件討厭事情。當你想到（說出代表這項記憶的畫面，或者展示兒童畫的圖畫）以及那個亂七八糟的想法（說出兒童的負向認知），現在你感到困擾的程度有多少，或是你覺得不開心的程度有多高？記住喔，0 代表這個事情不痛不癢，10 代表這件事情讓你大受困擾。」讓兒童用娃娃或是小幫手在困擾量尺上「行走」，直到他能夠指出受困擾的程度。

7. 身體感受的位置

為兒童準備好「情緒發覺工具」或是「情緒偵測器」。還記得吧，兒童在準備階段中已經非常熟悉這些程序了，所以現在要找到身體裡的位置應該是輕而易舉。

「現在你可以使用『情緒發覺工具』來找出這個感受在你身體裡的位置。」或是「你身體裡面的哪裡出現這個感受？」

「我想要你想著（說出代表這項記憶的畫面，或者展示那幅圖畫）、那個亂七八糟或負向的想法（說出負向認知），還有那個感受以及你在的身體裡面發現這個感受的地方，然後眼睛跟隨小幫手（說出小幫手的名字或是使用兒童所選擇的雙側刺激方式）。」接著便開始進行減敏治療。

摘要和結論

　　EMDR 治療的評估階段對兒童以及治療師而言代表著關鍵時刻。在這個時候，兒童及父母已經接受了充足的預備，適合進行創傷素材的重新處理。然而，複雜創傷的個案極有可能需要治療師更加積極的參與，以幫助兒童維持在適當程度的喚起及情感耐受範圍。對於情感調節能力有限的個人來說，多並不見得好，因此在治療的過程當中對於兒童觸及的困擾訊息和神經網絡的份量，可能有必要予以設限。本章描述了不少策略，有助於在重新處理的過程中對遭到啟動的網絡設限。這些策略包括：先挑選低困擾程度的治療標的，先挑選最近的事件而不是最早的關鍵事件，以及使用分割及分層的策略。讓兒童先從他們能夠處理的困擾程度著手，來練習並體驗 EMDR 的治療，對這群案主來說是恰當的。然而，我想要強調最終把所有早期事件列為治療標的的重要性，越早期的事件越好，以便達到最佳的治療結果。一旦兒童能夠嘗試並且成功地面對比較低困擾程度的事件，就要進展到早期令他們更感困擾的記憶。然而，一些複雜創傷的兒童顯示出驚人的韌性，因此他們可能可以更快地投入創傷處理，超過我們的期望。一個清晰而完整的初期臨床全景，將能夠引導臨床治療的施行，並且為每一位個別的兒童提供恰當的治療步調。在評估階段中應該融入好玩、有趣的策略。EMDR 兒童百寶箱以及俄羅斯娃娃團隊能夠使評估階段的程序步驟更加易於遵循，也有助於讓觸及帶有創傷及逆境訊息網絡的過程變得更加吸引人、實際、具體而好玩。

【第九章】第四階段：減敏階段

199　　這是 EMDR 治療一個複雜且重要的階段。儘管困擾素材已經在準備階段裡發生某種程度的整合，但處理速度會在 EMDR 治療的減敏階段和其他重新處理階段加速進行。與情感容忍度高而且可以保持情緒掌控的兒童一起觸及並處理困擾素材時，減敏階段的過程可能相當直截了當，並且可能只需要治療師最少的介入。但是，與情感系統廣泛失調的兒童一起工作時，減敏階段實際上可能更加錯綜複雜且曲折。這些兒童實際上需要治療師更多的同步、情緒共鳴，更與兒童共處在當下的情緒狀態中。當創傷記憶受到探索並轉向適應性解決過程時，需要更進階的策略來讓兒童的喚起和啟動程度維持在可控制的範圍裡。具有複雜創傷、不安全依附關係以及解離傾向的兒童，可能相對較快進入過高或過低的情緒喚起狀態。如果治療師不能保持和兒童同步，且不夠細心留意並協助兒童生理上明顯的變化，那麼治療師可能會引發情緒失調並使創傷事件的體驗重現，而非整合記憶。非常重要而必須強調的是，減敏階段以及整體而言，所有重新處理階段的目標，不是要引發情緒然後產生淨化，而是融合、結合和統整會產生創傷的素材。如果兒童離開了情感耐受度窗口，他的統整能力就會受到破壞。因此，EMDR 治療師應該熟悉及精通運用策略來掌握過高和過低的喚起狀態。和社會參與系統受損的兒童一起工作時，治療師可能實際上在整個重新處理期間都需要依照兒童可以容忍的程度，來決定需要減少所觸及的困擾素材和情感的份量。在減敏階段，維持副交感腹側迷走神經活躍是重要關鍵。本章將涵蓋適合兒童的策略和交織，來支持和刺激社會參與系統、維持雙重察覺，並促發兒童的整合能力。

　　本章將致力於介紹進一步的策略和交織，不僅有助於創傷和逆境記憶的融合，也促進水平（右腦和左腦的訊息處理過程）和垂直（從

上而下和從下而上的過程）的整合。但是，基礎的程序不會在這裡複　200
習，因為 EMDR 治療師在處理複雜創傷個案之前，就必須對基礎程序
有充分了解和使用經驗。

交織

夏琵珞（2001）發展出一種能夠讓卡住的處理過程得以推動（jump-
start）的策略，叫做「認知交織」（The Cognitive Interweave）。考
慮到處理過程中會觸及不同的訊息處理層次，並且為了避免名稱冠
上認知的、情緒或身體的而造成混淆，所以我在此把認知交織只稱
為交織。根據夏琵珞（2001），交織使用於當個案一直「繞圈子」
（looping），且處理過程持續卡住的時候。我們樂見並鼓勵個案自發
處理，治療師應該「讓開不要擋路」。理想上，應該讓兒童擁抱自己
的現實而不受治療師太多干預。在重新處理創傷的過程中，似乎記憶
網絡正在產生合成和連接。根據適應性訊息處理模式（Shapiro, 1995,
2001），失功能的素材會以特定狀態的形式存在於神經網絡中。這些
神經系統與適應性經驗的其他記憶保持隔離。在 EMDR 重新處理過
程中，這些網絡將會串接起來，使得帶有困擾訊息的記憶和帶有正向
且具適應性素材的記憶之間，能夠進行同化和結合。「治療師藉由認
知交織，試圖將個案的觀點、身體反應和個人參照（personal reference）
……改變成適應性的觀點。」（Shapiro, 2001, p. 252）

當這些記憶經過整合之後，重新安置在時間和空間中，它們所持
有的負向情感便可以消解，防衛反應可以結束，情緒可以予以降服，
而受壓抑的身體能量可以獲得釋放。與早期受創和複雜創傷的兒童一
起工作時，由於欠缺具有正向和適應性經驗的記憶，使 EMDR 治療的
重新處理階段更加錯綜複雜而曲折。EMDR 治療師需要因應這些兒童
迅速進入過度喚起和低度喚起狀態的可能性。他們還可能出現解離症
狀、未滿足的依附需求、缺乏適應性訊息、被剝奪適當的發展經驗、

整合能力受損和降低，以及社會參與系統受損等等。考慮到這些兒童
呈現嚴重的匱乏，EMDR 治療師需要許多能夠有效而成功地幫助兒
童擁抱逆境事件記憶的不同策略。如果不能恰當地和兒童的情感狀態
同步與共鳴，在減敏階段使用的策略可能就沒那麼有效果了。治療師
若有許多的彈性和內在調節，將大為強化兒童的 EMDR 重新處理體
驗。根據我的臨床經驗，高度失調的兒童需要治療師積極參與治療過
程的程度，要高過治療單純型創傷後壓力症、單一創傷以及整體依附
經驗還算適切的兒童。為了更有效促進這些兒童同化過去適應不良的
素材，治療師在進入這些支離破碎和令人困擾的記憶時，需要有一個
清晰的路徑和方向。從兒童過去的歷史預測潛在可能發生的「卡住」
點，可能會大大促進 EMDR 重新處理治療的成果。治療師應該有適當
的時間用於選擇每個兒童可能需要的不同交織方式。這些交織如何及
201 何時使用、由誰來提供，是根據每個兒童及其家庭的臨床全景而定。
在選擇可能的交織時，治療師應該決定父母在重新處理過程中是否要
在場。父母是否需要和兒童修復情感？父母是否處在可以進行情感修
復的狀況？是否已事先讓父母為重新處理的療程做好準備？兒童是否
會觸及未滿足依附需求的記憶，因此可能有需要幫助他滿足依附需
求？兒童是否經歷過防衛反應被截斷的創傷，而現在這些防衛反應可
能需要予以完成？兒童是否有進入高度喚起狀態的傾向，所以可能需
要交織來調節情緒的喚起程度？或者，相反地，兒童是否傾向於進入
低喚起狀態？兒童是否缺乏適應性訊息，因而需要在重新處理療程中
提供？預測訊息處理可能出現停滯的範圍，並運用適當的策略將這些
訊息推向適應性的解決，會大大強化兒童重新處理訊息的經驗。無庸
贅言，治療師只在必要時才使用這些策略，亦即自發的訊息處理過程
卡住時。有時候，預期的「亂流」沒有發生，也就不需要使用交織。
然而，如果真的發生了，而治療師沒有事先做好準備，可能會讓兒童
再次經歷長期以來的失調狀態，而這狀態正反映出讓他們前來治療的
相同經驗。觸及創傷記憶的目的不是重溫它，而是整合它。

促進水平整合：當我們可以看到部分和整體

　　席格（Siegel, 1999/2010）提出了「水平整合」這個詞，指的是開啟我們大腦兩邊的智慧：左腦和右腦。不過，英國牛津大學格林坦普頓學院副研究員麥吉爾克里斯特（Iain McGilchrist, 2009）在他的鉅著《主人和他的使者》（*The master and his Emissary*）中，提供了極有說服力的證據，並呼籲腦際整合的需要。

　　更深入地了解我們的「兩個腦」如何運作，會大大增強我們在EMDR 整個處理記憶過程的不同時刻中汲取每個腦的智慧的能力。根據席格（2010），「右側大腦比較早發展，是想像、整體思維、非口語語言和自傳記憶的領域」（p. 72）。根據麥吉爾克里斯特（2009）的觀點，右腦對於時間和空間具有較大範圍的注意力和整合，這使得它能夠區分更廣泛、更複雜的模式。換句話說，相較左腦而言，它能夠看到整體和全面性的景象，而左腦則是將事物分解成若干部分。

　　右側大腦與邊緣和皮質下系統以及情緒語言的記憶更為緊密相連，而左側則專門處理表層的社交情緒。右前額葉也調節下視丘─腦下垂體軸，且掌管我們對身體調節系統的主觀經驗。根據麥吉爾克里斯特（2009），除了憤怒是與左額葉的活躍有強烈連接外，本質上是由右腦透過臉部和身體姿勢表達每一種情緒。此外，大腦的左側負責處理認知、口語和可預測的因果模式，並負責邏輯、語言、序列和線性思維（Badenoch, 2008; Siege, 2011）。

　　正如麥吉爾克里斯特（2009）出色的說明，左右腦有各自的天賦和觀點；兩者都極為重要，但是「單獨運作會有破壞性」（p. 93）。很重要而必須強調的是，依附經驗具有組織大腦發展的重要作用 202（Schore, 2010）。早年在照顧系統中經歷的艱困、逆境和創傷經驗，可能會干擾大腦整合左右半腦活動和能量流動的能力。個體可能因為右腦過度活躍時左腦沒有適當的介入，而出現極度情緒失調（Siegel, 2010）；在左腦極端取得主導地位的個體身上，則可能發生相反的情

況。

　　呈現左腦過度參與的創傷兒童，便如同在逃避型依附兒童身上所看到的那樣，與他們進行工作時需要漸進刺激情緒與身體的察覺。從他們擅長的左腦處理模式展開接觸，然後溫和地邀請右腦加入，便可能帶來整合以及更高的情感耐受度。不管怎樣，在兒童可以容忍的情況下，讓右腦更常發表意見，可能有其必要。溫和刺激兒童情緒和身體察覺的交織，應該在尊重他們的認知處理能力下進行。另一方面，矛盾型依附的兒童可能很難調節情感狀態和強烈的焦慮，而且對依附需求與依附對象感到憂慮和固著。這些兒童可能需要藉助左腦的標記和邏輯能力來觸及右腦。其他時候，他們可以在沒有左腦的介入下，僅僅只是探訪右腦和「內隱自我」（implicit self）（Schore, 2010）的記憶而受益。在我們西方社會，向來鼓勵大量使用左腦（McGilchrist, 2009），致使我們處於一個科技非常進步但彼此關係貧乏的世界。因此，「右腦倡導者」如今可能便會提倡在治療中應主要接納右腦的聲音。但是，除非同時尊重這兩個了解世界的神奇方式，才能將我們帶往完整和整合。在幫助兒童進行 EMDR 治療重新處理過程的時候，明智地容許、鼓勵和刺激這兩種訊息處理模式，將最能實現同化、連結和整合記憶的目標。考慮到右腦和左腦具有不同的觀點和各自的處理訊息方式，便應該在 EMDR 治療的不同時期以非常獨特的方式讓兩邊的腦參與。由於右腦包含了所有「內隱自我」的記憶，因此對許多兒童來說，可能需要首先讓右腦獲得滋養和觸及；不過，可能會需要請左腦來補充和舒緩右腦。對於已經學會「活在」左腦的兒童來說，情況可能恰恰相反。由於他們為了生存下去而不得不和情緒保持距離，因此如果太快進入右腦並觸及情緒，可能會讓他們害怕以及失調。解決之鑰可能是協助兩半腦平衡與和諧，而非造成進一步的分離。

促進垂直整合

席格（2010）為「垂直整合」這個詞賦予了生命：「我們的神經系統是散布全身的，從身體適當地沿著腦幹和邊緣區域上升，最終到達皮質層。垂直整合從頭到腳，然後返回，將這些分化的區域串連成一個運作的整體。」

過去已經提出了不同的訊息處理方向：從上而下的處理，和從而上的處理（Ogden et al., 2006）。個案前來治療的時候，各有不同的處理訊息傾向：認知型的、情緒型的或身體型的。對於某些個案來說，與身體和動作連結可能會很具挑戰性，然而若是將訊息處理大部分維持在認知層次的話，便會讓他們顯得自在些。很重要的是，不僅要注意個案可以獲得的最主要訊息處理模式，也要注意對他形成挑戰的訊息處理模式，並溫和地予以接納，便可以加深 EMDR 治療的效果。擁有可以刺激並觸及記憶的認知、情緒和身體感覺層面的交織，可以大幅增強記憶系統的同化和連結。EMDR 治療的一個獨特之處，在於它尊重個案的系統以及個案自己選擇的訊息處理路徑和方向。一旦觸及了記憶及其不同的層面，個人就會按自己的時間和步調前往他們想要或需要去的地方。一些人可能會自發地針對身體以及軀體的或感官動作的反應；有些人可能會針對情緒和新的畫面；其他個案可能會有新的洞察，並可能產生新的認知或想法。在有需要的時候，和個案有足夠同步的治療師便能夠以溫和的方式介入，以保持訊息處理順利進行。無論如何，個案自己選擇的時間點和訊息處理模式要受到最高的尊重。在某些情況下，當個案在 EMDR 重新處理過程中發生情感系統失調時，EMDR 治療師可以溫和地引導個案進入較能忍受的訊息處理模式。EMDR 治療師也要促進個案觸及相關不同表現管道的能力，並針對個案或許不會自發去觸及的訊息處理模式給予刺激，因為這些模式對個案來說較不熟悉。「當你有這個新的想法時，你注意到自己身體正發生什麼嗎？」對於因高度生理喚起而迷失、卡住的個

案，則採行相反的方式，「當你注意到胸口感到壓力時，有沒有什麼想法或信念伴隨著這個感覺？」EMDR 治療可以使用由下而上和由上而下的訊息處理流程；然而，起始點、時間點和訊息處理模式都要受到個案自己的系統來引導和安排。

面對高度喚起狀態時，EMDR 新手治療師可能往往會停止進行處理，或向兒童發出信號，表示可能需要休息一下。此外，他們可能會立即嘗試動用資源或甚至是安全處所，以避免兒童離開情感耐受度窗口。打個比方，我們可以把記憶的重新處理視為一次飛行之旅，而兒童進入過高或過低喚起時，就像是飛行過程中遇到了亂流。經驗豐富的飛行員會根據飛機的大小、飛機的堅韌度、亂流的強度以及乘客可以忍受亂流的程度如何，來評估情況，然後可能決定在某個時刻移動到不同的高度，或停留原處並承受亂流。經驗豐富的飛行員不會因為亂流太強而立即降落，反而是找出一個亂流較小而比較可以忍受的高度。一個沒有經驗的飛行員可能會變得非常害怕，並且緊急迫降著陸，這正是許多剛接受訓練的 EMDR 治療師的狀況，他們在「亂流」出現時便動用資源並停止重新處理的過程。不同的飛行高度意指不同層次的訊息處理：認知、情感和身體。例如，移動到「身體的飛行高度」便可能會降低「亂流」的強度，使喚起再次達到最佳狀態，而無需進行緊急著陸和停止處理。

本章提出的許多交織方式，都可以觸及不止一個方向和層次的訊息處理流動。運用遊戲是很重要而必須加以強調的，因為這是兒童們共同的母語。運用遊戲、隱喻和良好的幽默感，可以在 EMDR 治療的重新處理階段成為帶動整合的有力方式。從兒童的歷史中獲知並理解，他或她學會經常使用的訊息處理模式是什麼，以及受到喚起時是傾向過高還是過低，將有助於治療師選擇可能的交織方式，並為會談做好安排，以保持最佳的喚起程度，這將轉化為提升靜心察覺和雙重察覺的能力。正如第八章所討論的，有些兒童可能會出現高度敏感的交感神經系統，使他們容易出現高喚起狀態。這些兒童可能會在重新

204

處理記憶的過程中表現出較多的情緒和反應。另一方面，具有敏感的副交感背側迷走神經系統的兒童，在記憶重新處理期間容易經歷低喚起狀態，並且報告說感覺睏倦、疲憊，還經常感覺無聊。EMDR 治療師需要在會談中安排資源，以提升或降低喚起狀態。例如，對於容易出現低喚起狀態的兒童來說，EMDR 重新處理的會談便可能要包含運動和更多身體的參與，並促進當下的察覺。例如使用音樂，便會讓一些兒童更投入在當下。現在有一種技術可以將 CD 播放器連接到雙側播放音樂的設備上，有助於在 EMDR 過程中使用音樂。值得注意的是，任何需要兒童來進行的刺激，都有可能造成進一步的失調。即使是音樂，也有個別差異，對一些兒童來說可能太難以承受。此外，譬如使用第八章所描述的「坐墊車站」，能使會談變得「格外」有趣，可以為兒童的系統作好準備，並使神經系統處於最佳的喚起水平，如此一來困擾記憶的重新處理和同化便能達到最好的效果。此外，治療師在現場的存在、眼神交流、語調、音高和聲音的抑揚頓挫，亦能把情緒喚起帶到最佳水平，而兒童的整合能力可達到最高狀態。幫助兒童感到安全和涵容，亦將增加他或她留在當下的能力，並避免進入僵直或崩潰狀態。

　　另一方面，與容易進入高喚起狀態的兒童一起工作時，需要額外的工作來產生安全感。例如，假使父母、寵物等等能促進更大的信心和安全感，便可請他們參加會談。這些策略將增強 EMDR 治療的結果，並且降低兒童拒做 EMDR 的可能性。用來調節喚起的交織也要準備好，以備治療的需要。考慮到具有複雜創傷史的兒童對於經歷負向甚至是正向情感的耐受度已降低，治療師可能必須積極同步地介入，以維持訊息處理的進行。毋庸贅言，EMDR 治療師只有在需要時才進行介入，不管是因為訊息處理停滯或喪失雙重察覺的能力。

訊息處理的高原：責任、安全和控制／權力

　　根據夏琵珞（2001）的說法，個案在重新處理的過程中會自發地通過三個高原：責任、安全和控制／權力，以達到更具適應性的觀點。以下是有關如何協助複雜創傷兒童通過每一個高原的深入探索與詳細說明。

205 **責任**

　　大多數在成人─兒童關係中受傷與受創的兒童，都將事件的責任背負在自己心裡。將適當的責任分派到應該承擔的人身上，歸屬於施虐者或加害人，是療癒並整合這些記憶的重要面向。根據夏琵珞（2001），「藉由讓傷害的責任不偏不倚地回歸到施虐者的身上⋯⋯個案得以從最初對創傷的認同，轉向具有恰當判斷力的外化觀點。」（p. 260）在處理明顯發生於過去的虐待行為，且施虐者不再是兒童生活的一部分時，劃分責任歸屬以獲得現在的安全感，或許是容易達成的任務。另外，如果施虐者不是主要依附對象，將可進一步加速這個歷程。但是，當施虐者是重要的依附對象，而且兒童的生活得繼續依賴這個牽涉到明顯的虐待、角色顛倒和侵犯界限等行為的照顧者時，劃分責任歸屬可能會遇到較大的困難（見第五章關於如何與照顧者一起工作的策略）。使用交織把責任放在主要依附對象身上時要特別小心，因為兒童的生存仍然要依賴這位照顧者。無論如何，當訊息處理卡住時，應該溫和而謹慎地運用交織，以提供矯正性訊息並增進兒童心智的條理。例如，無論治療師是直接或透過「EMDR 顧問群」（EMDR advisors）的間接方式，都可以這樣說：「*即使是好媽媽和好爸爸，心裡面也曾受過一些傷害，只有他們能夠治好自己。孩子無法為媽媽和爸爸做到這一點。當媽媽和爸爸還留著這些過去所受的傷時，他們可能說出或做出傷害他人的事情，特別是對他們自己的孩子。有時候，這些傷害讓他們無法感覺到或表現出對孩子的愛，而*

孩子可能會認為是自己有什麼問題或是自己不值得被愛，但事實上這是媽媽或爸爸自己過去所受的傷害在作怪。請記住，照顧父母這些傷不是孩子的工作或責任。這是只屬於父母自己的責任。還要記住，如果父母的行為舉止帶來傷害，不是孩子的錯。這並不意味著父母是壞的，而是表示他們心裡背負著過去所受的傷。不管怎樣，孩子有權保護自己不受父母的傷害。」在提供矯正訊息後，便可以用如下的蘇格拉底詰問法：

> 治療師：「當爸爸酒後抓狂，這是你的錯呢，還是可能爸爸心裡
> 　　　　有著過去的傷？」
> 兒　童：「不，這不是我的錯，他可能有一些傷。」
> 治療師：「修復那些傷是你的工作嗎？」
> 兒　童：「不是。」
> 治療師：「只要注意到這點或想到這點就行了。」

　　如果兒童已經發展出拯救父母的適應模式，就和他談談受傷的父母可能會引發兒童想要去保護、拯救和幫父母解決狀況的需求。如果需要進行另一種交織來處理兒童角色顛倒的傾向，治療師可以使用「夾克的譬喻」作為交織：「我們人類一生中有時候必須住在不同的地方。例如，如果我們必須在北極居住和生存，就得學會穿上厚重夾克才能活下去的道理。當我們必須與受傷的父母一起生活時，也會發生同樣的狀況，而我們很努力想解決他們的痛苦。我們可能覺得有責任要讓父母恢復愉快的感覺……但你知道……這是一個『不可能的任務』，因為只有他們可以解決那些傷害。有時候孩子們學會了穿上『不可能的任務夾克』，因為他們努力成為父母的父母，而不是當父母的兒童。記住，解決父母的問題從來就不是孩子的工作，而且孩子也無法解決父母的問題。」

206

治療師：「那麼⋯⋯當你（描述角色顛倒的行為）時，你是否穿
　　　　　著『不可能的任務夾克』？」

兒　童：「我想，是的，我常穿這件夾克。」

治療師：「跟著這個想法或是留意這個想法。」

　　有時候，兒童發展出和施虐者的創傷連結（trauma bonds），並將施虐者的舉止內化，成為一種生存機制。「夾克譬喻」可以再次用來當作交織如下：「有時兒童們學會使用另一件可以幫助他們生存的夾克。我把它叫做『熊夾克』。住在北極的時候，如果我們遭受過可怕的熊襲擊或傷害，我們可能會試圖變得像這隻熊一樣，這樣就可以感覺像熊那麼有力量，而且認為這種方式讓我們不會再受到熊的傷害。我們用跟熊同樣的毛皮製作出一件夾克，我們可能想和熊做朋友、討好熊，說服自己說熊沒有做任何傷害別人的事，我們捍衛熊，並且像熊一樣行動。即使熊走了，我們仍然繼續表現得像熊一樣。所有這一切都是為了不讓我們再次感受到自己如此渺小和害怕，像我們在遭受熊襲擊的那個時候所感受到的那樣。當然，這件夾克不能保護我們，因為即使我們討好牠們、捍衛牠們，或者像牠們一樣行動，和大野熊在一起就是不安全的。如果我們像熊一樣對待其他人，那麼其他人和我們在一起時，就既不安全，也不會感覺到安全。」

治療師：「我知道你叔叔做的事傷害了你，所以我猜想，為了生存，你是否一直穿著『叔叔夾克』。」

　　可以鼓勵這個兒童甚至畫出「叔叔夾克」的圖，其中包含所有兒童對施虐者的內化和過度認同。然後，可以鼓勵兒童在進行雙側刺激時看著這個夾克。「夾克譬喻」的目的是幫助兒童理解，他們用夾克來捱過「寒冷」而活下來，但既然現在太陽出來了（施虐者已經離開，或者已經不在兒童生活中），這件夾克就會讓他們感受不到太陽的溫暖。

安全

對於安全這項特定領域，兒童相較於成人而言是置身於非常不同的處境中。兒童仍然要依賴照顧者提供安全和保障。但是，兒童可以學習維護安全的訣竅和他們可以做的事情，來幫助自己也協助父母讓兒童保持安全。當訊息處理卡在安全這個方面時，協助兒童學習為了維持自身安全他們可以做的事情，不只能幫助兒童感到安全，還能讓他們感到獲得賦能（empowered）。「雖然維護你的安全是媽媽和爸爸的責任，但你可以做些什麼來幫助他們維護你的安全呢？（像是：把事情講出來、請他們幫忙或是說『不』等等）」

另一方面，兒童可能現在是安全的，但卻繼續感到彷彿過去還在這個時刻發生（Shapiro, 1995/2001），導致在沒有真正危險的情況下仍然啟動恐懼系統和防禦系統。幫助兒童在時間和空間中感受到定向，有助於定出記憶所歸屬的位置——也就是過去。第七章介紹的「當前解決方案的深植」（IPR）練習，也可以用作 EMDR 治療重新處理階段的交織。在這個交織中，要求兒童畫出過去的創傷事件，接著畫出目前的自己。這個交織的靈感啟發自斯第勒和萊德（Steele & Raider, 2001）發展出來的練習：「這是當時的我，而這是現在的我」，用來處理安全、責任和權力的議題。使用這個交織時，請兒童想像或畫出「這是從前的我」以及「這是現在的我」的圖畫。然後請兒童在進行雙側刺激時看著這兩張圖。治療師可以詢問下列問題來繼續進行：

> 治療師：「當你看著或想著『當時的你』和『現在的你』，你可以分辨或了解你現在是否安全嗎？」
>
> 兒　童：「可以，我現在是安全的。」
>
> 治療師：「注意著這個狀況。」

當兒童正在看著或想著這兩個圖畫（當時和現在）時，使用蘇格拉底詰問法的例子如下：

治療師：「你現在安全嗎？」

兒　童：「是的，我現在是安全的。」

治療師：「那個令人討厭的事情現在還在發生嗎？」

兒　童：「沒有。」

治療師：「你現在有小幫手來維護你的安全嗎？」

兒　童：「是的，我現在有小幫手。」

治療師：「你現在有比較強壯、比較大等等之類的嗎？」

兒　童：「是的，我現在更大、更強壯了。」

治療師：「你現在知道哪些東西能夠幫助你保護自己並讓自己保
　　　　持安全嗎？」

兒　童：「知道。」

治療師：「留意這個感受或跟著這個感受或想著這個感受。」

控制／權力

　　這第三個也是最後一個訊息高原，「要喚起個案對未來有能力做出有效選擇的信心，這應該與內在控制中心合併起來（Shapiro, 2001, p. 261）。然而，兒童仍非常依賴他們的照顧者和生活中其他成人。對成人使用 EMDR 治療時，治療師是協助個案從外在的控制中心移到內在的控制中心。但與成人相比，兒童處於不同的發展階段，並且具有不同的依附需求。不過，儘管兒童依賴成人的照顧，他們仍然可以找到並且發展出內在的賦權感。對自己的環境有一些控制感，而不是覺得完全受到生活環境的宰制，是非常重要的。另一方面，兒童仍然需要對成年人有健康的依賴。此外，有些兒童或許已學會用控制來作為適應機制，因此學習如何依靠他們的支持系統，可能是一種矯正和療癒的體驗。放棄某種程度的控制，並且接納、信任和依靠生活中安全的成人照顧，可能是這些兒童需要的。當兒童被無力感佔據，完全感受不到內在力量時，他們的處理過程可能會卡住。幫助他們重新感受到健康的個人力量和選擇，可能是最根本的。透過交織，可以協助兒

童學習去辨識自己生活中安全的人，以及依靠自己內在和外在的「小幫手」。自我狀態（Ego state）和內在家庭系統策略（參見第十三章）可以幫助兒童找到健康的依賴，例如：「光輝閃亮的我」和「內在彩虹」以及「外在安全幫手」。如果你不是使用「自我狀態」治療取向，可以請兒童想著「內在幫手」——他們代表兒童的內在資源和優勢，以及外在的資源；外在資源在本質上可能與「外在幫手」有關，或者能夠像「外在幫手」那樣在活動中給予安撫與調節。

適合兒童的交織

EMDR 治療師在協助兒童透過不同的路徑、層次和方向進行訊息處理時，應該要擁有多項技巧又具有彈性。運用左腦的能力以言語表達和運用文字，並用右腦的意見來處理記憶中非口語和情感的面向，可以豐富兒童的體驗。使用譬喻、符號、故事、音樂和以身體為中心的介入，可以增強並加速觸及、同化、結合帶有適應不良素材的神經網絡。以下的交織是設計來配合不同的心智觀點以及不同層次與模式的訊息處理。

嘔吐交織

這個交織可用於那些儘管已做了所有的準備，仍對界限缺乏適當了解，因而往往把所有事情都看成和自己有關的兒童。這些兒童由於鏡像模仿（mirroring）能力低落且缺少合宜的界限模範，於是常常以他人的觀點、行為和言辭來定義自己。你可以決定，是否在準備階段就提供這項訊息，然後在處理過程中僅僅提醒一下兒童已經了解的事情就行了，或者完整提供這個訊息當作一種介入，來恢復受阻的處理過程。這個交織也適用於霸凌受害者或是霸凌別人的兒童（圖 9.1）。你可以說：「你知道當人們吃得太多而感到胃不舒服時會發生什麼嗎？他們會吐出來。他們嘔吐是因為身體裡面覺得不舒服。你看過別人嘔

圖 9.1　嘔吐交織

吐嗎？你有沒有看過吐出來的那些東西？」大多數兒童都看過嘔吐的
樣子。而且，由於這個問題如此噁心，所以除了會引起兒童的注意，
也會讓他們微笑起來。「所以，你看到的那些嘔吐出來的東西，那是
你的，還是屬於那個嘔吐的人的——因為那是他們吃的東西？」兒童
總是說，不，那不是我的。「好，那你想要拿起吐出來的東西然後吃
下去嗎？」這個時候兒童大概會說，哦不，那樣好噁心，我當然不會
吃。「好，因為如果你吃了，它可能會讓你生病，要不至少會讓你變
得很臭。同樣的事情也會發生在一些人的身上，當他們覺得頭腦和心
裡不舒服的時候，也會嘔吐出來，但這個時候他們吐出來的是言語和
行為。所以，當孩子們說了或做了什麼苛薄的事情時，那些都是『嘔
吐話或嘔吐行動』。他們這樣做是因為他們的內心對自己感覺到不舒
服。這並不表示他們是壞孩子，他們只是感覺不舒服。」現在讓兒童
進入他「拿起嘔吐物」的記憶，然後說：「所以，當羅絲說你是個壞
孩子的時候，是否是一個嘔吐出來的字眼？這個嘔吐物是你的還是她

的？你打算把它拿起來吃掉嗎？」在兒童回應之後，說：「就想著這個或是留意這個。」然後開始施行雙側刺激。這個交織也可以幫助那些霸凌別人的兒童明白，不是因為他們「壞」才霸凌別人，他們這樣做是因為「內在有強烈的感覺」，而且他們覺得不舒服。

EMDR 顧問群

為了讓交織對較小的兒童來說更有趣，我創造了 EMDR 顧問群。當父母不在身邊而且無法提供矯正訊息時，顧問群對兒童可能會非常有幫助。這些顧問群是代表母親、父親、祖母、祖父、一個兄弟和一個姐妹的一群木偶。我還加進了一個木偶，用來代表曾經做出「壞選擇」的動物或人，所以它知道會做出這些壞選擇的人是怎麼回事。每位顧問都精通不同的主題。例如，顧問「爸爸」艾德，知道關於父親的事情。他可以談談成人和父親可以如何照顧自己，而且指出照顧父親並不是兒童的責任。他也知道，當父親有憤怒之類的情緒時，父親需要對自己的情緒以及表達情緒的方式負責。顧問使用蘇格拉底詰問法來幫助兒童接受資訊並把資訊連接到其他在記憶中編碼的現有訊息。例如，如果兒童正在處理一段與父母離婚相關的記憶，並且在責任議題上停滯不前，那麼父親「艾德」或母親「瑪麗亞」可以將訊息提供給兒童。他們可以說些類似以下的話：「兒童不需要為大人所做的選擇負責任。媽媽和爸爸不是因為兒童做了什麼或沒做什麼而離婚。兒童沒有能力讓父母分開，也沒有能力讓他們重新聚在一起。」在實施雙側刺激之前，顧問要追問一個問題：「所以，你要對父母做出的選擇負責嗎？」另一種情況是，兒童在處理父母吵架的記憶時卡住，因為兒童堅信自己需要對父母雙方的情緒和行為負責。這個時候是由顧問媽媽「瑪麗亞」出面，她可以說：「媽媽、爸爸和大人們需要負責照顧自己的感受，也要為他們如何處理那些感受負責。孩子們還在學習照顧自己的感受，所以沒辦法為媽媽和爸爸的感受負責。當爸爸媽媽出現憤怒的感受，並且對彼此做出『憤怒的事情』時，是誰

需要照顧那些憤怒的感受？」如果需要額外的訊息，顧問也可以提供。這個過程是在互動之下完成的，藉由顧問向兒童提問，來幫助兒童讓記憶系統獲得合成和連接。

至於顧問喬治代表「做出錯誤選擇的狼」，可以幫助兒童處理被其他人傷害的記憶。例如，遭受霸凌的兒童在訊息處理時停滯不前，因為他或她用別人的行為來定義自己，此時便可以請顧問喬治出馬。他可以說：「你知道，當我向別人說些惡劣的話時，那是因為我覺得自己很糟。當我對別人說他們很糟糕或很蠢的時候，那是因為我感覺自己很糟糕、很蠢。當那個兒童在學校辱罵你，是因為他說的是真的，還是因為他其實是覺得自己很不好？」例如在虐待案件中，當然顧問喬治不能說他做了這些事，但他可以說他認識曾經傷害過其他兒童的人。他可以提供訊息指出兒童並沒有責任，不應該承受這樣的對待，而這件事只是反映出做這件事的人內心的狀況。毫無疑問，進行的時候應該使用適合於兒童的語言和故事。顧問群還可以講述他們「認識」某個人經歷過的狀況與兒童的經驗類似的故事，以便提供兒童所需的訊息和提示來適當地同化標的記憶。

使用圖片

圖片是很棒的工具，可以在訊息處理停頓時幫助兒童。圖片和視覺輔助工具也會銜接右腦，協助兒童看到更大的全貌。以下是一些可以幫助兒童的這類交織：

● 以不同的形狀和顏色呈現的家庭：這個交織的設計是在幫助家庭系統發生變化的兒童，例如離婚、死亡、搬到異國或外地，或由於家長是軍人等等狀況而必須長時間離開。許多這些兒童在重新處理這類記憶時可能會卡住，因為他們覺得原來的家庭組合已經失去了，所以自己不再有家了。這個交織便幫助兒童從更大的全貌來看待「家」是什麼。

　　在這個圖片中，可以看到不同的種族群體和不同性取向的人組成的家庭。你可以從網路下載許多顯示各種家庭的美術圖片。例如，一個家庭的組成可能是一個母親和一個孩子，或者兩個祖父母和一個孩子，或者一個父親和三個孩子，或者兩個母親和兩個孩子。把這些美術圖片放在一張紙上安排好位置，然後護貝起來。你可能必須將單張圖片加以裁切、黏貼，來組成不同的家庭，並有各種不同的選擇可以尊重每個兒童家庭系統的文化傳承。重要的是要評估家庭和父母的價值觀，以確定什麼樣的圖片可能適合兒童。使用這些護貝好的圖片時，逐一介紹所有情況並且說：「這個美妙的宇宙中，一切事物都具有不同的顏色、形狀和大小，不管是花朵、動物、彩虹、樹木和植物。家庭也是一樣的；家庭有不同的大小、顏色和形狀。一個家庭可能有一個媽媽、一個爸爸和一個小孩。一個家庭也可以有一個媽媽和兩個小孩，或一個父親和一個孩子。一個家庭可以有一個祖母和四個小孩，或者一個祖父和一個孩子。一個家庭可以是父親和母親各自分開住，而孩子可以在不同的時間分別和父親或母親相處。一個家庭可以是一個媽媽、三個兒童和一個遠離家庭在外工作的父親。」一旦兒童在護貝圖片上找到自己的家庭模式，可以請兒童在護貝圖片上把它圈出來。一旦你們逐一瀏覽 211 過所有的家庭小圖片後，問兒童：「所以你的家庭已經改變了，就像許多家庭一樣，但你是否依然有一個家？」一旦兒童做出回應，便接著使用雙側刺激。

● **家庭會改變**：這是另一個非常棒的交織，可以幫助兒童理解生命的節奏，並且明白所有存在的東西都得要經歷改變。如果你對於分享自己的家庭及其中經歷的不同階段轉變感到自在，就可以給兒童看你的家庭圖。你也可以使用標準家庭圖解來介紹一個你認識的家庭和它所經歷的蛻變。這個交織讓兒童將改變視為生命的一部分，也有助於他們感受到自己在生命的蛻變中並不孤單。一旦兒童見識到家庭會變化，就接著提出問題來幫助兒童將這些訊息與標的記憶串

聯起來，並進行雙側刺激。

● **我們都有「傷痛」**：這個交織的目的是為了幫助兒童在痛苦的經歷中不會感到孤單。使用的時機是當兒童對痛苦已有足夠的接納與了解，且未滿足的需求已經過充分處理而獲得滿足，卻仍抱持受害者姿態的時候。請兒童觀看人類所經歷過的種種困境。這個交織不是為了傳達「停止抱怨」或「控制自己情緒」的訊息；誰都有問題啊！相反的，這是為了尊重兒童的痛苦，同時協助他或她感到有人陪伴，並且感到自己這樣很正常。兒童可能會因為所經歷的傷害和痛苦，而覺得自己另類、奇怪、異常和恥辱。使用這個交織時，要準備好各種不同艱困處境的護貝圖片，以供兒童使用。可以從網路下載適合兒童的漫畫圖片。你可以說：「你知道，雖然很艱苦，但是我們這個世界上的所有人、動物和每一個生物，都得經歷艱難的生命經驗。有些人經歷過疾病、離婚、意外、火災、與自己所愛的人分離等。我們所有人在生活中都必須經歷傷害和病痛。可是，痛苦能使我們變得更強壯、更有智慧。」在逐一看完所有圖片後，接著問一個問題，比如：「你是這個世界上唯一一個有痛苦和困難的人嗎？還是我們都會以不同的方式經歷痛苦和困難？」通常兒童會回答：「不，我想我不是唯一的一個。」然後，在施行雙側刺激時，請兒童就只是「留意這個想法」。使用這個交織以來的這些年，我從來沒碰過有任何兒童說：「是的，我是唯一的一個。」但如果發生這種情況，請兒童在進行雙側刺激時持續留意。此時可能需要另一種交織，或進一步探索是什麼讓兒童維持這種想法。

● **我不是唯一的一個**：這個交織和前一個交織有類似的目的，但這次是用可能讓兒童敬仰的人物和超級英雄來傳遞相同的訊息。如果兒童覺得有伴，而且透過他們崇拜的人物或英雄所經歷的傷痛與困難（與兒童所經歷的類似），來讓痛苦顯得正常，那麼這些經歷或許就不會被視為是可恥的。相當幸運的是，大多數超級英雄都有不可思議的生命歷程，讓他們從中展現克服艱難苦痛而得以存活下來的

強大能力。找出一個跟兒童經歷類似的超級英雄，做為起點。例如，蜘蛛俠目睹了自己的叔叔被謀殺，而超人則是從別的星球被領養過來的等等。許多超級英雄由於長久處在逆境中而發展出超能力。水行俠是因為嬰兒時期被遺棄在海裡而被海豚們撫養長大，所以發展出能夠和所有海洋生物溝通的能力，從而得到所有海洋生物的幫助。歷史上充滿了儘管歷經創傷和痛苦，卻能生存下來甚至幫助別人的人物。人類國度和動物王國擁有許多神奇的生存故事，可以帶來神奇而有力的交織，讓我們看到人類擁有難以置信的能力可以克服逆境，進而為我們帶來希望。

212

在重新處理期間促進靜心察覺

● 「正在觀看的自己」：留神的察覺（mindful awareness）在 EMDR 重新處理階段是關鍵所在。維持雙重察覺的能力，需要存在一個正在觀察的自己。為了幫助兒童運用引導式靜心察覺（directed mindfulness），可以借助好玩的譬喻和策略。我發展出「正在觀看的自己」或「正在觀看的我」，藉此來向兒童解釋靜心察覺。事實上，我使用了一副非常大、沒有鏡片的眼鏡，來象徵我們這個可以研究和觀察事物的面向。為了讓兒童感到更具體，可以請他／她在減敏階段和其他重新處理階段中需要專注、引導式靜心察覺的時候，戴上大眼鏡。同樣很重要的是，要強調「注視」和「觀察」的力量。就像超級英雄一樣，我們人類也擁有「特殊能力」，其中一種能力便是觀察和靜心察覺。當兒童的訊息處理停滯，而且諸如操控機制等基本程序起不了作用時，靜心察覺便可以當作交織。邀請兒童觀看並注意感受在身體的哪裡出現，然後就只是觀察。治療師可以說：「這些感受在你身體的哪裡出現？」如果兒童說：「我感覺到它在我的胃裡。」你就說：「我們將邀請『正在觀看的你』靠近你一些，而且仔細觀看／注意／觀察你的胃裡面正發生什麼。當

你邀請『正在觀看的你』來觀察時，你可以戴上『正在觀看的你』這副眼鏡。」

● **調整焦距的相機或望遠鏡**：為了幫助兒童運用靜心察覺和集中注意力，「內在照相機」或「內在望遠鏡」的「拉近」和「推遠」特性可能會使留神觀察的概念更具體、好玩。梅兒是一名六歲的小女孩，因為到了晚上會非常焦慮，經常做惡夢，因此開始來接受治療。梅兒在四歲時目睹了她的大姊被繼父強暴。當梅兒正在重新處理一個夢到怪物在攻擊姊姊，而且把姊姊活活吃下肚的記憶時，每一回合雙側刺激之後，怪物的數量就開始增加並且越來越強大。儘管改變了雙側刺激的速度和方向，但怪物仍然掌控一切，而梅兒的恐懼逐漸升高。我鼓勵梅兒帶著她的「正在觀看的自己」，在她注視著怪物並感到恐懼時，留意身體裡面發生了什麼。梅兒表示，她身體裡面主要是心和胃覺得「噁心」。我鼓勵梅兒拿起她的望遠鏡來觀看她的胃和心。在一回合雙側刺激之後，梅兒報告說害怕的感覺越來越靠近心臟了。我請梅兒使用望遠鏡的「拉近」功能，近距離看看這些害怕的感覺，看看它們長怎樣，有什麼形狀，是什麼顏色，以及它們是冰冷的還是溫暖的。梅兒在一回合的雙側刺激之後表示，它們感覺非常冰冷、沉重，是藍色的，而且看起來像三角形。梅兒繼續用「拉近」功能探索這些感受。她甚至與它們交談，詢問它們需要什麼才可以感覺好一些。稍後，我請梅兒使用望遠鏡的「推遠」功能，去尋找身體裡有相反感覺或者不存在這些感覺的其他部位或區域。梅兒在自己體內找到了力量存在的地方。此時，「拉近」的功能再次派上用場以幫助梅兒與她的力量取得連繫。

在審視事件的記憶、事件涉及的人或甚至是過去的事件及其與現在症狀的關係時，調整焦距的功能也很有用。有時候，創傷事件記憶的某一個面向在近看時可能顯得令人難以承受，但是當我們使用「推遠」功能以取得較大、較寬廣的視角時，相同的事件、人或感覺可能

就沒那麼難以承受或巨大有力了。「怪物」或許顯得龐大有力；然而，當我們使用「推遠」功能時，怪物看起來可能其實很小。兒童或許也能找到超出他們知覺範圍的資源。無論如何，當更寬廣的視野致使知覺的範圍擴展時，便可以找到「小幫手」和資源，為兒童帶來賦權、新的意義以及／或協助。基於同樣的原因，「拉近」功能可以幫助被情緒淹沒的兒童在處理過程中的任何時間點減少所觸及的素材數量。可以請兒童只專注於記憶的一小部分就行了。

使用來自大自然的形象和故事：動物和植物的圖騰

最偉大的靈感和故事來自於大自然。環繞著我們的動植物和大自然的一切，蘊含著充滿智慧及令人驚嘆的教誨。這些故事包含著可以深深觸及右半腦的圖像、譬喻和隱喻，因此可以極為有力。每個動物圖騰或自然圖騰帶來的象徵和意義，可以幫助兒童了解自己。根據新時代大師安德魯斯（Ted Andrews, 2011），在自然界的所有表現形式中都存在著原型的力量。「這些原型具有自身的性質和特徵，透過動物以及其他大自然表現形式的行為、活動反映出來。」（Andrews, 2011, p. 2）本書前面介紹了在準備階段協助兒童識別自己的動物和自然圖騰的過程。一旦兒童辨識出自己的動物或植物，它們就可以在整個旅程中伴隨著兒童邁向整合和完整。當兒童接納創傷和艱困的記憶時，動物和自然的圖騰是絕佳的陪伴者。由於在準備階段選擇的動物和植物包含著兒童擁有的或渴望的特性，因此它們可以成為兒童在處理過程中很棒的顧問和支持者。在這些會談中，可以邀請這些動物或植物蒞臨，並準備一個特別的地方，例如一個座墊，用來擺放代表那個動物的玩具或物品。當處理過程卡住，便是邀請動物參與的時刻，這時便可以向動物提出問題或尋求建議。可以問的問題例如：關於這個，蝴蝶會告訴你什麼？在這情況下，雨林中的塔巴努口樹（Tabanuco tree）會做什麼？你的特殊動物會怎麼看待你所看到的東西？棕櫚樹會對你

說你具有哪些特殊才能？在這種情況下，你的特殊動物會怎麼幫助你？另外，兒童有時候可以扮演（embody）那些動物或植物，透過牠／它們的眼睛觀看這個情況，並注意自然而然出現在牠／它們身上的東西。可以使用代表動物的面具，為兒童創造一個更具體、有趣的體驗。運用自然和動物極有好處，除了可以帶動右腦之外，還能保持兒童注意力集中，讓社會參與系統和遊戲系統也加入其中。這將使兒童更有能力留在當下並保持雙重察覺。以下只是幾個可用於兒童的動物和自然圖騰的範例。

- 橡樹：橡樹是長壽的象徵之一，因為這些樹可以活很多年，而且高達十八公尺或更高。橡樹會突然長得很快，接著便靜止一段時間，往根部深深伸展，隨後再進入另一個新的生長期。橡樹會在向外面世界延伸生長之前，回過頭來花時間深深探向自己內部，與自己的根連結起來。當兒童和他們的父母只忙著接觸外在世界，而沒有花時間探看內在時，橡樹就成為了大師，向我們顯示花時間深入內在的重要性。這可能是使它們可以達到如此的高度、壯大和長壽的原因。當我們在 EMDR 重新處理過程中請兒童看向內在時，橡樹便可以成為指引和典範。這個譬喻以溫和而有力的方式幫助兒童探索自己的身體，並觸及他們的右腦。在我的臨床經驗中，藉由這些大自然提供的隱喻和圖像，兒童可以深刻理解並開放地接納他們的「根」。

- 了解與他人聯繫的需求——塔巴努口樹的故事：許多帶著依附創傷和傷痕的兒童已經放棄了與他人聯繫的需求。他們覺得很難理解這樣的想法：透過與其他安全可靠的人們建立深厚的連結關係，我們就會欣欣向榮並得以生存。有些兒童即使面對安全的環境和可望成功的新關係時，也關閉對連結的需求和渴望。塔巴努口樹生長在可能相當具有挑戰性的雨林中。這些樹木提供了一個關於連結和生存的美好故事，可以在兒童進行重新處理的過程中與他們分享。當颶風和威力強大的暴風雨造成山崩和山坡結構不穩固的時候，塔巴努

口樹藉由彼此相互連結而生存下來。塔巴努口樹學會以合作代替競爭，透過樹根互相攀附而連結彼此。塔巴努口樹藉由根部的連結而加入鄰近的樹。這些關係和聯盟讓它們得以固定自己，增加它們在強烈暴風雨期間存活的機會。另外，這些根部的鏈結改善了地形條件，使養份得以保留下來。人們已經發現，透過根部的互相攀附，塔巴努口樹彼此分享了養份。塔巴努口樹的故事不僅是一個生存故事，而且是一個關係結合、連結和團結的故事。這個故事可以在EMDR治療準備階段時與兒童和家庭共享，也能用作重新處理期間的交織。我將這個交織用於五歲時被領養的八歲兒童凱芮。經歷幾個寄養家庭和幾次中斷領養後，凱芮不願意讓任何人靠近她。儘管新的養父母懷著開放的心來接納她，凱芮依然不允許任何程度的親近。在重新處理一個被可能收養她的家庭拒絕的記憶時，凱芮說她永遠不會接近人。在重新處理過程開始停滯時，我告訴凱芮這個故事，並讓她看了奇妙的塔巴努口樹的照片。我請凱芮在進行雙側刺激時想著這個故事。然後凱芮說，她想做塔巴努口樹所做的，但她也害怕其他「樹」可能不要她。塔巴努口樹的故事打開了一扇門，讓凱芮連接到她內在與他人結合的需求，並且表達出對可能遭到拒絕的恐懼。

- 棕櫚樹和靈活：棕櫚樹是一個因為靈活而生存下來的例子。棕櫚樹幫助我們理解，力量來自於靈活，而不是僵化。眾所周知，具有彈性樹幹的樹比脆硬樹幹的樹更能生存下去。棕櫚樹可以彎曲，幫助它們即使面對最強烈的暴風和颶風也承受得起。當兒童顯得僵化，或者無法「彎曲」而適應生活中的「風」時，棕櫚樹可以成為他們優秀的老師。

- 蝴蝶和轉化：蝴蝶有一個令人難以置信、充滿智慧和勇氣的生命歷程。蝴蝶忍受著可以說是一生中最劇烈的轉化和蛻變之一。毛毛蟲的創世紀要從所謂的「成蟲芽」（imaginal disks）展開。一旦進入繭中，這些成蟲細胞便開始改變毛毛蟲的身體結構和命運。這種轉化

會消耗大量的能量，使得毛毛蟲失去將近一半的重量。當完成令人難以置信的蛻變時，新的蝴蝶還有另一場戰役要克服，那就是破繭而出。藉由突破這個繭，蝴蝶實際上強化了翅膀。然而如果幫牠破繭，蝴蝶將永遠不會飛。幸虧有蝴蝶生命歷程的偉大象徵，讓我們可以在針對創傷素材進行重新處理的期間，將牠蛻變的不同面向呈現給兒童。事實上，準備階段便可以藉由請兒童將蝴蝶擁抱到「內在裡面」來展開。「成蟲芽」代表兒童外顯和潛在可被活化的資源，以幫助兒童長出他或她的新翅膀。在 EMDR 重新處理過程中，當我們接納「令人厭惡的」事件的記憶時，會有「崩潰」的時刻和黑暗揮之不去的時刻。然而，就在我們「探訪」記憶並且可能感受到「黑暗」的感覺時，我們的「成蟲芽」開始創造我們的翅膀，幫助我們找到真正的自我、內在的彩虹和我們的自由。蝴蝶教導我們，為了讓我們的翅膀強壯，在破繭時會需要一些奮鬥拚搏。在重新處理過程中，提醒兒童翅膀不僅是成長而已，也同時變得更強壯。此外，還要幫助兒童接觸我們內在所擁有的驚人力量。如果像蝴蝶這樣小而且顯然很脆弱的昆蟲都能夠有如此英雄般的變化，那麼想像一下我們人類有能力做些什麼。實際上，蝴蝶的故事可以陪伴兒童走過整個 EMDR 治療八階段的旅程。

● **變色龍**：變色龍是一種奇妙的動物，具有變色的能力，可以讓牠們融入周遭而偽裝起來。牠們改變顏色的能力似乎和社交信號有關。有角色顛倒和討好傾向的兒童很難看到並承認這種生存機制，這很可能是由於這些應對策略仍深埋在內隱記憶中。然而，變色龍透過牠們變化顏色以求生存的故事，帶給我們一種視覺與隱喻性的右腦體驗，讓我們從中了解什麼叫做藉由順從地變成環境要我們成為的樣子而獲得適應。變色龍讓我們有機會尊重我們的偽裝能力，同時理解到隨著周遭環境需要而改變顏色有何深刻目的。父母的教養風格帶著界限不清、干涉和強制的兒童，以及經歷過父母無能、脆弱、無法提供兒童照顧的兒童，可能會被引發出討好順從，以符

合父母與其他重要依附對象的需求。另外，缺乏適當鏡像模仿經驗　216
的兒童，或是兒童接受到多重且不一致的自我和他人的表徵，可能
永遠不會發展出自己是誰的恰當意識。因此，他們可能學會「變
色」，順從圍繞他們周遭的顏色，從不知道自己是誰，以及自己真
正的顏色是什麼。一名七歲女孩佩姬因為身體變得癱瘓、無法移動
而被送來治療。經過多次醫學檢測並未發現器質性缺陷後，佩姬被
轉介接受心理治療。佩姬與父母及祖父母一起生活。父親和祖父都
非常嚴格，並且對佩姬有很高的標準。佩姬的母親非常溫順，很難
捍衛自己。當堂兄弟姊妹和朋友們來找她時，佩姬總是被要求做出
「正確的選擇」。為了符合祖父和父親強加的「利他主義」規則，
佩姬必須分享她的所有玩具，並允許每個人可以隨意進出她的房
間。她學會沒有聲音和順從，就像她的母親一樣。此外，她的學校
也要求非常高，她被期望成為「完美的兒童」，滿足所有照顧者的
需求，不僅包括她的父母，主要是她的祖父母。開始治療的前一
年，佩姬意外被鎖在浴室裡大約三十分鐘。事件發生後，焦慮和遭
到禁閉的感覺顯著增加。佩姬開始害怕密閉的空間，無法獨自待在
浴室或任何小房間裡。佩姬默默忍受內在的焦慮，但身體開始表現
出內在聲音所無法表達的處境。佩姬開始做惡夢，而且晚上很難入
睡。佩姬每天都想盡一切辦法變成她的照顧者要她成為的樣子，沒
有空間可以表現出自己內在所經驗到的狀況。在處理佩姬和焦慮有
關的記憶的同時，也對她的照顧者進行密集的家庭工作。除了被鎖
在浴室裡的記憶之外，佩姬想起了當堂兄弟姊妹在她家霸凌她、強
迫她交出玩具和最珍貴的東西時，母親從沒站出來維護她。在她重
新處理和堂兄弟姊妹的記憶時，變色龍講述了牠的故事。一個代表
變色龍的木偶談到牠「變色」的策略和掙扎，因為牠永遠找不到自
己真實的顏色，即使極少數時候找到了，還是無法以此為榮。我鼓
勵佩姬找出內在的變色龍，並與之建立關係。稍後，佩姬對於變色
龍為她所做的工作表達讚揚，卻提到了她可以如何找到自己的顏

色，並向全世界展示。由於父母也參與了治療，因此他們有機會與佩姬修復，並尊重佩姬對自己空間和自己顏色的權利。佩姬的父母也與變色龍互動，並為了之前不允許她尊重並表達自己的色彩而向佩姬道歉。在這每一個交織之後，都接著進行雙側刺激和使用交織的標準 EMDR 程序。變色龍帶來了一個有力的故事，讓佩姬以溫和的方式接觸、尊重和整合這些適應機制，並將它們轉移到適應性的解決途徑。

● 蠔菇：蠔菇帶有神奇的力量，是令人驚嘆的自然倖存者。它們有能力殺死細菌和一些最毒的物質，並將這些細菌和物質轉變成營養和健康的東西。蠔菇有能力分解有毒的化學物質。如果這樣一個小植物能夠具有如此英雄非凡的功績，那麼想像一下我們人類有能力做些什麼。蠔菇不僅具有攝取毒性的能力，而且還能將毒物轉化為目前人們正在研究其治療效用的東西。從隱喻層面來看，面對逆境時，我們會接收到謊言、「令人厭惡的東西」和「毒物」，但就像蠔菇，我們有能力將這種有毒的東西變成為我們自己和他人的治療藥劑。我們請兒童追隨蠔菇的示範，把他們從生活中的負向事件吸收到的「令人厭惡的事物」在 EMDR 治療過程中予以轉化。碰到兒童說不想再做 EMDR 時，在探討過其中潛在的原因之後，可以和兒童分享蠔菇的故事。這個交織將能提醒兒童，他們內在擁有可以將「厭惡」蛻變為「光明」的「蠔菇」力量。

217

動物故事可以早在準備階段就開始陪伴兒童，幫助兒童找到標的記憶和資源、讚揚自己的求生能力，並最終在自己內在找到療癒和完整性。EMDR 治療師可以在準備階段協助兒童們找到陪伴的動物。哪種動物或植物最像、最能代表兒童的旅程？在聽過不同動物的故事後，哪種動物或植物對兒童較有吸引力？這些問題可以幫助治療師協助兒童找到他們的「動物或植物圖騰」。可以由不同的動、植物陪伴兒童走過 EMDR 旅程。一旦找出這些動、植物，它們會大大促進兒童

開放地全然接受 EMDR 治療。

　　我們可能需要另外寫一本書來敘述無數從大自然引發靈感的故事。智慧時時刻刻環繞著我們，而且經常來自於這星球上最令人意想不到的生物。

匯聚一切：創造兒童的「工具和顧問群」

　　這是另一種利用兒童所有的資源來創造交織的絕佳方式。治療會談實際上是根據兒童所可能需要的資源和顧問來安排的。例如，可以用顧問群和小幫手在兒童身邊圍成一個半圓，這些顧問跟小幫手都是兒童從準備階段起自己選來一起工作過的。兒童的「專屬顧問群和工具」便放置在兒童周圍。治療師可根據每一個兒童潛在的優勢、困難和需求來建議顧問群。蝴蝶和蜘蛛俠都可以成為顧問。蠔菇可以和諸如「正在觀看的自己」的眼鏡和「內在望遠鏡」等工具一起使用。這些顧問群和工具或許不一定必要、有需要或會用到，但是如果機會出現了，便可以隨時讓兒童和治療師使用。它們還能為兒童提供更大的安全感、涵容與支持，即使在過程中從未被要求參與諮詢或給予建議。

　　和需要持續動來動去的兒童或副交感背部迷走神經系統敏感性高的兒童一起工作時，額外增加一些趣味性和動作，可以幫助他們達到最佳的喚起水平，因而容易維持雙重察覺。他們也會因而比較投入、有動機參與。可以創造出「EMDR 車站」，代替以顧問群和工具圍成的半圓。每個車站使用不同顏色的坐墊來區分，或者如果沒有坐墊的話，也可以使用寫上車站名稱的彩色紙片來代替。例如，如果蝴蝶 218 是顧問之一，它將會有自己的車站「蝴蝶站」；望遠鏡以及「正在觀看的自己」、超級英雄、變色龍和塔巴努口樹等等，都會有自己的車站。當兒童的訊息處理停滯並且治療師準備使用交織介入時，便引導兒童來到特定的車站。兒童可能需要塔巴努口樹的建議，使用「正在觀看的自己」眼鏡或「內在望遠鏡」。長期經歷低喚起狀態、常說覺

得「無聊」和「疲倦」的兒童，會從這個策略所提供的趣味與動作中
受益。

　　塞吉是一名七歲男孩，由於有憂鬱症狀、社交孤立、難以和家裡
同齡的小朋友相處，因此由他在軍中服役的父親帶來治療。父親在發
現塞吉的母親嚴重疏忽塞吉之後，便與母親離婚。塞吉的父親因為外
調，所以由母親完全負責照顧塞吉。根據父親的說法，母親會把塞吉
一整天都放在嬰兒床上，每天只餵他一次和更換尿布一次。兒童保護
服務中心接獲通報，並在父親回國後將監護權歸給父親。塞吉從一開
始就說他感到無聊，並說 EMDR「很無趣」。他說話的聲調虛弱，
似乎很疲倦，而且沒有動機。由於注意到塞吉大部分的時間都是「生
活」在低喚起狀態下，我對於尋找塞吉喜歡什麼，以及什麼能為他的
生活帶來更多興奮感，特別關注。塞吉喜歡電影、電玩遊戲和故事。
他最喜歡的超級英雄是蜘蛛俠，對蝴蝶的故事很有反應。在每次進行
重新處理之前，我們藉著各種肢體活動，諸如跳繩或進行「凍結」和
「解凍」遙控等遊戲，在我辦公室裡四處動動跳跳，努力讓神經系統
做好「準備」。過了五到十分鐘後，我們便已準備好進入 EMDR 的重
新處理過程。這些活動似乎提高了兒童的喚起程度。我們還納入「坐
墊車站」，而且塞吉非常興奮地選擇自己的顧問群和工具來「探訪」
那些「討厭」的記憶。我們的第一站是蜘蛛俠，第二站是蝴蝶，第三
站是「正在觀看的自己」，第四站是「內在望遠鏡」，而最後一站是
給了他力量和安全感的小幫手們和所有的人物、天使等等。

　　當我們開始重新處理一段在學校被其他兒童霸凌的記憶時，塞吉
說他覺得想幫助自己，但他做不到。塞吉開始深陷無助感。我建議他
去其中一個車站尋求建議，作為一種交織。塞吉去蝴蝶站，問蝴蝶對
於他該如何幫助自己有何想法。當我問塞吉蝴蝶說了什麼時，他說：
「蝴蝶說要撐下去，堅強一點，我的翅膀就要長出來了。」我說：
「把注意力放在蝴蝶的建議上。」然後施行雙側刺激。稍後，我還要
求塞吉去他的小幫手車站找看看誰能幫助他。他帶來了父親和上帝的

圖像，他們可以幫助塞吉。進行雙側刺激時，我請塞吉將注意力放在父親和上帝正在幫助他的情境。這些視覺刺激、動作和趣味性的交織，讓塞吉的社會參與系統持續受到刺激，使得塞吉能夠在使用他的工具、資源、顧問群和幫手時可以處在當下。隨著重新處理療程的進展，塞吉更加投入、更加有動機。有時候我們選取不同的車站，而且除了「常任顧問群」之外，還有「客串顧問群」。其中一次治療在重新處理父母離婚的記憶時，我們在車站中加入一個「阿波羅・奧諾」（Apolo Ohno）站。阿波羅是一名競速滑冰運動員，並且是塞吉敬仰的奧運金牌得主。阿波羅的父母在他還是嬰兒時離婚，他的父親撫養他長大。有了這些訊息，我研究了阿波羅的生命史，並很高興地發現，塞吉與阿波羅有不少共同之處：他們都經歷過父母離婚，都喜歡運動，都與父親同住，而且都是雙種族血統。在重新處理父母離婚的記憶時塞吉卡住了，因為他覺得自己沒有雙親所以有缺陷。我請塞吉移到阿波羅站。當我們移到這個車站時，我告訴了塞吉阿波羅的故事。我問塞吉，當他說自己因沒有雙親所以不如別的兒童時，阿波羅會怎麼說？我們在這個車站花了一段時間，因為我用阿波羅的故事進行了幾次交織。

219

車站可能隨著治療過程的進展而有所不同或改變。當你越了解兒童以及他或她感興趣的事情時，新的「客串顧問群」便可能會獲得邀請。加入新的車站、邀請新的來賓，都會讓兒童持續維持動機。

超級英雄和奇幻故事所啟發的工具

在 EMDR 治療的階段，可以使用來自不同故事甚至電玩遊戲的奇妙工具和寶物。《哈利波特》的故事和部分段落除了能在整合逆境記憶時為兒童帶來趣味，也能鼓舞人心。兒童在擁抱創傷和艱困的記憶時，可以使用像是時光器（Time Turner）、贊諾・羅古德（Xenophilius Lovegood）的死神聖物項鍊、哈利波特的魔杖以及許多其他魔法棒等

等，看起來有幫助的儀器和物品。這些工具可以協助兒童面對嵌入創傷記憶裡的恐懼、無力感和帶來傷害的環境。此外，它們也讓兒童保持參與，並處於遊戲狀態。像「超級瑪利歐」之類的電玩遊戲，裡面有可以協助瑪利歐和他的朋友面對不利環境的幫手和能力。重要的是，去探索什麼東西可以帶動兒童的動機，並調查兒童可能會受到吸引的角色和遊戲。如果兒童非常喜歡《星際大戰》、《哈利波特》、《魔戒》、超級瑪利歐等等，這些興趣就成為在 EMDR 治療不同階段鼓勵兒童參與並賦權的資源。另一方面，我們仍需要讓兒童專注在當下而不迷失在幻想中。我們要提醒兒童想像力和假裝的神奇力量，以及透過它們可以幫助我們克服逆境。但是，仍然要讓兒童保持在當下且定著在此時此地。

內在自我的幫手

　　「內在幫手」這個概念是由一位被診斷為解離性身分障礙症的成人個案帶給我的。這項治療工作，引領我了解解離性身分障礙症個案的智慧。當兒童全心投入搜尋、取回、整合創傷記憶時，「內在幫手」可以發揮驚人的助力。可以要求兒童創造或邀請在探訪困難記憶時提供支持、指導和力量的幫手。兒童可以有好幾個幫手，有的在尋找逆境記憶時給予協助，有的則給予建議、賦予力量等等。例如，一位個案將「內在蝴蝶」設定為協助她找到「隱藏事件」並讓那些事件發聲的幫手。這位個案說，有一些「祕密事件」被鎖住了，而「蝴蝶」持有鑰匙。還有一位「神仙教母」，可以在這些「祕密」被揭露時提供支持和安全感。這些「內在幫手」所添加的象徵和趣味性，讓這個兒童在「睿智蝴蝶」的協助下觸及遭受性虐待的記憶，稍後則在「神仙教母」的幫忙下重新處理遭受虐待的記憶。對於較年幼的兒童來說，很重要的是要澄清這些幫手都是「假想出來的」，它們不一定以真實的形式存在於我們身體內部。有些兒童可能會認為他們真的有一個仙女住在身體裡面。不過在經過明確解釋後，它們可以成為驚人

的資源，陪伴兒童通往療癒的旅程，並且促成記憶的探索、觸及和處理。

運用物件和設備來增強趣味性和涵容感

使用對講機、玩具電話和麥克風等等，可以透過刺激遊戲回路（play circuitry）[48]，使兒童的涵容感和整合能力增至最大限度。例如，當兒童出現困擾的感受並且找出這個感受待在心的位置時，治療師可以拿著麥克風要求允許採訪心。「心臟先生，我聽說你感覺有些討人厭的東西在那裡。請留意一下，這個討人厭的東西是否有形狀。」一旦心臟給了回應，治療師就請心臟在進行雙側刺激的同時察覺這個困擾的感受和剛剛辨認出來的形狀。「它的溫度是怎樣？是冷的、暖的還是非常非常熱？」當將問話指向心臟時，麥克風也指向心臟、胃或困擾感受在身體中感覺到的位置或區域。對講機也能以相同的方式使用。如果兒童在一段距離外的「坐墊屋」裡面，治療師可以請兒童讓心臟透過電話講話，或者讓心臟藉由兒童使用對講機交談。

沙盤物件可以幫助兒童表達情緒、感覺或任何他們難以用言語描述的訊息。例如，一名六歲男孩在重新處理父親對他性侵犯的記憶時，經歷了許多恐懼，很難用言語表達。然而，他的臉和肢體語言透露出了他所經歷的令人難以置信的恐懼。他看著我，但說不出話來。最初，我鼓勵他運用「正在觀看的自己」然後察覺內在發生什麼事。但是，恐懼似乎繼續升高。儘管改變了雙側刺激的方向和速度，但這個兒童顯然陷入了高度恐懼的狀態。我向他保證，不說話也很好，因為這也是我們人類能夠使用的許多語言中的一種。我請他看看我的沙盤物件，並從中找出一個來代表他內在正在體驗的感受。他選擇了一條小蛇，我要他只要看著蛇，並注意到自己是否比蛇大得多了。兒

---

[48]　譯註：遊戲回路是腦內回路之一。

童可能會覺得他們的負面感受會比自己更大、更有力。他在進行雙側刺激時，眼睛同時跟隨著蛇。當我問他察覺到什麼時，他說這條蛇很壞，但知道他比蛇還大，讓他感覺很好。我請他繼續留意是否蛇有任何訊息要給他。在一回合雙側刺激之後，他說這條蛇只是在向他展現他的恐懼感。能夠透過物件或象徵符號將感覺、衝突或身體感受顯露出來，為兒童提供了探索感受所需的適當距離。它也容許這個兒童在左腦的參與下，讓感受發聲並予以標示。

221 **害羞毛毯和隱形帽子**

　　一個非常具創意而且有力的交織，是藉由使用物品來促進涵容感，因此可以調節喚起程度。許多兒童，特別是高度創傷和失調的兒童，往往表現出需要躲藏起來的狀況。在治療室裡觀察到為數眾多的兒童一旦可以躲起來，就冷靜、放鬆了，於是我開始使用可以幫助兒童躲藏的物品，作為調節喚起程度的方式。「害羞毛毯」是兒童可以用來隱藏和消失的神奇工具。這條毯子應該具有以下重要特性：(1) 兒童應該能夠從毛毯中看到外面，但卻不會被看到；(2) 需要相當的重量，這樣兒童才能體驗到涵容的感受；(3) 它應該大到足以覆蓋兒童的整個身體。正如前面幾章所說明的，在重新處理之前，兒童應該熟悉毯子的使用。當重新處理過程卡住時，治療師可以詢問兒童使用「害羞毛毯」是否會有幫助。一旦兒童進到毯子下面，就請他察覺，當自己可以看到別人、但別人看不到自己時，會發生什麼。在兒童察覺注意著這種涵容的體驗時，治療師便繼續進行雙側刺激。可以請兒童在感受著待在毯子下面的涵容感和安全感的同時，繼續探訪這個令人厭惡的記憶。一個七歲女孩在重新處理一個大怪物襲擊她的噩夢時，表示希望「害羞毛毯」可以包住並保護她。一旦到了毯子下面，她就說她要和怪物戰鬥，於是我請她放手去做。我用觸覺進行雙側刺激時，看到毯子下出現了很多動作。我問了慣常性問題，請她吸口氣、呼出來、問她發生了什麼，她從毯子下出來說：「我還在和牠們戰鬥，差

不多快打完了。」我問她是否需要幫助，但是她說她可以自己來沒問題。在完成了四回合雙側刺激後，她從毯子下出來，說她已經打完，而且不再需要毯子了。此時，主觀困擾評量的分數顯著下降，因為怪物被擊敗了，而兒童最後戰勝了。

　　和由於依附傷害與創傷而無法與人眼神接觸的兒童工作時，害羞毛毯會極有助益。由於害羞毛毯具有讓兒童有機會看得見別人但不會被看見的特性，兒童可以與人進行某種較能忍受的眼神交流形式。在處理眼神接觸等依附行為時，害羞毛毯讓兒童有機會看到自己的父母卻不被看見。法蘭是個男孩，因為頻繁的噩夢和對兄弟姐妹很粗暴，而被帶來治療。法蘭沒有呈現任何受虐經歷，但他的父母提到母親在他出生後的頭三年患有嚴重的憂鬱症。父親和法蘭在情感連結上有很大的困難，所以用工作來保持距離，不和兒童連結。法蘭變得越來越害怕獨處，並告訴父母說他的房間裡有怪物。我試圖重新處理他的噩夢時，怪物變得越來越大、越強壯。法蘭對任何交織都沒有良好的反應，並要求停止 EMDR。母親呈現未解決的過去創傷，與她原生父母施加的性虐待、身體虐待和情感虐待有關。基於與父母雙方的互動經驗，致使法蘭發展出不一致的多重自我模型。因此，法蘭無法形成一種長久存續的感受，也無法將父母內化來滿足他對連結和安全的需求。沒有了這種長久存續感，法蘭就無法內化「感受到身體的安全感」（felt sense of safety）和心理的安全感（security）。我注意到法蘭無法容忍與雙親有眼神接觸。看著母親的眼睛對他來說極為困難，而且會讓他失調。於是我建立起依附行為的分層處理架構（見第八章）。法蘭無法容忍身體接觸，主要是對母親，而且情感表達令他感到「非常不自在」。第一個標的是眼神接觸。負向信念是：當我看著媽媽時，「表露我的感受是不安全的」。法蘭說感到不自在，而且主觀困擾感受量尺達到 10 分。當重新處理展開時，法蘭說他感到厭惡，而且不久之後開始說：「我不知道，我什麼都感覺不到。」在害羞毛毯的幫助下，他能夠看著他的母親，並進行觸覺的雙側刺激。法蘭說，在

222

害羞毛毯裡，主觀困擾感受量尺分數是 0，但是如果沒有害羞毛毯，主觀困擾感受量尺分數是 10。經過一次重新處理會談之後，法蘭能和母親保持目光接觸，同時母親也說出慈愛的話語。法蘭與母親的眼神接觸從覺得困擾，到感受中性，再到感覺到「愛」。在這案例中，很重要而必須強調的是，母親自己也參加了密集的 EMDR 治療，並且等到母親對於自身未解決的依附創傷和憂鬱症如何影響了法蘭有足夠意識之後，才開始處理依附行為這個標的。與父親一同進行的治療會談也使用依附行為作為主要標的。與母親眼神接觸以及運用身體傳達情感作為標的的頭兩次會談之後，噩夢開始消失。當法蘭和父母有了更高程度的連結，並且透過依附行為觸及並重新處理含有受創依附經驗訊息的記憶網絡後，他房間裡的怪物開始消失。

當兒童難以目光接觸時，也可以運用隱形帽子和眼鏡。使用方法類似於害羞毛毯。

使用說故事進行交織

當重新處理卡住時，可以使用帶來療癒的故事。這類故事有些是來自大自然或電影和書籍的內容。《哈利波特》、《魔戒》等等，可以將光明帶進兒童卡住的議題。另一方面，兒童可能不知道或只知道部分的真實故事，可以在重新處理期間的恰當時機或訊息處理卡住時，向他說出這些故事，作為一種交織。一名八歲女孩珍妮佛由於和母親有極度的分離焦慮，被帶來治療。她難以在晚上入眠，而且堅持與母親一起睡。這位母親說，珍妮佛的焦慮在生命早期就開始了，甚至在她遭受家人的朋友猥褻之前就有了。在重新處理遭受性虐待的記憶之後，珍妮佛在侵略性和對立行為相關症狀上有所改善；然而，分離焦慮症狀僅略微降低。進一步探索早年依附關係後，得知珍妮佛的母親有高度焦慮，總是害怕某些事情可能會發生在女兒身上。原來珍妮佛的父親在發現她的母親懷孕後就離開了。母親獨自撫養珍妮佛，

而且為了可以工作，必須把女兒交給保姆或其他家人，使得珍妮佛的母親對於女兒的安全和健康快樂有著高度恐懼和焦慮。母親說自己已經能夠克服這種恐懼，但現在卻是她的女兒不斷害怕媽媽會發生什麼事。珍妮佛必須和保母待在一起的最早期記憶，便成為標的。自發性處理是首要方式，但是當訊息處理過程中由於高度害怕失去母親而卡住時，我便請母親告訴珍妮佛關於自己感到恐懼的故事。值得強調的是，在準備階段的療程中，母親在協助之下用簡潔而適合兒童的方式創作並寫出自己的故事。母親在講述這故事時，用手臂環抱著珍妮佛。雙側刺激便在講述故事時進行。這對於協助珍妮佛整合訊息而言是一個強而有力的交織，因為這些訊息雖然已在情感與身體面向編碼進她的大腦，但還沒整合認知上對恐懼根源的理解。不過，在很多案例中，即使記憶的認知面向始終未知，仍能整合情感方面和身體方面的素材。然而，如果有故事可用，並且內容適合兒童的發展，便可以鼓勵家長準備好這些故事，以便在必要時作為交織。在我的臨床經驗中，使用講述故事的交織方式並不需要長篇大論，但必須確實涵蓋與兒童當前症狀有關的核心和要素。這可能與其他的治療取向不同，那些取向的重點在於照顧者講述的故事（見 Lovett，1999），需要對記憶有較廣泛、詳盡的書寫和敘述。

透過交織促發非口語溝通

在提取早期依附創傷的記憶時，我們便是在觸及下層腦和右腦的語言。使用非語言的策略，可以大大促進兒童針對語言前時期事件的記憶加以處理的過程。繪畫和樂器是可以運用的方式。以下提出一些範例。

使用繪畫和藝術
繪畫長期以來便一直用於兒童治療和 EMDR 治療中。藝術和繪畫

可以讓我們和困擾素材保持一段距離，因此對兒童來說較容易忍受。以下呈現一些可以在兒童 EMDR 治療減敏階段中使用繪畫的方式：

1. 當兒童的重新處理卡住時，便請他注意身體、心和頭腦裡面正在發生什麼事情，並畫出一個圖形來代表。這可以是不具特定形狀的色塊，只要最能代表兒童浮現的情緒、感覺或想法就行。當兒童說沒有清晰的畫面但又感覺到某種無法用言語表達的「東西」時，這種交織便會有很好的效果。對於說感覺「沒有東西」或者在一回合雙側刺激之後回應「我不知道正在發生什麼」的兒童，這個方式也很有幫助。很重要而必須強調的是，治療師需要能夠和兒童的生理變化同步，因為任何這些變化都可能表示兒童進入了解離狀態。請兒童帶著「正在觀看的自己」留神地觀察正在發生的事情，然後將這些呈現在紙上，無須運用語言文字。首先，兒童選擇一種或多種顏色，然後鼓勵兒童畫出「正在觀看的自己」對於內在冒出來的東西觀察到什麼。也可以使用第十一章所描述的「內在照相機」。然後請兒童在自己或「正在觀看的我」進行觀察時，使用「拉近」和「推遠」功能，並畫在紙上。治療師便使用畫出來的圖畫讓兒童進行動眼過程。要求兒童就只是注意著圖畫。在這回合雙側刺激之後，給兒童另外一張紙畫出他或她的「正在觀看的我」現在察覺到什麼，並再次請兒童跟隨這張圖畫。除非兒童想要透過言語表達來添加情緒、感覺、想法，否則不需要言語。荷西在四歲時從中美洲一家孤兒院中被領養，在處理親生母親拋棄他的記憶時，他表示說「什麼都沒有」發生。我問他「什麼都沒有」是意味著他不在現場，還是意味著他感到很厭惡但不知道如何告訴我。他說「什麼都沒有」表示「我感覺很糟，但我不知道怎麼告訴你。」我請荷西帶他的「正在觀看的我／自己」去「觀看」內在發生的事情，並挑選一種顏色，把內在感覺到／看到的東西畫在紙上。我邀請他讓這種內在的主觀感受以任何它想要出現的形狀出現，然後用任何它想要

224

被看到的顏色呈現出來。荷西畫了一個很大的、帶有許多尖刺的綠色圓形。我請荷西用眼睛跟著他的圖畫。在第二回合雙側刺激之後，我再次請荷西畫出現在所感知到的那個內在感受。荷西畫了一個比較小但有類似尖刺的圖形。畫完後，我再次請荷西用眼睛跟著這張圖，同時專注於那個內在感受。隨著雙側刺激繼續進行，代表內在狀態的形狀變得越來越小，直到它變成了一個小圓點。此時他表示自己感覺好多了，而且「裡面那個令人討厭的東西」消失了。

2. 治療師可以運用白板讓兒童在每回合雙側刺激之後畫畫。兒童不需要使用口語傳達。另外，治療師也可以使用雷射筆來進行雙側刺激。一旦兒童在白板畫完他／她察覺到的東西後，便請兒童跟隨雷射筆投射在白板上的光點。每回合雙側刺激後，兒童或治療師便擦掉白板上面的圖畫，以便畫上新的圖畫。也可以使用紙張，以便保存每張圖畫。在這種情況下，雷射筆就投射在兒童繪出圖畫的紙張上。

3. 兒童往往非常喜歡繪畫以及畫畫時的感受，特別是手指繪畫。繪畫讓兒童處於遊玩的狀態，因此更加投入。和因為交感與副交感神經系統過於敏感而容易進入過高或過低喚起的兒童工作時，使用藝術和非語言策略或許能讓他們在 EMDR 治療的重新處理過程中受益。事實上，這些以感官為基礎的右腦策略，可以促進社會參與系統啟動，使兒童保持在最佳喚起程度。

使用音樂和樂器

　　音樂也是表達右腦語言的絕妙方式。喜歡音樂以及會演奏樂器的兒童，通常可以將其作為內在和外在世界聯繫的資源和媒介。如第十一章所述，可以請兒童將樂器連結到他或她的「內在」世界，並讓樂器成為內在世界的聲音。兒童還可以從他知道的旋律中找出最能代表內在狀態的旋律。請兒童在兩回合的雙側刺激之間演奏屬於「內在」的歌曲和「內在」的音樂。在兒童表達出自己透過樂器察覺 225

到的內容之後，便請他或她在進行雙側刺激的同時傾聽這個內在的聲音。樂器能幫助兒童維持雙重察覺並集中注意力，從而促成重新處理。樂器可以在準備階段就開始納入使用。對音樂和某項樂器已經很熟悉的兒童，可以運用它們作為療癒旅程的夥伴。他們可以將它們當作資源和內在世界的聲音。他們可以在重新處理的任何時候使用音樂與樂器；可以在大部分時間都使用它們，或者僅用於幾個回合的雙側刺激。一開始，非語言溝通對兒童來說可能較容易，因為它為右腦和「內隱自我」提供了聲音（Schore, 2010）。然而，隨著困擾程度降低，言語交流和左腦的認知處理模式可能會自然而然地出現在兒童身上。

處理依附系統：修復性的交織

第十二章和十三章介紹了幾種用於修復和治療依附系統的交織，其中涉及使用治療性遊戲和內在家庭系統策略。本章我們要介紹的是，由父母在 EMDR 治療師指導下提供交織，以及使用自我狀態策略。當父母就是導致創傷的人時，修復可能是療癒發生的必要條件。然而，除非父母能夠恢復心智化能力、自我反思功能和洞察力，否則真正的修復是不可能發生的。這意味著父母需要對自身的創傷和逆境記憶予以適當程度的同化和整合。否則，如果父母與兒童在重新處理過程中一邊進行修復，但在家中卻繼續做出傷害兒童的相同行為，則可能會造成更大的損傷。帶著真誠、真實和真心來進行修復的交織時，它們會極為有力。再次提醒，EMDR 治療師需要關注整體臨床全景；在決定交織類型之前，父母必須已經做好給予的準備，而兒童必須做好接受的準備。父母的出現是否會促進兒童的安全感和開放？或者，相反地，會抑制兒童開放和處理困擾素材的能力？理想情況下，如果傷害是在照顧系統內造成的，那麼在我的臨床經驗中，父母的修復能力和對修復的開放態度會加快整合過程，並最終使兒童得以療癒。假如父母適合參與治療，可以使用以下的程序和交織。這包括

第五章所提出針對父母的任何層次的個別工作，以及願意理解兒童的心智狀態並採取相應行動的意願。沒有直接造成此類傷害的養父母，即使接受最起碼的心理教育和一些自我調節方面的工作，也能獲益良多。但是，我碰過一些父母，在帶兒童接受治療之前自己便先接受過密集的 EMDR 治療，或者有能力深入了解自己的孩子並根據孩子的需求做出適應性反應。如果有需要的話，這些具備安全心態的父母只需要基本的心理教育。對於沒有施加傷害的父母來說，不管是親生或收養的，若兒童經歷過忽視、虐待、遺棄或一般而言依附需求未能滿足，都能因為父母在場進行修復並滿足依附需求，而獲得好處。父母離異的兒童和不安全依附的兒童，可以因為父母在場提供修復的交織而受益匪淺。無庸贅言，如果兒童不想讓父母在場，不應該勉強兒童。如果父母也同時進行個別的治療，那麼兒童和治療師單獨進行治療就可以完成大量的工作。但是，兒童拒絕讓父母出席的原因可以加以探索並用於治療，以挖掘潛在的重新處理標的。一旦兒童同意在重新處理過程中讓父母在場，應該為父母安排一場準備會談。正如第五章所述，應該要讓兒童和父母對這個過程有心理準備。照顧者應該明白並理解自己的角色。此外，兒童若已經同意讓父母參與，就是實際上要求家長在場，則該過程對兒童而言將更具可預測性。

226

　　當因為過程卡住而正好是邀請父母的機會時，治療師便以要求父母參與的方式介入。這些會談通常非常令人感動而充滿力量，治療師的內在需要作好準備，以同情心和尊重的方式與兒童和照顧者同頻、共鳴和同步。治療師應該考慮到聲調、內在狀態、身體姿勢和身體親近的程度。對於可以部分容忍分享正向經驗和情感的兒童來說，會談便以促進親近的方式來安排。我們可以使用舒適的座墊坐在地板上，好讓彼此可以坐得靠近些。然而，採取逃避策略的兒童或「畏懼」（phobia）碰觸和親近的兒童，在一開始的時候，可能需要注意他們可以容忍的親近程度，比如治療師坐在椅子上，而兒童和父母坐在沙發上。讓兒童有機會選擇他或她希望每個人坐的位置，以及大家應該彼

此離得多近。隨著會談的進展，兒童在身體方面可以容忍的親近程度也會隨之進展。情況經常是，開始時我們坐在椅子和沙發上，經過幾次會談後，兒童已經準備好選擇地墊和更密切的親近程度，直到兒童和父母能夠達到適合他們的親密程度。這當然不是取決於治療師的標準，而是那些深深滋養和灌輸到兒童身上的東西。

當兒童在需要修復的地方「繞圈子」時，便是適當的時刻，治療師就可以引導修復的過程。我稱這些為「修復性交織」。例如，由於疏忽而缺少滋養的兒童，可能需要聽到父母真心道歉並承認兒童的經歷。此外，兒童「更年幼的自我」未滿足的需求可能需要父母現在就予以滿足。對於父母離異的兒童，若因「父母沒在一起是我的錯」而卡住，可能需要讓父母在兒童面前承擔適當的責任，並表達及承認自己應負之責。遭性虐待的受害兒童可能需要從不是侵犯者的父母那裡聽到他們的道歉，因為保護兒童是父母的職責，但身為父母的他們卻沒有保護兒童的安全，或根本沒注意到兒童發生了什麼事。由於必須遵守父母非常高的標準而導致高度壓力和高度焦慮的兒童，可能因聽到父母真心道歉並承認是他們自身有完美的需要，從而受益。這樣的兒童可能需要聽到父母親自對他說他很好、值得疼愛等等，即使他犯了錯或未達到最佳成績。

當 EMDR 治療師認為適合在會談中把「修復交織」加進來的時候，便邀請父母「將聲音連結到你的心，而且讓兒童從你的聲音和你的心知道……」。可以鼓勵家長更詳細地闡述兒童的具體情況。父母可以說，當母親和父親互相吼叫時，是因為大人們有時對於「巨大情感」會出現問題，而這不是兒童的責任。父母也可以說：「我很抱歉，我沒有保護你，儘管保護你是我的工作。媽媽有狀況，無法做到身為媽媽需要為你做的事情，但媽媽正在努力成為一個能保證你安全並照顧你的媽媽。」雙側刺激可以下列方式進行：

1. 在家長提供交織之際進行。

2. 在家長完成修復，並邀請兒童察覺將有什麼東西出現之後。在某些情況下，除非使用拍打（tapping）或蝴蝶擁抱，否則必須要等到父母完成修復交織，才能使用動眼程序。修復的重大時刻需要兒童和父母充分參與，包括眼神接觸（假如兒童可以容忍）。在這個情況下，治療師需要等到所提供的交織完成之後，請兒童察覺當下發生什麼時，才能使用雙側刺激。

3. 在父母提供修復交織之後，治療師提出問題，以幫助兒童將父母提供的訊息與正在處理的記憶聯結起來。在這種情況下，治療師可以這樣說：「兒童需要對父母的選擇負責嗎？那麼，你是否需要對你父母遇到的問題負責？」一旦兒童回應了，治療師便說：「察覺它或跟著它。」第三種方法是運用較多蘇格拉底詰問法來輔助修復交織。治療師可以藉由提問，從父母那裡引出所需的訊息。例如，「媽媽，羅莉做出的事情中有什麼會讓你停止愛她嗎？」母親回應，沒有，她做的所有事情都沒有辦法讓我停止愛她。「即使她犯了錯？」母親回應說，即使羅莉犯了錯，我仍然會愛她。「如果羅莉成績不好呢？或是當她生氣時？傷心時？或是感到挫折時呢？」也可以請兒童問問父母「假如……會如何」問題。

　　六歲男孩布蘭登正在處理他的一個記憶，是關於他對另一個同齡兒童出現性方面的行為，他極端感到羞愧。他在三歲的時候遭受親生父親猥褻，不久之後母親就拋棄了他。在重新處理布蘭登撫摸另一位兒童私處的記憶時，布蘭登表示他的養父母並不愛他，因為他欺負另一個男孩。養母在他的房間裡撞見了他和那個男孩，她向布蘭登大吼，並對他說他真是個壞透的兒童。在使用修復交織時，治療師詢問母親的問題傳達出了對布蘭登無條件的愛。他的行為是一個糟糕的選擇，但即使如此，他仍然是值得人愛而且善良的。在治療師提出一系列上述的問題後，布蘭登詢問他的養母：「如果我弄壞了房子，你還會愛我嗎？」母親回答，即使你弄壞了房子，我仍然會愛你。「如果

我去坐牢，你還會愛我嗎？」母親回答說，你不會去坐牢，但即使是你長大成人後真的去坐牢，當然我不相信你會去坐牢，但是我仍然會愛你，我會等你出獄。這對布蘭登是非常強而有力的交織，因為即使他做出了很糟的選擇，仍然能夠獲得無條件的愛與接納。這是在交織中傳達無條件的愛的真正本質。愛一個完美的兒童可能很容易，但當兒童處於最壞行為的時候仍然愛他，這才是無條件的愛真正的核心與本質。

針對更年幼自我的修復性交織

228 修復交織與內在小孩一起結合使用時，可以非常強而有力。很多不同的治療取向早已使用內在小孩來工作。許多治療師和作者（Paulsen & Lanius, 2009; Wesselmann, 2007, 2010）在 EMDR 治療工作中引入了內在小孩，他們每個人都使用不同的途徑和方式來觸及、連接和治療自我更年幼的那部分。與更年幼的自我一起工作時，尊重這部分的適應機制是基本原則。從適應性訊息處理的觀點來看，內在小孩代表被編碼在記憶中的早年依附經驗，包含自我和他人的表徵。這些記憶要透過「內在小孩」溫和地予以探索、觸及和重新處理。許多來自不同學派思想的心理健康專業人員可能會認為，我們大部分的人在遇到年幼的自我時，會立刻想要擁抱、滋養、連結這個「內在小孩」。根據我的經驗，許多有依附傷害的人也許會在連接內在的年幼部分上出現很大的困難。根據我的臨床觀察，和我們「內在小孩」的關係映照出與我們早期依附經驗相關的心態，以及我們學會來適應依附需求未獲滿足的機制。採取迴避策略的兒童可能不喜歡接近他們的「小小自我」。與這個脆弱、易受傷害的年幼部分連結，可能會感到不舒服和「彆扭」。採取紊亂策略和紊亂型依附的兒童，可能會有矛盾的反應，和「小小自我」的互動從懷著愛意到暴烈兇猛都有。有時他們會對更年幼的自我表達攻擊的衝動並要它走開。他們可能會做出奇怪的

行為，似乎複製了父母與他們互動的模式。矛盾型依附的兒童可能會擺盪在非常親密和渴望滋養代表「小小的我」的部分，同時又對這個脆弱部分表達憤怒。多年來在重新處理階段與父母一起使用「內在小孩」作為交織時，我發現到，他們對自己「內在小孩」的心態，與他們自己早年的依附經驗以及對待自己兒童的心態，有類似之處。同樣地，帶著忽視、糾結和懸而未決心態的父母，在面對自身更年幼的自我時往往會有不同的反應：從完全的疏離和拒絕接近更年幼的自我，到極為渴望擁抱並滋養內在小孩，且伴隨強烈的情緒表達，再到面對更年幼的自我時感到憤怒、挫敗。考慮到這一點，重要的是不要假設所有的個案都馬上想要滋養、擁抱和接納更年幼的自我。事實上，治療師在協助個案連結內在小孩的過程中進行得太快、太早時，許多人會受到高度啟動。以下是在指導兒童、青少年和成人接觸內在小孩時，可以遵循的順序：

　　一、首先向兒童說明，你們將會遇見「小小的我」（little me）、「更年幼的我」（younger me）、「小不點的自己」（tiny me）、「嬰兒我」（the baby me）或者「更小的我」（littler me）。請記得兒童在發生標的事件時的年齡，然後請更年幼的自我來到現在，或者留在過去等待接受兒童的探訪，而兒童可以選擇帶任何人一起回到過去。無論如何，讓兒童有機會選擇，在某些時候，「現在的自我」可能需要探訪「過去的自我」，來幫助、滋養、尊重或完成過去未竟的事務。本書不同章節中提過幾種方法可以觸及年幼的自我。(1) 第一種選擇是藉由使用心像（imagery）並請兒童想像探訪他或她的「小小的我」或「還是寶寶的我」。(2) 第二種選擇是使用娃娃或動物寶寶來代表更年幼的自我。儘管探訪可能發生在過去或現在，兒童、父母及治療師都和代表兒童的娃娃互動、連結並滋養這個娃娃。(3) 第三種選擇是使用沙盤治療，在兒童創造的故事中，額外再邀請更年幼的自我選擇一個代表他或她的嬰兒、動物或物件。第十二章介紹了治療性遊戲和內在

229

家庭系統與更年幼的自我相結合的策略。第十三章也討論了內在家庭系統策略運用於「小小的自我」。由於第二個和第三個選項在其他章節中有介紹，此處將集中討論第一個選項。

　　二、如果兒童選擇回到過去，就請他或她「探訪」「嬰兒我、小小的我或是更年幼的我」。請兒童想像「小小的自我」在哪裡。「察覺他／她在哪裡，他／她在裡面還是外面？他／她在做什麼？他／她穿著什麼？看看你能否見到他／她的臉。還有什麼人跟他／她在一起嗎？現在是探訪他／她的好時機嗎？」如果是，就繼續；如果不是，就請兒童與更年幼的自我一起探索為何不是。是什麼讓現在不是好時機？什麼時候才是好的時機？更年幼的自我是否需要什麼東西才能接受探訪？一旦更年幼的自我准許探訪，請兒童察覺任何想要移近或遠離更年幼的自我的衝動。「當你看到『嬰兒的你』或『嬰兒瑪利亞』時，檢查一下你的內在，看看你的身體、心和頭腦想要做什麼。你發現自己是想要靠近、非常靠近他／她，還是相反地想要離遠一點，或離他／她遠遠的？」兒童可能會說自己想要非常靠近。治療師便回應說：「留意這個念頭，或想著這個念頭、跟著這個念頭。」然後施行雙側刺激。等雙側刺激停止並使用慣常的 EMDR 程序，例如吸一口氣之後，兒童可能會說為「小小的我」感到難過，治療師便回答：「只要用你的『正在觀看的自己』看著那個難過。」如果兒童「卡在」這種難過中，就用新的交織來幫助兒童解決這種早年和舊時的難過。「當你看到並感受到『嬰兒的你』的難過時，讓他／她告訴你或向你顯示他／她需要或渴望什麼，才能安慰他／她的難過。」同時再次施行雙側刺激。如果「內在嬰兒」說想要或需要被照顧，請「內在嬰兒」讓兒童知道他／她想要如何被照顧。可以提供選項，例如：「也許『嬰兒的你』想要被搖一搖，或是餵食，或有人一起玩耍。也許他／她需要有人與他／她說說話，或者他／她可能想要別人猜猜他／她想要什麼。」一旦兒童說出更年幼的自我需要或想要什麼，下一個問題便是：「『小小的我』有沒有想要任何特別的人來幫忙呢？他／她

想要你或媽媽或我來幫他／她嗎？」一旦兒童讓你知道更年幼的自我想要如何滿足需求，治療師就要確保更年幼的自我得到他／她需要或渴望的東西。如果更年幼的自我想要父母滿足他的依附需求，治療師就要敦促父母做到更年幼的自我所要求的事物。如果兒童選擇了一個娃娃來代表更年幼的自我，那麼娃娃就會接受到所需的照顧。如果兒童想像更年幼的自我在自己的內在而且待在過去，就請「嬰兒的我」選擇想要在兒童身體的哪個部位創造一個家。更年幼的自我可能被放置在心臟、頭腦或眼睛。無論擺在哪裡，更年幼的自我都被邀請來到兒童的身體中，並接受他或她渴望的照顧。鼓勵家長為兒童餵食、搖一搖、一起玩或唱唱歌。非常重要的是，治療室必須備有毯子、食物（如餅乾、水、果汁、布丁）、嬰兒奶瓶、嬰兒玩具和嬰兒書，以便滿足更年幼的自我在發育階段上的需求。可以在更年幼的自我接受滋養的時候提供雙側刺激。一旦更年幼的自我的第一個要求實現之後，治療師就停止雙側刺激，請兒童吸口氣、呼出去，並察覺有無什麼浮現出來或正在發生什麼。不管兒童的回應是正向或負向，雙側刺激都要繼續，直到這項要求完全和充分被體驗。然後治療師要一再詢問是否有其他任何更年幼的自我所需要、渴望、想知道、想獲得幫助、想要說或做的東西等等。

　　三、可以邀請年幼的自我來到現在「參觀」。這種交織對於協助將記憶在時間與空間上予以定位，可以發揮非常大的功效。例如，一位兒童在孤兒院度過了人生的頭四年，現在有了慈愛的領養家庭，可是仍然害怕孤單、失去父母。邀請「小小的自我」來到現在參觀一番，可能非常強而有力，因為這樣他或她可以看見並體驗這個兒童現在獲得的一切正向變化。請兒童讓年幼的自我透過他或她的眼睛看見：新的父母、新的住所、新的朋友，以及年幼的自我和兒童現在是安全且擁有永久的家庭。你還可以請兒童或家長向代表「小小的自我」的物件或娃娃展示目前兒童周圍的所有正向生活情境。

230

正如第八章所述，兒童的適當標的可能會是某一個特定的發展階段，根據其生命史，我們清楚知道兒童在那個階段經歷了創傷和不幸。這些類型的標的記憶，尤其需要使用「內在小孩」策略進行修復交織。在針對兒童生命早期事件的記憶進行標的時，也可觸及、協助「小小的自我」。例如，一個無法逃跑或逃脫的兒童，現在或許有機會想像去探訪更年幼的自我，並幫助他或她逃跑。如果兒童希望父母或治療師陪伴自己進行這次探訪，那麼他們全都要去支持那個更年幼的自我。修復交織不僅可以幫助兒童滿足未滿足的依附需求，還可以幫助兒童完成防禦反應，說出未說出來的話，並執行在事件發生時無法執行的勝利行動。

文化議題

了解和尊重兒童及其家庭系統的文化傳承，至關重要。對於許多文化和種族群體而言，身體接觸和聯繫以及眼神接觸，有時甚至可能被視為是不尊重的象徵。在 EMDR 治療的初始階段，治療師透過父母和兒童了解、學習關於他們文化重要議題的資訊，是非常重要的，如此一來在重新處理階段納入的交織才能對兒童和家庭系統的價值有所尊重。EMDR 治療師參與兒童療癒過程的程度如何，也可能取決於家庭的文化觀點。例如，在某些情況下，甚至讓兒童選擇由治療師協助滋養「更年幼的自我」都可能不太適合，只能由兒童或家長來執行。一般來說，治療師應該促成此一過程，並成為促進父母與兒童連結的中間人。維持適當的界限，同時帶著同步和關懷與他們同在，將會促進和協助改變的發生。另外，應該探索宗教信仰和價值觀，因為它們可以是兒童和家庭極為有力的資源。例如，在重新處理與悲傷和失落有關的議題時，治療師學習個案家庭關於死亡和瀕死的信仰，或許有助於創造可以幫助兒童與逝去的摯愛者維持連結的潛在交織。如果家人相信人類靈魂的存在，那麼可以在交織中讓兒童通過「心弦」連接

自己的心。一些童書中有關於「心弦或心索」的故事，便可以在準備階段與兒童一起閱讀這些故事。在 EMDR 治療的重新處理階段中，如果兒童因感覺和摯愛的對象失去連結而卡在悲傷的感覺，你可以請兒童創造出任何顏色的「心弦」，讓它自由地飛翔、旅行，直到找到摯愛對象靈魂裡的心。它可能會前往天堂或宇宙中任何美麗的地方。我經常請兒童觀看書中所附的銀河系圖片和我們生活其中的這個美麗宇宙的圖片，藉此向兒童展示，我們身處於比我們更大的世界，而我們是它的一部分。但是，最重要的是尊重及探索家庭的價值觀。只有這樣，才能妥善準備出可以協助兒童整合失落記憶的療癒性交織，並予以有效運用。此外，上帝、天使和佛陀等等，都可以在會談期間請來擔任幫手和顧問群以協助兒童。

每種文化或許都擁有一些象徵和故事，可以幫助兒童和家庭更了解創傷、創傷症狀以及那些早已包含在文化本身和兒童所處的文化脈絡中的資源。例如，美洲原住民文化擁有與自然和人類旅程有關的美妙象徵和資源。2011 年我在密西根州與薩吉諾印第安人（Saginaw Indian）部落有非常棒的合作經驗，從中了解到美洲原住民重要而影響深遠的教誨。在 EMDR 治療期間可以配合並融入「神聖之樹」（sacred tree）和「醫藥輪」（medicine wheel）。醫藥輪是宇宙的古老象徵。可以透過 EMDR 治療的八個階段將環繞醫藥輪的旅程納入。醫藥輪的每個點代表自然的循環，例如四季和四個方位。兒童可以找出東方和豐盈季節「春天」的資源及正向經驗；也可以辨認出令人興奮的夏天以及衰頹的秋天的經驗——這是我們生活中感覺到「自己的葉子」正在飄落的時節。在請兒童探訪自己生命中的「冬天」並辨認不同的「冬天經驗」時，也可以探索、觸及並處理冬天的寒冷體驗。在東、南、西、北每一個方位的幫助下，兒童可以環繞著醫藥輪尋找資源、駕馭的經驗、小幫手和逆境與艱困的記憶。美洲原住民文化用不同的動物和象徵來協助旅行者。例如，山是北方和冬季的象徵之一，它提醒我們：爬得越高，就越險峻。而鷹和老鼠是東方的導師和師傅。每個方

位和季節都有自己的老師群和幫手們，可以協助兒童穿越生命旅程，並通過 EMDR 治療的不同階段。

在中美洲，特別是瓜地馬拉，「煩惱娃娃」（trouble dolls）可以幫助兒童辨識 EMDR 的處理標的。在瓜地馬拉，兒童可以和每個娃娃說話，並告訴它們自己的難題。展示這些娃娃並請兒童告訴每一個娃娃一個自己的擔憂、顧慮或過去的「討厭」事物，或許可以恰當地辨識出標的。

232 　　總之，重要的是要對文化本身和傳統抱持好奇心，因為這些會將文化脈絡帶進治療過程中。文化習俗和傳說也可能使兒童對治療過程更加感到親切、安全和愉快。毋庸贅言，任何出於良好意圖的激勵和策略，都可能對兒童帶來啟動效果。即使是良善的文化習俗，也可能為兒童帶來負面聯想，因而收到反效果。最好的臨床做法，是熟悉兒童及其家庭所屬的文化中覺得愉快和給予生命的事物。不過，如果那些事物是誘因而且是負面的，就可作為處理的潛在標的。

使用沙盤治療策略

　　一旦兒童創造出「故事」或「世界」，並且已按照評估階段的方式（見第八章）建立起記憶基準線，就可指導兒童想想故事，不過所有的問題都要導向故事的主角。如果兒童已經承認自己就在故事中，那麼主角可能就是兒童自己，但也可能只是「馬兒」或「那個男孩」或任何兒童給主角取的名字。當兒童進行雙側刺激時，他／她可以只是看著沙盤中的故事或世界，也可以四處移動這些角色。每回合雙側刺激之後，要指示兒童呼吸，而若兒童能夠理解「放開」（let go）的概念，那麼可以請兒童放開。在我的臨床經驗中，這個概念可能會讓兒童感到困惑，而且我們可能會給予太多指示：呼吸，放開，察覺到什麼？通常，我只是請兒童呼吸，然後問他／她有什麼正在發生或察覺到什麼。可能會請兒童就只是在沙盤上呈現出正在發生的事情以

及對他／她浮現出來的東西，無須使用任何言語。當然也可以請兒童用言語表達，但這不是必要的。然而某些時候，左腦更積極的參與可能對於標記經驗以及敘述正在發生的事也很重要，因為兒童正在努力融合和統整記憶。值得強調的是，收集各種沙盤物件模型時應該包含適當使用交織所需的物件。例如，代表不同發育階段、性別和族群的物件必須是收集的一部分。此外，在準備階段介紹給兒童的動物、植物、樹木、大自然的譬喻和圖騰、小幫手們或顧問群，或者 EMDR 治療的重新處理階段所需要的東西，都應該是收集的一部分。並且，還要提供兒童可以讓「更年幼的自我」獲得滋養、餵哺和玩耍的物品。當訊息處理卡住時，沙盤治療提供了象徵與角色讓「內隱自我」有機會表達自己，使交織能以如此美麗的方式來運用。本章所涵蓋的大部分交織，都可以調整來與沙盤治療一起使用。如果故事中的角色覺得無力、需要幫助，就可以問問這個角色需要什麼。讓「馬兒」向你顯現出來或告訴你它需要什麼。如果「馬兒」需要小幫手，便詢問「馬兒」誰能幫助它，然後將「馬兒」選出來的物件帶來幫忙、協助「馬兒」，使它獲得賦能。若是在創傷或逆境事件裡有無法做出的行動或沒說出口的話，可以鼓勵主角執行那個行動，或說出以前不能講的話。

　　如果兒童想要在探訪記憶時帶著顧問群或大自然的圖騰，可以在沙盤的某個特定地點或角落，放置所有的顧問群和小幫手們。當訊息處理卡住時，可以請兒童或主角到「顧問群或幫手們的角落」尋求建議或幫助。同樣地，兒童和 EMDR 治療師可用沙盤治療策略來與「更年幼的自我」一起工作。本章前面所描述的與「小小的我」一起工作的策略，也可在結合沙盤取向和 EMDR 治療時使用。

233

兒童減敏階段的標準程序步驟 [49]

在減敏階段，重新處理要持續進行循環重複的雙側刺激和問問題，直到主觀困擾感受量尺的分數達到 0。請記住，這些雙側刺激是長回合（大約二十四次）而且快速的（孩子可以容忍的最快速度）。

1. 在每回合雙側刺激結束時說：「呼吸（和孩子一起呼吸），放開它。發生了什麼或你察覺到了什麼？」說：「跟著它，留意它，或者想著它。」不管孩子說出了什麼，都接著進行下一輪的雙側刺激以及問話。如果孩子不明白意思，需要解釋，便說：「當我說『想著它，留意它或者跟著它』的時候，我希望你做的就是只要去留意到任何浮現的感覺、任何想法，任何你在腦海中看到的，或任何你在身體裡感受到的。」

2. 隨著兒童的回應，繼續交替使用雙側刺激，直到回應變得正向或者是中性。

3. 回到標的：你返回標的原因如下：
   當兒童持續幾回合的雙側刺激都是正向或是中性的回應時，便說：「**我要你想想大腦一直在處理的這個記憶。當你想著這個記憶時，現在有發生什麼嗎？**」如果兒童需要說明，就說：「**當我們探訪這個記憶時，你現在有察覺到什麼想法、感覺，或者在腦海中看到什麼，或是身體感受到什麼？**」說：「**跟著它、留意它或想著它。**」無論兒童說出什麼，都進行另一回合的雙側刺激。如果孩子忘記了正在重新處理的那個記憶是什麼，便給記憶一個一般性的標題，例如說：「**關於爸爸媽媽的記憶，或者關於車子的記憶。**」不要重述任何記憶的細節或孩子說過的最糟的部分，因為孩子可能正在記憶的不同部分或不同面向中。

49　原註：改編自夏琵珞，2010 年。

　　如果在這回合雙側刺激之後，孩子說出了新的素材，就循環重複雙側刺激和問句來繼續進行重新處理，直到沒有新的素材出現，或者素材為正向的。重新處理過程中，在所有渠道被清理好之前，可能需要數次重新回到標的，並需以主觀困擾感受量尺來評估（Shapiro, 2001, 2005）。

● **如果兒童的處理卡住了**：如果在兩回合雙側刺激之後，兒童說沒有變化，同時表明相同或類似的負向情緒、想法或身體狀態，則可能是負向反應繼續升高，沒有洞察、沒有鬆動也沒有解決。或許兒童會持續說「什麼也沒有」，又或者兒童進入到一些和正在處理的記憶非常遙遠或完全無關的事情或議題。這時就要改變運作方式（即雙側刺激的速度、類型或方向），而假如處理過程沒獲得重新啟動，請返回標的，看看處理過程是否可以開始或再次啟動。如果返回標的仍然沒有推動處理過程，請使用本章中介紹的任何交織。

4. 檢核主觀困擾感受量尺：

234

　　回到標的時，如果孩子報告說：

● 出現一些新的東西，或任何負向的、令人困擾的東西，便說：「跟著它或留意它。」

● 沒有什麼新的東西，那麼請檢核主觀困擾感受量尺的分數。使用「困擾量尺」，將泡綿數字從 0 到 10 放在兒童面前。給兒童一個可以走在「困擾量尺」上的小幫手或小娃娃。說：「現在我們要再次使用『困擾量尺』。當你想著大腦一直在探訪、處理或是整理的這個記憶時，從 0 到 10，你現在感覺有多糟？記住喔，0 代表中性的，而 10 代表它非常困擾你。」讓孩子拿著小娃娃或小幫手「行走」在「困擾量尺」上，直到他或她能夠指出困擾的程度。

摘要和結論

　　一般而言，EMDR 的減敏階段和所有重新處理階段，都是在促進記憶系統的融合和統整。經歷過複雜創傷的兒童可能嚴重缺乏情感調節和情感耐受的能力。由於缺乏適當的依附和發展經驗，這些兒童缺乏對於自我和他人擁有適應性訊息的記憶系統。由於早年受到創傷和虐待的兒童會出現解離和解離症，因此治療師在現場與兒童保持著同步，對於支持不同形式的訊息處理以及不同層次的整合——垂直與水平的整合，就非常關鍵。EMDR 治療師在運用交織時需要非常精通如何使用標準 EMDR 的程序，也才能擁有包羅廣博的交織方式，以便在訊息處理停滯時幫助兒童。自發性的訊息處理是最被鼓勵和讚揚的；然而，系統高度失調的兒童往往會進入過高或過低的喚起狀態，因此超出情感耐受度窗口。而保持同步的 EMDR 治療師將能夠幫助兒童留在最佳喚起狀態，這種狀態下才有可能出現雙重察覺和靜心察覺。相對於治療單純型創傷後壓力症、單一創傷事件以及整體來說有適當依附經驗的兒童時所付出的程度，與複雜創傷和解離的兒童一起工作可能需要治療師更積極的參與。本章提供了廣泛的、適宜兒童也合乎發展階段的交織。儘管提出了許多交織，我們仍然要對兒童的智慧給予最大的尊重，只有在訊息處理停滯或需要協助以促進兒童大腦中記憶網絡間的鏈結時，我們才予介入。

【第十章】深植，身體掃描，結束，重新評估和未來場景

第五階段：深植

一旦兒童報告說主觀困擾感受量尺分數下降為 0，接下來就要進行正向認知的深植了。深植階段的一個重要目標，是增強正向和適應性網絡，以及完全融合嶄新而正向的「被感覺到」的信念。擴大和提高正向認知的強度，以及增加觸及適應性和正向的記憶網絡，也是深植階段的重要目標。在深植階段，兒童對於與正在處理的記憶相關的自己，可以體驗到「被感覺到」的正向信念。

具有早年和長期創傷史的兒童很難容忍正向的情感。因此提高並擴展他們容忍和體驗正向情緒，以及對自己抱持正向觀點的能力，便是 EMDR 治療的關鍵面向。

根據夏琵珞（2001），最基本而重要的是個案辨識出一個對兒童本人最有意義的正向認知。兒童的正向認知深植可能要包含有趣好玩的因素，以合乎兒童的發展且對兒童更具吸引力。這樣一來將可以讓兒童更加投入及專注，從而能夠積極參與這個過程。將正向認知唱出來，是非常好玩的一個做法。兒童可以選擇一首歌然後更改歌詞，將正向認知填入歌詞裡。例如，「我是安全的」這個正向認知，可以用美國兒童節目「小博士邦尼」（Barney）片尾的「我愛你」這首歌來演唱出來。兒童可以選擇自己單獨唱，或者邀請父母和治療師一起唱。兒童會選擇各種旋律和歌曲來唱出自己的正向認知。其中一些兒童還選擇在深植過程中邊跳邊唱。對於與標的記憶相關的自我抱持嶄新的正向觀點與後設認知之時，兒童的頭腦、心和身體便都緊密地參與其

中。

具有複雜創傷的兒童在深植階段中可能會經歷「亂流」。重新處理的過程可能會卡住，因此可能需要治療師情感同步的介入，以提供
236 適當的交織。一開始的介入可以採用侵入性最小的措施，只需要改變雙側刺激的速度、方向和形式。然而在這個時候，可能也需要給予一些交織來協助兒童恢復雙重察覺、調節喚起程度，並促進不同層次的訊息處理。此外，其他會導致高度喚起的記憶可能在任何時候「也會」受到觸及。不過，新出現的相關表達管道雖然依舊伴隨著某種程度的困擾，但透過雙側刺激並且請兒童就只是加以察覺，通常就可以清理了。

有時，兒童可能很快便報告說正向認知效度已經到達 7 分，這可能意味著實際上兒童對那項正向認知感覺完全是真實的，但是兒童所使用的適應機制在深植階段中可能繼續浮現出來。討好、逃避、角色倒置這些適應機制，可能潛伏在正向認知效度 7 分的底層。為避免這種情況，EMDR 治療師應該盡早在 EMDR 治療的初始階段便處理好這些適應機制。尊重兒童為了生存所使用的這些資源，可以營造接納的氛圍。可以使用不同動物木偶來代表這些生存策略。例如，變色龍是角色倒置和討好策略的一個很好的代表。如果這些生存策略在深植或其他重新處理的階段出現，便可以讓代表這些生存機制的動物或譬喻出馬派上用場。治療師可以請兒童察覺它然後進行雙側刺激。

在 EMDR 治療的所有階段注意非語言的右腦溝通，具有重要意義。在深植階段，我會觀察兒童提供的語言和非語言信號中的一致性和連貫性。兒童對於「我很強壯」的正向認知可能表示完全真實，然而卻呈現一副垂頭喪氣、悲傷的面孔和癱軟的身體姿勢。以溫和與關懷的方式與兒童一起檢查我們所觀察到的狀況，可以有助於兒童注意到自己的頭腦和聲音傳達的是一回事，身體卻可能訴說另一回事。儘管這不是標準的 EMDR 治療程序，但有助於讓兒童察覺到或許不那麼明顯可得的訊息。在我的臨床經驗中，當正向認知是透過右腦和左腦

而真正地整合並表達出來時，語言溝通和非語言溝通之間的一致性便開始變得明顯。然而，身體保存的訊息可能仍然令人困擾，因此，深植階段的身體狀態與正向認知可能不會像其他的階段那麼一致。

　　有時候，兒童因為長時間「生活」在負向情感狀態，或是非常高和非常低的喚起程度，可能會對完全「離開」這些情況感到猶豫不決。對於這些兒童來說，那樣的認知、情感和身體狀態已經變得很熟悉，而且有一種扭曲的「安全感」。許多這樣的兒童對於未知感到害怕，即使未知具有正向的潛在可能。十一歲的個案馬克，在焦慮和恐慌發作中掙扎，他選擇了正向認知「我現在很安全」，但正向認知效度從未達到 7 分。馬克說，為了讓他覺得真正感到安全，他需要擁有即使只有「一點點」的恐懼，這樣他才能夠在面臨危險時保持警覺並保護自己。在這個時候，我請馬克留意「害怕不再感到恐懼」的這份恐懼。我運用「身體的」交織，幫助馬克察覺到與「害怕不再感到恐懼」有關的身體狀態（見第十一章）。稍後，我運用本質上較偏向認知面向的交織幫助馬克理解，他不需要完全放棄恐懼，因為當他需要時，恐懼仍然是一個很好的信差。馬克也明白，他隨身永遠帶著非常棒的「警報系統」，就是要用來提醒他環境中的危險。

　　在深植階段，如果需要的話，備妥準備階段用過的卡片、方塊、 237 球等等工具，可以有助於兒童挑選新的正向認知。除此之外，必須備好「想法量尺」，讓兒童在辨認正向認知效度時可以運用。以下取材自 EMDR 訓練機構培訓手冊的內容，改寫為適合兒童的腳本，可以在兒童的深植階段使用：

1. 檢查最初的正向認知：你可以說：「當你想到你一直在處理的那個記憶時（如果兒童不記得初始的記憶，就簡短說出一個代表記憶的標題，比如學校小朋友的記憶、媽媽和爸爸的記憶、車子的記憶，等等），你之前選擇的好想法（說出那個正向認知）還合適嗎？或是現在有更好的想法呢？」

2. 檢查正向認知效度：此時可以使用「想法量尺」，並將泡綿數字放在兒童面前。給兒童一個可以在數字上面行走的小幫手或小娃娃。把寫上正向認知的卡片放在數字7的旁邊。

你可以說：「現在我們要再次使用想法量尺，記住喔，數字1代表這個好想法讓你**感覺並不真實**，數字7代表這個好想法讓你**感覺真實無比**。當你想到一直在處理的那個記憶時，那個好想法（說出之前選擇的那個正向認知）對你來說，現在感覺有多真實？」讓兒童拿著小幫手或是娃娃在想法量尺上「行走」，直到他或她能夠指出正向認知效度的分數。

3. 連接正向認知和標的：你可以說：「現在，我想請你一邊想著我們一直在處理的那個記憶，同時在腦海中重複那句話（說出所選擇的正向認知，比如：我很好，我喜歡我自己的樣子）。」當兒童想著正向認知、唱出正向認知或與正向認知共舞，並同時想著標的記憶，此時正向認知便可以獲得深植。

進行數回合和減敏階段相同速度及差不多相同次數的雙側刺激，來完全深植正向認知（正向認知效度達到7）。

在每回合雙側刺激後都要檢查正向認知效度，直到正向認知完全深植（正向認知效度達到7）。

如果正向認知效度沒有達到7，檢查是否有支線記憶（feeder memory）[50] 或阻礙的信念。

說：「是什麼在阻止你到達7分？」

如果兒童習慣討好人，便提醒兒童做 EMDR 沒有什麼所謂的不正確，所以不管他們給出任何數字都是可以的。「不過，我們想要確保大腦已經咀嚼完所有討厭的東西，所以我們想知道是什麼讓你不相信這個好的想法是真實的。」對於傾向於討好人以及覺得不得不滿足其

50　譯註：支線記憶是指更早期的記憶，會助長其他標的記憶的困擾程度，導致其重新處理受阻。

他人需求（尤其是權威人物）的兒童，可能需要給予額外的保證。

第六階段：身體掃描

身體掃描的一個重要目標，是觸及任何殘存在身體上的困擾（Shapiro, 2001）。請兒童透過內在體感的察覺，去觸及、處理和整合與標的記憶相關而仍然令人困擾的身體及感官訊息。許多有趣的方法可以有助於兒童與身體連結（見第十一章）。諸如「情緒發覺工具／偵測器」或可以拉近及推遠的「內在照相機或望遠鏡」等工具，可幫助兒童在 EMDR 治療中針對身體進行工作。如果觸及到困擾了，便可能需要運用交織來協助兒童將困擾的訊息移向適應性的解決。以下腳本可以用於兒童的身體掃描階段。　238

「我想請你閉上眼睛，心裡想著那段記憶（說出代表那個記憶的簡短稱呼，比如學校小朋友的記憶、媽媽和爸爸的記憶、車子的記憶等，不要述說任何細節）和那句話（說出所選擇的正向認知），然後從頭到腳檢查你的身體，並告訴我，你是否在身體任何地方有任何感受或感覺。」

在 EMDR 治療的身體掃描階段，可能會浮現新的相關訊息，這些新訊息應該完全加以重新處理（Shapiro, 1995/2001）。一旦所選標的完整地重新處理過，並且在身體掃描過程中清除了所有負向相關的感覺，身體掃描階段就完成了。

第七階段：結束

EMDR 治療結束階段的基本目標，是協助兒童在每次重新處理會談後達到情緒和心理平衡，並確保其整體的穩定性。在每次 EMDR 治療會談以及整體治療結束後，保證兒童系統的均衡和體內動態平衡也是結束階段的重要目標。在治療結束時可以使用第三、第四章所詳細

介紹的資源和策略，來幫助兒童恢復心理平衡。任何探索、觸及或處理困擾經驗的會談，在結束時都應該使用調節策略。治療師可以要求兒童回到安全處所或使用先前深植的資源，或將任何令人困擾的素材放入一個容器裡。指導兒童將那些仍在頭腦裡、心裡或身體裡的所有「亂七八糟的感覺和想法」或任何「討厭的事情」，放進容器裡。也請兒童留意所有需要放進容器的任何想法、感受或身體感覺。

在 EMDR 會談結束時，凡是能帶來玩耍、笑聲、連結和滋養的活動，都可能非常有效。治療性遊戲（Booth & Jernberg, 2010）提供了各種各樣的活動，運用遊戲、碰觸、滋養和笑聲來促進情緒平衡（見第十二章）。另外，要提供父母或照顧者關於如何在兒童接受 EMDR 治療期間給予最佳照顧的資訊。父母要學習如何陪伴兒童度過他們的療癒之旅。照顧者此時已經熟悉了所有的資源和調節策略，而這些都是兒童應對技巧的一部分。家長對兒童的協助，除了可以在兒童使用這些資源時給予支持，還可以激勵兒童在有需要時確實運用這些資源。此外，照顧者已經準備好成為自己兒童有效的「情緒恆溫器」。在 EMDR 治療結束階段，治療師要提醒兒童和照顧者，在觸及創傷和逆境的記憶時使用這些策略的重要性。這將增加兒童維持穩定的可能性，並在處理失功能的素材時保持情緒平衡（Shapiro, 2001）。以下是結束兒童 EMDR 治療會談的具體程序：

保留會談結束之前的十到十五分鐘，供結束策略使用。如果這個會談療程對兒童來說特別困難，請保留足夠的時間將兒童帶入平衡狀態。如果父母親在場，並且兒童對互動式調節策略反應良好，那麼運用與父母的連結來將兒童帶回平衡狀態，是結束本次會談的可行方式。重要的是切記，使用結束活動的目的是為了確保兒童在 EMDR 治療過程中的整體穩定性；因此，任何會談的結束活動都應該根據每個兒童的需要來加以選擇。儘管「安全處所」通常用作結束時的活動，但在面對複雜創傷個案時，治療師的同步是重要關鍵。同一個兒童可能會受益於不同的結束活動，取決於他們當天的會談過程。針對高度

239

解離的兒童，基本上要確保兒童保持警覺並完全處在當下。如果兒童仍處於低喚起狀態，使用能啟動社會參與系統及運用身體動作的結束活動，可能是恢復兒童內在平衡的理想途徑。如果會談結束時觀察到兒童的系統處在高喚起狀態，那麼可以增加安全感並調節喚起的調節活動，可能便是最佳的選擇。

1. 結束完整會談的說明：

（主觀困擾評量分數達到 0，正向認知效度達到 7，完全清除的身體掃描）

「你今天做得非常好，你真的太棒了！你現在感覺如何？」如有需要，藉由詳細詢問，可以幫助兒童準備結束此次會談。非常重要的是，永遠要與兒童確認他或她是否想要使用先前深植的任何資源，即使在結束完整的會談時亦然。

2. 結束所有會談的說明：

「因為今天你的大腦開始咀嚼那些亂七八糟的東西，你可能會做一些夢、浮現一些想法或感受，或者可能會想起某些事情，但也或許剛剛我所說的這些你都不會發生。請在你那本特別的本子上，畫出或寫下你在這個禮拜當中浮現的任何東西，我們將在下次一起討論。每當你感到情緒低落，或出現亂七八糟的感受和想法時，我希望你能記得使用（提及之前為兒童發展出來的資源）。」

鼓勵照顧者在兒童經驗到動盪不安時，提醒兒童使用「安全處所」或其他已經發展的資源。

3. 結束不完整會談的說明：

讓兒童知道是停下來的時候了，並且使用「安全處所」或任何其他狀態改變策略或資源。指導兒童在兩次會談之間也可以使用這些資源。

「現在，我要說這個特別的詞了（重複提示詞），並且我要請你想著你的安全處所。想一想這個安全處所的所有顏色以及四周你看到的每一樣東西。想一想這個地方的所有聲音、氣味，以及讓你覺得很

舒服的一切。」給予兒童足夠的時間停留在他或她的安全─愉快處所，需要停留多久就停留多久。說：「你現在感覺怎麼樣？」與高度解離的兒童一起工作時，請隨時評估他們處在當下的程度如何。你可以使用第七章所描述的標誌或其他策略，來了解兒童定向在當下的狀態。如果兒童回報說不覺得完全處在當下，便使用第七章所描述的策略，來恢復雙重察覺並增強定向在當下的狀態。有些兒童可能永遠不會報告說感覺完全處在當下。由於在準備階段已經建立了基準線，治療師對於兒童處在當下的狀態通常是如何，會有個概念。治療師便可以使用雙重察覺策略，好將兒童帶到最佳的意識狀態；而這些策略是兒童在這個治療階段可以勝任的工作。

一旦兒童穩定下來，便給予鼓勵。說：「做得很好！今天你真的做得很棒。你現在感覺怎麼樣？」

在療程終了的結束階段，也要確保兒童在治療中斷後的穩定性。有些兒童能在治療過程中完成所有標的序列和三個時間軸向（three pronges）。[51] 但是，許多兒童由於各種原因，可能無法完成全面的治療。搬遷、財務問題和家長的困難等等，都可能會導致提前終止治療。正如本書其他章節所述，一些父母帶著子女前來治療時，抱持的目的是要清理一張桌子、一個房間或整個屋子。其中一些人可能會滿足於僅清理一個房間的治療結果。因此，儘管在 EMDR 治療的早期階段提供了所有的教育和訊息，一些父母還是會在臨床評估上並未達到完成的程度便終止治療。即使並非所有的標的都已經重新處理過，但兒童可能已經達到較正向的程度。此時結束階段便應該包括未被標的的記憶網絡可能在未來受到啟動，需要兒童重返治療的適當訊息。應該和父母討論、讓他們了解提早終止治療的潛在風險，以便父母能在知情的狀況下做出決定。要制定一項計畫，讓兒童在 EMDR 治療中所發展出來的狀態改變策略和調節策略得以繼續使用。有些父母和兒

240

51　譯註：三個時間軸向是指：一，過去的記憶；二，現在的困擾；三，未來的行動。

童，一旦治療終止，便停止使用所有在 EMDR 治療當中發展出來的資源。因此前述的計畫除了應該鼓勵他們在需要時運用這些策略，EMDR 治療師也應該在結束治療前給予建議。此外，不同的發育階段，特別是青春期，有可能啟動在治療期間維持關閉、一直處於「休眠」狀態的記憶網絡。複雜創傷兒童的父母應該了解，當兒童進入新的發展階段，可能需要更多的 EMDR 治療。例如，新的失落、危機或有可能啟動這些神經網絡的經驗，都會引發症狀，或使得先前還沒被發現的既有症狀惡化。

第八階段：再評估階段

EMDR 治療的再評估階段是為了確保適應不良的素材都已獲得充分整合和同化，並保證所有相關標的和素材已獲重新處理，且治療計畫中的所有要素都已逐一完成。

在每次 EMDR 重新處理會談後，要評估與探索個案的功能程度以及經過處理之標的記憶。除了可能浮現新的潛在標的，也可能浮現新的洞察。EMDR 中的每一次會談都要被整合進入一個全面性的治療計畫裡（Shapiro, 2001），以確保個案能達到治療目標和目的。

在每次治療會談後，以及整個療程結束時，都需要進行再評估。EMDR 的三個時間軸向標準程序（three–pronged protocol）所針對的，包含過去經驗、可能會在大腦中產生負向印記（negative imprints）的當前引發事件，及確保未來面對先前啟動性刺激源時具有適應性回應的未來事件。

再評估階段融入（embedded）在 EMDR 的每次會談當中，所以 EMDR 治療師可以評估是否所有的記憶網絡都已經達到適當的同化（Shapiro, 1995/2001）。EMDR 治療師在再評估階段要確保標的已經完全重新處理和整合。這可以改善目前的功能，並提升在未來做出積極選擇的能力。於再評估期間再次提取記憶時，如果記憶仍然引發困

擾，則將繼續進行重新處理。當記憶經過完全處理後，新的標的將被界定（identified）。在處理複雜創傷案例時，對兒童的穩定度和治療獲益予以再評估，是至關重要的。由於這些兒童的生活中經常呈現混亂和不穩定現象，對於標的的重新處理可能不是直線進行且直截了當的。重新處理逆境記憶時可能經常要搭配提供資源與穩定的會談，而且不只針對兒童，也要針對家庭系統。有些兒童可能處於當前生活環境正在不斷變化的情況下。諸如搬到新的寄養家庭，收養過程中斷，新的法院命令使家庭得以團聚或是親權遭到剝奪等等，都可能造成很大的不穩定，影響整個療程的安排。此外，還可能會出現新的創傷事件，使治療計畫變得更曲折、複雜。如同第八章所探討的，選擇標的時需要符合兒童當前的穩定度和整體的調節能力。當兒童突然出現新的失落或負向事件時，可能需要再次進行穩定的工作，同時必須暫停對創傷記憶重新處理。如果新近發生了創傷事件，則需要作出臨床決策，看是否要在整體治療中納入近期事件範本（Shapiro, 2001）或「近期創傷事件範本」（Recent Traumatic Episode Protocol, R-TEP）（Shapiro & Laub, 2008）。兒童的社會參與系統和情感調節能力若受到損傷，日常生活情境會讓他們感覺像是巨大的創傷事件。結果，他們每天都活在創傷中。凱蒂是一名七歲女孩，因被診斷為反應性依附障礙症而接受治療。她在學校時發生一件意外，因為她在要去洗手間的途中尿濕了衣服。她的朋友和學校的其他學生目睹了這件事，其中一些兒童便取笑她。凱蒂當場變得極為失控、激動，竟然跑出學校大樓，還跳過學校圍欄。大家搜尋凱蒂持續了一個小時，造成學校及凱蒂家庭巨大動盪。大多數兒童固然會將這件事視為一個負向、令人煩亂的事件，但是在老師和家長的協助下，它很可能看起來負向、但仍是可以處理的狀況。然而對於凱蒂來說，這個事件實際上啟動了戰—逃反應，導致她逃離學校。根據母親的說法，由於內在狀態高昂，凱蒂好幾天無法上學；事件發生後，噩夢和高度焦慮使凱蒂日夜不得安寧。對於大多數兒童來說，這一起事件不會變成極大的創傷，但對凱蒂來說卻是

如此。因此，我做出臨床決定，運用處理新近創傷事件的其中一個標準程序，將這個事件定為標的。事實上，我們好幾次都必須鎖定並處理凱蒂生活中最近發生的事件。

　　一旦過去的創傷和逆境經驗已經融入更大的適應性記憶系統，就要開始重新處理目前的誘因。通常過去經驗一旦獲得整合，當下便或許沒有任何困擾存在。然而，一些當前的引發事件可能需要分別予以標的與處理。這可能是目前的誘因引發出與過去事件相連的負向情感，從而建立起聯結所導致的（Shapiro, 1995/2001）。這些不斷重複的聯結，透過制約，可能對目前事件銘印下困擾和負面情感。一旦過去和目前的誘因獲得處理和同化，治療師便要針對所有過去和現在的記憶進行再評估，以確保它們完全整合和同化。只有到了那時候，兒童才能擁抱未來。一旦兒童能透過新的正向信念、情緒、身體反應的透視鏡，想像未來面對先前觸發情境的狀況，治療就可以終止。

　　在經歷 EMDR 治療的不同階段時，有趣好玩的方式是重要關鍵因素。當兒童進行再評估的工作時，就是在做「偵探工作」。事實上，在我們進行每週時間軸，或者一起玩娃娃屋以便了解上週在家中或學校發生的事情時，有些兒童喜歡穿戴著他們的偵探裝備呢。 242

　　當兒童在再評估期間報告說，他們在治療過程中所作的工作產生了正向經驗，治療師便可以將這些駕馭經驗予以深植。這些體驗或勝利的行動可以深植成資源，用以幫助兒童盡可能擴展自己承受正向情感的能力。

　　以下是兒童再評估期間可以使用的腳本。該腳本是奠基在 EMDR 訓練機構治療手冊（Shapiro, 2011）。

　　評估從上次會談以來，兒童和照顧者所注意到的：

● 夢
● 行為改變
● 新的環境誘因

● 新的想法、感覺等等
● 標的記憶的其他觀點
● 更早的相關記憶

　　也很重要的是，檢視父母以及照顧者遵循治療中所提供的建議或指示的情況。家庭或父母的壓力程度出現任何改變，以及平常作息有所更動，或是治療過程中建議改變教養策略，都可能是使症狀突然增加的根源。此外，在治療會談前一週內發生的任何新事件，不論正向或負向，都應該徹底探究。羅伯是一名四歲男孩，因為在家庭暴力庇護中心受到性虐待而接受治療。他在 EMDR 治療過程中有了改善。他母親通常會帶他來治療，但父親對治療感到懷疑，甚至抗拒繼續讓羅伯來治療。在一次重新處理性侵記憶的 EMDR 治療會談之後，父母（尤其是父親）非常煩亂地回來說，那次 EMDR 治療會談導致羅伯度過非常艱難的一週。我花時間來表達對他們感受的尊重，同時深入探索前一週到底發生了什麼事。父母說上週羅伯喉嚨痛而且耳朵受到感染，但他們認為羅伯生病並不是導致他情緒失調的原因。我繼續探索，詢問羅伯所服用的藥物以及他們實際上如何給藥等等情況。父母說，羅伯不想服用藥物，他們不得不每天壓制他服藥。羅伯過去受到性虐待時，便是性侵者壓制著他，使得他無法逃脫。上週再次發生的壓制行為，持續啟動並加強與遭受性侵相關的適應不良記憶網絡。羅伯持續再次經歷過去受困和無力的感覺。我小心避免指責的口吻，向父母解釋了這一點，並幫助他們了解用別種方式讓羅伯服藥的重要性。如果沒有這樣徹底探索，羅伯突然症狀增加背後的原因將被定位在錯誤的地方，導致父母持續使羅伯再次受創，因為羅伯還得再服藥一個禮拜。我和父母共同建立一個計畫來穩定羅伯，並避免強化這些神經網絡。一旦羅伯穩定下來，創傷記憶的重新處理便重新開始，而且父母也加入了，提供更大的安全感並給他一個安全的家。

243　　　對兒童進行再評估的過程中，你可以說：「請告訴我，從上次我

們見面到現在，有沒有發生什麼事情。你有沒有做夢？你在學校的行為有沒有什麼改變？在家裡呢？家裡或是學校的情況是變得更好，更糟，還是維持老樣子？你日記中有什麼東西想和我分享嗎？」

你也可讓父母和兒童每週使用標準型式的表格，以 0 到 10 的等級來衡量症狀。

對未完成的標的再次重新處理

當標的沒有達到主觀困擾感受量尺分數為 0、正向認知效度分數為 7，且身體掃描並未完全清除，便是未完成。

提取標的

畫面

「請你回想我們上週或上一次會談所處理的那個記憶（或發生在你身上的事情）。」

主觀困擾感受量尺的分數

使用「困擾量尺」，將泡綿數字 0 到 10 放在兒童面前。給兒童一個可以在困擾量尺上行走的小幫手或小娃娃。

「現在我們要再次使用困擾量尺了。當你想到你的大腦一直在處理的那個記憶時，現在你覺得困擾的程度，是 0 到 10 的哪個？記住，0 代表它是中性的，10 代表它非常困擾你。」讓兒童用娃娃或小幫手在困擾量尺上「行走」，直到他或她能夠指出困擾的程度。

身體位置

「你在身體的什麼地方感覺到它？或者你感覺它在你裡面的哪裡？或是它待在你身體的哪裡？」你可以給兒童一個「情緒發覺工具／偵測器」來幫助他或她與身體連結。

再次進行減敏

「現在，我請你只想著這個記憶，或者專注在你在腦海中看到的東西。留意你在身體裡感受到它的那個地方，並且眼睛跟隨小幫手。」說出小幫手的名字，或者使用經過兒童同意的雙側刺激方式，然後施行雙側刺激。

如果之前的會談結束時主觀困擾感受量尺分數為 0、正向認知效度分數為 7，則主觀困擾感受量尺和正向認知效度也需要加以檢測，作為再評估的一部分。

未來場景

EMDR 三個時間軸向標準程序中的未來場景，是 EMDR 治療的關鍵面向，目標在於重新處理那些仍會在未來引發負面反應的事件。它的目的也是為了提升兒童未來對先前觸發事件做出適應性回應的能力。以往會引起困擾的那些未來事件，如今可以透過較具適應性的記憶網絡以及更新後的自我感來擁抱了。為了協助兒童適應性地回應未來事件，EMDR 治療師將針對從未來事件浮現出來的困擾——如果有的話——找出其中的根源。或者，可能需要教導兒童各種技能，以彌補各種領域中的不足，而這些不足可能便造成了與未來事件相關的困擾。

未來場景旨在激發兒童有能力於未來運用新資源、執行新技能，並對過去的誘發刺激做出適應性回應。因為創傷的關係，許多兒童卡在早期的發展階段。他們無法獲得新的能力，無法達到新的發展里程碑，或在面對創傷時失去了原已獲得的技能。因此，未來場景是 EMDR 治療的基礎部分，可以幫助有複雜創傷的兒童駕馭曾經失調的經驗。當他們能順利預想未來，就成了一種勝利的行動和獲得賦能的體驗。

兒童在進行 EMDR 治療的第三時間軸向時，可以使用沙箱或娃娃

244

屋創作一齣先前觸發事件的電影。他們還可以繪出場景、使用黏土捏塑出來或創造一齣木偶戲。EMDR 治療師協助兒童辨識自己的頭腦、心和身體想要在未來如何體驗這個事件。例如，一名難以控制膀胱的兒童創作出可以成功上廁所的未來場景。他表示，在他的腦海中，他想要有一個好的想法：「我喜歡自己的樣子」。在心裡，他說想擁有快樂和自豪的感覺。他辨認出自己希望身體有怎樣的感受，以及與他的頭腦和心的體驗相配合的姿勢。他還找出了新的行為反應，比如注意到何時他想要、需要上廁所，然後到洗手間去，甚至在享受他的「便便」體驗時讀些有趣的東西。我曾和一再遭受創傷與逆境以致無法在適當年齡學會讀寫的兒童一起工作。一旦令人困擾的事件得到整合並同化，這些兒童就可以自由學習。在未來場景中，他們可以想像自己以一種新的、獲得賦能的、健康的自我感，成功地閱讀和書寫。

　　艾蜜莉是一名五歲孩童，在她的父母雙雙被捕入獄後開始接受治療。警察在晚上上門逮捕了艾蜜莉的父母。在這次使她與生命中主要依附對象分開的事件之後，艾蜜莉便無法在晚上獨自一人入睡。她的外祖父母取得監護權，並讓艾蜜莉和他們晚上一起睡。艾蜜莉無法關著燈入睡，這對外祖父母造成很大干擾。治療師首先使用針對近期事件的標準程序來重新處理父母被捕的記憶，接著再處理其他過去的事件。在當前觸發事件處理過之後，艾蜜莉運用娃娃屋創建出未來場景。艾蜜莉選了一個娃娃來代表自己，而且將她的好的想法、情緒、身體狀態與行為畫在標籤上，加入場景中。

　　兒童還可以想像出一個「頭腦口袋」、一個「心的口袋」和一個「身體口袋」，在裡面寫下或畫出他們在頭腦、心、身體各層面想要如何預期未來事件。身體口袋也包括他們想要實踐的行動。他們還可以在真實的口袋畫上自己的身體輪廓，然後將想法、情緒和身體狀態放入其中。兒童亦可在沙箱中創造未來場景的整個景象，讓自己身邊圍繞著代表正向認知、情緒和身體感官動作反應的物件。

　　繪畫長期以來一直用於兒童的 EMDR 治療，特別是在過去、現

245　在、未來三個時間軸向的應用上 [52]。若有基本的小建築物，例如學校、房屋、醫院等，將能協助兒童創造出更具體的未來場景體驗。

摘要和結論

　　深植、身體掃描、結束、再評估，都是 EMDR 治療極為重要的階段。對含有創傷素材的記憶網絡加以重新處理的工作，在強化正向和適應性記憶網絡並掃描身體之下，便得以完成。此外，在治療過程和治療終止期間確保兒童的整體穩定性，至關重要。結束階段的目標，是為了保障兒童在處理創傷和逆境事件時的安全和福祉。至於再評估階段，則是讓治療師得以探索和評估個案的進展情況、在會談之間所經歷的變化，以及療程中兒童的整體功能程度如何。未來場景進而為兒童提供機會，帶著對個人力量的新感受和更新的自我感，擁抱接納先前的觸發事件。EMDR 治療所有八個階段以如此獨特的方式對整體治療結果作出貢獻，尤其對於有複雜創傷史的兒童，必須要徹底地使用八個階段的全面性治療方式。

52　原註：Adler-Tapia & Settle, 2008; Gomez, 2006,2008; Greenwald, 1999; Lovett, 1999; Tinker & Wilson, 1999.

【第十一章】兒童的 EMDR 治療和感官動能心理治療

奧古登（Pat Ogden）與葛梅茲／合著

　　EMDR 治療和感官動能心理治療是相容的治療方法，處理的是創　247
傷記憶中非語言的內隱構成要素，這對許多創傷相關疾病患者而言是
極難解決的部分。雖然兩種方法都可以而且也的確能獨立使用，但我
們建議，在針對受苦於複雜型創傷後壓力症的兒童使用 EMDR 治療時
納入感官動能心理治療，將可加強 EMDR 治療在身體層面的要素。儘
管 EMDR 治療已經處理了自上而下和自下而上的訊息處理（Shapiro,
1995/2001），如果再加入鎖定喚起失調和其他身體創傷症狀的從下
而上介入措施，可以有助於解除症狀、支持情感調節，並提升適應性
行為的能力[53]。已有一些作者提出了將這兩種方法結合用於成年人的治
療[54]；本章則是首次嘗試針對複雜創傷兒童，將感官動能心理治療技術
整合到 EMDR 治療中來進行工作。

　　本章的主要目標不是要改變 EMDR 治療，而是要藉由結合直接針
對身體加強工作的感官動能心理治療策略，來豐富使用在廣泛失調兒
童身上的 EMDR 治療。在達到這個目的的同時，EMDR 治療和適應性
訊息處理模式的核心及要素依然保留著（Shapiro, 1995/2001）。為了
將感官動能心理治療策略以最佳的方式整合到 EMDR 治療中，我們將
透過適應性訊息處理模式的觀點來介紹感官動能心理治療的原理和技
巧。此外，還將介紹如何將兩位作者各自開發的特定身體取向練習，
在 EMDR 治療的不同階段中運用於兒童身上。我們將嘗試在本章中澄

53　原註：Bakal, 1999; Ogden & Minton, 2000; Ogden, Minton, & Pain, 2006.
54　原註：Fisher, 2000; Minton, 2009; Paulsen & Lanius, 2009.

清 EMDR 治療與感官動能心理治療對兒童處遇上的異同。

248　喚起失調、動物性防禦和大腦

在創傷兒童身上觀察到的許多症狀和困難，根源便是受到創傷經驗偏頗影響所致的喚起失調和過度活躍的動物性防禦 [55]。受創兒童往往會經驗到「過多的」喚起（高度喚起）或「過少的」喚起（低度喚起），並且經常在這兩種極端之間擺盪 [56]。高度喚起的兒童通常是高度警覺、焦慮以及有情緒反應，而低度喚起的兒童則可能呈現麻木、被動和情緒遲鈍 [57]。當創傷和逆境的記憶被引燃後，兒童的調節能力變得越發難以負荷，使他們無法有效地適應環境 [58]。在高度喚起的情況下，行為就變得衝動或具破壞性，而在低度喚起的情況下，行為則變得有困難或動彈不得。

與創傷相關的過高和過低喚起，呼應著失調的動物性防禦反應：對抗、逃跑、凍結和假裝死亡。當這種防禦反應無法確保安全，就像童年創傷的情境那樣，這些反應往往便持續著誇大而變形的形式（Herman, 1992）。創傷兒童傾向於重複當初造成創傷的處境中所激發出來的防禦方式，這些防禦方式可能就是許多症狀的根源（Ogden et al., 2006）。在交感神經系統的驅動下，對抗和逃跑防禦的動員，常常反映在收縮的肌肉組織、攻擊或主動的迴避反應，以及過度活躍的狀態（Ogden, in press；Ogden et al., 2006）。兒童可能很容易被微小事件觸發而導致衝動行為，如攻擊性的爆發，或傾向拔腿就跑，致使他們容易受傷和發生意外。另一方面，在副交感背側迷走神經系統管轄下

55　原註：Ogden, Goldstein, & Fisher, in press; Ogden & Minton, 2000; Ogden, Minton, & Pain, 2006.

56　原註：Ogden, Minton, & Pain, 2006; Post, Weiss, Smith, Li, & McCann, 1997; van der Hart, Nijenhuis, & Steele, 2006; van der Kolk, van der Hart, & Marmar, 1996.

57　原註：Ogden et al., 2006; Ogden et al., in press.

58　原註：Ogden & Goldstein, in press; Ogden & Minton, 2000; Ogden, Minton, & Pain, 2006; Shapiro, 1995, 2001.

出現過度低喚起反應的兒童，會經歷持續的低度喚起狀態，通常表現出社交退縮和缺乏動機。他們的照顧者可能將他們描述為順從、懶惰或社交退縮，並容易「發呆」和做白日夢。根據培理（Perry, 2009），「大腦是由下而上，從最單純的（腦幹）到最複雜的（邊緣、皮質）區域組織起來的。」（p. 242）如果在關鍵的發育期發生創傷和依附關係受到損傷，便會影響可塑性較低的下層腦部區域的功能，治療就需要著重於針對這些大腦皮下區域的介入措施。麥克萊恩（MacLean, 1985）將他的三重腦的概念描述為「大腦內有另外一個腦，而那個腦內還有另一個腦」，EMDR 治療和感官動能心理治療都與麥克萊恩闡明了當代訊息處理理論的工作有所相通。根據感官動能心理治療和適應性訊息處理理論，當包含創傷素材的記憶網絡被挑起時，不僅認知和情緒素材被啟動，身體狀態也透過自主神經系統的傳入和傳出分支而受到啟動[59]。在出生時，爬蟲類腦是最原始的，並且是首先在演化上有所發展的。它是本能和生存反應的場所，並且「與訊息處理的感官動作程度相關，包括感覺和程序化動作衝動」（Ogden et al., 2006, p. 5）。圍繞著爬蟲類腦的，是邊緣區域或哺乳類腦，負責感情、情緒和一些社交行為，所以也負責情緒處理。大腦新皮質層負責認知處理、自我意識和有意識的思考，並調節哺乳類腦和爬蟲類腦。然而，新皮 　249 質層在出生時並不成熟，並且依賴早期親子關係互動的情緒反應來發展調節能力。嬰幼兒依靠他們的依附對象幫助他們調節喚起狀態。如果父母一直未能對哭鬧焦躁的嬰兒或幼兒作出回應時，上層腦與這些下層腦結構之間的通路可能無法發展。杏仁核這個位於邊緣腦區內的「警報系統」可能長期過度活躍，導致兒童長期過度喚起。

　　雖然大腦的三個層次都有自己對環境的「理解」，但它們是相互依存且交織在一起（Damasio, 1999; LeDoux, 1996; Schore, 1994），凝聚為一個整體來運作，根據上層腦依賴下層腦這樣的整合程度如何而

59　　原註：Ogden & Minton, 2000; Ogden et al., 2006; Shapiro, 1995, 2001.

定。麥克萊恩（MacLean, 1985）指出，大腦的這些層次可能運作得不協調，而妨礙訊息的整合處理。這三個層次的腦部結構在概念上與訊息處理的三個層次——認知、情感和感官動作——相關聯，而感官動作處理為上層腦的發展奠定了基礎（Ogden et al., 2006）。「感官動作處理在許多方面都是其他處理類型的基礎，並且比起進化程度較高的其他腦部層次來說，其訊息處理的特徵是較為簡單、較為原始的形式。感官動作處理更直接地與整個身體處理相關，包括：身體回應感官輸入而產生的變化，進行防禦時所看到的固定動作模式，呼吸和肌肉張力的變化，自主神經系統的活化等等。」（pp. 6-7）

　　特別是在創傷所造成的後果中，感官動作處理以喚起失調和過度防禦的形式，驅動受創兒童的情緒和認知處理過程。當一個兒童的下層腦沒有得到良好的調節時，如同有複雜、慢性和早期受創歷史的兒童那樣，延長 EMDR 治療的準備階段可能是有幫助的，以便更著眼於針對身體來教導調節機制，之後便可以把標的放在情緒處理以及認知處理[60]。例如，當調節機制沒有完全發展時，關鍵所在便是首先要找到促進情緒調節的方法，期望能夠對大腦皮質下區域的運作產生正向影響。培理（Perry, 2009）和奧古登（Ogden & Minton, 2000；Ogden et al., 2006）提出，在這些情況下，僅僅在認知或情緒的訊息處理層次上工作可能效果不彰，因為這些層次要依賴感官動作層次才能運作得最好。以感官動能心理治療為取向的方法，則是針對動作、姿勢、示意姿態（gesture）和身體的知覺進行工作，藉此鎖定感官動作層次的訊息處理，以促成這個目標。在 EMDR 治療中，尤其是與複雜創傷兒童一起工作時，若把焦點多多集中在身體上，在某些情況下，可以透過直接影響下層腦區域來獲得最佳的訊息處理，從而對 EMDR 治療的整體結果產生正向效果。

　　很重要而必須強調的是，在 EMDR 治療重新處理階段一旦觸及

60　原註：Fisher, 2000; Gomez, 2009b; Minton, 2009; Ogden et al., 2006; Ogden et al., in press; Paulsen & Lanius, 2009; Perry, 2009.

記憶網絡，就要以個案選擇的訊息處理模式為標的。然而，當訊息處理過程卡住時，要將創傷在感官上造成的效果和帶有認知的情感詮釋分開，並且如果此時個案尚未觸及身體狀態，就要專注於身體狀態，這或許便是激發記憶網絡產生適應性連結與整合的一種方式（Shapiro, 1995/2001）。在感官動能心理治療中，每個層次的訊息處理都是和個案共同評估，一起決定要以哪個層次為標的，以便在所有三個層次都達到最佳結果（Ogden et al., 2006）。例如，在提取記憶網絡時，250 個案可能希望透過情緒或認知處理來解決她的身體僵硬，卻沒有察覺到自己塌縮的姿勢和無力的肌肉組織都在反映並維持著身體的僵硬狀態。因此，感官動能心理治療師可能會建議先針對自下而上的處理程序（姿勢和動作）進行工作，以便發展出可以支持上層適應性處理的身體資源，然後再處理認知和情緒的層次。或者，感官動能心理治療師（以及 EMDR 治療師）可以同時針對身體、認知和情緒層次進行工作，同時促進所有三個層面的整合和轉化。無論如何，感官動作心理治療始終都將身體納入治療過程中；身體的重整被視為治療性改變的基本要素。

伴隨著三重腦的三個組成部分，大腦功能偏側化（lateralized）之下的右腦和左腦系統也履行了特定的功能。左腦主要負責認知程序、言語闡述、推理、語言行為和意義的詮釋，並代表有意識的、外顯的自我系統（Schore, 2011）。右腦則負責情緒和身體的程序、互為主體性（intersubjectivity）、針對威脅徵兆的無意識情感調節和反應，並且代表內隱的自我系統（Schore, 2011）。右腦在出生時已完全發育，左腦則在生命的頭幾年隨著時間而發展。修爾（Schore, 2001）聲稱，當左右腦發生同步時，「嬰兒右腦的組織顯得越來越一致，因為在階層組織上較高層的右腦皮質及較低層的右腦皮下組成部分之間的能量流動，增加了兩者的連結度，使得右腦像是可以自我調節而得到整合的一個整體，因而有能力增加複雜度。」（p. 24）右腦凌駕於左腦之上，支配人類行為，這表示治療方法必須可以處理內隱的程序，而不

是僅在治療中處理意識與外顯的程序。

感官動能心理治療和 EMDR 治療皆直接針對儲存在生理上被視為病理基礎的記憶[61]。兩者在觸及記憶和重新處理階段中，個案的注意力都集中在認知、情感與身體的元素上。然而，廣泛失調的兒童在觸及創傷和逆境記憶之前，可能需要從 EMDR 治療的準備階段便開始進行能夠紓緩、調節和穩定情緒系統的活動。在協助社交參與系統受損以及有高度和低度喚起傾向的兒童提取創傷記憶時，在 EMDR 治療中使用交織來鼓勵兒童專注於身體反應，並將身體反應和相關聯的認知及情緒反應「拆開」，可以協助兒童在重新整合訊息的同時仍然處於適當的情感耐受度窗口（Ogden et al., 2006）。

感官動能心理治療簡介

感官動能心理治療是由佩特‧奧古登（Pat Ogden）開發的一種身體導向的談話治療。這種治療取向是從人際神經生物學的原理和發展出哈科米治療法的心理治療師朗‧克茲（Ron Kurtz, 1990）的工作中延伸出來，並依據當代有關創傷、解離、神經科學、依附理論和發展理論等的研究。感官動能心理治療將以身體為中心的介入整合到傳統的心理治療技術，是專門為了治療心理創傷、依附關係失敗、悲傷和失落以及發展停滯所造成的影響，而開發出來的療法。

251　　感官動能心理治療的前提是建立在「腦是以一個整合的整體在運作，但卻是由分層組織的系統組成。『較高層次』（認知）的整合功能，是從『低層次』（邊緣〔情緒〕和爬蟲類）結構的完整性和感官動作經驗中演化而來，並且取決於後者。」（Fisher, Murray, & Bundy, 1991, p. 16）透過以動作、姿勢、示意姿態和感官知覺作為臨床介入的主要工作標的，感官動能心理治療直接處理那些引起創傷反應和創傷

61　　原註：Ogden & Minton, 2000; Ogden et al., 2006; Shapiro, 1995, 2001.

後反應的大腦皮質下區域較原始、自動與非自主的物理和生理功能。藉由「由下而上」而不是「由上而下」的工作，感官動作經驗便成為介入的主要切入點，而在透過身體將慣性的創傷相關反應予以重整後，新的情緒表達、意義詮釋和正向認知便得以從中產生。隨著喚起程度、感官知覺、姿勢和身體動作的改變，一種更為正向的自我意識便浮現出來，並由這些身體上的變化支持著這個改變。感官動能心理治療從身體開始，並且在遊戲和探索的氛圍中整合認知、情感層次的訊息處理，藉此幫助長期受創兒童發現自己透過身體朝向整合與療癒的天生本能。

適應性訊息處理模式和感官動能心理治療

　　創傷或逆境的經歷被編碼在大腦的記憶網絡中。感官動能心理治療和 EMDR 治療都涵蓋對神經網絡及其伴隨的認知、情感和身體素材的啟動。與感官動能心理治療類似的是，EMDR 治療的主要焦點放在：將含有適應不良素材的網絡整合進其他矯正性和適應性訊息。結果便是，創傷性的記憶被同化到一個全面性的適應網絡中（Shapiro, 1995/2001）。儘管在方法論和原理上有重大差異，EMDR 治療和感官動能心理治療卻有著相同的重要目標和程序。二者的主要目標都是促進自我整合和解決過去的創傷，也都觸及三個不同層次的訊息處理[62]。EMDR 治療納入了身體察覺的介入（「你在身體裡面注意到什麼？你在身體裡感受到什麼？」）。除了認知和情感元素之外，EMDR 治療還鼓勵個案注意動作自發出現衝動的時候，並允許那些動作完成，特別是當自發處理過程卡住時。然而，相較於感官動能心理治療而言，EMDR 治療並不特別強調身體，而是鼓勵個案在認知、情感與身體反應自發出現時陳述出來，並且予以完成。作為一種身體導向的療法，

62　原註：Ogden et al., 2006; Ogden and Minton, 2000; Shapiro, 1995/2001.

感官動能心理治療除了著重身體察覺以及追隨動作的衝動之外，還強調感官動作**處理**的介入，以刻意改變訊息在身體層面的處理方式，並支持上層的訊息處理。感官動能心理治療的介入旨在直接鎖定並改變這些反映並維持著創傷相關問題的姿勢、動作和生理模式，以協助達成上述目標。

252　　　如前所述，感官動能心理治療首先著重於從下而上的工作以鎖定下層腦及情感調節。然而，一旦達到自我調節，使得喚起可以保持在情感耐受度窗口的範圍內，接著就要解決訊息處理的情緒和認知層次，並與感官動作程序互相整合。EMDR 治療同時觸及所有層次的訊息處理（Paulsen & Lanius, 2009; Shapiro, 1995/2001），並且在準備階段使用各種程序直接處理穩定性和情感耐受度窗口（Siegel, 1999）。它將身體察覺納入準備階段、評估階段和重新處理階段，而不是從外在工作去變換姿勢和動作的習慣，儘管這些轉變可能而且也的確經常在EMDR 治療過程中自然發生。無論是感官動能心理治療還是 EMDR 治療，兩者的治療師與個案一起工作時，都是在擴展或限縮訊息量和訊息處理的層次。

　　　　EMDR 治療（Shapiro, 1995/2001）和感官動作心理治療（Minton; 2009; Ogden, 2009; Ogden et al., 2006）最初都聚焦在經驗或記憶的「小片段」（slivers）或單一畫面（single-framed images）上，而不是整個事件的敘述。在 EMDR 治療的評估階段，會鼓勵個案辨識出代表事件的單一「畫面」，並從中提取記憶的不同面向：認知、情緒和身體。這會刺激訊息處理系統，且在連續數回合的雙側刺激中，追蹤儲存的訊息在多重面向的層次上所出現的轉變。個案會描述在認知、情感或身體上的自發改變。

　　　　感官動能心理治療運用逐步進行的方式來處理創傷記憶。當個案藉由想著創傷或者陳述誘發的畫面或創傷經驗期間可得的資源，而觸及記憶的小片段時，治療師和個案都會追蹤個案的身體反應。當個案報告了資源存在時，便需要花些時間來體現（embody）這些資源。

當案主的喚起程度瀕臨情感耐受度窗口的調節邊界，或是顯示防禦受到截斷的預備動作出現時，就要將焦點轉移到注意身體的生理狀態和動作衝動。感官動能心理治療藉由記憶內容引發與創傷有關的身體體驗，首先注意到的是身體如何「記住」創傷，並幫助個案在感官動作層次上透過身體解決這些現象。因此，強調的是身體動作以及追蹤透過身體來進展的身體知覺（參見本章感官動作序列的段落），而這是建立在由於創傷會深刻影響身體和神經系統，所以許多和創傷相關聯的症狀是由身體驅動的[63]。接著，討論另一個「小片段」，且重複這個過程，並在認知和情感元素出現時予以整合。賈內（Pierre Janet, 1898; 1907）將創傷描述為「整合能力的失敗」，因此，治療的主要焦點是提高個案在所有訊息處理層次的整合能力，並擴展個案的情感耐受度窗口。

在 EMDR 治療中，當個案的喚起超出情感耐受度窗口而且雙重察覺能力降低時，焦點是放在透過交織的運用來激發個案的整合能力（Shapiro, 1995/2001）。交織會隨情況而有不同，目的在於活化不同層次的訊息處理、「推動」重新處理和調節情感狀態，從而恢復個案的整合能力。EMDR 治療並不一定要專注於身體狀態來實現這一目標，雖然它是重新處理過程卡住時可能使用的途徑之一。

EMDR 和感官動能心理治療都非常重視維持雙重察覺以及對經 253 驗靜心觀察。它們不**要求**個案「敘述」令人困擾的事件；取而代之的是，鼓勵個案透過靜心察覺當下那一刻的經驗而「注意」內在的體驗。靜心察覺通常被描述為接納「腦海中（mind's eye）浮現的任何東西」（Siegel, 2007），不帶任何偏好；然而，靜心的關注透過特定方式來引導是最好的。在 EMDR 治療中，個案受到指示「只要注意就好，讓任何發生的事情發生」。然後要求他／她指出腦海浮現些什麼（Shapiro, 1995/2001）。這能讓個案說出當記憶開始在比較全面的適應

63　原註：Nijenhuis & van der Hart, 1999; van der Hart, Nijenhuis, Steele, & Brown, 2004; van der Kolk, 1994; van der Kolk & Mcfarlane, 1996.

性網絡中獲得整合時所浮現的任何東西。目標是允許儲存的記憶的所有徵候都能夠自發地處理。然而，在其他時候，EMDR 治療師可能會使用交織並且／或請個案對特定的反應抱持更加「內在導向的焦點」（Shapiro, 1995/2001, in press）。

在感官動作心理治療中，「引導式靜心察覺」（directed mindfulness）[64] 將兒童的察覺指引到對治療目標具有重要意義的當下內在經驗，去察覺其中的特定元素。舉例來說，對身體的非引導式靜心察覺，是提出一般性的問題，例如：「你在身體裡注意到什麼？」而引導式靜心察覺所提出的問題則可能是：「當你告訴我這個霸凌者的事情時，你現在在胸口有注意到什麼？」第二個問題是基於治療師具體觀察到兒童在談到創傷性素材時的身體反應（胸部緊縮導致呼吸困難）。在感官動能心理治療中，帶領兒童把注意力放到他的胸口，可以為鎖定緊縮和呼吸困難症狀的介入做好準備。

在 EMDR 治療中，具有較大彈性而可能適合讓感官動能心理治療的策略派上用場的階段，是蒐集個案史和擬定治療計畫以及準備階段。此外，EMDR 重新處理階段期間使用增進和刺激感官動作處理的交織，可能也是合宜而正確的，只要這些交織是在適應性訊息處理模式的引導下進行，且其潛藏的介入指令越少越好，並試著仿效自發性處理（Shapiro, 1995/2001）。在 EMDR 治療中，與感官動能心理治療一樣，自發性處理是最受推舉及偏好的。然而，如前所述，當訊息處理停滯時，直接處理身體狀態的策略可能非常有效（Shapiro, 1995/2001）。本章只涵蓋在 EMDR 治療的減敏和深植階段中使用直接刺激感官動作訊息處理的交織。但是，這些交織也可以在任何重新處理階段使用。

64　原註：Ogden, 2007/2009; Ogden et al., in press.

第一階段：個案史和治療計畫

在感官動能心理治療的第一階段，對身體進行評估是不可或缺的。這樣做可以提供寶貴的資訊，諸如：依附關係和創傷經驗對姿勢、動作和示意姿態的影響；未經口語表達的內隱議題和處理程序；提出了對身體進行探索以及身體出現改變的可能途徑。應該指出的是，兒童往往因為各種原因而無法說出所發生的事情，例如：大腦的語言中心尚未發育、無法表達言詞、感到羞愧、害怕懲罰等等（Ogden & Goldstein in press）。在這些情況下，身體仍然在「講故事」，因此可以有效地處理殘留的創傷。在 EMDR 治療中，除了在初始階段依慣例收集的所有訊息之外，同樣可以使用非語言評估和提取「身體故事和紀錄」，來了解父母和兒童的身體如何受到經驗塑造的重要資料（Gomez, 2009b; Ogden et al., 2006; Ogden et al., in press）。這兩種取向中，觀察身體提供了有用的資訊，而不論是父母還是兒童對這些資訊都無法明確且有意識地察知，因此不可能藉由口語向治療師報告。為了評估「身體的故事和紀錄」，治療師透過對兒童和父母進行身體評估來觀察兒童的姿勢、示意姿態、肌肉組織、呼吸、能量程度和動作等等：兒童的或父母的肌肉組織顯得僵硬而緊張嗎？或者剛好相反，鬆弛和癱軟？兒童或父母是否呈現塌縮的身體姿勢？如果是，這些塌縮出現在身體的什麼地方？當兒童或父母講述自己的故事時，是否呈現任何肌肉張力、呼吸或者是身體姿勢上的改變？兒童面對每個家長時的言行舉止是如何？兒童是否尋求或避免與照顧者身體接近？還是展現出矛盾或刻板化的行為或動作，也就是同時呈現或相繼出現尋求和避免接近的狀況？

佩絲莉是一名十二歲女孩，由於經歷極度的焦慮和恐懼而接受治療，她廣泛呈現出的身體反應和姿勢，對於了解她的經歷及為她擬定治療計畫，提供了關鍵性的資訊。她的身體會隨著誰與她待在房間裡而呈現劇烈變化。當她的母親在場時，她的聲音會非常大而且咄咄逼

254

人，她的肌肉組織則呈現僵硬狀態。但是，當她的父親進入房間時，她的身體姿勢發生了顯著變化。她的胸膛凹陷，身體明顯變小，聲音消失。兒童和父母都報告說整體而言親子關係是正向的。在接案會談的全程中，他們完全沒有在口頭上表達出後來逐漸明顯令人關切的議題，例如：父親的完美主義、爆怒以及對兒童的高標準要求。但是，身體早就清楚透露出「未被說出的」家庭動力和這個兒童的故事。

　　垂直整合──上層腦和下層腦的整合（Siegel, 2010）──是 EMDR 治療和感官動能心理治療實現目標的指導性概念。而接案會談時從三個不同訊息處理層次收集得來的資訊，可以支持這個目標。大多數最初的臨床接案會談往往聚焦在認知和情緒層次，而遺漏了極其重要的感官動作訊息，如果能夠早點評估這些感官動作訊息，將能大大改善治療計畫和預後。此外，追蹤並處理左腦和右腦功能的表徵，將使我們不僅可以開始促進水平整合（整合左右腦〔Siegel, 2010〕），還可以徹底掌握臨床全景。由於右腦和「內隱自我」（Schore, 2010）將在治療會談中以非語言的方式顯露出來，因此在整個 EMDR 治療的八個階段中，捕捉右腦聲音的策略將是重要的基礎。

第二階段：準備

　　創傷兒童前來接受治療時，帶著失調的自發性喚起、受損的社會參與系統、緊張而塌縮的身體模式反映出過度的動物性防禦、狹窄的情感耐受度窗口，並且通常擁有許多主要是非語言的記憶。此外，也欠缺帶有正向和適應性訊息的記憶網絡。根據夏琵珞：

> 「從適應性訊息處理的角度來看，準備階段透過納入並增加對正向記憶網絡的提取，可以加強穩定性，這也有助於後期的處理。例如，除了固有的安定效果外，情緒調節技巧也藉著增加帶有掌控與駕馭經驗記憶的正向網絡，而提升穩定性。需要多少準備，得依據個人

的困乏程度來決定。然而，在許多情況下，穩定性本身可以透過處理
儲存在生理上的記憶來促成，這些記憶包含著一整座火山的痛苦情感
反應」。（Shapiro, in press）

　　EMDR 治療的準備階段（Shapiro, 1995/2001）與治療的第一階段
相似[65]，重點是情感調節、症狀減輕和穩定。由於大部分依附創傷是在
兒童下層腦區域仍在發育時造成的，情感調節機制已經受到損害。有
助於安撫和安定皮質下大腦區域的介入措施，應該是這些兒童治療的
起點。以下是各種身體取向的方法，可以在此階段的治療中使用，我
們先從心理教育開始。

心理教育：三重腦和警報系統

　　除了關於處理程序的例行資訊和教育外，在 EMDR 治療的準備階
段提供兒童和家長關於大腦如何運作的資訊，非常有用。以兒童容易
理解的方式來說明三重腦和大腦警報系統，可能有助於父母和兒童了
解失調的意義。大腦的這三個層次是相互連結的，但各自都有自己的
語言和主觀性。如上所述，這些語言在大腦中如何訴說以及不同層次
如何操作和相互作用，是由環境相關的經驗所塑造的。這種模式可以
幫助兒童和父母透過不同的理解角度來看待他們的衝突和問題以及自
身的療癒。下面的說明和練習（Gomez, 2009b）示範了如何解釋麥克萊
恩的模式，並將之用於兒童的治療：「讓我告訴你一件很酷的事，是
跟我們知道的人類大腦有關的。那就是，我們的一個大腦裡面有差不
多三個一起工作的腦喔。每個腦都有自己的例行工作、需求、音樂和
語言。它們會彼此溝通，好確保我們可以擁有所有我們需要的東西。
我們就從大腦的第一層開始吧，我們稱它為『鱷魚腦』。我們這個腦
跟所有爬蟲動物的腦一樣，這就是為什麼我們稱它為鱷魚腦的原因。

65　原註：Herman, 1992; Janet, 1898; Ogden et al., 2006; van der Hart, Nijenhuis, & Steele, 2006.

這個腦用身體來說話，譬如像我們感到害怕時，身體便『讓我們的胃不舒服』（butterflies in the stomach），或身體的某些部位有刺刺的感覺，或者我們會覺得手和腿變得像麵條一般軟趴趴，來讓我們知道『我們在害怕』。鱷魚腦實際上負責幫助我們可以活下去，並且處理危險。第二個腦叫做『馬兒』腦，我們這個腦實際上跟所有哺乳動物像是狗啊馬啊牛啊的腦一樣。這個腦透過我們的心說話，使用的語言是感受。這個腦非常重要，因為它可以讓我們感受到愛和被愛，互相依偎和擁抱。它還可以讓我們擁有繽紛多樣的感受：從快樂到暴躁，傷心到狂怒，以及害怕到開心都有。最後一個腦是「冷靜聰明」的思考腦。這個腦讓我們可以用嘴巴說出話來，可以搞懂數學，可以讀取和控制我們的衝動。有時候，馬兒腦可能想要馬上就得到一些東西，但是冷靜聰明的思考腦會要馬兒腦冷靜下來並且等一等。所有的腦都非常重要，而且用不同的方式幫助我們。但是，當鱷魚腦被觸發或啟動時，冷靜聰明腦可能要很辛苦才能讓它冷靜下來。我們就要來學習辨別是哪個腦在說話。你準備好了嗎？」

256

在這樣說明之後，治療師和兒童便可以針對兒童表現出高度喚起和紊亂行為的經歷來進行辨別。一旦兒童記住這些經歷和由此產生的行為，治療師就可以請兒童聆聽下層腦的語言。聆聽「速度加快的心臟」和「速度加快的呼吸」，或任何因為下層腦受到啟動所產生的其他生理經驗。如果兒童比較容易出現的是低喚起，可以遵循上述相同的程序，但討論的是鱷魚腦會如何使身體非常安靜，就像岩石上動也不動的蜥蜴那樣。可以鼓勵兒童傾聽並注意鱷魚腦的聲音，並且描述當下身體發生的狀況，而治療師則在一旁運用知覺詞彙選單來予以提示（有關選單內容的更多訊息，請參閱下面「追蹤」的段落）。同樣地，鼓勵兒童在情緒浮現時，或在付出或接收情感時，傾聽馬兒腦的聲音。當兒童思慮清晰、能夠理解自己的世界，或者弄明白一個難題時，就跟他／她提及思考腦。當兒童感到平靜和安全時，就請兒童注意全部三個腦如何一起進行工作，將三個腦譬喻為彼此「手牽手」。

　　要強調的是，我們的目標不是要忽視任何一個腦，而是要支持這三個層次共同工作、彼此手牽手，並相互同步、協調。運用沙鈴和其他樂器來探索每個腦的節奏（第七章），是非常有用的，先為每個腦找到一個節奏，然後再找到一個包含全部三個腦的節奏。這個練習可以讓我們獲得關於兒童的資源和經驗的重要訊息，這些資源和經歷可以促進平靜和受到調節的狀態，在另一方面，創傷和苦難的記憶則可以進而列入兒童的處理標的序列。

　　幫助父母了解三重腦的概念，可以有助於他們依照兒童大腦的哪個區域處於啟動狀態，來使用有效的安撫和調節的教養策略，從而幫助父母熟練並成為兒童有效的心理生物調節者（psychobiological regulator）（Schore, 1994）。

　　EMDR 治療和感官動能心理治療的第一步，都是幫助兒童辨認出喚起狀態，並提高自我調節能力。在兒童學習有關大腦的知識時，一開始的心理教育或許可以提供他們關於身體奇妙的「警報系統」的內容。協助兒童辨識什麼時候以及什麼狀況下會啟動警報系統，可能是一個很好的開始。感官動能心理療法的「調節模式」以圖表呈現出「情感耐受度窗口」（Siegel, 1999）的概念，並說明了高度喚起和低度喚起狀態（見圖 11.1）。

　　調節模式（The Modulation Model©）[66] 可以成為一個有用的視覺輔助工具，幫助兒童了解自己的喚起狀態。以下是如何使用它的一個例子。

　　在治療師的辦公室裡，要對喚起狀態提高察覺的話，治療師可以先在磁性白板（或紙板、黑板）上製作出一個情感耐受度窗口，用適合兒童年齡的語言和譬喻向兒童解釋較高和較低的喚起程度意味著什麼。準備一組色彩鮮豔、吸引人的磁鐵，請兒童從中選擇一個磁鐵放

66　來源：改編自 Ogden (1995); Ogden & Minton (2000); Ogden et al., 2006; Ogden (2009/2011)。

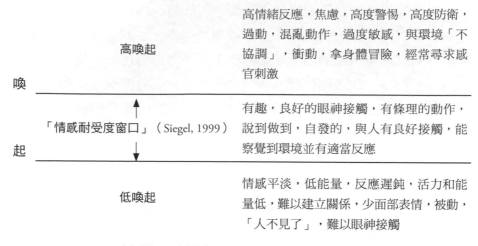

唤	高唤起	高情緒反應，焦慮，高度警惕，高度防衛，過動，混亂動作，過度敏感，與環境「不協調」，衝動，拿身體冒險，經常尋求感官刺激
起	「情感耐受度窗口」（Siegel, 1999）	有趣，良好的眼神接觸，有條理的動作，說到做到，自發的，與人有良好接觸，能察覺到環境並有適當反應
	低唤起	情感平淡，低能量，反應遲鈍，活力和能量低，難以建立關係，少面部表情，被動，「人不見了」，難以眼神接觸

感官動能心理治療協會（Sensorimotor Psychotherapy Institute）

圖 11.1　調節模式 ©

257　在「情感耐受度窗口」上的恰當位置，來顯示他們自己當下的喚起程度。當喚起程度在整個會談中因應不同刺激而有所起伏時，便可以將磁鐵移動到相應的適當位置，並且要求兒童展示並描述喚起程度如何反映在他們的身體中。一位兒童在被問及他如何分辨自己的喚起程度正在上升時，說：「因為我的肚肚興奮得不得了，而且我的眼睛都要跳出來了。」運用這些技巧可以幫助兒童識別喚起程度起伏的身體線索，然後如果他們願意的話，請他們嘗試採取行動來改變喚起程度（Ogden & Goldstein, in press）。

　　當治療師在追蹤並描述所觀察到的改變，例如心或者呼吸「走」得比較快，可以請兒童談一談過去使警報系統啟動的情境。這些變化可以在情感耐受度窗口的圖上寫出來，或用符號標示出來，並且和兒童的喚起程度位在情感耐受度窗口內的情境互相比較。

　　教導兒童注意並觀察這個讓我們能夠保護自己免於危險的「奇妙的警報系統」。對兒童很重要的是，要了解：「當很多『討厭』的事

情或一件『超討厭』的事情發生在我們身上時，它可能會改變警報系統運作的方式。即使實際上情況很安全，警報系統可能會一直響個不停；或者它也可能當機，所以當危險實際存在時，我們卻收不到警報訊息。」在兒童繼續維持在靜心察覺和遊玩的狀態時，治療師和兒童可以偵查一下警報系統常常在安全的時候響起來的情境。請兒童使用「感覺偵測器或發覺工具」（Gomez, 2006）來觀察和追隨任何感官知覺，那個工具是一支兒童可以拿著來探索身體及身體特殊感受和感覺的放大鏡。也可以鼓勵兒童使用「內在照相機」瀏覽全身。當發現一種感覺時，便請兒童使用「拉近」和「推遠」功能來看看（Gomez, 2009b/2010a）。投入這些活動不僅會刺激創傷的記憶，而且還可以讓兒童有機會發展有關感官動作的詞彙，並漸漸熟悉包含了身體察覺的 EMDR 程序步驟。

258

安全處所

　　EMDR 治療的第一步包括找到一個安全處所，這對於嚴重受創的兒童可能很難。因為如果找到了一個安全處所，在進行雙側刺激時，由於其他的創傷記憶被點燃，這個安全處所就可能會被啟動了的不成熟下層腦結構所劫持，典型的例子就是反應性依附障礙症兒童。當高度失調的兒童很難找到一個安全處所，或者一旦雙側刺激啟動，這個安全處所就受到污染，這時正如本書其他章節（見第三章）所述，有一個「此時此地」的安全處所或安全時刻會有所幫助。

　　使用 EMDR 平靜—安全處所的標準程序時，利用好玩有趣且適合兒童的方法，可以促使有助於撫平兒童情感和身體的非語言資源得以發展。例如，找到讓兒童感到平靜或紓緩的歌曲和音樂，便可以用來當作安全的「此時此地」資源，取代想像的安全處所。可以要求兒童找到可以讓他覺得平靜的歌曲或聲音並帶過來，在治療會談中播放。在播放雨滴、流水、小溪或海洋等大自然的聲音時，請兒童注意當下與這種安全而令人平靜的聲音相關的感受和身體狀態。「感覺發覺工

具」（放大鏡）、「身體天線」或「內在照相機」可以用來幫助兒童帶著樂趣與身體連結，並發現身體的聲音和意見。

感官動能心理治療強調正向狀態的具體化（Ogden et al., 2006）。治療師可以追蹤兒童什麼時候經歷了愉快的感覺，可能透過微笑、與治療師的接觸增多、深呼吸、一個自發而整合的動作等等顯示出來。在兒童探索身體的旅程中，如果偶然發現一個正向的身體知覺時，便請兒童用「感覺發覺工具」或「身體天線」來偵測身體對這個經驗「說」了些什麼。一開始，鼓勵兒童不要用言語表達，也許運用動作，假裝成帶著這種感覺或身體姿勢的動物。之後，請兒童找到字句來標記這個經驗。一旦辨識出情緒和身體狀態，EMDR 治療師可以請兒童在進行雙側刺激時注意著這些狀態，以增強正向和適應性記憶網絡（Gomez, 2009b/2010a/2011）。

樂器可以作為非言語表達的一種手段，也是賦予身體用聲音表達的一種方式（Gomez, 2009b; Ogden & Goldstein, in press）。在西方社會裡，吉他、鍵盤樂器和鼓可能是很理想的工具。但是，來自世界各地的其他樂器也可以幫助兒童表達他們的經驗，同時還對這些兒童及其家庭的文化傳承表達了尊重。請兒童攜帶自己熟悉的樂器將會很有幫助，因為熟悉可以促進安全感。鼓長久以來便在 EMDR 治療中被用於提供觸覺雙側刺激（Adler-Tapia & Settle, 2008; Gomez, 2006）。然而，鼓和其他樂器也可以用作內在狀態非語言表達的手段（Gomez, 2010a/2011; Ogden & Goldstein, in press）。感官動能心理治療使用鼓來協助兒童辨識安全和能力，以及其他正向的經驗、情緒、畫面等，並描述他們沒辦法或不願意談論的過去的創傷經驗（Ogden & Goldstein, in press; Ogden et al, in press）。使用樂器可以幫助兒童練習靜心察覺來和內在的聲音同步，同時還能透過樂器模擬的聲音與外在世界連結。請兒童聆聽模擬正向情緒的聲音或歌曲，並使用選定的樂器以非語言的方式來反映身體和情緒狀態。然後鼓勵兒童為自己的情緒和身體狀態找到詞彙。知覺詞彙選單很有幫助，因為大多數兒童缺乏發展良好

259

的感官動作語庫或詞彙（有關選單的更多訊息，請參閱下面的「追蹤」段落）。

　　具有早期創傷史的高度失調兒童，在安全處所或安全時刻可以充分深植之前，可能需要花更多的時間與「身體內在的聲音」連結，並用非語言的方式將它們表達出來（Gomez, 2010a）。請兒童讓身體透過樂器說話。可以鼓勵兒童在安全處所或時刻的相關狀態和輕微困擾的狀態之間，交替或擺盪（Ogden et al., 2006；參見下面的「擺盪技術」）。遵循正規的 EMDR 平靜—安全處所標準程序，請兒童注意兩種狀態之間的差異。可以創造出兩個「車站」，一個車站播放平靜放鬆的聲音或歌曲，另一個則是經驗到輕微困擾的車站（Gomez, 2009b）。

　　此外，使用平靜—安全處所標準程序時，可以鼓勵兒童在身體中找到感覺最安全的地方，在這個地方正向的知覺和情緒感覺起來最棒或最強烈，並且將「安全時刻」或「安全的歌」帶到身體裡面，這樣一來一旦有需要的時候，它就永遠伸手可及（Gomez, 2009b）。此外，讓兒童學會運用身體作為資源，這意味著讓兒童學會自己可以執行的身體動作，從而將喚起狀態帶入情感耐受度窗口，例如把自己調整到身體裡的安全處所（Ogden et al., 2006; Ogden & Fisher, in press）。

發展感官動作察覺和詞彙

　　大多數兒童缺乏可以描述和理解自身感官動作反應的詞彙。在EMDR 治療的準備階段和技巧培養的階段（Gomez, 2006），可以使用遊戲來發展感官動作的詞彙。此外，感官動能心理治療技巧，諸如：追蹤、聯繫陳述（contact statement）、界限、身體動作、感官動作序列和使用微動作（micromovement）等等，可以協助 EMDR 治療師與情感失調的兒童一起工作。以下描述一些尊重身體的介入和策略。值得強調的是，只有當兒童因為自身調節和整合能力有限而尚未準備好進入

創傷處理階段時，才需要在 EMDR 治療中使用這些策略與兒童工作。

追蹤 [67]

在感官動能心理治療中，追蹤是一項基礎技能，指的是針對經驗如何在身體中編碼進行時時刻刻的觀察。奧古登等人（Ogden, Minton and Pain, 2006）對追蹤的定義如下：

追蹤是指治療師能夠密切而不引人注目地觀察個案的直接經驗中非語言要素的呈現：動作、自動喚起的身體跡象或身體知覺的變化。情緒的身體跡象（濕潤的眼睛、面部表情或語調的改變），以及從個案敘事和個案史中浮現的信念和扭曲認知如何影響身體（比如「我不好」的想法與緊繃和低頭看著地板有所關聯），也受到追蹤。（p. 189）

在整個會談期間治療師與身體共鳴並注意著（追蹤）身體。不僅要注意創傷反應，例如緊繃、姿勢完整性喪失或神經系統失調的抖動，也要注意到資源和證明熟練以及能力增加的身體跡象，例如深呼吸、脊柱拉長、肩膀放鬆等。

也要請兒童在治療師的幫助下使用引導式靜心察覺，從內在追蹤自己的身體，這可以增加兒童的專注力 [68]。在教導兒童追蹤自己的身體時，有趣好玩的氣氛成為重要元素，不僅有利於追蹤，還可以啟動兒童的遊戲系統和社會參與系統（Ogden et al., 2006）。使用「感覺探測器」或「身體指南針」，可以讓靜心察覺地探索身體狀態的工作增添一份趣味（Gomez, 2006）。請兒童在身體裡創造出「身體指南針」或具備「拉近」、「推遠」和「慢動作」功能的「內在照相機」（Gomez, 2006）這類想像的裝置，運用其中一種來檢查身體中發生了

---

67   原註：Ogden et al., 2006.
68   原註：Ogden, 2009; Ogden et al., 2006; Ogden & Goldstein, in press.

什麼，並偵測任何身體訊號。「內在照相機」還可以「放慢」任何動作或感覺，以及拉近和推遠以便更靠近或遠距離地去感受那些動作或感覺。請兒童進行「偵探工作」（第三、四章），但這次偵探工作是針對傾聽身體。一旦兒童注意到了身體的反應，便可以請兒童使用感覺探測器或身體指南針從內在進行追蹤，帶著好奇地跟隨那個感官知覺，看看它會去哪裡或想要去哪裡。

　　非語言的追蹤和內在身體狀態的表達可以用來幫助兒童發展身體察覺。這項初步工作之後便是對身體狀態和情緒予以標記，目的在於接觸大腦皮質和左腦。由於大多數兒童缺乏發展良好的感官動作詞彙，因此治療師可以透過提供「知覺詞彙選單」來幫助兒童發展自己的知覺詞庫。我們可以對兒童說：「我在想它會是什麼樣的感覺呢……也許是刺痛，寒冷，搖搖欲墜或者是溫暖的。或者它可能感覺好像是一種要推出去或擠進來的壓力。」這樣便能讓兒童有選項可以選擇，並且，無論治療師的猜測是否準確，都會引發兒童用自己的話來描述自己的身體（Ogden et al., 2006）。隨著兒童發展出身體和內在體感的察覺，關於資源、當前引發的刺激源和過去逆境經驗的訊息可能會浮現出來，這些便可以放進兒童的標的序列中（Shapiro, 2010）。以下列表（Ogden, 1997; Ogden et al., 2006）提供了可用於兒童的感官動作詞彙範例：

261

抽搐	沉悶	激烈	疼痛	安穩	鋸齒狀的
僵硬的	輕盈的	厚實的	打哆嗦	寒冷的	涼颼颼的
振動的	發癢的	緊張	溫和	麻木	鬆軟無力
卡住的	感動的	堵塞的	膨脹的	緊緊的	腫脹的
活潑的	刺痛	搖搖欲墜	癱瘓的	出汗的	潮濕的
黏糊糊的	忐忑不安	瘋狂的	精力充沛	纖細的	情緒低落
令人興奮	流暢的	明亮的	模糊的	濃密的	涼爽的
悸動	昏倒	強壯的	脈動的	收縮的	溫暖的
散熱的	不寒而慄	臃腫的	臉紅的	刺痛的	嗡嗡聲
心蹦蹦跳	壓力	神經質的	緊繃的	搖擺不定	感到激動

噁心	天旋地轉	頭暈	發抖的	喘不過氣	戰慄
顫抖	令人窒息	衝擊	沉重的	痙攣	不清楚的
雞皮疙瘩	皮膚緊繃				

　　兒童也可以自創詞彙來表達自己的身體感覺，如同接受作者之一治療的兒童所提供的：像義大利麵似的、像針似的、像地震似的、蝴蝶。

聯繫陳述 [69]

　　治療師透過追蹤注意到案主身體的變化，隨後便以「聯繫陳述」的形式將所追蹤到的狀況與兒童交流（Kurtz, 1990）。兒童可能不會注意到自己的身體經驗，直到治療師透過一個簡單的陳述將注意力帶到身體上面去，例如：「你的身體看起來好像緊繃著」，或者「你在說這些話的時候，你的雙手舉起來放在你的心上面」，或者「看起來好像你開始在顫抖」。治療師可以追蹤和聯繫身體傳達的生理過程，以及這些過程的內容的意義詮釋和引發的情緒（Kurtz, 1990）。例如，當亞當在感官動能心理治療中用鼓表達出自己對遭受性侵的感受時，治療師注意到了他臉上的悲傷。她的聯繫陳述（「我注意到當你用鼓聲在表達你的感覺時，你的臉變得非常傷心而且靜止不動」），幫助他注意到這一點。她還追蹤到他的呼吸變得很淺。她的聯繫陳述，「當你的手在講故事的整個過程中，你都屏住呼吸。當故事進行到令人非常害怕的情況時，你的呼吸很難看得出來。我看到你在呼吸時很辛苦」，幫助他注意到他的身體，並為身體的資源鋪好路：透過伸展雙臂和身體兩側來擴展他的胸膛（Ogden & Goldstein, in press）。非常重要的是，治療師應該同時關注到創傷造成的反應以及展現駕馭和快樂健康的身體跡象。當亞當伸展雙臂而能夠呼吸時，他的治療師的聯繫陳述是：「哇，你張開手臂時，那可是好大一口的呼吸啊。」這有助

69　原註：Ogden et al., 2006.

於亞當感覺到駕馭感。

　　透過追蹤和描述身體在當下顯露出來的變化，治療師將兒童的注意力重新引導至當下的身體經驗，並幫助他或她對身體充滿好奇。治療師並不試圖對個案的身體現象做出解釋或賦予意義，而是單純地觀察，並盡可能用最具體、最簡單的語彙來描述感官動作元素。聯繫陳述除了鼓勵兒童察覺當下經驗，同時也召喚並維持社會參與系統。正如克茲所寫的（Kurtz, 1990, p. 77）：「聯繫陳述不是強制性的。它們是可自由選擇的。創造連結才是務必達成的。」良好的聯繫陳述應該　262誘導、維持並增加治療師和兒童之間的社會參與。

　　EMDR 治療的不同階段都可以使用聯繫陳述的技巧。在準備階段，隨著不斷收集資訊以發展 EMDR 標的序列（Shapiro, 2010），追蹤然後聯繫（Ogden, 2006）身體過去以及一直以來如何參與兒童的經驗，將可以提供身體如何述說故事的豐富資訊。而在 EMDR 治療的重新處理階段，當訊息處理卡住時，「身體的」交織可以是 EMDR 治療師恢復訊息處理的途徑之一。

翻譯身體的語言 [70]

　　身體經驗的意義在我們將這些非語言習慣翻譯成文字或「身體的語言」之前，始終是保持在無意識（unconscious）的狀態中 [71]。感官動能心理治療建議，我們可以透過尋找等同於身體經驗的語彙和語言涵意，來翻譯身體的語言。這項技巧有助於兒童運用口語語言賦予意義而與身體產生連結，以便將無意識帶入意識，並將認知、情緒和感官動作等層次的訊息處理整合在一起。而適應性訊息處理著眼於記憶網絡的不同組成部分：認知、情緒和身體。EMDR 治療及其八個階段觸及的不僅是記憶的認知面向，還觸及情感面向和身體狀態。記憶網絡可以採取不同的途徑來觸及。它可以透過認知、情感或身體來獲取。

70　　原註：Ogden & Peters, 1990.

71　　原註：Kurtz, 1990; Ogden, 1997; Ogden & Peters, 1990; Ogden et al., 2006.

　　與兒童一起工作時，麥克風可以為翻譯身體的語言增添趣味
（Gomez, 2009b/2011）。治療師使用這種技巧，針對身體各部位或感
覺進行採訪。例如，治療師在追蹤和聯繫身體時說：「我注意到你的
雙手正在握拳。」鼓勵兒童注意到雙手並追蹤任何動作或感覺，然後
可以使用玩具麥克風訪問雙手。可以請雙手發出聲音或做出動作，或
者使用文字，如果有的話也可以使用圖像。「我在想，你的手是否想
要發出一個聲音、說出些話或想做些什麼。讓那些聲音、話語或圖像
由你的雙手做出來，而不是由你的想法來做。」使用麥克風，讓翻譯
身體語言變得有趣、有吸引力，而且具體。向兒童介紹麥克風時把它
當作一種特殊的設備，可以幫助身體及其節奏被兒童和兒童感到安全
的人聽到、看到、感覺到（Gomez, 2009b/2010a/2011）。聆聽身體的
內在聲音和內在音樂，可以協助兒童擴展專注力，增強靜心察覺的能
力，發展情緒調節，以及往後觸及創傷記憶的能力。如上所述，這些
策略可以在 EMDR 治療早期階段探索身體面向時，當成進入記憶網絡
的途徑使用，也可以在重新處理階段期間當成交織來使用。在 EMDR
治療的準備階段，兒童要先發展重新處理階段觸及創傷和逆境記憶時
所需的重要技能（Shapiro, 2001）。因此到了要解決這些記憶時，兒童
應該對於使用這些工具和技巧來留心探索身體，已經有些熟悉才對。

凍結—解凍遊戲

　　向兒童講解凍結反應時，下面的練習（Gomez, 2010a, 2011）可能
263 會有所幫助。首先，邀請兒童玩「凍結—解凍遊戲」，玩法是兒童和
治療師創造出一個「凍結和解凍遙控器」，並且治療師、父母和兒童
輪流使用這個遙控器。這個練習還可以幫助兒童體驗沒有恐懼的靜止
不動，因為他們處於嬉戲的狀態。鼓勵兒童在靜止不動時研究身體，
然後也在可以動的情形下研究身體。鼓勵兒童運用本章先前描述的引
導式靜心察覺和翻譯身體的語言時，配合諸如以下的提問：「身體裡
面發生了什麼？身體正在說以及／或傳達些什麼？身體是如何傳達那

些東西？是心正在說些什麼嗎，還是胃在說些什麼？雙腿或雙臂正在向你傳達些什麼？」也可以請兒童玩想像的照相機，在拍攝每張照片前要求兒童凍結並擺出姿勢。治療師也可以親自做出短時間和長時間的「動」與「靜止不動」模樣（Gomez, 2011）。

擺盪技巧

擺盪技巧（Ogden, 2006；1997 年列文和佛芮德瑞克〔Ann Frederick〕也稱為之擺動〔pendulation〕），也用來幫助兒童將焦點從失調狀態轉移到有較多資源應援的經驗，藉此支持狀態轉換的靈活性並提高對不同狀態的察覺。擺盪技巧是指先引導兒童重複而靜心察覺地體現平靜或擁有資源的狀態，接著再體現失調或不舒服的狀態，然後在這兩種狀態之間來回轉換。下面的練習（Gomez, 2009b）顯示如何對兒童使用擺盪技巧：治療師請兒童找出自己生活中令人討厭的某些東西。當兒童找出當前令人煩亂的情況時，便要求兒童傾聽並注意「身體如何對他或她說話」。不要使用語言，請兒童找出最能夠表達身體陳述內容的動物。例如，如果身體傳達的是感覺非常非常小又害怕，兒童便可以挑選螞蟻或老鼠。然後，要求兒童注意他／她想要自己的身體有什麼樣的感受，或記住自己感覺非常棒的時刻，並找出最能代表這種身體狀態的動物。有些兒童如果想要感到強壯，可能會選擇獅子，如果想要體驗自由的感覺，可能會選擇老鷹，或者如果想感受到巨大並且裡面擁有力量，可能會選擇大象。請兒童體現「大象狀態」和「大象身體姿態」，這樣兒童便能將大象所象徵的力量和受到賦能的狀態體現出來，譬如讓兒童伸長脊椎而感受到內在是巨大的。等兒童充分體現出代表正向身體狀態的動物後，在房間內劃分出兩個不同的車站或區域，請兒童在其間來回移動以體驗並領會不同狀態的變化。也就是說，治療師和兒童一起創造出「老鼠站」和「大象站」，讓兒童在不同的車站裡可以體驗每種動物及其伴隨的身體狀態。當兒童進入「正向狀態」的車站時，可以鼓勵兒童注意這

些正向的狀態，用語言將這些正向狀態及伴隨的情緒表達出來，藉此使左腦參與進來，然後施行慢速度、短回合的雙側刺激（Gomez, 2009b/2010a/2011）。當他們可以成功地從一個狀態到另一個狀態來回擺盪時，便培養出了能夠在狀態之間靈活而平順轉移的情感調節能力以及駕馭經驗（Ogden & Goldstein, in press）。

界限

關係性創傷意味著兒童的界限受到侵犯，身體和心理的完整性受到了破壞，致使兒童感到脆弱和失去保護。早期創傷和依附經歷受挫 264 的兒童，缺乏對自我、他人和世界帶有適當訊息的適應性記憶系統。結果，他們的界限感覺受到了損害。在 EMDR 治療的準備階段，可以納入感官動能心理治療的介入措施，以幫助兒童發展身體的界限感，並加深他們的身體經驗。界限的**身體感知**與認知理解不同，因為它是「建立在對個人偏好、願望和權利有所感受的感覺，以及對安全有所感受的感覺。」（Ogden et al., 2006, p. 226）對界限有所感受的感覺與維持在情感耐受度窗口之內的喚起，是脫離不了關係的，過高喚起或過低喚起狀態表示兒童對安全和界限沒有足夠的身體感知。

要恢復界限的身體感知，可以透過採取某種動作來促成，例如：用手臂推開、用雙腿踢開或走開，藉此在個人與不想要被其入侵的人或物件之間設下距離。有各種活動可以教導兒童知道，保持正確的個人距離可以幫助他們感到安全。七歲的亞當在學校遭到一個年紀較大的男孩性騷擾，他拒絕討論發生了什麼事也不願回去學校。亞當的姿態塌縮而且聲音虛弱、猶豫不決，使他無法說出「不」或者設定界限。亞當的治療目標包括了解界限以及練習設定界限的動作，例如推開。許多會談著重於發展他對界限的身體感知；下面摘錄其中一次會談經過：

亞當坐在地板上，治療師請他用繩子在他周圍創造一個「泡泡」，然後把不想讓它出現在自己界限空間內的東西推出去。和他一

起參與這個會談的姊姊扮演侵犯他的界限的角色，而亞當發現了很多方式說「不」：「我由我自己掌控！」、「除非我說可以，否則你不能碰我！」、「我來決定。」、「我可以是強大的，我是強大的！」他的治療師幫助他發現了用手臂推拒的動作最能搭配他表達「不」的意思。起初，他猶豫不決而且力量微弱地將姊姊從他的泡泡中推出去，但透過練習，他的推拒變得愈來愈自信和有力量，他的聲音也有一樣的變化趨勢（Ogden & Goldstein, in press）。

　　有些兒童不像亞當那樣難以設定界限，而是透過憤怒、支配和破壞的行為來設定他們的界限。下面的例子說明如何將感官動能心理治療的界限練習用在一個以攻擊的方式設置界限的兒童身上。

　　七歲的傑克是七口之家中最小的男孩，和他的三個哥哥一起睡在起居室。傑克一直被家人怪東怪西，甚至沒辦法在有隱私而不必受兄姊嘲弄的情況下好好上完大號。傑克極具敵意、焦躁不安而且具破壞性，同時弓著繃緊的肩膀，常常帶著攻擊意味地對其他兒童說：「我要殺死你們。」在團體治療中，這些議題的處理方式是要求傑克用繩子圍繞自己來形成一個界限。治療師鼓勵他把每個人都屏除在他的「泡泡」——這是他為自己用繩子創造出來的圈圈所取的名稱——外面，並用他的聲音和雙臂表達出「滾出去」的訊息。傑克進行一些嘗試，叫其他人進入他的泡泡，然後要他們離開。團體成員接受指示按照他的意思行事，並在被要求離開時，就離開他的界限空間。經過一再反覆進行，傑克的程序模式明顯改變了：他的背脊拉直，頭部抬了起來，眼神變柔和而且肩膀放鬆了。這些身體動作幫助他和別人接觸，而原先緊繃的肩膀、瞇著的眼睛、低垂的頭、壓縮脊柱的身體動作則助長分隔和攻擊性。傑克終於可以掌控自己的界限，這是他在家裡從來沒有過的，而且他的攻擊性爆發也和緩下來了（Ogden & Goldstein, in press）。

　　另一種幫助兒童與自己的身體及自身界限感知連結起來的方式，是治療師透過練習幫助兒童發展出不使用話語，而是用自己的身體表

達出讓人感受到「可以」和「不行」的感知（Ogden, 2006; Ogden et al., in press）。鼓勵兒童在房間裡走動時體現出自己讓人感受到「可以」的感覺，並分享他／她記得說「可以」的時刻。兒童和治療師也可以探索當身體想要說「不行」，但說出來的話語卻反而是「可以」的時刻。兒童可以四處走動，注意當身體說「不行」但說出來的話卻是「可以」的狀況。然後，兒童可以練習體現身體、心和頭腦站在同一陣線上的一致狀態，「相互手牽手」說「可以」或「不行」，跟身、心、腦不在同一陣線而且「不相互手牽手」的狀態進行比較。治療師可以詢問兒童當頭腦、心和身體「相互手牽手」時發生什麼事，並且要求兒童用口語指出能夠一致表達出「可以」或「不行」時相關的情緒和身體感知是什麼，藉此邀請兒童的左腦參與。在兒童辨識出與「可以」和「不行」相關的情緒和身體感知後，便可以透過慢速度、短回合的雙側刺激來增強這些感受「一致」的經驗。

使用音樂

　　下面的活動（Gomez, 2010a/2011）利用兒童天生對音樂的喜好。它也適用於同時增強兒童對內在體感的察覺，並且發展以及／或增強兒童提取正向記憶網絡的能力。治療師向兒童說明，我們在自己身體中都帶有音樂，並且這種音樂是由不同的部位和器官來演奏。有時候如果身體的所有器官和部位動得「太快」時，音樂就會變成噪音。有時候身體的所有器官動得「太慢」時，音樂就停頓而使我們沒有聲音。鼓勵兒童一次只聆聽一個器官或身體一個部分的聲音；請兒童傾聽自己比較容易聽得到的器官或身體部位的聲音。沙鈴可以用來幫助兒童能夠敏感察覺到那個器官或身體部位的節奏，然後把那個內在的節奏對外演奏出來。如果兒童選擇聆聽心，治療師可以鼓勵他或她將心連結到沙鈴，在心和沙鈴之間創造出一條無形的聯結或「細線」。鼓勵兒童聆聽自己的心的音樂，然後讓沙鈴演奏出這個音樂。治療師也可以要求兒童想著一個令人煩亂的情境，然後注意心傳達了什麼給

沙鈴，並再次請沙鈴成為心的聲音。鼓勵父母和兒童都透過沙鈴聆聽並感受兒童的心的節奏。讓兒童進行增加心跳和降低心跳的活動，可以有機會注意到心的不同節奏。身體的其他部位（腿，手臂，背，頭，胸）和器官（胃、肺等等）也可以用相同的方式探索。

　　以下的活動（Gomez, 2010a）是為了在 EMDR 治療中，讓能夠助長情感耐受、調節和內在體感察覺能力的記憶系統，在發展和／或刺激上獲得提升。而當兒童先用左手搖沙鈴，然後切換到右手，注意到兩側如何各自傾聽特定的器官，這也被認為促進了右腦和左腦之間的整合。同樣地，可以請兒童左手拿著沙鈴時注意左腳，或者試試看在注意左腳的同時用右手拿著沙鈴。這些活動可以在 EMDR 治療的重新處理階段使用，因為兒童可以藉著沙鈴成為身體的聲音讓治療師更明確地知道內在發生了什麼。由於兒童在準備階段便使用過沙鈴，已經學會透過這種樂器表達自身的內在經驗和喚起程度。

　　使用聲音和吟誦是幫助兒童敏感察覺自己內在體驗的另一種方式。兒童可以試試音調和音高的低、中、高音。可以請兒童將自己的聲音連接到一個器官或身體某個部分，透過聲音和詞彙賦予這個器官「非語言構成」的聲音（Gomez, 2010a/2011）。重要的是，兒童要學會說身體、心和頭腦的語言。如果兒童同意，治療師和家長也可以加入，讓他們能透過聲音和吟誦一起分享片刻。透過這個活動，兒童有機會感覺到自己的內在體驗如何被父母和治療師感受、知曉以及看見。在準備階段，在兒童身上使用慢速度、短回合的雙側刺激，可以增強這些調節、同步和連結的時刻。保持同步的治療師會使用聯繫陳述並描述身體在這連結的時刻中表達出什麼。治療師可以使用與兒童的身體和情緒狀態共鳴的聲音來進行聯繫陳述，例如：「我可以看到你在唱歌的時候，你的臉變得非常放鬆，而且你的雙腿和兩隻手臂也顯得很平靜。」然後治療師提供慢速度、短回合的雙側刺激將這個經驗植入。之後，治療師可以請兒童對這個感覺以及在身體感受到的位置給予標記，就如同在標準的 EMDR 資源深植程序所作的一樣。所有

這些活動會普遍增加正向和適應性記憶網絡的觸及和／或提升，並且隨著兒童的自我察覺和自我效能增加，這些活動也可以成為兒童的駕馭經驗。

身體的動作

　　適用於兒童的感官動能心理治療活動，是要探索身體的各個部分可以做些什麼（Ogden et al., 2006; Ogden et al., in press）。治療師請兒童模仿動作和姿勢，例如伸出手、抓住、繃緊、推開或緊握，並注意哪些動作感覺「新鮮」、哪些動作感覺「熟悉」。鼓勵兒童研究和探索每個動作和姿勢，並且讓身體「說話」。有些兒童在進行這個活動時，可能會受到身體姿勢或動作所引發，而回想起過去的正向和負向經驗。治療師可以請兒童找出動作或姿勢所引發出來的事件的故事，並且除了觸及逆境與創傷的記憶之外，也觸及資源和駕馭經驗的記憶。兒童可以創造出一個容器或「記憶盒子」（參見第四章），用來放置「負面或討厭的記憶」，另一個容器則用來放置「正向和美好記憶」（Gomez, 2006/2007b）。如果兒童回想起來的故事代表一項資源或一個駕馭經驗，EMDR 治療師可以請兒童在進行慢速度、短回合的雙側刺激時，與那個情緒和身體狀態連結起來，以便深植這個資源和正向的經驗。

減敏階段

　　在探索、觸及創傷和逆境的記憶之後，對這類事件的重新處理就展開了。雖然我們偏好並最為鼓勵自發性的記憶合成和同化，但訊息處理過程仍可能會卡住（Shapiro, 1995/2001）。當這種情況發生時，能夠同步的 EMDR 治療師需要有技巧地利用策略來刺激和重新接通兒童的訊息處理系統（Shapiro, 1995/2001）。應該遵循標準的 EMDR 程序來推動重新處理。例如，在嘗試使用交織之前應該考慮改變操作

267

方式。另外，在使用每次交織後，應該鼓勵兒童進行雙側刺激，接著執行例行的程序和問題。但是，具有慢性創傷歷史的兒童可能需要EMDR 治療師積極而同步的參與。本章提出的 EMDR 治療重新處理階段的介入措施，應該只在自發處理過程卡住時使用。

　　考慮到如此多受創兒童呈現喚起失調，以及因為在創傷事件期間無法執行而呈現遭到截斷且不完整的防禦反應和行動，所以目的在促進身體層次同化的交織，便具有極其重要的意義（Ogden et al., 2006; Ogden & Minton, 2000）。明白地將兒童的身體經驗在重新處理階段與其情緒和認知合併起來，伴隨充滿關愛的照顧者的身體接觸，可以有效地幫助重新處理令人困擾的記憶。上述大多數技巧可以調整成交織，以便在 EMDR 治療的重新處理階段中使用。很重要而必須強調的是，在 EMDR 治療中，認知、情感和身體訊息的同化和處理可能同時發生。然而，當訊息處理卡住時，EMDR 治療中讓身體積極參與是適合兒童的介入措施（Gomez, 2006, 2009b, 2010a/2011），納入感官動能心理治療（Ogden et al., 2006; Ogden et al., in press）的策略可能成功地突破卡住的過程。

使用碰觸

　　兒童自我碰觸和父母的碰觸，可以用來開發新的身體資源，促進自我調節，並且，當父母碰觸兒童時，可以促進親子之間的連結（Gomez, 2010a/2011；另見 Wesselman, 2007）。兒童可以學會使用碰觸來調節自己，利用自己的身體作為資源而從中獲益。例如，把自己的手放在心上，碰觸自己的腿來感受腳踏實地的穩定等等，可以教導兒童自我調節，培養一種執行和被授予掌控能力的感覺（Ogden et al., 2006; Ogden & Goldstein, in press）。在減敏階段以及大致而言EMDR 治療的所有重新處理階段，都可以使用碰觸作為交織。當不管是兒童或父母的碰觸促進了正向狀態時，一般便認為是刺激了適應

性神經網絡的發展，並且在準備階段也可能發揮作用[72]。根據柯佐里諾（Cozolino, 2006），「輕觸和舒適的溫暖導致催產素和腦內啡增加，透過與幸福感的關聯增強社會聯繫。」（p. 103）可以請兒童碰觸正在感受到騷亂的身體區域，或者如果父母在場，也可以請父母提供身體碰觸。例如，在重新處理困擾事件期間，當訊息處理過程因兒童回報感到恐懼和胸部有刺痛感而卡住時，一種刺激訊息處理的可能方式是鼓勵兒童停留在那個感覺中，並表達自己此刻需要什麼（Gomez, 2009b/2010a/2011）。治療師可以提供一些選項，包括用那個正在感受騷亂的身體部位想要藉以獲得舒緩的碰觸方式去碰觸，或是提供它所需要的東西。另一個可以提供給兒童的交織，是接受一個「幫手」（Gomez, 2009b）。邀請那個感覺來選擇是要父母的手還是兒童自己的手，然後將手放在身體正在經驗那個感覺的地方。在感官動能心理治療的取向中，有幾種跟觸摸相關的介入方法可以使用：找出身體部位需要什麼樣的觸摸方式，調整觸摸方式以便給出完全正確的力道，觸摸到確切的部位時，手是要靜止還是移動，動作快速還是緩慢，翻譯身體的語言，翻譯手對身體所說的話，並讓兒童回報「在觸摸時身體裡面發生了什麼」[73]。使用「幫手交織」時，諸如：「讓你身體的『聲音』、『感覺』或『音樂』告訴你的手它的需要」這樣的指導話語，可以透過「身體的」交織來「推動」訊息處理。其他介入的措施包括：「那個『感覺』想要手做些什麼？它可能希望手在搓揉時保持靜止不動或者移動。讓那個『感覺』告訴手它需要多少力道，以及想要多快或多慢。現在這個被碰觸的地方是否就在正確的位置上，是高一點比較好，或者旁邊一點？」下面的問題可能有助於翻譯身體的語言：「如果手可以說些什麼，那麼那個『感覺』想要聽到手說些什麼？」以及「你身體的這個部位說了什麼來回應手？」如前所述，介入選項可以幫助兒童靜心察覺地與手相連結，並描述當自己被碰觸時

268

72　原註：Gomez, 2009, 2010a, 2011; Wesselman, 2007, 2010.

73　原註：Ogden & Goldstein, in press; Ogden & Peters, 1990; Ogden et al., 2006.

內在發生了什麼。追蹤和聯繫任何因邀請「幫手」而引起的身體變化，也有助於兒童感知自己的經驗。當目前所顯現出來的記憶網絡受到中斷而導致訊息處理停滯時，可以使用這些以身體為焦點的交織恢復訊息處理，並且透過引發正向的情感和身體狀態來促進整合。

在 EMDR 治療的重新處理階段使用這項策略時，要等到從那個「感覺」獲取了新的資訊之後才使用雙側刺激。當父母碰觸或搓揉身體呈現出那個感覺的部位時，也要施行雙側刺激。每回合雙側刺激之後都要進行 EMDR 治療的基本程序。這些介入在使用家長的碰觸時，特別有意義（Gomez, 2009b/2010a/2011）。當父母能夠與兒童的身體經驗同步，而且他們的手所提供的碰觸的確就是那個「感覺」所要求的，因而得以促進親子之間的連結，此時要鼓勵兒童在這樣的碰觸下觀察身體裡面發生了些什麼。如果父母參與 EMDR 治療的重新處理階段，正如前幾章所述，照顧者應該已經達到足夠的準備，才得以參與創傷處理會談。

創設實驗

根據奧古登（2006）的觀點，實驗要在社會參與的背景下進行，並引發兒童的探索行動系統。實驗要在合作和好奇的氛圍下進行，「邀請探索新的體驗，不設定特定的結果，這種態度使得『正確』和『錯誤』的答案無關緊要，並且反映在聯繫陳述和靜心察覺提問的表達方式中。」（Ogden et al., 2006, p. 195）治療師在實驗中所使用的措辭是：「當……時，發生了什麼？」在治療亞當時，治療師建議他嘗試用手臂推開枕頭的同時，就問道：「當你推開的時候發生了什麼？」她鼓勵亞當說出他在自己身體裡面注意到什麼。如果兒童變得高度喚起或是低度喚起的時候，也可以提出這些實驗，將喚起帶入情感耐受度窗口中，例如：「讓我們看看當我們站起來四處走動時，會發生什麼。」即使 EMDR 治療比較偏好自發的訊息連接和同化，而且通常能夠達成，但是當訊息處理卡住時，「實驗」可以用來當作一種

269

「身體的」交織。特別是對於那些在 EMDR 重新處理過程中往往會出現低度或高度喚起狀態的兒童，可以運用動作使兒童回到適合的情感耐受度窗口中。動作可以使兒童的體驗更真實、更具體，因而對他們更有意義。

可以請兒童執行一個動作或示意姿態，或者專注於一個感覺，來進行實驗：「如果我們用你的『內在照相機』就只是察看一下你胃裡那種刺刺的感覺，看看發生了什麼，你覺得如何？」另一種交織可以是：「我注意到，你在說那個的時候，你的雙手握成了拳頭，如果請你再做一次並看看怎麼回事，這樣可以嗎？讓我們再做一次，並且就只是注意它，或者使用你的內在照相機檢查一下，看看它發生了什麼。」可以請兒童使用「拉近」、「推遠」或「慢動作」功能來仔細研究雙手以及他們的身體感覺。也可以鼓勵兒童誇大動作，以便研究。當兒童執行那些動作進行實驗的同時，要求他或她透過「內在照相機」觀看並回報發生了什麼。鼓勵兒童使用「慢動作」功能，看著動作慢慢地展開。

治療師也可能會發現未完成的動作，需要協助兒童將那些動作執行出來。治療師要協助兒童發現身體自然浮現出來的動作，並讓那個動作進展到完成的狀態[74]。治療師還可以使用物品來幫助兒童完成動作，例如拿著枕頭抵住兒童，好讓他／她可以完成推開的動作。也可以使用其他有趣的東西，例如用衛生紙做成的「棉花糖」可以讓兒童丟擲，或是治療師拿著舊報紙讓兒童可以將它擊破（Booth & Jernberg, 2010），這些都是以有趣的方式來鼓勵兒童執行獲得掌控權的防禦行動。探索動作的節奏和強度也很有幫助（Ogden & Goldstein, in press）。帶有「減慢速度」或「慢動作」功能的「身體遙控器」（Gomez, 2010a）可以在察覺研究這些動作時，用來減慢動作速度。治療師可以用有趣的方式運用遙控器，請兒童調慢動作速度並調節喚起

74　原註：Ogden & Goldstein, in press; Ogden & Minton, 2000; Ogden et al., 2006; Shapiro, 1995, 2001.

狀態。使用「音量鈕」來調高或調低動作的強度以及執行動作所需的力量，也很有幫助（Ogden & Goldstein, in press）。無論如何，兒童可以全權決定如何使用音量鈕和遙控器去測試不同速度和強度，以找到感覺最棒的速度和強度。

感官動作序列

　　這是感官動能心理治療的介入措施，有助於完成與創傷記憶相關的非自主身體行為（Ogden et al., 2006）。感官動作序列被描述為「……慢慢地、一個細節、一個細節地留意，追蹤那些主要來自於未解決的自動喚起、定向和防禦反應的非自主身體動作與感覺。」（Ogden et al., 2006, p. 253）在感官動作序列過程中使用「內在照相機」（Gomez, 2009b），對兒童來說是有效的工具。透過「拉近」、「推遠」和「慢動作」功能，兒童可以慢慢留心地追蹤微動作和交感神經的喚起。請兒童注意並追蹤非自主微動作，來代替自動地做出這些動作。鼓勵兒童停留在這些非自主的動作，直到動作完成，並且身體裡面的感覺平靜下來[75]。在 EMDR 治療中，當記憶被觸及而重新處理停滯時，感官動作序列可以是一種有效的身體交織。在下面的練習中，治療師可以說：「使用你神奇的特殊『內在照相機』，讓我們看看你的身體正在發生什麼。」一旦兒童辨識出一種感覺，就請他／她在雙側刺激過程中繼續觀察著。讓兒童保持在好奇觀察的模式裡，然後治療師說：「好，就持續追蹤並跟隨這個身體的感覺要去的地方，或者看看這個感覺是否停留在原來的地方。這個感覺是刺刺的，還是嗡嗡的？」等兒童回報身體發生了什麼後，治療師可以鼓勵他／她在雙側刺激的過程中繼續追蹤：「請持續用你的特殊照相機只要注意著它就行了。」提出諸如以下的問題也是有用的：「這個感覺是重的還是輕的，是冷的還是熱的？只要繼續聆聽這個感覺在你的身體

270

75　原註：Ogden et al., 2006; Ogden & Minton, 2000; Ogden et al, in press.

中發出的聲音、音樂或聲響就行了。當你的身體在講述它自己的故事時，是否出現任何衝動？」如果出現衝動，便請兒童加以注意，並讓這些衝動繼續依序通過身體，不要試圖控制它們（Ogden et al., 2006）。安全感、好奇心以及自我控制感是很重要的：「這種微處理（microprocessing）的緩慢以及維持和治療師之間的社會參與，使得這個經驗依然是安全而且可以掌握，挑戰了習慣性再次經歷內隱的情緒、身體感覺和動作運行的狀況。」（Ogden et al., in press）。

深植階段

在 EMDR 治療的這個階段上，兒童的主觀困擾評量已經達到 0 的困擾程度，或者如果在生態學上合理的狀況下，困擾程度達到 1（Shapiro, 1995/2001）。在 EMDR 治療的深植階段，主要目標是增強正向的記憶網絡，因為認知、情感和身體的訊息不斷自發地受到同化（Shapiro, 2001）。例如，透過使用感官動能心理治療的介入，幫助兒童辨識和執行反映出正向認知的身體姿勢和動作，可以將深植的正向認知予以具體化（Ogden et al., 2006; Ogden & Goldstein, in press）。審視兒童在深植階段以及一般而言 EMDR 治療的所有八個階段中所提供的口頭和非言語線索，可以有助於 EMDR 治療師了解不同層次的訊息處理中是否都發生了變化和整合。一個正在處理「我是一個好兒童」這個正向認知的兒童，在報告說正向認知效度是 7 的時候，卻表現出塌縮的身體姿勢和呆板表情，可能無法顯示這個正向認知獲得了充分的整合。在 EMDR 治療中，這些程序性傾向的改變通常是自發地發生的。然而，如果沒有發生上述現象，那麼治療師可以要求兒童做出符合正向認知的身體姿勢，或者要求兒童是否能夠用動作和姿勢「說出」那個正向認知。例如，如果正向的信念是「我很強壯」，那麼可以請兒童注意腿部、手臂和姿勢如何表達這個正向的認知。提醒兒童身體所說的特殊語言，可能會有幫助：「身體可以說出大腦或心所說

的相同內容，但是使用不同的語言。」可以鼓勵兒童用所有三種「語　271
言」說出同樣的正向認知：「讓我們用你的身體、你的心和你的腦說
出『我很強壯』。」（Gomez, 2010a/2011）由於吉姆的正向認知是
「我很強壯」，他的治療師使用的交織便類似：「你的身體會怎麼說
出『我很強壯』？」體現出伴隨正向認知的新姿勢，會繼續刺激適應
性訊息的整合和同化。同樣的策略也可以用於 EMDR 治療的未來場景
中，這時兒童在辨識正向的認知、情感和身體狀態時，同時想像在未
來以適應性的反應面對先前的啟動刺激源。

摘要和結論

　　複雜創傷和廣泛情緒失調的兒童在 EMDR 治療中可能需要擴大且
更加複雜的準備以及資源開發。由於兒童可能迅速離開他們的情感耐
受度窗口而進入過高和過低的喚起狀態，因此重新處理階段可能同樣
變得更加錯綜複雜，而且可能需要 EMDR 治療師更加積極地參與和介
入。經歷早期和慢性創傷的兒童通常缺乏內在體感的察覺，並且可能
感覺與自己的身體失去聯繫。對複雜創傷兒童使用 EMDR 治療時，額
外納入感官動能心理治療的介入措施，可能可以增強治療工作和整體
治療結果。即使 EMDR 治療與感官動能心理治療之間存在重大差異，
但兩者有相同的重要治療目標和程序。兩者的終極目標都是觸及三個
層次的訊息處理過程——認知、情緒和感官動作——並且促進三個層
次之間的互相整合，儘管兩種治療取向是透過不同的方式實現這個目
標。本章旨在提供理論與實用的方法，將感官動能心理治療的技巧整
合進全面性的 EMDR 治療。本章提供的策略並不是要改變 EMDR 治療
和適應性訊息處理模式的核心和要點，而是要增強並豐富它面對難以
治療的兒童的工作，同時尊重感官動能心理治療的本質和精神。

【第十二章】使用 EMDR 治療與治療性遊戲

葛梅茲與潔恩伯格（Emily Jernberg）／合著

273　　本章主要在說明與複雜創傷兒童工作時，如何結合使用 EMDR 治療與治療性遊戲（Theraplay）。因此，本章將介紹治療性遊戲，以及它可以如何依創傷兒童的需要來調整應用，如何加入全面性 EMDR 治療來強化療癒過程。這兩種治療方式合作起來非常良好，因為它們各自鎖定的領域可以相輔相成。

● 治療性遊戲專注於以親子關係作為療癒的媒介，具有培植兒童成長和安全感的潛力。

● EMDR 的主要焦點是刺激大腦的適應性訊息處理系統，以促進創傷和逆境的記憶整合，那些記憶是兒童目前痛苦和困難的核心。

　　當親子關係正是傷害的主因時，這種依附記憶的整合以及親子互動的轉化，是促進真正療癒所必需的歷程。不安全依附和有解離情形的兒童通常缺乏適當的發展和依附經驗，結果使得他們不具備含有安全經驗以及一致且單一整體的自我與他人模型的神經網絡。這些兒童需要有健全的親子或成人─兒童互動的修復經驗，如此大腦才得以發展出新的神經連結。另一方面，即使親子互動修復和療癒了，但是在創傷和逆境發生期間所形成的記憶網絡可能還是沒有整合。結果，這些記憶有可能會被當前的刺激所啟動，使得兒童的行為方式與過去較為雷同（Shapiro, 2001）。兒童會持續使用創傷發生時所需的適應機制，面對安全環境的反應就彷彿他們仍然面臨危險那樣。因此，未能

整合和支離破碎的內隱記憶，讓兒童持續囚禁在過去的牢籠裡。此外，這些艱鉅的記憶就算已被 EMDR 治療整合和同化了，只要父母目前與兒童的互動依然持續造成傷害，治療師正在協助兒童處理及同化的那些記憶就會繼續受到父母強化。考慮到這點，很明顯地，當創傷和逆境發生在照顧系統中，這兩種方法一起工作會配搭得很好。然而，重要的是要強調，治療性遊戲不是直接透過創傷記憶來工作的治療方法。因此，對創傷兒童使用治療性遊戲時，需要結合其他治療方式，例如 EMDR 治療，來直接處理和同化創傷事件。為了統整兩者，接下來會詳細介紹治療性遊戲的原則和程序，然後說明治療性遊戲的活動可以納入哪些特定的 EMDR 治療階段。何時及如何在 EMDR 治療的八個階段中使用治療性遊戲，下面會予以詳細描述。

治療性遊戲是什麼？

　　治療性遊戲是心理學家安・潔恩伯格（Ann M. Jernberg）在 1967 年以依附理論為基礎，仿照早期親子關係發展而來的一種治療模式。潔恩伯格結合了專研兒童自閉症與思覺失調症的戴斯羅芮爾（Austin DesLaurier, 1962）堅持讓兒童處在此時此地的模式，以及開創發展性遊戲治療的前南佛羅里達大學兼任教授布蘿迪（Viola Brody）由治療師提供兒童滋養的想法（Brody, 1978, 1993）。此外，潔恩伯格確信健康的親子關係是成長和改變的關鍵。她引用鮑比當時剛出現的依附理論作為進一步的證明（Bowlby, 1969）。儘管治療性遊戲一開始便已經具有共同調節（coregulation）和同步的重要元素，但近年來治療性遊戲的焦點調整到更加關注這些重要面向。當前執行最良好的治療性遊戲，聚焦在安全感（Bowlby, 1973/1980）、互為主體性（Trevarthan, 1989）、社會參與系統（Porges, 2011）以及遊戲與喜悅（Panskepp, 1998/2009）。

　　治療性遊戲是一個積極、右腦取向、強調此時此地的遊戲治療模

式，重點放在健康而不是病理症狀。目標是增強依附關係、自尊、喜悅和調節。關係是改變的動力，而治療師以同理和同步的方式引領治療。治療師還要訓練父母（在本章，「父母」一詞等同「主要照顧者」或類似的人物）成為協同治療師；他們可以盡其所能在家中持續進行治療。治療性遊戲可以配合兒童的發展需求，所以如果兒童在早期發展階段遇到困難，治療性遊戲會提供切合他們發展程度的體驗。治療性遊戲可以用在個人生命的每一階段，但最常用於嬰幼兒到十二歲的個案。

治療性遊戲理論與基本原則

治療性遊戲是模擬常態下健康的親子互動，使發展中的兒童可以在受到滋養、激勵和關注的關係中，成長為一位有安全感、堅韌、滿足而快樂的成人；這樣的關係可以帶來安全依附。在健康的親子關係中，父母會有意識或無意識地採取各種方式幫助兒童發展。父母會在適當的時候幫助兒童建構他們的經驗。他們誘導兒童與他們建立關係，並傳達給兒童一個訊息：這世界是個令人興奮的地方。父母照料兒童，好讓兒童感到安全、自信和被愛。父母支持兒童應對適當的挑戰，好讓他的能力和信心得以增長。他們也可以幫助兒童忍耐無法克服挑戰時的挫折。健康的成人—兒童互動會有不同的變化，從嬉戲到嚴肅，從安靜平和到吵雜喧鬧，從高度投入互動到只是輕鬆的共處。在所有這樣的互動中，最理想的狀況是，父母對兒童的需求以及兒童的「位置」能夠高度關注及同步，並且可以根據自己對兒童需求的理解來調整活動。

如此一來，有助於安全依附型兒童成長和培養安全感的親子關係，其基本要素便構成了治療性遊戲的基礎。它們便是**結構**（STRUCTURE）、**共同參與**（ENGAGEMENT）、**滋養**（NURTURE）和**挑戰**（CHALLENGE）。不同的兒童會在不同時間並透過不同方式，從這些要素中得到符合需要的活動。一位可以跟又累

275

又餓卻在房間裡瘋狂到處亂跑的八歲女兒同步的媽媽，會慈愛但堅定地要求女兒坐下來吃飯，然後遵循睡前慣常例行的方式，協助女兒從疲憊轉換到睡眠狀態（**結構**）。嬰兒和爸爸互相深深凝視對方的眼睛並微笑著，然後彼此同時笑了開來（**共同參與**）。能夠同步的父母會直覺地在恰當的時間選擇所需要的是什麼。例如，四歲兒子在院子裡玩的時候擦傷了膝蓋，跑進屋裡，他的媽媽幫他清理傷口，貼上 OK繃，並在上面親吻一下（**滋養**）。父親為了誘導還在學步的兒童可以把球扔得更遠一點，當他看到女兒成功地努力把球拋到他目前的位置時，便小心地再走遠一步（**挑戰**）。

治療性遊戲的四個向度

結構

　　就像健康的親子關係一樣，活動是由治療師而不是由兒童主導。治療師的語氣要堅定而且帶著指導意味，但同時保持正向。藉由給予明確而有條理的指示，成人可以幫助兒童減少焦慮和不確定性。例如，治療師在等候室迎接兒童時可以說：「我看見你帶來你那雙有力氣的腳。我們現在要手牽著手，像兔子一樣跳到我的遊戲室去。」治療師在一次會談中計畫好一系列的活動，每個活動的結構都包含開始、中間和結束。活動的步調也可以在治療師帶領下有所改變。例如，在「搖小船」活動中，治療師坐著面對兒童，緊握住他的雙手。治療師帶頭唱出《搖你的小船》這首歌並且和兒童一起搖晃，這時治療師可以先用平靜的方式唱出這首歌一次，然後歌曲隨著「暴風雨來襲」而使小船較為快速地搖晃起來，接著在「平靜的海水」裡則讓小船速度慢下來。這種從安靜到活躍再到安靜的變化，提供兒童練習調節喚起的機會。

　　雖然會談在事先已經定好計畫，但治療師要隨時準備好根據兒童的需要予以修改。治療師可能已經計畫好一次強調結構的會談，而活

動是以調節過度活躍的兒童為目標。如果兒童當天前來時很疲倦，或因為某些事情而感到悲傷，那麼治療師就要改變會談目標，把焦點改放在滋養方面。如果兒童在進行活動時感到害怕，治療師就要調整活動好讓兒童安心。治療師要根據兒童的需要來調整會談內容。面對過度活躍的兒童，可能一開始配合他或她的快速步調，然後就要放慢速度。例如，和這樣的兒童玩「搖小船」活動時，治療師可以在開始時快速划船，然後假裝海水變得平靜，兒童和治療師便減慢速度，最後平靜下來。所以是由成人主導，但不是僵固地控制，而是與兒童的需要同步。不管兒童的反應是什麼，都由成人設定會談中接納兒童的氛圍。

就如上述活動所說明的，治療性遊戲中的結構讓兒童對照顧者感到安全和信任，並且體會受到良好調節的經驗。對創傷兒童來說，尤其重要的是讓他們可以經驗到不需要承擔責任，反而是受到照顧並獲得快樂。兒童有機會可以感覺到這世界是可預測的，讓兒童可以享受由成人負責而自己玩樂的經驗，這對他們來說可能是個嶄新的體驗。而這可以反過來協助兒童放下防衛。

共同參與

想像一下父母與小嬰兒玩躲貓貓遊戲的情景，你就可以了解治療性遊戲中的共同參與是建立在健康的親子互動中。父母會仔細察看小嬰兒發出的訊號，然後吸引並誘導他投入遊戲之中。他們刺激兒童，將兒童拉進一個相互凝視並共同感受到樂趣的時刻。在嬰幼兒甚至還不會說話以前，親子之間這樣的一來一往就創造出強而有力的溝通。結果，兒童會覺得自己有能力吸引別人，而且值得被了解。

同樣地，治療性遊戲中的共同參與將兒童拉進一個歷險遊戲中的人際世界。就像理想的親子交流那樣，兒童在治療性遊戲中能感到快樂和連結，並且覺得自己對治療師是有影響的。在探索與他人的關係時，兒童會開始認為自己是有趣、有吸引力、獨特，並且能「被感受

到」（felt）。同樣的道理，兒童學會感受到他人是安全、令人興奮而有趣的。這會轉化成將這個世界視為一個充滿令人興奮的機遇的地方。

表面上看來，躲貓貓這類遊戲似乎只對小嬰兒和學步兒有用，但在有創意的治療性遊戲治療師手中，這類遊戲用在年齡較大的兒童身上，也意外地可以成功。例如，一位悶悶不樂且退縮的十三歲少年，一半身體埋在自己的外套裡攤坐在等候室中，小心翼翼地不要跟治療師有眼神接觸，或避免任何互動，直到治療師把這樣的逃避轉變成遊戲。「我看到你在裡面，」這句話一開始引來了一個懷疑的皺眉，但是這少年把外套的邊緣往下拉，要看看這個奇怪的成年人想要幹嘛。治療師繼續玩下去，說：「你騙不了我的，你在那裡！」少年又把外套蓋住自己的臉，可是出現了不情願的微笑，最後少年無法抗拒再瞧一眼，就這樣又玩了幾個回合之後，沒多久他們就一起笑了開來。重要的是要記住，複雜創傷兒童的需求可能與更為年幼的情緒發展程度一致，因此通常適用於嬰幼兒或學步兒的遊戲，也可以調整成配合兒童的生理年齡，好讓療癒在那些還處於較早期的發展階段中可以發生。

治療師要注意察看自己跟兒童連結的強度，使兒童保持在最佳的喚起狀態。一個容易自我封閉的兒童，可能需要經過較多調整的共同參與，透過放慢節奏來進行，或容許連結有多一些的空檔。例如，一個強烈感到羞愧的兒童，也許無法忍受太多的眼神接觸，那麼治療師跟兒童可以玩眼神接觸較為短暫的吹棉球遊戲。共同參與對於社會參與系統發展不足和受損的兒童，以及退縮、避免接觸、解離、情感冷漠或有自閉症障礙的兒童，尤其有用。

滋養

父母用餵食、擦乳液、輕搖、唱搖籃曲來安撫兒童，一般而言可以幫助兒童放鬆。兒童坐在父母腿上，父母自然而然地安撫他、寵愛他，兒童無須「努力」就可獲得父母滋養。治療師與家長進行會談時，會示範一些相同的活動，然後訓練父母盡快接手直接滋養的角

277

色。他們安撫兒童，傳達訊息讓兒童知道他是獨特的、受到關懷的，而且他值得獲得美好的事物。治療師在每次會談都以「健康檢查」（check-up）開始，兒童的獨特之處都受到注意。「我看到你今天帶著你巧克力色的眼睛和大大的笑容過來，而且看起來你比上次我們見面時又多了一些雀斑。」

　　健康檢查的時候要處理兒童的傷口，治療師或父母可以用乳液在兒童的「哎喲喂」（傷口）周圍塗抹。在會談時間，大人可以用畫筆沾上想像的「顏料」，塗在兒童的臉上，並評論一番：「現在我在你柔軟的臉頰上塗上顏色。你有一個最大的酒渦在這裡。」通常，在會談結束時，治療師會讓兒童坐在父母的腿上或旁邊，父母便餵兒童吃東西。兒童會感到平靜，而且可以發展出更多的調節能力。當一個兒童感到有價值，並且經驗到自己的需求獲得了滿足，他或她便可以看見自己以外的人，並辨認出他人的需要及感受。所以，當兒童得到滋養，最終可以發展對他人的同理心。

　　許多有複雜創傷的兒童會裝出虛張聲勢的樣子，來掩蓋自己內心的脆弱和恐懼感。讓他們了解他們自己原本的樣子就是可愛的，包括他們的脆弱，這會成為兒童療癒過程中一股強大的力量。因為許多這樣的兒童都會抗拒滋養，所以治療師可能要調整滋養活動，以便使兒童更容易接受。在遊戲中讓兒童試著咬下套在成人手指上的扭結餅（pretzel），而且不能弄碎，是一種讓兒童接受滋養但不會覺得丟臉的方式。即使是青少年也會接受咬食扭結餅的挑戰，或猜一猜柔軟的羽毛碰觸到自己哪一隻手的哪裡。因此，對於複雜創傷兒童，也許要早一點把挑戰加入滋養當中，直到兒童對於接受滋養變得自在。滋養對於有依附傷害和早期被剝奪經驗的兒童特別有用。

挑戰

　　當父母幫助小嬰兒站起來時會帶著假裝驚訝的表情，並在孩子學會走路時歡欣鼓舞。小嬰兒或孩子這時會感覺到自己是強大而且有能

力的：「我只要嘗試就可以做得到。我對這世界是有影響的。」

在治療性遊戲中，治療師也在使兒童擴充到超越兒童自身認為可以做到的事情。可以鼓勵兒童去做一個活動：「我在想，你能夠跳過這兩個枕頭然後跳到媽媽的懷裡去嗎？哦，很好。現在，看你能不能挑戰三個枕頭。噢，我的天，看看你。」重要的是要調整活動的難度，好讓兒童必須經過一番努力但最終能夠達成。

如同上面在滋養例子中看到的，挑戰經常加入其中，好讓兒童在與成人互動中可以接受到其他元素。挑戰也可用來引導兒童的抗拒或高度活力。對一個打人的兒童，可以對他說：「如果我這樣拿著報紙，看你能不能在中間打出一個洞。」通常兒童會因此被誘引進活動中，從而接受大人的指導，而這若在沒有挑戰的情況下，兒童是不會去做的。失調和反抗的時刻變成了自我效能（self-efficacy）的經驗。

很多受創和不安全依附的兒童不得不快快長大，而且很多時候扮 278 演著大人的角色。治療師不用設計太多的挑戰，因為他們自己就會把大部分事情都轉為挑戰。然而，在他們虛張聲勢的底層，其實感到無助。對於那些受創兒童來說，挑戰是最不需要的，因此在會談中最少用到。然而，挑戰活動可以讓他們弄清楚在現實狀態中自己能做到什麼和不能做到什麼。例如，他們無法讓親生母親來照顧他們，但可以跳三十公分高。挑戰對被動、無助、退縮以及害怕自己的憤怒的兒童，特別有用。

所有兒童在每次會談中都需要全部這四個向度。至於每次會談中要突顯那些個向度，必須取決於兒童在整體上以及在那次會談中的需要。兒童是否需要建立自我安撫和調節策略？自我價值感？關係中的喜悅？通常除了正式評估（馬謝克互動法〔Marschak Interaction Method〕，稍後將會介紹）之外，治療師還要運用同步以及同理心，來決定可以達成這些目標的向度、活動、氛圍和互動。活動可以促成某些向度，就像搖小船活動對於結構向度的作用。一些活動可以利用多個所需的向度，像扭結餅活動便兼具了滋養和挑戰。

核心概念：治療性遊戲操作

治療性遊戲的基礎，除了原有的四個基本「向度」之外，還有七個「核心概念」，可以協助定義和說明治療性遊戲的應用。無論在任何時間使用哪一個向度，這些核心概念都會包含在內。

一、治療性遊戲是互動的，而且以關係為基礎。正如之前所強調的，治療性遊戲的治療重點在於關係。父母（或治療師）和兒童之間的連結，形成了治療性遊戲發揮治療作用的基礎。健康關係的構成模式，可以抵銷四個向度中既有的不足，是一種能讓修復和療癒發生的「魔法」。在一般的治療性遊戲會談中，當成人幫助兒童共同開創遊戲經驗時，會有一種積極的、並且經常是強烈的心連心感覺。

兒童對自己和他人的不恰當看法，會在關係裡的行為浮現出來。治療師以關係為焦點的反應，提供了修復這些看法和行為的機會。

二、治療性遊戲是一種直接的、「此時此地」的經驗。治療性遊戲不是在認知上探討過去或未來，而是把重點聚焦在此刻發生了什麼。在當下感受到直接的經驗時，改變就發生了。情緒的、身體的、動覺的（kinesthetic）和感官的經驗結合在一起，而兒童的大腦和身體吸收了正在發生而且對兒童來說非常重要的一切。當治療師從共同參與和挑戰的活動快速地、自信地和帶著關懷地轉換到滋養活動時，需要滋養經驗卻又對滋養感到緊張的兒童就比較沒辦法有效地擺出防衛姿態。忽略了這些防衛，兒童就可以自由地享受安撫、輕搖和餵食。這些節奏上的、具重複性的、關係上的以及修復性的嶄新經驗，可以在兒童的大腦裡創造新的神經通路。

279　　**三、治療性遊戲是由成人引導。**就如父母為兒童提供結構一樣，成人在治療性遊戲中引導治療會談，會讓兒童感到安全和放心。如果兒童變得有些對立，成人要持續設定，讓會談帶著接納的氛圍進行，如果覺得適當，也可以嬉鬧一下。

　　四、治療性遊戲是有所回應、同步、同理和反思的。依附關係研究證明有回應的教養是安全依附的決定因素。在治療性遊戲中成人帶領會談，同時與兒童同步，並隨時準備好改變互動來回應兒童的需要。就是這樣的回應讓兒童感覺被看見、被感覺到、被聽見，而且經驗到成人是值得信任和帶來關愛的。例如，治療師碰觸幼兒的鼻子時發出「嗶嗶」聲，幼兒把頭稍為轉開。這時治療師便要自我反思：「也許這樣做太過侵犯，因為就在他的臉上。」治療師可以「嗶嗶」在幼兒的膝蓋或腳上來驗證這個假設。如果兒童看來是不喜歡「嗶嗶」的聲音，治療師可以說：「那個嗶嗶聲太不像話了。我在這裡再試一下，看會不會好一點。」

　　五、治療性遊戲關乎語言前、社會性以及右腦。與右腦密切相關的邊緣系統負責管理情緒、對別人的情緒作出反應、讓一個人有同理心，並且調節自我與他人之間的互動和關係。這些情緒迴路的連接受到與照顧者的互動、帶著情緒的聲調、眼神接觸和身體姿勢所影響（Trevarthen, 1990）。這些兒童生命早期溝通經驗中的調節與否，決定了嬰兒如何依附照顧者，以及最終儲存於右腦邊緣系統中的內在運作模式。因此，很重要的是要回到烙印下這些扭曲經驗的更早期階段，以創造新的內在運作模式。我們應用治療性遊戲的目標，是要「說右腦的語言」。要做到這樣，我們得透過專注在語言發展之前的互動（如節奏、聲調、動作），而不是專注於認知過程。通常這表示會談中會頻繁地使用節奏，例如用一首歌或拍手遊戲。如果兒童失調了，而且比如說把目光移開，我們可以把節奏遊戲轉換成「躲貓貓」。我們等待那一絲興趣的出現，然後重複，直到有一定的節奏出現，這樣兒童就可以再次得到調節。

　　六、治療性遊戲是多重感官的。就像父母與嬰兒在一起時使用碰觸、眼神接觸和聲音與自己的小寶寶連結，治療性遊戲的治療師也要使用這些調節方式與兒童進行治療。這樣做的時候，我們是在跟右腦對話。在現今這個年代，有時候關於與兒童的接觸恰當與否，會有所

焦慮。在意識到這些顧慮並知曉兒童的創傷歷史後，治療師力圖以兒童可以接受和獲益的步調提供適當、尊重、修復的經驗。在治療性遊戲中，我們認為兒童應該獲得良好、健康的碰觸經驗，而我們找到獲得這些經驗的方法，主要是來自照顧者和兒童之間。我們可以使用嗅覺和味覺。我們經常在會談中提供食物，也會使用舒緩的氣味，如薰衣草乳液，來幫助兒童紓緩情緒。

　　七、治療性遊戲是好玩有趣的。改變的基礎是透過讓兒童遊玩而打造出來的。我們的遊玩具備積極及樂觀的品質。我們透過遊戲傳達，讓兒童知道，他是有趣的、有吸引力的，跟他在一起是快樂的，而且他的行為是恰當的。心中有了這些訊息，兒童便會將這個世界感受成一個快樂、誘人和令人興奮的地方。

280　應用於複雜創傷

　　治療性遊戲通常用於治療受苦於關係創傷的兒童。它所提供的正是這些兒童所缺乏的：

● 重點放在關係的修復（跟兒童之前的關係經驗剛好相反）。
● 強調對容易情感失調的兒童給予調節。
● 強調對於幾乎不曾經驗到被照顧者真正看見和感覺到的兒童，給予同步和同理。
● 與置身於不一致且多重的自我及他人模型的兒童，以右腦的「語言」進行溝通。

　　但是，雖然治療性遊戲對這些兒童通常非常適切，他們卻仍是最難治療的對象之一。這是因為他們的創傷史往往嚴重損害了他們信任整個世界的能力，特別是對成人照顧者的信任。這些兒童一想到由大人主導，就很容易感到害怕。許多創傷兒童和紊亂型不安全依附兒

童，具有需要由自己控制的特質，而這個特質妨礙了他們對父母的信任。

治療師面臨的挑戰，是引導經常處於「一觸即發」狀態並隨時可能陷入失調的兒童，轉移到既能擴展耐受度又能感到安心的遊戲活動中。我們會尊重兒童的恐懼，但也要誘導他們盡可能在他們的容忍範圍內投入有趣、共同參與和滋養的活動中。要達到剛好的平衡，是一件巧妙的事情。太謹慎或太掉以輕心都可能會危及這過程。治療師必須謹慎地保持同步，以免在兒童的調節能力負荷過重時，太快太早使兒童既有的創傷惡化。

雖然面對了這些困難，但治療性遊戲已經找到調整的方式來解決。首要原則是兒童必須感到安全。朝這方向的第一步是可預見性。如果兒童能預見未來是如何，他會感到更安全。例如，治療師可以讓兒童看看已安排好先後順序的時刻表，並且讓兒童看得見那些遊戲器材，而不是把用品放在袋子裡變成一場驚喜活動。治療師可以先跟父母進行活動，或讓兒童跟父母進行活動（Booth & Jernberg, 2010）。

共同參與的活動可加以修改，好讓兒童不會受到過度刺激。通常要直接眼神接觸的遊戲，可以讓兒童把臉藏在薄紗圍巾下，而且治療師的語調要平靜，比較緩慢而柔和。當兒童覺得更加舒適，彼此就能更加靠近了。

此外，治療師對於兒童何時感到恐懼需要高度敏感，這時兒童可能有時候會出現細微的身體跡象，例如眼睛睜大。治療師可以提供更多的說明和反映，使活動對兒童具有意義，也要說明兒童的反應代表什麼。例如，兒童也許不知道自己感受到的是什麼，可能需要治療師把它清楚表達出來。

由於這些兒童已經在努力照顧自己，而且挑戰會促進自主權，但我們希望這些兒童感受到放鬆和受到照顧，而不是激勵他們努力苦幹。運用挑戰時，因為過去的創傷經驗受到啟動，兒童可能會被牽引而接受那些他們難以從中獲得樂趣的活動。

281 　　由於這些兒童經常拒絕自己的父母，並且有可能轉而把治療師看待成父母角色，因此，修復親子關係並賦予父母能力是特別重要的工作。與複雜創傷兒童工作時，一開始就要讓父母共同參與會談。不用說，治療師要在治療早期便獲得家長的同意。

　　賦予父母能力的一個例子，是透過安排讓兒童體驗到父母對兒童的了解。治療師可以問：「媽媽，蘇西比較喜歡柳丁汁還是蘋果汁？」如果媽媽說孩子喜歡蘋果汁，然後孩子很開心地喝著蘋果汁，治療師就可以說：「你媽媽真的好了解你喜歡什麼。你媽媽真的知道很多你的事情呢。」

　　總之，儘管治療性遊戲最初並不是為了創傷兒童而設，目前的調整已把它變成可以協助創傷兒童療癒的一種重要方式。然而很重要而必須強調的是，治療性遊戲的設計並不是直接處理創傷。因此，兒童一旦發展出適當的調節能力，並準備好解決創傷和逆境事件的記憶時，就必須使用其他處理創傷的治療模式，例如 EMDR 治療。

適應性訊息處理模式和治療性遊戲的原則

　　既然已經清楚檢視過治療性遊戲的基本原則，再來我們需要研究 EMDR 治療和適應性訊息處理模式如何結合治療性遊戲及其核心價值。適應性訊息處理模式建立在大腦和人類的構造是朝向健康、整合和完整性的前提下。當逆境或創傷發生時，大腦處理和整合訊息的能力受到阻礙，導致這些記憶依然未經處理且未受整合（Shapiro, 2001）。在依附關係上經歷創傷和傷害的兒童沒有適當的親子互動，因此這些經驗並未整合到健康的自我感裡面去。適應性訊息處理模式著眼於這些早期經驗的影響，而這些早期經驗以特定狀態的形式保存在神經系統裡，成為目前失功能特徵和症狀的核心（Shapiro, 2001）。在混亂、創傷、情感匱乏的環境中成長的兒童，含有適應性和正向訊息的記憶網絡通常很稀少。由於這些兒童的內在和外在資源都很有

限，促進親子關係修復應該成為 EMDR 治療初始階段的重要部分。

　　EMDR 準備階段與兒童工作的重點旨在促進穩定；即自我平衡狀態和情感耐受度窗口擴展。這有一部分要透過協助照顧者增加與兒童大腦和神經系統同步、同調以及共鳴的能力來達成，而且這部分是根基。在處理令人不安的生活事件記憶以前，腦中存有適應性記憶系統，是至關重要的。在重新處理逆境事件記憶的過程中，大腦似乎發生了合成作用（Shapiro, 2001）。記憶系統的串連、連結、訊息的融合，以及最終困擾記憶的整合，都是 EMDR 治療的核心。為了融合和蛻變經驗，正向的記憶網絡必須存在於兒童的系統中。一些複雜創傷的兒童，最初可能對標準程序，像是安全處所，不會有反應，因為缺乏培養安全感和受到保護的經驗。治療性遊戲中四個不同向度 282 的活動，為兒童提供適當的碰觸、連結、玩樂、結構、界限和滋養的經驗。治療性遊戲挑戰以神經網絡形式烙印在大腦中的自我和他人的表徵。這些治療性遊戲會談中所提供的新的修復經驗，會進而在兒童大腦中創造新的神經放電模式。這些修復經驗挑戰大腦，使大腦發展出新的正向和適應性記憶系統，而這與兒童在關係中的預期並不一致（Booth & Jernberg, 2010）。治療性遊戲可以協助照顧者提供兒童信任的經驗，以幫助兒童修復和重建對他人，特別是成人的信任。由於對他人，包括對治療師的信任不足，兒童經常可能不願意處理逆境的記憶。逆境和創傷經驗也可能阻礙兒童懷抱希望的能力。因此，兒童在 EMDR 中，可能會帶著無力和無望的感覺處理創傷素材。在照顧系統中一再不能滿足需求的兒童，對新的經驗會感到懷疑和不信任。治療性遊戲便致力於協助兒童體驗到以安全和信任為核心的關係。

　　治療性遊戲的目的也在於促進同步，並協助父母有能力滿足兒童對於連結、界限、滋養、信任和調節等最深切的需求。另一方面，EMDR 治療的目的是要去觸及、重新處理、整合和融合當前令人困擾的問題和症狀核心所在的記憶。然而，這些記憶的重新處理和整合需要在安全和涵容的治療環境中進行。兒童可以從與治療師和照顧者的

關係中，體驗到一個提供涵容感和安全感的強大安全網絡。在這網絡內，兒童可以安全地觸及、處理和融合那些持續塑造他現在生活的逆境記憶。EMDR 也聚焦在促進和增強對自我和他人帶有正向和適應性訊息的神經網絡。

　　EMDR 治療八個階段中的每一階段，都以特定的方式為最後的治療結果作出貢獻。然而，最終目標是融合、整合和適應性解決逆境和苦難的記憶。無論如何，EMDR 治療都要在促進生理系統穩定和調節的情況下完成這一目標。準備階段的目的是專門為了支撐情感耐受度和調節的擴展。在 EMDR 治療的這個階段，一個關鍵的目標是促進正向情感的增強，以及創建含有正向及適應性訊息的新神經通路。然而，在所有八個階段的治療中，最為首要的是促進穩定、調節，以及發展並增強正向的記憶網絡。由於治療性遊戲是以依附關係為基礎，刺激連結、調節和正向情感狀態的心理治療，所以將它加入全面性的 EMDR 治療，可以大大促進和增強複雜創傷個案的治療效果。

EMDR 治療和治療性遊戲：時機及做法

　　了解何時及如何整合治療性遊戲與 EMDR 治療，將有助於治療師283 既能固守 EMDR 治療和適應性訊息處理模式，還可保留治療性遊戲的本質和核心。為了更佳地整合 EMDR 治療和治療性遊戲，EMDR 治療師應該接受治療性遊戲的正規培訓（www.Theraplay.org）。為了幫助治療師更加了解 EMDR 和治療性遊戲的適當用法，將針對每個可以納入治療性遊戲活動的 EMDR 階段，加以說明。以下可作為納入治療性遊戲的通用標準：

● 經歷早期創傷並在關係匱乏中長大的兒童。
● 目前的父母或照顧者持續進行適應不良的親子互動，缺乏同步能力。結果，目前的依附需求沒有得到滿足。

● 兒童呈現出依附傷害和創傷，無法找到安全處所，並且關係上的資源有限。在使用安全處所和資源發展和深植程序時，一旦進行雙側刺激，就會遭到負面情緒所污染。這是由於兒童在生活中缺乏正向的依附經驗和安全經驗。

● 兒童與過去或目前的照顧者已經發展出一種不安全的依附模式，因此有必要修復親子互動。

● 目前的父母自身依附經驗顯露出忽視、糾結或懸而未決等特性的心智狀態，從而使他或她的心智化能力和反思功能受到損害。

● 父母明顯與兒童缺乏同步、同調和共鳴。因此，在親子溝通中沒有連結、滋養和界限等需求。

● 兒童無法探索逆境的記憶，並且關閉起來或變得高度喚起。治療師發現目前或過去出現了混亂的家庭環境及親子互動失調。

● 兒童呈現伴隨創傷的共病疾患，例如自閉症類疾患。此外，這些兒童顯示社會參與系統嚴重損害，如同在反應性依附障礙症中所見的。

第一階段：個案歷史及治療計畫

　　在徹底的評估和搜集資料之後，EMDR 治療師就可以規劃需要介入的地方。在初次會談時，對於依附歷史和當前親子動力所搜集到的相關訊息，將決定對治療性遊戲有何需求。經確認在依附經驗方面具有忽視、糾結或是懸而未決心態的父母，以治療性遊戲輔助 EMDR 治療將能使他們的兒童受益。與目前的父母或之前的照顧者形成逃避型、焦慮—矛盾型和紊亂型依附模式的兒童，也會因治療性遊戲而獲益。治療性遊戲的主要焦點在於同步、調節親子互動和依附系統，記住這一點將有助於 EMDR 治療師了解兒童可因治療性遊戲作為輔助而受益。此外，在 EMDR 初始階段進行治療性遊戲，對高度失調並且難以探索逆境經驗的兒童，會有很大的幫助。重要的是要強調，除了需要同步之外，還需要具備能夠與兒童的系統共鳴的能力。完整了解兒

童用來適應依附需求無法獲得滿足的策略，對 EMDR 治療師和治療性遊戲治療師會很有幫助。對於使用逃避作為策略的兒童，需要讓他們逐步接收和領受滋養，因為他們的適應機制實際上已經使自己脫離了對滋養和連結的需求。採取紊亂策略的兒童與照顧者或父母的互動經驗很可能是擔驚受怕或令人恐懼的。因此，治療師在沒有適當的同步情況下使用治療性遊戲，可能會啟動與他人之間令人害怕或失調的連結有關的記憶網絡。

　　EMDR 治療的初期階段，對於早期歷史資料的搜集，要追溯到與症狀相關的父母關係和歷史。在進行互動評估時，治療性遊戲治療師所運用的工具，對 EMDR 治療師可能也有所幫助。在治療性遊戲中，治療師運用馬謝克互動法，仔細評估兒童以及兒童與父母或主要照顧者的關係。馬謝克互動法可以讓治療師在受到控制的環境中觀察父母或照顧者與兒童的互動。父母和兒童獨自坐在房間裡，提供父母指示卡和特定材料（例如，玩具動物、用來打扮的帽子、積木）。對於書面任務的解讀和執行，有助於揭露個別成人和兒童的優勢及挑戰，以及親子關係中的優勢及挑戰。一個馬謝克互動法任務的典型例子，是「父母與兒童互餵對方吃東西」，附隨的信封內備有已經獲得家長同意的零食。有時候父母是請兒童坐在自己旁邊，溫和地把餅乾放進兒童嘴巴。如果兒童對於接受餅乾有困難，因此拒絕食物或反而試圖去餵食大人（這在有依附問題或創傷的兒童身上常會見到），治療師就要注意到，讓兒童可以自在地接受善意照顧者所給予的滋養，便要納為治療目標之一。根據初次會談和馬謝克互動法的結果（如果有進行），治療師就可以計畫一系列的治療性遊戲會談。

　　使用馬謝克互動法，可以提供一個評估父母能力的基準線，諸如：展現趣味並能帶著樂趣進行交流；建立適當的界限；調節、關注和安撫兒童；以及激勵兒童達到發展的里程碑（Booth & Jernberg, 2010）。

　　治療性遊戲的實際應用包括仔細評估兒童的特殊需求。特別要注

意兒童欠缺了健康關係中的哪些要素。治療性遊戲的會談是針對兒童所欠缺的特定向度來加以修復，而兒童所缺乏的那些向度通常會存在於健康的兒童以及兒童與主要照顧者的關係中。由於治療性遊戲是關係取向，對父母的評估是這過程的一部分。一旦基準線建立起來，治療師就可以辨認出親子關係中的資源和缺陷：關係中有哪些發揮作用的部分可以予以增強和促進？有哪些沒有發揮效用的部分需要予以修復？

　　考慮到這一點，EMDR 治療師可以將兒童轉介去接受治療性遊戲作為輔助，或如果治療師自己已經接受過治療性遊戲的正式訓練，就可在一個更全面的 EMDR 治療中提供治療性遊戲會談。一旦發展出臨床全景，並製作出優勢和缺陷的圖譜，就可以創造並設計一個滿足兒童需求的治療計畫。如果要轉介到治療性遊戲，本章可以幫助 EMDR 治療師更了解治療性遊戲的目標和所採用的活動，以便能與治療性遊 285 戲的治療師更有效地溝通。必須根據 EMDR 治療師發展出來的初步臨床全景，來制定清楚的目標。兩者的治療師之間應該要有密切而頻繁的溝通。以下用在 EMDR 治療中的治療性遊戲策略及具體使用方式，是針對已經接受治療性遊戲訓練的 EMDR 治療師。

第二階段：準備階段

　　具有早期和複雜創傷的兒童，通常需要多方面和長時間的準備。當治療性遊戲確定成為 EMDR 治療的輔助模式時，治療性遊戲將在準備階段啟動。父母和兒童會獲得有關 EMDR 以及使用治療性遊戲的訊息。父母應該獲得充分的說明，以便作出知情的決定，並給予治療師適當的授權。

EMDR 準備階段：治療性遊戲會談

　　在治療性遊戲會談期間，兒童參與一系列由治療師所決定的互動

遊戲。治療師以安全且令人安心、但並不僵化的方式在會談中主導每一項活動。每次會談帶有目標的安排都事先經過仔細計畫，但是，兒童在某個會談中的心情或能量狀態可能會影響預定計畫，使計畫可以更切合當時兒童的需要。

對於經歷了重大創傷的兒童，可能要做一些適應性的調整。雖然身體接觸是標準的治療性遊戲會談重要的組成部分，但對於經歷過創傷的兒童，使用碰觸就要謹慎及抱持尊重。在每一次會談期間，運用碰觸時都應該深思熟慮，以免啟動兒童含有創傷性素材的記憶網絡。碰觸應該明智地使用，以便有助於為兒童建立安全感並予以滋養。我們不想讓受創兒童被剝奪健康的碰觸。然而，具有創傷史的兒童也許會因為身體接觸或強烈的經驗而再度受到創傷，所以治療師經常要跟兒童「核對」，以確保兒童對活動感到「安全」，並且兒童的空間及隱私要受到尊重。治療師不要求兒童許可，因為這會加重兒童的負擔，而是反映治療師所看到的，給兒童一個反映式的簡短評論，並確保兒童對治療師的碰觸感到自在。例如，一個兒童在治療師用滋養或遊戲的方式碰觸他時「靜止不動」，那麼治療師會反映：「當我把手放在你的肩膀上時，你好像很害怕，我想這可能讓你想起爺爺有時候碰你的方式。」如果兒童與治療師的說法產生共鳴，那麼治療師就可以說：「這對你來說一定很困難和可怕。我會努力找到讓你感覺更好、更安全的碰觸。」就像這樣，逐步地、仔細地注意兒童的自在程度，運用安全而溫柔的碰觸來傳達治療師（隨後則是父母親）意識到兒童的需要，並且可以提供健康、增強關係和滋養的碰觸。當有關創傷或逆境事件的訊息在治療性遊戲會談裡披露或探觸到時，治療師要把它記錄下來，可以將其列入標的序列以及全面性的臨床全景。

286 EMDR 準備階段：與父母親工作的治療性遊戲策略

治療性遊戲在早期發展時，就把家長納入治療模式。雖然在父母不能或無法參與治療性遊戲的狀況下仍然有效，但我們發現，父母參

與治療性遊戲會談可以使治療過程顯著加速和獲得鞏固。讓父母在治療師密切的指導和鼓勵下緊密地參與，是非常重要的基礎。此外，幫助父母學習如何滿足兒童的需要，並協助兒童學習把對治療師的信任和連結轉移到父母身上，在治療性遊戲中至關重要。家長透過在會談中謹慎協調一致的參與，可以了解治療師如何根據兒童在不同情況下的需求來指導活動的進行。

對於未受創傷的兒童，或可能因為自身失調而尚未準備好參加會談的父母，在剛開始時，可以讓父母從單面鏡或透過會談錄影帶，觀察兒童與治療性遊戲治療師的互動。這時通常是父母自己的治療師在協助他門反思治療性遊戲會談中正在發生的事情。他們會討論隔壁的治療性遊戲治療師為何要安排這些活動，或為何治療性遊戲治療師對兒童某些行為會做出如此的反應。也很重要的是，在觀察室裡，治療師對兒童的想法和感覺提出見解，並引發父母對於特定行為或活動的不同情感及洞見。

對某些個案，父母很快就加進會談。對於被收養、寄養的兒童，以及其他受創的兒童，父母從第一次就加入。如果父母一開始沒有參與，當他們準備好時，治療師要在前幾次治療的最後邀請父母到治療室參與部分或全部會談。在單獨跟兒童見面之前，治療師要幫父母先準備好對於加入兒童治療過程時該做些什麼。治療師與父母和兒童同時共同參與特定的治療性遊戲活動，目的是教導父母如何提供發展親子健康關係以及兒童健康成長所必需的向度。通常我們會發現父母可以提供一些情感支持，在這種情況下，當媽媽和兒童面對面或彼此挨靠著時，經常會有一位治療師坐在媽媽身後，另一位在兒童身後。在沒有另一位治療師可以跟父母工作的情況下，可以錄下會談進行狀況，之後再跟父母或照顧者一起觀看討論。父母可以學到什麼是健康的和不怎麼健康的動力，並學會用有利於兒童並增強健康教養的方式來理解。透過參與治療性遊戲會談時所接受的指引和訓練，父母可以獲得必備的技巧和情感的各個面向，有助於他們成為更有效的照顧

者，並且在教養路上增強個人的成就感。

透過積極參與治療性遊戲，父母更能了解兒童。例如，想像一個聽覺高度靈敏的兒童，在父母唱了首歌之後用手搗住耳朵或生氣起來。治療師無論是直接向家長提供建議，或親身示範，都可以鼓勵父母這樣回應：「巴比想要我們知道那歌聲對他來說太大聲了。媽媽，再唱一次，這次小聲一點。」或「巴比，我想對你來說我唱得太大聲了。我現在唱小聲一點，這樣你的耳朵就不會覺得不舒服。」這樣的互動讓父母有機會變得更能與兒童同步，並發展出更加同理的回應方式。

287　　父母參與會談的一個重要成分，是幫助父母了解兒童「不好行為」的原因。進行觀察的時候，治療師要激發父母在觀看兒童行為時的反思能力，並討論父母對兒童行為的反應。例如，一位因為攻擊性和創傷史而轉介過來的女孩，治療師在一旁向父母說出經過反思的評論：「看，她在動手去打之前，顯得多麼的害怕？在這情況下，她可能會變得有攻擊性，因為她很害怕。她也許需要我們動作更緩慢些，並且讓她可以預料到，而且更清楚地告訴她我們將要做什麼。」如此一來，不當行為就變成了一個機會。就像治療性遊戲協會臨床指導布斯（Phyllis Booth, 2010）所說的：

「我們創造出興奮的時刻，讓兒童突然轉換到快樂的連結。我們回應兒童行為的方式與兒童原本預期的不一致，藉由這樣的方式來挑戰兒童負向的內在運作模式，例如，我們用正向的眼光去看待兒童負向的行為，藉此便將一個通常可能會引來負向回應的行為組構成正向的行為，並創造出一個共享的、好玩的活動時刻。我們不是談論新的意義，而是在互動中創造出新的意義。」[76]

76　　原註：http://theraplay.org/downloads/core_concepts.pdf, p.2，原刊載於 The Theraplay Newsletter, p. 7, 2010。
　　　譯註：現今的網址為：https://www.theraplay.org/index.php/component/content/article/10-menu-sublevel-landing-pages/165-core-concepts-of-theraplay。

　　幫助父母有能力了解兒童的言行「打哪裡來」，也讓父母得以成為自己孩子的專家。藉由與治療師的合作，家長會開始用不同的方式看待孩子，並對於自己身為負責協助孩子的保護者和成人照顧者這一重要角色，也能了解並變得勝任而自在。

　　此外，如果父母自身的心理脆弱狀況在這種強烈且往往很親密的過程中浮現出來，治療師可以跟父母一起探索這些狀況。父母可以接受 EMDR 治療（參閱第五章與家長工作的策略），處理受到兒童啟動的記憶網絡。例如，一位爸爸的情緒在會談當中被孩子的某些退化行為所觸發（他會對孩子說：「不要像小嬰兒那樣說話，你已經長大了。」），治療師要能夠察覺到，並在稍後的時間（不在孩子面前）與爸爸一起探索引發他這些情感的童年經驗。原來，父親覺得自己是被迫「太快長大」的孩子，而過去的怨恨及挫折感的記憶在獲得處理和整合之後，他對孩子偶爾出現的幼兒行為變得更能保持耐性。倘若沒有這個層次的工作，爸爸對自己過去的歉疚和羞愧可能會破壞他和孩子之間的連結。

　　治療性遊戲治療師除了與兒童同步，也必須與父母出現的狀況同步，這在面對受創兒童時甚至更加重要。創傷兒童的父母在會談中除了或多或少會受到觸發的典型狀況之外，也很難承受得住更重大的情緒揭露。因為創傷經驗教導兒童認為自己的世界是不安全的，必須隨時注意真實或想像的危險來源。因此，這些兒童很擅長掌握父母的「弱點」。他們往往會警覺地偵測父母的情緒狀態，所以知道如何把父母惹毛。結果，父母發現自己陷入權力鬥爭；他們甚至覺得無法喜歡自己的孩子，然後又為此感到內疚和羞愧。父母也會對於自己無法在孩子遭受創傷時做些什麼而感到悲傷，而且對自己無法阻止創傷發生而感到無助。

　　因此，EMDR 和治療性遊戲治療師必須支持父母，探索他們的　288
依附和創傷歷史，以辨認出跟孩子互動時持續受到啟動的記憶網絡。治療師也要教導父母有關兒童的經歷所帶來的影響，「當他在孤兒院

時，他必須保持警覺，而他還沒有學會解除防衛是安全的……」這樣父母可以同理孩子的行為，而不會認為那是針對個人的挑釁，甚至可以讓父母為孩子感到慶幸，因為孩子的行為固然讓人生氣，但那是幫助孩子生存下來的策略。父母從治療師身上所接收到的同理及安全感，以及在心理上獲得支撐的體驗，讓父母得以提供同樣的經驗給孩子。在這種狀況下，創傷是如此地根深柢固，有時候需要父母付出無畏的耐性和同理心，直到創傷記憶可以觸及並獲得整合。

因為兒童最終需要與父母安全地建立依附關係，所以治療性遊戲主要目標是將家庭系統的結構恢復到正向的立足點，兒童可以信任父母，反過來父母也感到有自信、有能力維持這份信任。從恐懼和挫折的關係轉換到「同步」和茁壯發展的關係，可以使父母和兒童在彼此陪伴中產生無須外求的愉悅。目標是讓父母有機會透過直接互動改變與兒童的關係，首先是在治療師的指導和支持下互動，然後透過在家中實行來達成。這些在 EMDR 治療適應性訊息處理模式下的新的互動，具有促進兒童和父母發展新的神經通路的潛力。

使用治療性遊戲活動作為狀態改變策略

治療性遊戲中有著各式各樣的活動，透過碰觸、笑聲、連結和遊玩，促進兒童系統內的平衡。如果兒童無法找到一個安全處所，或者是在雙側刺激一旦開始，安全處所或其他資源便受到污染，此時治療性遊戲活動就可以作為狀態改變的策略。EMDR 治療師可以增強治療性遊戲活動過程中所經驗到的正向情感狀態。治療師可以辨認出兒童在進行治療性遊戲活動時所經驗到的正向情感、調節和連結，然後給予慢速度、短回合的雙側刺激。治療師可以問兒童，心和身體對於此刻正在說些什麼，然後將它植入作為資源。即使治療性遊戲的主要目標是要聯繫右腦，但透過將情感狀態予以標記，左腦也共同參與其中。這些活動成為狀態改變的策略，父母可以在家裡運用，而治療師可以在會談中觸及困擾素材後，兒童需要恢復平衡和平靜時使用。

　　如果 EMDR 治療師不直接提供治療性遊戲，可以問兒童最喜歡的治療性遊戲活動是什麼，然後邀請兒童想著那些活動或把它畫出來。接著治療師可以幫助兒童辨識身體的感覺以及那些感覺所在的身體位置，並進行慢速度、短回合的雙側刺激，將它們植入成為資源。這些治療性遊戲時刻的正向情感，可以儲存在「好心情寶盒」（heart-helping box）內，這樣兒童便可以經常在身體裡面帶著它，在需要時就可以使用。每當事情不順利，需要取得儲存在「好心情寶盒」內的良好感覺時，就可以邀請兒童運用自己的寶盒。

　　促進大腦的水平和垂直整合是 EMDR 療法不可或缺的固有組成 289 部分。許多下層腦和右腦高度活躍的兒童，可以從標記情感所帶來的安撫效果中獲益。克瑞斯威爾等人（Cresswell et al., 2007）進行的一項研究中發現，將負向情感予以標記，可以增強前額葉皮質對情感的調節。儘管治療性遊戲有技巧地在適當的時機提供進入右腦的大門及鑰匙，但 EMDR 治療師可以致力於邀請左腦共同參與。這種「治療藝術」可能便是促進水平整合與平衡的關鍵。

第四階段：減敏

　　在 EMDR 治療的重新處理階段，針對調節情緒和修復依附系統提供不同途徑這方面，治療性遊戲可以非常有幫助。

治療性遊戲活動作為療癒依附關係的交織

　　與不安全依附的兒童工作時，為了充分融合並統整逆境和創傷性依附經驗，修復是不可或缺的。葛梅茲發展出結合了治療性遊戲活動、自我狀態治療與 EMDR 的創新方式（Gomez, 2009b, 2011）。目前的親子互動一旦得到正向的影響和改變，過去依附經驗的修復就可向前邁進。然而儘管目前已經感受到正向的環境變化，但創傷或逆境的重複經驗可能仍然以一種取決於狀態而定的形式（state-dependent form）凍結在神經系統中。這些記憶在儲存功能上出現的失常狀況有一個要素，就是它們被隔離儲存，以致不能與適應性的訊息連接。因此，儘管目前的父母或照顧者成功地達成正向的改變，這些取決於狀態而定的記憶仍然會被現在的刺激所啟動。例如，養父母一直提供著正向依附經驗的連結和安全感，但被收養的兒童還是會持續感覺父母不愛他。雖然父母不斷表達愛和關心，這些兒童仍然感到被遺棄和拒絕。在這種情況下，這些記憶依然未獲處理和整合的時候，運用修復性交織（Gomez, 2009b, 2011）幫助兒童達到應有的發展和未獲滿足的依附需求，是非常有效的。請記住，這種策略是用於發生在照顧系統內的創傷或逆境事件。

　　從適應性訊息處理的角度來看，一個「部分」（part）或「自我狀態」（ego state）顯現的是未經處理、孤立、未經整合的記憶網絡，其中包含著來自過去逆境生命經驗的訊息。因此，在 EMDR 重新處理會談時，會邀請兒童和父母與「內在小孩」、「小小的我」或「嬰兒部分的我或小小部分的我」會面，提供滋養和聯繫。所有這些都代表著包含了早期生活記憶相關訊息的部分或自我狀態，而那些記憶盡是遭到遺棄、拒絕、忽略或虐待。在探索這些早期的逆境記憶時，一個觸及這些記憶系統的好方式就是拜訪過去，或是把年幼的自己帶到現在來。可以鼓勵進行治療性遊戲活動，但這次不是直接針對兒童，而是針對更年幼的自己。可以用一個嬰兒洋娃娃代表年幼的自己，或請兒童在心中想像「小小的我」。在治療性遊戲會談中，治療師邀請父母和兒童給予年幼的自己滋養並互相連結。兒童可以在父母進行滋養和共同參與的活動時邀請「小小的我」在場。考量到重新處理過程需要大量的規劃和安排，EMDR 治療師必須找出過去未獲滿足的潛在依附需求。如果的確有未獲滿足的潛在需求，在準備階段就應該要辨識出年幼的自己，並邀請它參與治療性遊戲會談。例如，對兒童唱完一首歌之後，治療師自己或者請照顧者也對年幼的自己唱歌。如果父母替兒童的傷疤、傷口和特殊的雀斑塗上乳液，要邀請父母也將乳液塗

290

在代表「小小的我」的洋娃娃上。到了要觸及含有早期創傷訊息的記憶時，兒童已經熟悉「小小的我」這個概念，也熟悉自己這個需要療癒的部分應該獲得滋養的概念。起初，兒童可能與年幼的自己沒有太多的情感連結，但隨著時間過去，兒童對自己經歷到痛苦和傷害的那個部分，會產生憐憫和關懷。很重要而必須強調的是，在兒童對治療師和治療性遊戲的過程本身感到一定程度的自在之後，就應該要引進「小小的我」。如果兒童出現高度的失調、對立行為和抗拒放棄某種程度的掌控，那麼就不應該引進年幼的自己這個概念。另外，每一個兒童如何回應年幼的自己這個概念，往往與兒童用來應對深度依附需求未獲滿足的策略極為相關。許多逃避型依附的兒童往往會拒絕而且不喜歡更靠近「小小的我」。對這些兒童來說，微小、年幼與羞恥是有連帶關係的；結果便是他們想要快快長大，可以像大人或大孩子一樣被對待。有時候，採取紊亂策略的兒童會想要打或傷害那個年幼的自己，或者會說他們討厭那個「小小的我」。但是，一旦他們開始接納自己，並且與治療師和父母的連結程度較高時，年幼的自己就可以引進，而且能受到兒童接納。本書在前面章節提出了解釋多重自我的譬喻，這些譬喻可以用來介紹自我擁有不同色彩的概念。

一旦治療師選擇了早期遭受遺棄、虐待或疏忽作為標的之一，就要針對讓年幼的自己在場的會談進行規劃。要對年幼的自己提出邀請，這樣兒童便可以讓那個代表年幼自己的洋娃娃來到現場。首先，透過對年幼的自己進行充分的評估來觸及記憶。所有評估階段中有關記憶的問題，都要直接詢問代表「小小的我」的娃娃。當減敏階段開始之後，治療師要留意「停滯點」，以便使用修復性交織，並藉由治療性遊戲活動滿足依附和發展需求。例如，當時機來臨時，EMDR 治療師可以問「小小的我」需要什麼以前沒有得到的東西？年幼的自己可能會說，媽媽以前沒有餵他，或是媽媽以前沒有好好照顧他。如果是這樣，可以請照顧者餵娃娃以及兒童吃東西。在治療師的指導下，照顧者可以在對著代表年幼自己的娃娃唱歌、一起玩耍或給予滋養性

的碰觸時，讓那個年幼的自己坐在他或她的腿上。可以邀請兒童在父母進行上述行為之前或之後，也給予年幼的自己滋養、一起玩耍或唱歌。請記住，這些是在重新處理早期逆境經驗時所提供的交織，因此必須緊接著進行雙側刺激。治療師必須持續使用修復性交織，直到「小小的我」的所有需要獲得滿足，並且年幼的自己表示感到被愛、291　滿足、受到照顧而且快樂。如果兒童選擇在心中想像「小小的我」，父母以及／或治療師與兒童進行治療性遊戲活動，但這次是明確以年幼的自己為對象。可以餵兒童吃東西、在兒童臉上彩繪、輕搖兒童或對兒童唱歌，但是要邀請兒童讓「小小的我」透過兒童的眼睛來觀看。

第五階段：深植

在深植階段中，關於自我的正向信念得到增強，從而產生新的自我感。而治療性遊戲活動有助於擴大父母和兒童所經歷到的這些正向經驗。在 EMDR 治療的深植階段，使用治療性遊戲進一步增強正向認知的深植，可以給予兒童更深、更闊廣的體驗。例如，已經深植了一個像是「我值得被愛」、「我很強壯」、「我現在很安全」或「我值得擁有美好事物」的正向認知之後，可以在會談結束時納入一個增強性質的治療性遊戲活動。一個讓兒童覺得自己可愛的正向信念獲得增強的治療性遊戲滋養活動，可以進一步在認知、情感和身體上鞏固這個信念。EMDR 治療師可以請父母在彩繪兒童的臉時，對兒童低聲說出「我現在是安全的」、「我值得被愛」等正向認知。當正向認知和相關的情感獲得進一步增強時，便可以進行雙側刺激。

在深植了一個像是「我現在可以很快樂」、「我很強壯」的正向信念之後，可以加上一個治療性遊戲挑戰活動。另外，如果兒童在創傷事件中由於進入屈從或凍結反應而無法完成防禦反應時，那麼帶有動作的治療性遊戲活動可以進一步增強正向認知的深植。這樣一來，正向認知得以在不同層次的人身經驗中獲得體現並感受。

　　如果減敏階段運用過修復性交織讓「小小的我」參與其中的話，在深植正向認知時，也要讓「小小的我」參與才行。治療師在進行雙側刺激時，要指引「小小的我」想著那個逆境事件以及好的想法。然後，邀請照顧者和兒童一起創作一首正向認知歌曲唱給「小小的我」聽，或直接將正向認知唱出來。例如，使用任何兒童歌曲作為背景音樂，一再重複唱出正向認知，同時照顧者和兒童擁抱著「小小的我」。這些運用治療性遊戲活動來深植正向認知的方式，都是有創意、兒童容易接受而且適合兒童發展階段的，可以在 EMDR 治療深植階段中促進兒童的參與。很重要而必須注意的是，即使採用了有創意且兒童容易接受的交織，仍然可以堅守而且應該鼓勵遵循 EMDR 程序。

第六階段：身體掃描

　　進入 EMDR 治療的身體掃描階段時，如果「小小的我」一直都參與其中，那麼也要邀請年幼的自己從頭到腳掃描身體。可以加入前面數章介紹的「感覺發覺工具」，以增添趣味。如果會談無法完成，而且身體掃描的結果並未完全清除，可以邀請年幼的自己協助兒童辨認困擾仍然存在於身體的哪裡。

　　可以運用另一種包含治療性遊戲活動的交織，來透過治療性遊戲舒緩身體狀態。例如，當兒童回報了負向身體反應時，治療師便與這個身體部位和這個身體狀態進行溝通。它需要什麼？如何讓它舒緩或解除？兒童表示胃部有刺痛感時，治療師可以說：「我可以跟這個刺痛感覺說說話嗎？刺痛感小姐，我們可以幫忙什麼嗎？」可以提供兒童選項，所以你可以說：「我們可以唱一首歌，或使用『愛的毛刷』來刷一刷你身體的這個部位。」治療師或父母可以對身體內經驗到的這個感覺或疼痛唱一首歌。如果碰觸這個身體部位沒什麼不當的話，父母或治療師可以假裝在體驗到這個負向感覺的部位塗上「愛」或「舒緩」的顏色。父母也可以抹上乳液或用特殊的「愛心棉」來碰觸

292

它。不用說，每次治療師在運用包含治療性遊戲活動的交織進行介入時，都要遵行基本的 EMDR 程序。「吸氣，吐氣；你注意到什麼，或是有什麼發生在你身上？好的，只要注意媽媽如何用『愛的顏色』來『輕刷』或『塗抹』這個『疼痛』。」當父母或治療師正在進行治療性遊戲活動時，就要給予雙側刺激。也可以在使用了治療性遊戲活動之後再給予雙側刺激，而治療師就要接著詢問一個問題，例如：「當媽媽摸一摸那個刺刺的感覺時，發生了什麼？」然後邀請兒童在進行雙側刺激時注意著出現的任何東西。

第七階段：結束

在觸及並處理創傷記憶的階段時，可以持續使用治療性遊戲作為輔助。每一次觸及到困擾與適應不良素材的會談中，都必須遵守適當的結束程序。治療性遊戲活動可以在最後十至十五分鐘使用，目的是要帶兒童回到平衡和平靜的狀態。

在 EMDR 結束階段期間，要根據兒童在 EMDR 會談中完成的工作來選擇治療性遊戲活動。如果會談尚未完成，而兒童在情緒上感到很疲憊，那麼使用滋養和共同參與向度的活動會較為適當。如果兒童完成了一次重新處理會談，而且所完成的工作讓兒童生氣蓬勃，那麼進行挑戰或共同參與的活動將會最為恰當。在選擇結束 EMDR 會談的活動時，必須考量到兒童的年齡。為了激發兒童的社會參與系統，並促進兒童的系統獲得生理平衡，結束會談的良好方式便是玩耍、滋養和歡笑。餵兒童吃東西的活動也很有幫助，因為依附系統可以受到安撫，而消化系統可以獲得啟動。隨著社會參與系統和消化系統受到啟動，副交感腹側迷走神經系統便得以活化起來。

個案一：與創傷兒童進行 EMDR 治療和治療性遊戲

在簡略講述同時運用了治療性遊戲的 EMDR 治療階段時，會概要呈現這個個案的狀況。由於是摘要，所以只呈現出最顯著的面向和應用了治療性遊戲的階段。

第一階段：個案歷史及治療計畫

佛拉米爾，六歲，有複雜創傷歷史，被診斷為反應式依附障礙症。三歲的時候從保加利亞孤兒院被人領養。有持續的醫療創傷。養母得知，他剛到孤兒院時，經常看著窗外好幾個小時，尖叫著要媽媽回來。他在美國有過幾次的安置，兩位最初可能會領養的父母，都在幾個月後就讓他離開，因為他極度憤怒，並有掌控和對立的行為。在第一次寄養安置中，曾聲稱遭受性虐待，但沒有得到證實。

佛拉米爾高度失調、對立並過度警覺。他有著紊亂的依附，描述自己是「沒人要的孩子」。他幾乎任何時候都強烈需要獲得掌控。大人只要稍微不能與他同步，都可能會導致他嚴重的破壞行為。他一年級的同學都很害怕他，因為他曾「跟蹤」一個孩子，任何人若接近他選擇或鎖定為朋友的那個對象，就會受到他的攻擊。

在接受三年不成功的治療後，這孩子被轉介來進行 EMDR 治療。在詳盡的初步評估中，搜集到了這孩子和現在父母的所有歷史資料。養父母在處理佛拉米爾的行為上面極感挫折。使用馬謝克互動法評估時，發現媽媽很難與這兒童的需求同步，在必須設定界限時也有很大的困難。

以下是佛拉米爾臨床全景中的關鍵面向：

- 根據媽媽提供的資訊發展出潛在的標的序列。
- 辨認出父母在理解兒童行為時的同步和反思能力有不足之處。
- 兒童在共同參與方面和接受結構及滋養的能力，都有不足之處。

293

● 確認缺乏正向和適應性的依附及發展經驗，且極其難以調節。

● 除了佛拉米爾與他的家人所面臨的困難，馬謝克互動法也帶領治療師辨識出他們的優勢。具體來說，佛拉米爾與他的父母除了有高度動機想要解決問題之外，還都擁有很高的智能和一些喜歡玩笑的個性，例如幽默感。

第二階段：準備

　　EMDR 治療師開始時只跟兒童工作，並試圖使用平靜—安全處所的標準程序。但佛拉米爾無法找到平靜—安全處所，而且變得情緒激動，亂丟蠟筆和紙，還開始繞著辦公室跑，治療師很難調節他的情緒。

　　從 EMDR 的角度來看，佛拉米爾的目標是重新處理與重要照顧者在關係中出現的依附創傷和逆境經歷的記憶。所有遭受遺棄、性虐待、肢體虐待以及醫療傷害的記憶，都被列入標的序列和治療計畫中。經過辨認，也將發展情感耐受度和情緒調節能力，以及增強接受連結、滋養和結構的能力，視為重要的目標。可是，考量到佛拉米爾缺乏正向和適應性的依附及發展經驗，EMDR 治療師決定把焦點放在提供可以刺激新的適應性記憶網絡產生的修復經驗。EMDR 治療師決定在準備階段加入能夠舒緩大腦下層並開始促進垂直整合及調節佛拉米爾的系統的經驗。為了達成這目標，於是將治療性遊戲納入作為輔助治療，以提供促進依附安全和自我調節的修復經驗。

294

　　佛拉米爾的治療性遊戲目標是：對媽媽發展出比較安全的依附、整體上變得更能調節情緒，並且尤其在與他人互動時，容許大人主導，以及增加對他人的同理心。基於這些目標，治療師決定，佛拉米爾的治療性遊戲將專注於結構和滋養。在佛拉米爾這方面，他激烈抵制結構活動，並只允許按照他的方式進行滋養活動。令人高興的是，當他受傷時，他會例外允許從媽媽那裡獲得這些活動。治療師利用挑戰吸引佛拉米爾投入，讓他可以允許自己接受滋養和結構方面的活動。

治療性遊戲會談片段

　　治療師以吸引人的開場白，在大廳那頭的等候室迎接佛拉米爾和他的媽媽：「我們以前還沒有進行過螃蟹走路比賽。」佛拉米爾看起來很驚喜的樣子。「你記得螃蟹走路是怎麼走的吧。我們就從這裡沿著走廊走到我的遊戲室去。」

　　治療師已經計畫了一些結構性的活動：健康檢查；用鋁箔紙做出佛拉米爾雙手和雙腳的印模，讓媽媽猜猜那些模子來自他身體的哪裡；來回吹羽毛；餵食。當他們來到辦公室，治療師讓佛拉米爾坐在媽媽的腿上，並讓他仔細察看治療師計畫的活動。這是一個視覺上的例行安排，好讓佛拉米爾可以用他的右腦和左腦來理解它。當治療師進行到健康檢查時，佛拉米爾扭動著離開媽媽的腿，跑過房間。治療師迅速改變她的會談計畫，用一個具有挑戰性的活動開始，目的是捕捉佛拉米爾的注意焦點並幫助他調節。一旦他準備好可以加入，他們就可以轉移到佛拉米爾所需的結構和滋養向度的修復經驗。治療師說，「佛拉米爾，我很高興你今天帶著你強壯、迅速的腳過來。你覺得我們可以用你的腳讓這個氣球（迅速把氣球從他的遊戲櫃裡拿出來）保持在空中不落地嗎？氣球來了。準備好要踢它囉。」佛拉米爾總是在尋找挑戰，一旦加入，很快就玩得興味盎然。治療師讓佛拉米爾的媽媽大聲數算出他將氣球踢到空中的次數。踢了幾回氣球後，佛拉米爾變得比較調節了，願意坐下來。然後治療師給他看鋁箔紙，並解釋他們會怎麼做。可以預見的是，佛拉米爾要求媽媽先印，由他來猜。如果佛拉米爾的行為不是受到他自己對複雜創傷的適應策略所驅動，治療師或許便可以斷定，佛拉米爾會因遵循治療師的結構而受益，所以會繼續進行原來的安排，同時讓他不會感到沒面子；例如說：「你有一些很好的主意耶！現在這活動就是你所專用的。」

　　但因為創傷的關係，治療師假設佛拉米爾對鋁箔紙感到害怕。是因為那個聲音還是材質的關係呢？或者是無法忍受讓成年人來主導？也或許因為這活動是新的，導致他無法預測會如何進展，所以佛拉米

461

爾可能需要先看看這個活動如何進行，讓他感到夠安全才能照著做。然而治療師不是過於小心翼翼地對待他，而是只簡短地反映：「你想知道這個活動感覺起來怎麼樣；我很高興你可以讓我知道你需要什麼。」然後按照佛拉米爾的意願去做。

295　　在進行「健康檢查」時，治療師找尋佛拉米爾身上的「疼痛」，並在疼痛的地方塗上乳液。治療師很快地請媽媽加入，把乳液塗在他疼痛的地方和特殊的雀斑上。佛拉米爾接受媽媽的滋養，凝視著媽媽的臉孔，撫摸著她的臉。這次會談被錄影下來，這樣在下次會談時治療師就可以跟媽媽一起觀看。

接下來的會談，治療師跟媽媽一起看錄影帶，而這時候，治療師可以激發媽媽的反思和同步能力。治療師致力於引導媽媽注意佛拉米爾的反應，並且在反思這些反應的同時，與佛拉米爾系統上的生理變化、潛伏的需求及誘因進行同步。在此之後與父母安排了幾次會談。

開始進行雙側刺激

經過十二次治療性遊戲會談之後，佛拉米爾越來越能接受會談中滋養和結構的活動。他經常很容易便投入治療師所提出的活動。治療師花時間與媽媽和佛拉米爾解釋什麼是 EMDR，並展示不同形式的雙側刺激。在會談期間，治療師注意到佛拉米爾看起來感到平靜和愉悅時，就會使用慢速度、短回合的雙側刺激。在這時候，治療師有意不要求兒童標記出情緒和所處的身體位置，因為這些參與和連結的時刻仍然屬於非語言的形式，並且是儲存於右腦中。在治療師的指引及邀請下，媽媽也提供兒童慢速度、短回合的拍打。治療師邀請媽媽為佛拉米爾的雙腳塗上乳液。按摩兒童雙腳時，媽媽在治療師指示下進行雙邊按摩，從一隻腳換到另一隻腳，同時治療師在一旁反映他的狀態，「我看得出來這樣感覺很好很舒服。感覺真的很安全齁？！」佛拉米爾與治療師的反映產生共鳴，這時候治療師邀請媽媽反映他的情緒和身體狀態。「你的身體真的很平靜、很安全，這真的讓你感覺很

好。」

在另一次會談中，治療師發現有好多機會可以用趣味的方式提供雙側刺激。在數算佛拉米爾的手指頭時，治療師從右手的一根手指數向左手的一根手指，然後左右手來回輪替，同時一邊說著佛拉米爾把他這些特別的手指頭全帶到會談室來了。

隨著會談的進展，媽媽也每天在家裡使用治療性遊戲活動，這樣一來佛拉米爾便能夠接受形成模式而每天重複進行的修復性刺激，以增強新的適應性神經通路成形，並促進情感調節。

在最近的一次治療性遊戲會談中，他出現負向的反應，開始說出他在醫院和孤兒院時遇到的「可怕東西」。治療師讚揚他的勇氣，並承認他一路走來必定很辛苦。治療師為這些負面事件記憶的出現，創造了一個特殊的空間，讓它在辦公室裡「落腳」。佛拉米爾同意把所有他記得的「東西」放進治療師為他創造的盒子內。每次想起「討厭的」或「讓人害怕的」記憶，治療師就邀請他在一張紙上畫出代表那個記憶的符號，然後放到盒子內。之後，他便可以恢復進行治療性遊戲活動。治療師邀請記憶隨意自由出現，不會予以催促。治療師讓佛拉米爾放心，向他保證當記憶需要出現的時候，可以安全地拜訪這個辦公室。

發展安全處所

296

大約在十八次會談之後，EMDR 治療師決定把佛拉米爾喜歡的治療性遊戲活動作為安全處所。他在媽媽給他講「背上的故事」時，感到非常快樂。進行「背上的故事」時，媽媽會在他背上邊畫邊說出故事給他聽。治療師邀請媽媽在會談中進行這個活動一陣子，而在這同時則請佛拉米爾辨識自己與這個美好活動相關的感覺和身體狀態。治療師便使用雙側刺激深植這個特別的安全時刻和處所。這一次，當佛拉米爾在辨識並標記自己的情緒時，左腦的標記功能便受邀參與。他也辨識出身體的位置，並且毫不抗拒地跟隨被他指認為 EMDR 小幫手

之一的木偶進行眼球動作。

邀請「小小的我」

　　治療師開始與佛拉米爾談論我們每一個人內在都有的「彩虹和光輝閃亮的我」（見第七章對這個譬喻的詳細解釋）。他選了一個小小的嬰兒洋娃娃來代表他的「小小的我」。年幼的自己受邀參加會談，並開始在治療性遊戲中接受滋養和共同參與活動。例如，餵佛拉米爾吃東西時，也要餵「小小的我」吃東西。當「健康檢查」完成後，也要為年幼的自己在特殊的雀斑和「疼痛」的地方塗上乳液。年幼的自己也受邀分享任何讓它感到害怕、悲傷，或是沒有得到善待、需求沒獲得滿足的「討厭的」記憶。治療師藉由讓他參與有關想法、感受和感官知覺的遊戲（見第四章），來開始協助他發展情感、感官動作和認知方面的語彙。慢慢地，左腦以及較高層的腦區也加進來了。

第三、四、五、六階段：評估、減敏、深植、身體掃描

　　當佛拉米爾的穩定程度更高，而父母也發展出同步和促進安全依附的能力時，治療師決定進入創傷性素材的重新處理。治療師與佛拉米爾談論要開始幫助大腦「咀嚼」那些「討厭的東西」。孤兒院工作人員打佛拉米爾的記憶成為第一個標的，「小小的我」受邀透過佛拉米爾說出故事。評估階段已經完成，而佛拉米爾之前發展出來的認知、情感和感官知覺語彙，讓他能夠辨識出負向信念、情緒和所在的身體位置。在處理這個記憶的過程中，使用了不少修復性交織來幫助年幼的自己滿足依附需求。治療師邀請媽媽提供「小小的我」所要求的東西，或滿足在孤兒院落空的需求或欠缺。那個年幼的自己在整個過程中坐在媽媽的腿上，受到保護，替它抵抗那個工作人員，唱歌給它聽、餵它吃東西，以及最終的，受到關愛。每次年幼的自己表達有未獲滿足的需求時，媽媽都會予以滿足，隨著便進行雙側刺激。一切都遵循在 EMDR 重新處理階段運用交織時的標準步驟。

在深植階段,「小小的我」要求唱一首歌,所以治療師、媽媽和佛拉米爾編出了一首含有正向認知「我現在很安全」的歌曲。治療師 297 邀請佛拉米爾和他年幼的自己想著那個標的記憶,同時唱著含有正向認知的歌。在所有探索或處理創傷的會談中,都會使用治療性遊戲活動作為狀態轉換策略來結束會談。

在治療之後,佛拉米爾變得比較冷靜,並以自己的強壯為榮。他只偶爾會覺得自己像「沒人要的孩子」,而且會熱情地描述自己「閃閃發亮」的藍眼睛和強壯的雙腿。當「沒人要的孩子」感覺出現時,他偶爾會在打籃球時作弊。佛拉米爾現在已經有幾個朋友,而且因為他擁有自己所形容的「寬大的心」,老師把他在教室裡的桌子擺到一個亞斯伯格症孩子的對面,以便他可以幫助這個孩子。父母雙方都認為更容易了解他了,而且跟他一起玩很快樂。佛拉米爾容許父母擁抱他,也能輕鬆接受情感。佛拉米爾和他的父母都一致認為,他普遍來說能夠遵守家庭規範,而他們的家庭生活充滿著「趣味和笑鬧」。

摘要和結論

在照顧系統中受創的兒童,呈現社會參與系統受損、情感調節極度困難,以及記憶網絡包含著多重而不一致的自我和他人的表徵。至於這些兒童的父母,他們的調節能力通常筋疲力竭,以致干擾了他們與兒童的系統同步、同時和共鳴的能力。由於含有適應性訊息的神經放電模式不足或不存在,因此帶來玩耍、歡笑、滋養性碰觸和連結,同時受到與自己同步並給予安全感的成人照顧所形成的修復經驗,是至關重要的。治療性遊戲是以關係作為基礎並充滿趣味的治療方法,由成人以同時和同步的方式引導治療進行。治療性遊戲的核心價值和原則受到依附理論、調節理論和目前的大腦研究所指引。它透過兒童和父母以及/或治療師之間的同步及雙方互動,專注於療癒親子關係並增進依附安全、情緒調節和自尊,藉此促進改變。治療性遊戲的目

的不是直接解決創傷和困苦的記憶；相反地，它專注於提供連結、碰觸和玩耍的修復經驗，同時維持一個具有適當結構的環境。在面對受創兒童時，治療性遊戲通常會伴隨直接處理創傷的療法一起進行。本章介紹如何在 EMDR 治療八個階段的架構內有效地使用治療性遊戲。此外，還提供了指導原則，讓 EMDR 治療師可以辨識治療性遊戲對哪些兒童來說是整體 EMDR 治療之外的重要附加方式。在努力忠實於適應性訊息處理模式和 EMDR 的標準程序的同時，也保留了治療性遊戲的要點和精髓。

【第十三章】EMDR 治療與內在家庭系統策略在兒童工作上的運用

葛梅茲與 IFS 資深訓練師克勞斯（Pamela K. Krause）／合著

　　本章主要目的，是將內在家庭系統（internal family systems, IFS）
的要素和策略整合到 EMDR 治療當中，以便與複雜創傷兒童工作。
值得強調的是，本章乃是首次嘗試結合這兩種取向的工作用於兒童治
療上。此一整合首先需要看出兩種取向的共通之處，並同時尊重二者
之間的差異。面對人們的痛苦和療癒時，檢視這兩種治療取向的相似
之處，將更能闡明如何妥當且有效地將內在家庭系統策略加入兒童的
EMDR 整體療程中。本章將綜觀內在家庭系統的基本原則和步驟，並
透過適應性訊息處理模式與 EMDR 治療的角度來呈現。本章也會詳細
說明 EMDR 治療的哪些階段可以利用內在家庭系統策略，以增強對複
雜創傷兒童的療效。很重要而必須強調的是，堅守適應性訊息處理模
式與 EMDR 的方法，應受到最高的重視；然而，與帶著複雜創傷歷史
的孩童和家庭工作時，在 EMDR 中加入其他補足性治療策略往往更能
增強整體療效。

內在家庭系統概要：基本原則

　　內在家庭系統是伊利諾大學芝加哥分校青少年研究所副教授理
查·施瓦茨（Richard Schwartz）在二十多年前發展出來的一個案主中
心取向的心理治療模式，可以廣義地歸類為自我狀態模式（ego state
model），因為內在家庭系統的一個基本假設是，每一個正常的人格都

可以區分出許多「部分」或次人格（sub-personality）。然而內在家庭系統模式在諸多「部分」之外，又加入一個要件，就是「自我」（Self）這個概念。「自我」在這模式中可定義為：每個人內在存有的一個完整的、沒有損傷、具療癒力的實體。無論生命中遭受過多少創傷或忽略，每一個人必然都有一個「自我」，而「自我」必然有能力療癒內在系統中的任何創傷。因此在內在家庭系統模式中，「自我」被視為療癒的媒介。

300 內在家庭系統模式的基本假設

第一個假設

內在家庭系統的第一個假設就是：人類心智分出許多「部分」是一種自然的狀態。在這個模式裡，「部分」可以視為一個人的多面向的存在，或許可以稱之為內在的小人兒，在一個範圍內擁有不同的思想、感覺和信念，每一個「部分」在系統裡都自有其功能或偏好的角色。舉例來說，有些角色包括了善於計劃、組織的「部分」，有些包括了創意或有趣的「部分」，還有安靜或沉思的「部分」。

由於每一個「部分」都有多重向度，因此每一個「部分」皆包含了完整範圍的思想、信念和情緒。這意味著沒有一個「部分」全然是哀傷的，也沒有某一個「部分」全然是憤怒的，而是每一個「部分」都能感覺到哀傷、憤怒和其他情緒。

這裡假設了人與生俱來就有這些「部分」，不管是已展現出來了或將來有可能展現的，而這些「部分」會在孩子長大的過程中浮現，並跟世界上的其他人互動。當這些「部分」出現了，它們就形成一個會彼此交互作用的內在系統，這與家庭中的互動幾乎沒有兩樣，所以這種取向的治療便稱為內在家庭系統治療。

第二個假設

　　第二個重要的假設是，除了「部分」以外，每一個人都有一個「自我」。這個「自我」不是一個「部分」，而是一個本質性的、不會被損傷的核心，形成了我之所以為我。無論在人生中經歷了什麼，這個「自我」都不會損傷。然而它會受到遮蔽，彷彿「自我」消失了一般。

　　要定義這個「自我」是很困難的，因為我們對它的經驗通常是一種「感受到的感覺」（felt sense）。

　　理查・施瓦茨將「自我」描述為「在颶風眼當中的『我』」（Schwartz, 1995）。「自我」經常被描述成具有下列性質：平靜、好奇、悲憫、信心、勇氣、清晰、連結、創意、耐心、臨在、明察、堅毅等等。

　　雖然「自我」的用意是成為內在系統的領導者，但「自我」並不需要領導權，而且唯有各個「部分」許可的情況之下，「自我」才能取得領導地位。

第三個假設

　　誠如前面所說，每一個「部分」都帶著內在系統裡的一種功能或偏好的角色進入這個世界。若置身在「夠好的」教養方式下和夠安全的環境中，「部分」所偏好的角色可以成長茁壯。當所有的「部分」都能成長茁壯，「自我」就會浮現出來，並取得內在系統的領導地位。這時我們便稱之為「自我」領導的系統。

　　在一個「自我」領導的系統裡，所有的「部分」都跟「自我」有所連結，同時也彼此連結。每一個「部分」都因為自身的貢獻而受到推崇與尊重，而整個內在系統是平衡而和諧的。

　　然而大部分的人並沒有接受到「夠好的」教養方式，也不見得擁有夠好的環境，很多複雜創傷兒童經驗到的是拒絕、背叛、失去了愛或情感、苛責、肢體或情緒的懲罰，以及羞辱甚至性侵害。當這種情

況發生時，「部分」受到了傷害，可能形成傷口或是背負重擔。重擔在這裡的定義是：「 從生命裡的極端經驗或人際互動中所衍生出來的極端想法、行為或感覺。」（Schwartz, 1995, p. 52）「部分」帶著這些極端的想法、行為或感覺，就像帶著被加諸的負擔一樣。

301　　當一個「部分」背負了重擔，它會開始圍繞著這些負擔進行自我組織，要求自己從原先偏好的角色轉換成一個比較極端的新角色。運用範例有助於說明這個觀點：「部分」本來是充滿喜樂和好奇而出現的，想要探索周遭這個世界。像這樣的「部分」可以感覺到自己是值得人愛的，充滿渴望探索世界的熱情和好奇心。然而在它探索周遭環境時，如果碰到了指責（「你真是好管閒事！」）或是語言和肢體的懲罰，這時候會發生什麼事情呢？這個指責和／或懲罰可能讓它覺得震驚、意外和痛苦，而這可能讓它開始認為自己的好奇心有點問題。它可能相信自己那麼好奇是有問題的，然後覺得自己不完美、有缺陷或不夠好。它也可能認定，躲避指責和懲罰的最佳方法就是停止好奇，於是可能變得溫順、退縮，甚至於抽離。

　　背負重擔的「部分」不再積極發展、壯大原先偏好的角色。當它們被迫進入極端的角色時，「自我」就沒有辦法現身為內在系統的領袖，而且可能遭到遮蔽。在一個不是由「自我」擔任領導的內在系統裡，就會任憑「部分」爭奪對系統的控制。不同的「部分」對於怎麼樣才最能保護這個系統，會發展出不同的信念，而且彼此之間發展出極端對立，於是形成了一個充滿衝突和爭鬥的系統，不再有和諧安寧。

「部分」的本質和類別

　　施瓦茨描述了三種類別的「部分」（Schwartz, 1995），分別是：管理者（managers）、消防員（firefighers）、流放者（exiles）。管理者和消防員共同形成一個較廣泛的保護者類別。

　　屬於流放者的「部分」抱持著創傷事件所帶來的任何痛苦感覺或

記憶。這些感覺和想法對系統來說，都太過強烈而難以負荷。在受傷以前，這些「部分」經常是最愉快、最敏感和最有創意的，然而一旦受到外在世界的傷害，它們就開始相信自己是不值得被愛的、沒有價值的、愚笨的或在某些方面是有缺陷的。流放者會感受到強烈的情緒，像是孤單、空虛、絕望、哀傷、羞愧、困窘、恥辱。為了保護整個系統遠離這些思想、情緒和記憶，保護者的「部分」就會逼迫這些「部分」離開有意識的察覺，或是將這些「部分」驅逐出境，成為流放者。

施瓦茨（Schwartz, 1995）定義出兩類擔任保護工作的「部分」：管理者和消防員。管理者積極地企圖要保護流放者不受傷害。它們有一個「再也不」的哲學，意思是「我再也不要讓任何會使我有那種感覺的事情發生」。管理者會努力避免羞愧、恥辱、困窘或沒有價值的感覺發生。

管理者用的策略像是：「只要我夠聰明……夠和善……夠美麗……夠有成就，我就永遠不會再受傷了。」這些「部分」會勤奮工作、井然有序、善於計劃、注重細節和微小差異，活像個內在的「國土安全局」。

然而，不論管理者多麼地技巧純熟和孜孜不倦，它們仍然無法預料每一件可能發生的事。無可避免地，總會有某件再次傷害到流放者的事情發生，導致流放者那些感覺釋放到系統裡。一旦流放者被誘發了，消防員會馬上介入，去壓制或麻木這些不受歡迎的感覺。這一種保護者之所以稱為消防員，就因為它的首要目標是消滅情緒火焰；它們只管做出回應，不太理會自己的行動可能伴隨什麼損害。

消防員利用多種方法去壓制流放者，包括一些傳統上被稱為成癮的行為（例如酗酒、嗑藥、性、賭博）。不過，消防員也會採用其他 302 策略，諸如：自殘、暴飲暴食、解離、暴怒，甚至自殺。不難了解為何這些消防員的常見反應是努力控管、遏制、縮小、排除或重新引導它們的行為。然而，內在家庭系統治療模式並非只處理消防員，也著

眼於管理者和流放者。以下將介紹這種治療方針的概要。

內在家庭系統的治療取向

在了解了「部分」的本質和起源之後，我們就能明白沒有哪一個「部分」是壞的，只有因為創傷而被迫發展成為極端角色的「部分」。創傷越強烈、越嚴重（要看受創的本質和程度），其負擔就越沉重。負擔越沉重，「部分」就會愈加激烈和極端。

我們知道，保護者（管理者和消防員）相信自己所運用的策略將可以：(1) 避免系統再受傷害，(2) 遏制痛苦的感覺。這些策略導致的結果便是，一些「部分」被逐離了系統。

當這些管理者和／或消防員接受詢問時，我們發現它們大多數並非對極端的角色樂在其中，只是如果有脆弱的「部分」需要保護時，它們就覺得不得不堅守崗位。因為這樣，所以只要流放者背負了重擔，若要讓管理者和消防員永久改變或調整行為，就算不是不可能的任務，也常常是十分困難的。但是如果流放者卸下了負擔，管理者和／或消防員就不需要繼續用極端的方式來保護了。

於是，我們似乎可以清楚看出，如果流放者能解除重擔，那麼保護者就可以擺脫極端的角色和行為。這就是內在家庭系統治療師進行治療過程的方式。工作一開始先要釐清保護者（管理者和消防員）在內在系統裡的角色，也就是了解它們企圖產生安全、限制痛苦的方法。治療師也要帶給它們希望，盼望流放者可以卸下重擔而解除管理者和消防員的保護責任。一旦責任解除了，保護者就可以自由選擇自己偏好的角色，而不是被迫套上極端的角色。

治療「部分」的六個步驟

內在家庭系統治療對成人和兒童都能奏效。下面所描述的是運用**內視**（in-sight）為兒童治療「部分」的步驟。**內視**是指「請個案往內

在查看，去發現自己擁有的『部分』，並且將自己所看到和感覺到的
描述給治療師聽，以便與這些部分工作」（Schwartz, pg95, 1995）。

步驟一：在案主的「自我」和「部分」之間建立信任的關係

　　跟任何一種治療模式一樣，一開始的目標是要建立安全、信任和
帶著希望的環境，好讓療癒得以在其中發生。內在家庭系統治療師一
開始要先確保案主的外在環境是安全的，並且能支持治療進行，同時
還要幫助個案在治療的情境當中覺得安全、舒適。內在家庭系統治療
師所用的方法，是以好奇和同情的態度歡迎案主的所有「部分」。換
句話說，治療師要從自身的「自我」能量出發，跟個案建立連結。

　　當「部分」浮現時，治療師藉由為它們「冠上名稱」，來開始幫
助個案辨認他們自己的「部分」。「部分」的展現方式很多，包括：
思想、情緒、感覺、形象或是身體的感覺。例如一個年輕個案告訴治
療師自己一個以感覺展現出來的「部分」時，這樣說：「我的朋友讓
我氣得打了他一頓。」治療師可以回應：「所以，有一個『部分』的
你很生氣，而打了你的朋友。我納悶是什麼讓你這麼生氣？」用這樣
的回應方式，治療師就體現出好奇和同情，而不對案主的感覺直接作
反應。

　　治療師會對顯露出來的任何「部分」都維持著好奇和同情，並
且開始帶進一個概念，就是：每一個人都有許多「部分」，這是正
常的。例如，治療師可以說：「你知道，每個人都有會生氣的『部
分』，既使我也不例外。生氣的感覺並不是我們的全部，只是我們的
一部分。」

　　當兒童感到更放鬆了以後，治療師可以讓兒童有機會認識自己的
「部分」，好讓這些「部分」感覺好受些。當兒童好奇了起來，就能
夠開始進行內視。內視的第一步，是幫助一個「部分」分化或區分
（unblend）出來。

區分

　　任何一個「部分」在獲得理解之前，必須先從其他的「部分」和「自我」中分化出來；沒有這個分化的過程，就不可能知道一個「部分」在哪裡結束、另一部分從哪裡開始，以及／或「部分」在何處終止而「自我」起於何處。一旦分化了，一個「部分」就能跟「自我」之間發展出關係，這是內在家庭系統治療過程的基礎。請記住，在這個模式裡面，治療關係是發生在案主的「自我」跟案主的「部分」之間。

　　區分是一種促成分化發生的過程。理查・施瓦茨寫道：「如果我請案主脫離極端和對立的『部分』……大多時候，他們都很快就轉變成同情的心態。在那種狀態下，他們就是知道該做些什麼來幫助自己的那些『部分』。」（Schwartz, 1995, p. 37）進行區分或分化的時候，首先要在身上找出那個展現為思想、情緒、身體感覺和／或身體形象（包括軀幹、四肢和／或頭）的「部分」。當一個「部分」受到辨識而且在身上找到其所在位置，就邀請它跟「自我」區分開來，以便開始建立關係。詢問案主一個問題就能啟動這個區分過程：「你對這個『部分』感覺如何？」這個簡單問題的答案，便揭露出當下現身的究竟是案主的「自我」還是另一個「部分」。

　　如果答案與「自我」的八個特質（平靜，好奇，同情，信心，勇氣，清明，連結，創意）之一類似，就表示現身的是「自我」。個案的回應並不需要精準地符合這八個特質之一；他們說出來的回答可能像是：「我想要去認識它。」或者「我對它有興趣。」憑藉著這類回應，治療師就可以知道這個「部分」已經區分開來了，在當下現身的是案主的「自我」，而「自我」和「部分」之間就有可能建立關係了。

　　然而，如果案主的回答並不具有「自我」的特質，這表示「自我」沒有出現。這可能表示另外一個「部分」在當下現身了，所以「部分」和「部分」之間的關係正在發生。顯示出「部分—部分」關係的例子，像是案主說：「我不喜歡它。」或者「我希望它不要那

樣。」所有的「部分」都需要區分開來,然後「自我—部分」關係才有可能發生。可能要區分出很多個「部分」之後,「自我」才會現身。

　　一旦案主能夠以某種聽來像是「自我」的方式去回答治療師所提出的問題,「自我」跟「部分」之間就可以展開關係了。這個關係始於簡單地詢問那個「部分」一個有關它自己的問題。這個「部分」可能會透露出它目前在系統中的功能或是工作、它如何以及在哪裡學到這樣的行為方式,和／或它喜不喜歡自己的工作等等。

　　從這個「部分」的反應將可以看出,它究竟是保護者(管理者或消防員)還是受傷的流放者。保護者會描述出設法擋住或降低痛苦感覺的行為。而流放者帶著痛苦的感覺和／或感官知覺,所以可能呈現出擔驚受怕、含淚欲滴、溫順或是安靜沉默。 304

　　如果這個「部分」是一個保護者,治療師要專注於釐清它在系統裡的角色,並讓它對於流放者可以卸除重擔且獲得療癒抱持希望。一般而言,保護者會先出現,並且需要得到保證和希望,才會允許治療師觸及流放者。

　　針對流放者的過程一開始和保護者的過程類似;這個「部分」必須先區分出來,以便建立「自我－流放者」關係。一旦跟「自我」連結了之後,流放者便會揭露自己如何受傷和背負重擔的故事。這個過程叫做見證(witnessing),是療癒過程的第二步驟。

步驟二:見證

　　保護者之所以逐離脆弱的「部分」,用意是希望它們不要再度受傷,也不要去感受那些痛苦,因為它們相信這樣做對系統而言是最佳利益。這樣的策略可以帶來暫時的解脫,但是流放者仍舊充滿了強烈的痛苦情緒與記憶,凍結在創傷發生那時的時空中。流放者渴望說出自己的故事,也渴望獲得了解和見證,這樣它們才能釋放自己的痛苦並且終止流放。

　　一旦「自我—部分」的關係建立了,流放者就可以藉由多種方式

得到見證，包括：視覺記憶、情緒和感覺以及／或透過身體的知覺（藉由軀體）。每一個流放者都明確知道如何將自己的故事傳達給「自我」。「自我」和流放者在見證過程中是互相連結的，使得當事人的「自我」能夠與流放者的感覺同在，而不是「陷入」這些感覺中，或被這些感覺壓垮。見證的過程會持續著，直到流放者感覺自己獲得了「自我」的了解。

由於強烈渴望獲得見證，一些流放者會迅速湧出而讓系統充斥著情緒和思緒。這種情況發生的時候，意味著這個流放者「部分」與「自我」混雜在一起，因此需要加以區分開來，見證才能繼續進行下去。一個區分的策略是請求流放者不要用情緒壓垮系統，只要分享足以表達它所感受到的經驗的少量感覺就行了。這樣的做法能容許流放者區分開來並重建跟「自我」的關係。既然流放者渴望得到見證，一般來說它們會對任何有助於過程順利進行的建議抱持開放態度。

步驟三：領回

誠如前文所述，流放者「部分」凍結在受傷當下的那個時間中。在創傷較為嚴重的情況下，這些場景就可能極端強烈而危險。在這些「部分」覺得安全到足以接受見證或卸下重擔之前，常常必須得離開那個場景，或者被領回。如果是這樣的情況，當事人的「自我」可以進入那個場景，或是跟流放者待在一起，直到流放者準備好可以離開，或是將流放者帶離場景，到一個流放者覺得可以安全敘說發生了什麼事的地方去。所有的「部分」都知道自己是否需要被領回，並且能夠向「自我」和治療師指出這點來。

步驟四：卸下重擔

一旦流放者覺得「自我」了解它了，就能解除加諸在自己身上的負擔（也就是卸下重擔）。重擔有很多種形式，但都帶著一些信念（我沒有價值，我不值得被愛，我很笨）和情感（寂寞，悲傷，空

虛，羞愧，恥辱等等）。有一些還會出現身體的感受（疼痛，壓迫感等等）。當一個「部分」卸下重擔時，並不是放棄對那個（些）事件 305 的記憶，只是把相關的痛苦和創傷放下。

為了展開卸下重擔這個過程，會請這個「部分」找出重擔所在的位置，若不是在身體裡面，就是在身體周遭。重擔有很多種形式，包括：在肚子、心臟、頭等部位出現某種鬱結；一種被覆蓋壓迫的沉重感，有些莫名不悅、不想要的能量和情緒等等。上面列舉出來的那些形式遠遠稱不上詳盡，只是提出一些常見的範例罷了。

一旦找到了重擔的所在位置，治療師便邀請「部分」將之釋放出來或放它離開。「部分」通常會選擇將重擔釋放到五大元素（土、水、風、火、光）之一裡頭去，但選項並非只有這些。正如見證一般，每個「部分」都明確知道如何卸下自己的負擔。

步驟五：邀請

一旦重擔卸下了，治療師便請這個「部分」將它在當下或未來想要或需要的特質邀請到自身之中。這些特質可能包羅萬象，不勝枚舉，僅在此指出些許範例，例如：愛、喜樂、活潑有趣、能力、堅強、勇氣。同樣地，「部分」會清楚知道自己所需和所要的特質。

步驟六：整合

流放者卸下重擔後，就不需要再遭到放逐，可以自由地在系統中承擔一個新的角色。當事人的「自我」會與這「部分」互動，以幫助它在系統中找到新位置。當「部分」融入系統中，它們通常想要持續跟「自我」保持聯繫。

顯然地，其他「部分」會受到這個改變影響，所以找出這些「部分」並幫助它們適應這個新的局面，是很重要的。有一些保護者會害怕改變，也害怕這個改變對自己及自己的角色所代表的意義。這些保護者「部分」需要得到「自我」的關注和保證，也需要獲得協助以便

找到不那麼極端的新角色。其他的保護者可能對這個改變覺得鬆了一口氣或感到高興，於是可能自發地轉換成比較不極端的角色。然而還是有一些保護者可能需要獲得見證，並如同流放者那樣卸下重擔。

　　整合的過程可能只需要幾分鐘的時間，也可能需要經過好幾次的會談。這取決於每一個人的內在系統而定。

由「自我」領導的系統

　　大多數人都有不只一個流放者，所以這個療癒的過程可能需要重複施行在其他流放者身上。當流放者卸下了重擔，就不再被阻絕於「自我」或其他「部分」之外；於是越來越多的「部分」跟「自我」建立起關係，而且彼此之間也建立了關係。這個情勢使「自我」得以浮現出來，取得系統的領導權，形成一個由「自我」領導的系統。在這樣的系統裡，每一個「部分」都跟「自我」有聯繫，而且在系統中都有自己的聲音。在一個由「自我」領導的系統裡面，極端對立的現象會消失或大大減少，從而更為和諧與平衡。

　　當「部分」跟「自我」建立了關係，面對外在世界的傷害就不再那麼脆弱了。人生本是充滿拒絕和失落的，這對每一個人都可能帶來影響。卸下重擔的「部分」仍然會受到傷害，然而只要跟「自我」有所連結，創傷所帶來的結果就迥然不同。當一個「部分」受傷了，「自我」可以給予安慰，因此痛苦不再需要被儲存成為一個負擔；痛苦可以被感受到、獲得承認，然後得到釋放。幫助人們達到一個由「自我」領導的系統，就是內在家庭系統治療的終極目標。

306

運用內在家庭系統與兒童工作

將「部分」外化為具體的物品

　　內在家庭系統治療模式很容易便可應用在兒童和青少年身上。這個模式也有可能可以運用在三、四歲的小孩身上。然而，一些兒童和

少年對於理解「部分」這個概念會有困難，因而以具體的東西代表「部分」，對他們會有幫助。藉由將「部分」外化為具體的物品，便可以讓這些孩子運用這種治療模式。例如「部分」可以用具體的洋娃娃、動物角色、布偶、圖畫、黏土作品以及石頭、貝殼等沒有生命的物品，予以呈現出來。物品沒有優劣之分，如何選擇完全取決於哪一個能讓案主感覺最為舒服。

讓父母親或照顧者參與治療

就像其他的治療模式一樣，將父母和照顧者納入治療過程是很重要的。不幸的是，很多兒童需要治療就是因為父母或監護人帶來傷害和重擔。因此與那個系統裡的成人一起進行治療，可以減低兒童再度受傷的可能性。

一些內在家庭系統治療師會在諮商室裡跟成人和兒童同時一起工作，其他治療師則是分別與他們工作。兩種方式各有利弊，在做決定的時候需要考慮斟酌。

靜靜地見證兒童的「部分」卸下重擔的過程，對父母和照顧者會有好處。這可以幫助他們更加清楚了解兒童，並減少親子之間的張力。但是在允許他們見證之前，治療師需要先確定成人有能力秉持關懷和好奇的態度來見證兒童的所有或任何「部分」。如果成人沒有辦法抱持關懷和好奇，兒童的「部分」就要冒著再度受傷的風險，若非發生在會談中就是發生在會談後。如果有這種情況發生，這個治療室對兒童來講就不再是一個安全的地方，這當然會妨礙療癒的進行。所以，在允許他們見證孩子治療之前，需要先審慎評估父母在會談時有沒有能力抱持關懷和好奇的態度。

如果父母或者監護人本來就對兒童的創傷負有責任，這個評估便特別重要。父母在場可能會啟動兒童的保護者，從而難以或根本無法與流放者獲得接觸，因為保護者害怕流放者再度受到傷害。在這種情況之下，最好先單獨跟兒童工作，好讓兒童的某些「部分」在邀請父

母參與之前先獲得痊癒。而同一時間裡，父母也應該進行自己的治療，讓他們自身會傷害兒童的那些「部分」獲得痊癒。

適應性訊息處理模式和內在家庭系統的原則

內在家庭系統建立在一個前提上，就是：「自我」以一個充滿智慧又具備同情心的領袖之姿存在著，是人類與生俱來的。然而這個「自我」在何時以及怎麼形成，可以分別透過 EMDR 的適應性訊息處理模式和內在家庭系統原則的不同角度，來看待和概念化。內在家庭系統將「自我」納入靈性的領域，而適應性訊息處理模式對這個領域則是既不否認也不予討論。不過，適應性訊息處理模式倒是承認大腦中存在一個與生俱來的系統，其目的是為了健康和療癒。適應性訊息處理模式的核心面向，便是人類有機體中這個朝向完整與統整的驅力。內在家庭系統治療和其他自我狀態取向的治療方式，對心智抱持一種以多重結構為根基的（multiplicity-based）理念。內在家庭系統理論假設心智之中存在著流放者、消防員和管理者。如果用譬喻來說，內在家庭系統模式把家庭系統及其中的「部分」看成是「一整顆蒜頭」，其中含有好幾個「蒜瓣」。每一個系統都是由流放者、管理者和消防員構成的自我完備系統。一旦辨識出一個新的「帶著蒜瓣的蒜頭」，區分、卸下重擔和整合的過程就要不斷重複地進行，直到在一個由「自我」領導的系統當中達成越來越高度的整合。

就讓我們帶著這個譬喻，來探討一下適應性訊息處理模式如何看待這個內在家庭系統。按照適應性訊息處理模式的看法，人類的大腦和生物系統是由所遭遇的環境經驗形塑而成的。這些經驗產生了神經放電的路線圖和模式，編碼成內隱或外顯的不同記憶形式。

創傷和逆境事件的記憶會順著一條特別的路徑進入內隱的編碼，並孤立於其他銘印在大腦裡的適應性和正向的訊息之外。這樣的網絡就像「一整顆帶著蒜瓣的蒜頭」，有著自己的情緒、思想、感官知覺

反應，還有後設知覺，像是「我不可愛」、「我不夠好」等等。其中也包含了因應機制和防禦反應，是人類這個有機體逐漸用來抵抗編碼在這些記憶路線圖裡的情感、身體反應和負向信念的方式。當這些神經網絡一再受到環境刺激源所啟動，帶著對自我、他人、未來抱持特定觀點的訊息的神經路線，便會浮現出來。基於這個概念，我們可以說，這些被重複的創傷或負向經驗所強化的不同記憶網絡，形成了內在家庭系統所定義的不同的「部分」。

流放者「部分」抱持著懸而未決的創傷和逆境的經驗（背負重擔）。根據曾任國際創傷與解離學會執委會主委的臨床社工師圖伯利（Joanne H. Twombly）和施瓦茨（Twombly & Schwartz, 2008），流放者所承載的情緒、感覺、信念都跟創傷和逆境事件相關。當我們用適應性訊息處理模式（Shapiro, 2001）來看待流放者時，它們便代表帶著創傷和逆境事件的情緒、想法、知覺及後設認知的那些記憶網絡，而且尚未整合入連貫的自傳式記憶裡。

根據圖伯利和施瓦茨（Teombly & Schwartz, 2008）的說法，出現回憶閃現（flashbacks）、焦慮和身體不適等等，便表示流放者已經接管了系統。根據 EMDR 和適應性訊息處理模式，回憶閃現、焦慮和其他的症狀都是懸而未決的過往創傷和逆境經驗依然未經處理、未獲整合之下的顯現（Schapiro, 2001）。

從適應性訊息處理模式來看，消防員代表的是戰或逃的動物性防禦和解離反應受到啟動的結果。消防員體現了自我破壞的因應機制，用來保護和調整帶有創傷素材的記憶系統受到啟動時所產生的情感。這些機制的發展，是為了調節適應不良的記憶網絡受到啟動時所引發的極高和極低、難以承受的生理喚起。很重要而必須強調的是，這些因應策略也被嵌入記憶當中。

另一方面，管理者在適應性訊息處理模式裡構成了包含適應機制的神經網絡中的渠道（channel），讓個人用來遏制、管理及躲避既有的創傷記憶（即流放者）。要達到這個目的，就要運用逃避，讓創傷 308

及逆境記憶離得遠遠的、將它們孤立起來且加以控制流放者。而逃避任何可能啟動帶有困擾訊息的記憶（流放者）的刺激源，正是管理者的首要目的之一。兒童會發展出一些調適和適應苦難及逆境的方法，例如：支配行為、角色倒置、逃避感覺、討好他人、力求完美等等。這些策略（管理者）使得系統在內外維持了某種程度的控制和安全。

EMDR 的一個主要目標，是觸及、處理、整合創傷記憶及其相關的情感（流放者）以及適應機制（管理者），同時維持適度的穩定與情緒調節（穩住消防員）。EMDR 治療促使適應不良的記憶網絡合成、融合、連結並整合進入健康且連貫一致的自我感。以內在家庭系統的字眼和詞彙來說，便是我們正在讓內在家庭系統卸下重擔、整合並進行重新配置（Teombly & Schwartz, 2008）。儘管 EMDR 和內在家庭系統在個案概念化和方法學上有重大差異，但兩者的主要治療目標都是幫助個人能夠體驗愛、連結以及健康且愉快滿足的關係。EMDR 治療運用八個階段的模式來協助個人達到此目標，讓個人得以融合並連結那些成為自身苦難癥結的記憶，同時維持適當程度的穩定。為了完成這些工作，就要在觸及這些艱苦的記憶並將之導向適應性解決的同時，刺激大腦與生俱來的訊息處理系統。另一方面，內在家庭系統要達到這個目標的方法，則是透過讓內在家庭系統中的「部分」得到見證並卸下重擔，從而讓「自我」得以浮現而成為領導，創造一個更加和諧並獲得良好平衡的系統。

兒童的 EMDR 和內在家庭系統心理治療：
為何、何時及如何進行

有長久創傷歷史的兒童往往在情感調節方面帶著重大缺失，結果導致要探索、觸及和處理這些記憶時可能令兒童難以負荷。內在家庭的治療策略可以增強使兒童系統穩定的過程，並提供足夠的距離，好讓適應不良的記憶網絡得以獲得觸及、整合、融合，同時仍然能讓兒

童維持穩定、調節，並處在平衡的狀態。以 EMDR 與多重創傷和依附傷害的兒童工作時，運用內在家庭系統的策略和語言可以使記憶網絡更具體。當我們使用小馬或是長頸鹿作為代表的時候，神經網絡不再是一個抽象的概念，而是實際且具體的。用這種方式來代表包含適應不良資訊的記憶網絡時，不是為了增強兒童系統的分割狀態，而是要讓編碼在記憶中的訊息對兒童來講更為具體、實際，而且易懂。比方說，孩子可以選一個「狗狗」來代表創傷記憶，也可以用來代表他的適應機制或失調反應。高度失調的兒童會覺得處理創傷記憶和當前情感狀態很難以承受，所以進行 EMDR 的時候，運用「部分」的語彙能幫助他們藉由微步漸進的方式來面對原本令人難以負荷的素材。此外，這也提供了距離，使得探索困擾素材變得容易。「彩虹譬喻」（見第七章）就可用來幫助兒童了解多重自我這個概念。從「彩虹譬 309喻」中，孩子可以了解我們就像是一道彩虹，擁有許多顏色。我們是一個擁有「許多顏色」或許多「部分」的人。我們強調單一整體，但也突顯自我之中的多種顏色。此外，高度創傷的孩子往往會過度認同自身的負向反應和創傷，例如「我就只是一個受害者」或「我就只是一個壞小孩」。當我們將自己看待成美麗的彩虹，帶著許多不同的顏色，我們看待自己的方式就會覺得自己比創傷本身以及因為受苦而失調的「部分」更大、更寬廣。我們也會看見並觸及那「光輝閃亮的我」以及我們原本面目的正向部分。

　　將內在家庭系統策略融入 EMDR 治療來面對複雜創傷時，可以：

● 有助於探索、處理和融合帶著創傷素材的記憶網絡，以及兒童用來防衛和適應的機制（觸及其內在家庭系統）。
● 觸及兒童用來防範自己完全投入 EMDR 治療的機制。對於採用逃避機制因而拒絕進行 EMDR 的兒童，運用內在家庭系統策略可以讓他們從探索並處理這些機制中獲益。與不允許創傷記憶被觸及的「部分」（管理者、消防員）直接接觸和對話，可以提供一個直接但微

步漸進的方式，去處理可能會阻撓兒童完全投入 EMDR 治療意願的適應機制。

● 提供一個絕佳的途徑，去微步漸進、分層處理並促成適當的距離，從而能夠在探索、觸及和處理創傷與逆境記憶的同時，依然使兒童維持在最佳的穩定狀態。

● 提供協助以觸及「自我」的正向屬性，並有助於在所有 EMDR 治療的八階段中運用「自我」作為資源。

● 促進 EMDR 重新處理階段的工作，協助觸及適應性訊息，並將這訊息與正在重新處理的素材連接起來。例如，當兒童可以見證並讚賞自己用來求生存的適應機制時，適應性訊息就獲得提取而且與含有適應不良素材的網絡連接了起來。

● 協助提供矯正經驗的過程，以便促進新的正向適應性神經網絡形成。例如：一個沒有從父母身上獲得適當撫育經驗的兒童，現在可以讓受到忽略的年幼「部分」在 EMDR 會談中，被兒童的「自我」、父母（如果在場的話）和治療師看到、聽到、滋養並感覺到。

　　內在家庭系統模式可以有效地運用在 EMDR 治療的八個階段當中。除了第一階段以外，其餘階段都會在本章予以詳細說明。EMDR 治療的初始階段必須運用標準的 EMDR 程序（詳見第二章）。

第二階段：準備

如何對兒童介紹 EMDR 和內在家庭系統

　　同時運用 EMDR 和內在家庭系統的時候，最好按照本書前面章節的描述來介紹 EMDR 過程。但是，如果同時又介紹內在家庭系統，對
310　兒童來說可能負荷不了而難以消化。看來比較適合的做法是，在兒童的「部分」開始出現而需要加以處理時，再介紹內在家庭系統模式。不過，運用「彩虹譬喻」（見第七章），可以有效幫助兒童了解我們都擁有許多種顏色這個概念。

觸及內在家庭系統：運用有創意的策略與兒童工作

　　一旦詳細的歷史資訊已經取得，EMDR 治療的準備階段就啟動了。在準備階段中，可以開始辨認並觸及兒童的內在家庭系統。

　　可以運用好玩的策略協助兒童觸及不同的「部分」，並找出兒童自身的「自我」能量。玩偶、黏土、身體輪廓、木頭面具、棍子以及沙箱物件，都可以用來催化這個過程。有許多各種各樣直接和間接的方式可以用來辨識「部分」。運用「部分」這樣的語彙，讓兒童更有可能以溫和而漸進的態度去觸及困擾素材。如此一來，兒童便可以在探索、觸及和處理素材之際依然維持在最佳的喚起程度中。無庸贅言，要強調這些玩偶或動物只是以趣味的方式**代表**那些「部分」。此外，即使我們就像彩虹那樣，內在擁有許多不同的顏色，我們仍然只是一個單一的人。我們觸及系統的目的，是為了帶來整合，而非加強分割或斷裂。

　　就像早先說過的，內在家庭系統模式的六個基本步驟都能以外化技巧來用在兒童身上。我們可以邀請兒童的「部分」區分出來成為物品（例如動物角色、布偶、圖畫、黏土）。例如當兒童出現很明顯的情緒（像是憤怒、傷心、焦慮）時，治療師可以邀請兒童留意這感覺位於身體何處，或逗留在身體的哪裡，治療師可以運用「感覺發覺工具」（見第四章）來讓兒童找出感覺在身體的所在位置。一旦找到了位置，可以請兒童藉由讓這個感覺挑選一個代表自己的物品，來認識這個「部分」（記憶網絡）。關鍵的重點在於，由這個「部分」（記憶網絡）挑一個物品來代表它自己。可以挑選模型、動物或布偶，也可以請這個「部分」用黏土創造一個人物或將它畫出來，作為自己的代表。

　　一旦一個「部分」（記憶網絡）選出了自己的代表，它就可以被區分出來而成為那個物品，治療師就可以協助促進兒童的「自我」和「部分」之間的關係。如果這個「部分」選了一個動物作為代表，治療師便可以詢問兒童對這個「部分」有什麼感覺（而不是**認為**這個

「部分」有什麼感覺）。如果兒童的回答聽起來像是「自我」（如：我想要認識它，我在想它是誰，我很好奇它是怎樣的，我喜歡它），治療師就可以邀請這個「部分」（也就是那個動物）告訴兒童，它想要兒童知道關於它的什麼東西。這類回答可以顯示出這個「部分」已經區分出來，而且兒童的「自我」跟跟兒童的「部分」之間開始形成關係了。如果兒童的回答並未反映出「自我」（像是：我恨它，它很笨，我希望它走開），那就表示「自我—部分」關係並未開展。這意味著另外一個「部分」現身了，而且可能與原先那個「部分」是相互極端對立的，所以這個「部分」也需要加以辨識並予以區分出來，然後「自我—部分」關係才有可能發生。

如果這個「部分」是一個保護者（管理者或消防員），它需要獲得了解和給予保證，才會准許我們觸及它所保護的流放者。這個保護者（適應性或防衛性的機制）也許需要獲得確定，保證流放者擁有的感覺和記憶對系統來說不會太多，或者一旦那些感覺和記憶釋放出來之後，兒童並不會長久困在那些害怕、羞愧、恥辱、沒有價值等等的情緒裡，而是能夠解除情緒並治癒流放者。一旦保護者獲得保證，它就會後退一步，允許流放者上前來得到見證和療癒。

辨認出消防員和管理者的反應，並釐清它們在系統中的角色，應該是在 EMDR 治療準備階段中運用內在家庭系統策略的重要目標。由於消防員構成了下層腦的動物性防禦，也就是戰或逃和僵化及解離反應，所以針對消防員的工作便可能可以促進系統更大程度的穩定。在 EMDR 治療中運用內在家庭系統的語彙時，可以讓兒童得以藉由具體而實際的方式看見和認識他自身「生理的警報和防衛系統」，也可以使創傷記憶（流放者）、身體的警戒系統（消防員）和身體的國土安全局及適應機制（管理者）所抱持的觀點和理解，對孩子來說變得具體起來。

很重要而必須加以考量的是，在 EMDR 治療的準備階段中觸及保護者時，目標是要讚揚這些「部分」為了保護流放者所作的一切工

311

作，並且得以觸及流放者，好讓 EMDR 的處理過程能夠開展。

　　大部分保護者都覺得它們為了保護流放者而習得的方式得不到認可，甚至遭受批評。因此，重要的第一步就是真正去聆聽保護者企圖要做什麼。例如一個兒童有個暴怒的「部分」，這個「部分」很有可能會讓兒童在跟父母、老師和其他的小朋友或大人相處時產生麻煩，然而沒有人會去問問這個「部分」想要做什麼。如果你請一個憤怒的「部分」描述它的工作，它說的內容多半會像是：「我試著幫助你覺得自己很強，不要那麼軟弱無力（流放者），我試著讓壞心的人不要靠近你。」所以我們要問的第一個重要問題是，這個「部分」在系統中的角色為何。我們可以這樣問：「你為『這孩子』做些什麼工作？你試著如何幫助『這孩子』？你想要『這孩子』知道你的什麼？希望『這孩子』明白你為他做了什麼？」

　　一旦一個「部分」的功能獲得揭露之後，它也會想要兒童知道：(1) 它怎麼樣學到用這種方式來保護，(2) 它幾歲了，(3) 它喜歡工作中的哪些事情，(4) 它對這個工作不那麼喜歡事情是什麼。這些問題很有可能會引出兒童的記憶系統所抱持的負向信念和後設感知，以及情緒和其他相關的資訊，可以納入兒童的標的序列和整體的 EMDR 治療計畫中。

　　當這些「部分」得到了解和認可，就可能會退後一步，允許流放者被接觸。聆聽消防員，認可它們想要將流放者（創傷記憶）所造成的衝擊降到最低的企圖，請求它們合作而不要壓垮系統並允許流放者被觸及，這些都是可以在 EMDR 治療的準備階段和重新處理階段予以融入的內在家庭系統策略。這些策略提供溫和、尊重甚至好玩的方式去進入記憶系統，而不會導致系統太大的失調。

　　一旦擔任保護工作的「部分」允許接觸流放者（創傷記憶），便鼓勵流放者在「自我」帶著同情心的見證下說出自己的故事。可以邀請兒童的流放者或是直接將故事說出來，或是畫一張圖，或者用沙箱或黏土將故事呈現出來。如果兒童有多重發展創傷歷史，便鼓勵兒童

的「部分」將自己的故事透過製作成一本書、一條時間軸、一個記憶
盒子或是一根記憶魔棒（見第四章）而傳達出來，這會讓過程更好玩
而有趣。EMDR 治療師可以將這些資訊列入兒童的標的序列。當兒童
的「自我」跟「部分」發展出關係時，兒童會開始將「自我」指認為
312 受詞或是主詞的「我」（"me" or "I"）。兒童也會注意到「自我」能量
現身時在身體上是怎樣的感覺。兒童經常會將它描述為：(1) 心、胸或
心的周圍覺得好像打開了，(2) 一種平靜的感覺。

　　治療師在 EMDR 治療的所有不同階段中都可以將勝利的行動予以
深植。如果執行保護的「部分」退後或是有個誘因被成功處理，這些
駕馭經驗便能夠當作資源而予以增強並深植。這時候，在「自我」現
身的情況之下，鼓勵這個「部分」注意這項「勝利的行動」，並將它
畫下來或只是在心中想著。接著邀請它留意與這項經驗相關的正向感
覺以及這感覺在身體的位置，然後進行慢速度、短回合的雙側刺激。
「讓你的這個『部分』告訴你，當它想著……時有什麼感覺，以及這
些感覺在身體裡面的哪裡。」此外，可以邀請「部分」建立一個安全
處所。邀請它創造任何它需要感到安全的處所或空間。「它想要什麼
樣的地方？讓我們按照它想要的方式去創造出來。有可能是一個開放
的空間，或是一個堡壘，也可以是在山上等等。」邀請這個「部分」
留意待在安全處所裡所產生的相關感覺，以及在身體哪裡經歷到這些
感覺，然後使用慢速度、短回合的雙側刺激深植這個安全處所。可以
運用完整的安全處所標準程序，先邀請「部分」一同參與辨認安全處
所，然後為安全處所製作一個感官知覺的畫面，辨認出感覺，找出在
身體裡的所在位置，然後進行雙側刺激。如果需要更高程度的穩定，
也可以運用資源發展和深植的標準程序來進行。

第三階段：評估

　　當下層大腦的生理反應達到了適當的穩定（即保護者已經允許流
放者被觸及），而且創傷記憶也獲得探索和觸及了（流放者已經能夠

在得到「自我」接納和了解的同時說出自己的故事），就可以啟動記憶的重新處理（卸下重擔的過程即將展開）。在內在家庭系統治療中，流放者所背負的重擔（也就是創傷記憶）可以釋放到五大元素之一裡頭去，然而在 EMDR 治療中，要透過特定的標準程序和步驟，來進行記憶的重新處理、融合和統整，才能完成卸下重擔的工作。在準備重新處理某個特定記憶時，除了重要的保護者以及不可或缺的「自我」在場之外，流放者所選出來代表自己的物品（動物、黏土、玩具）也可以在場。一旦選定了要處理的記憶，而且流放者和保護者都同意要參與重新處理的會談，這時就要對流放者進行完整的評估。繼續運用內在家庭系統的語彙能讓孩子維持一個可促成觸及並融合這些記憶的距離。這些語彙在 EMDR 治療的評估階段和重新處理的階段都應持續運用。

　　在準備階段，兒童已經選好代表每一個「部分」或「顏色」的物品，所以進入評估階段時，開頭便邀請流放者和代表它的物品選擇雙側刺激的形式，以及想用哪個 EMDR 小幫手（伊莉莎白、馬利歐、大衛或羅比）來協助進行眼球動作或拍打。詢問兒童：「可不可以讓這個『部分』或顏色告訴你它想要哪個小幫手？它想要做眼球動作還是用拍打等等的方式？

　　「我們要開始來幫助這個『部分』或顏色說說它的故事。是不是可以讓它告訴你它需要你知道發生了什麼事？我們在進行 EMDR 的時候，我會請這個『部分』或顏色告訴你任何它所看到、感覺到和想到的東西。進行 EMDR 的方法沒有什麼對或錯。你和你的『部分』用任何方式來進行都是可以的。當你需要停止的時候，你可以使用你的停止信號，那麼我們就先來練習一下。」（練習使用停止的信號）

1. 畫面

　　「這個『部分』或者顏色對於發生的事想要告訴你些什麼？」你也可以用兒童選出來代表「部分」的那個角色或動物。如果兒童選了「狗狗」，你可以說：「這個狗狗『部分』對於發生的事想要告訴你

313

些什麼？讓這個『部分』給你一個那件事裡面最重要的景象或畫面。你也可以把它畫下來，或用沙盤把它擺出來。」

2. 負面認知

「讓這個『部分』或者顏色告訴你，當它想著這個（說出『部分』所報告的畫面）時，此刻它對自己有什麼亂七八糟的想法？讓這個『部分』或狗狗部分的你（說出代表『部分』的那個動物或布偶的名字）知道，如果它想要的話，可以使用那些上面寫著亂七八糟想法的卡片、方塊和球。」請參閱第四章有關這些卡片、方塊和球的使用方法。

3. 正向認知

「當它想著（說出『部分』剛剛所報告的畫面）時，讓這個『部分』告訴你，它想要對自己有什麼好的想法。讓這個『部分』知道，如果它想要的話，可以使用那些上面寫著好想法的卡片、方塊和球。」把這些卡片或其他工具都放在兒童面前，讓孩子可以取得。

4. 正向認知效度（「想法量尺」）

運用「想法量尺」，把 1 到 7 的泡綿數字放在孩子面前（見下圖）。邀請「部分」運用這個想法量尺，並且把正向認知卡片放在數字七旁邊，然後說：

「現在我們要來使用這個很酷的東西，叫做『想法量尺』。『想法量尺』幫助小朋友檢查自己對那些好的想法感覺有多真實。讓我示範給你看怎麼使用。看喔，『想法量表』上面有 1 到 7 的數字，1 表示你對這個好的想法覺得不真實，而七意味著你覺得這個想法千真萬確。現在，讓我們邀請這個『部分』（用兒童的『部分』所選出來的那個玩偶或角色）練習使用這個『想法量尺』來檢查它所選出來的那個好想法。讓這個（說出代表那個『部分』的動物或布偶的名字，例

如小馬或狐裡）告訴你，當它想著（說出剛剛『部分』所說的代表那個記憶的畫面）時，它（小馬或狐狸）對這個句子（說出那個正面認知）感覺有多真實？記得喔，1 代表覺得完全不真實，7 代表感覺千真萬確。」

5. 情緒

　　「當（說出動物或布偶的名字）想著（說出代表那個記憶的畫面，或展示畫出來的圖）和這個句子（說出那個負向認知）時，現在它的感覺是怎樣？」

6. 主觀困擾感受量尺（困擾量尺）

314

　　運用「困擾量尺」，把 0 到 10 的泡綿數字放在兒童的面前（見下圖）。

　　「現在我們要來使用這個很酷的東西，叫做『困擾量尺』。『困擾量尺』可以幫助小朋友檢查一下那些事情讓他有多煩或者感覺有多糟。讓我示範給你看。『困擾量尺』有 0 到 10 的數字，數字零代表事情完全不會困擾到你，或者感覺起來是中性的，而數字 10 則代表它讓你非常困擾。現在我們就讓（說出代表那個『部分』的動物或布偶的名字）來練習使用『困擾量尺』。當它想著那個（說出代表那個記憶的畫面，或展示畫出來的圖），和這個亂七八糟的想法（說出那個負向認知）時，此刻它受到多少困擾，或感覺多糟？記住喔，0 表示是中性的，10 表示這個『部分』或顏色非常困擾。」

7. 身體感覺的位置

　　「讓我們用這個狗狗部分的你（說出代表那個『部分』的動物或布偶的名字）來幫你找一找，你在身體的哪裡感受到那個感覺。」讓兒童可以取得「感覺發覺工具」，以協助兒童找出身體感覺的位置。

　　「我想邀請（說出代表那個『部分』的動物或布偶的名字）想著

或留意（說出代表那個記憶的畫面，或展示畫出來的圖）、這個亂七八糟或負向的想法（說出那個負向認知）以及那個感覺和感覺待在身體裡的那個位置，然後眼睛跟著小幫手（說出小幫手的名字）或我的手指（或使用兒童選擇的雙側刺激方式）。」開始進行減敏工作。

第四階段：減敏

在重新處理創傷記憶期間，一旦觸及新的渠道（channels）時，可能會出現其他的流放者（記憶）。如果因為浮現新的流放者或保護者，而使得重新處理停滯了，可以使用包含內在家庭系統療癒「部分」的六個步驟來進行交織。再一次邀請兒童注意在自己身體裡感受到那個感覺的地方，請兒童用小動物等物品讓那個「部分」具體呈現出來，邀請兒童的「自我」留意對這個「部分」的感覺，等等；這樣便可構成非常有效而且有力的交織。在每一個步驟之後，EMDR 治療師會邀請兒童注意出現了什麼，然後進行雙側刺激。例如：邀請兒童注意一個「部分」時，治療師會請兒童跟著代表這個「部分」的物品，然後進行眼球動作。做完雙側刺激之後，便提出例行的問題，像是：吸一口氣，呼出來；你現在注意到什麼？如果兒童回報說對這個「部分」感到同情、憐憫或正向的感覺，便請兒童再一次進行雙側刺激。

在重新處理逆境和創傷記憶時，可能會出現卡住的狀況。按照內在家庭系統的步驟，先和可能正在阻撓處理過程的那個「部分」建立關係，便可以讓重新處理的工作再次推動起來。此外，邀請兒童的「自我」見證這個「部分」和它的故事或記憶，以及讓這個「部分」區分出來，都可以做為交織來運用。

獲得了兒童的「自我」和／或「部分」的回應之後，邀請兒童留意這些回應，然後繼續施行雙側刺激。這些都是非常有效的交織，能夠促進整合和適應性的解決。

下面列出在減敏期間和其他重新處理過程中可能出現的「卡住

315

點」，以及可能可以運用的內在家庭系統策略交織：

　　一、辨認出某一「部分」是否仍卡在過去，或正處於當下：問兒童：「你是在現在的這裡嗎？還是你在五年以前？」如果這個「部分」仍然卡在過去，便詢問它是否需要兒童知道更多有關它的事情：「是不是可以請這個『部分』或顏色告訴你，它需要你知道關於它的什麼？或者你這個『狗狗』的部分能不能告訴你它需要你知道關於它的什麼？」邀請兒童用任何這個「部分」或顏色想要的方式去見證它，「去看看它希望你看的東西，去感受它想要你感受到的感覺，或去知道它想要你知道的東西。這個『部分』想要你做出什麼動作嗎？或說出什麼話？發出什麼聲音？」也可以問兒童：「可不可以請這個『部分』告訴你它想要做出怎麼樣的動作？」兒童不一定要做出這個動作；只要這個「部分」能獲得見證，這些動作也可以在心裡進行。根據內在家庭系統模式，每一個「部分」都知道自己想要怎麼樣的見證方式。如果兒童拒絕見證這個「部分」，就表示有另外一個「部分」需要被辨識並區分出來。請記住，上述那些問題無須同時全部提出來。一次問一個問題，然後等待兒童的回應，接著再邀請兒童「跟著那個」或「注意那個」並進行雙側刺激。一旦這些渠道都觸及並整合了，再提出一個新的問題，直到這個「部分」能夠將它的需求、渴望、害怕等等全部表達出來。例如，一位在成長過程中遭受嚴重疏忽且缺乏食物的兒童，辨識出一個因遭受剝奪而受苦的「部分」，然後選擇了一個布偶，例如海豚，來代表這個「部分」。當這個「海豚部分」被問到需要什麼時，它表達出想要被餵食的渴望。這時便邀請兒童見證這個「部分」的需求，同時進行雙側刺激。鼓勵這個「部分」讓兒童知道它想吃什麼，如何被餵食，以及想要被誰餵。我（葛梅茲）讓這個「部分」看許多種玩具食物，好讓它選擇自己想要的食物。兒童跟我便餵這個「部分」吃東西，直到它讓我們知道它已經吃飽，而且感覺到滿足。在這個「部分」接受餵食的時候，鼓勵兒童注

意這個「部分」經驗到並感受到些什麼，並同時進行雙側刺激。要遵行運用交織時的例行程序步驟。

二、邀請「自我」進入場景：創傷記憶中會有沒說出口的話以及沒有完成的防禦反應，在針對這樣的記憶進行工作時，治療師可以邀請兒童的「自我」介入，幫助這個「部分」，例如：「如果你想要，而且這個『部分』也覺得可以接受，你可以走進這個場景，用那個時候它希望獲得保護的方式，去保護它。」治療師也可以提議跟兒童的「自我」一起進入場景：「如果你想要的話，我可以跟你一起進去。如果這個『部分』也願意，我才會進去。現在我們已經進到這裡來了，問一下這個『部分』，它是想要你和我怎樣來保護他。」「如果這個『部分』想要，你可以跨進去那個場景，用它渴望的任何方式去照顧它。」

三、滿足依附需求：內在家庭系統策略有一種很棒的方法可以協助兒童滿足未滿足的依附需求。與遭受忽略或虐待的年幼「部分」接觸時，可以邀請這個「部分」說出它未獲滿足的需要和期望。例如，對於不曾經驗過滋養、情感、適當照顧等等的兒童，可以邀請他讓這個年幼的「部分」說出這些未獲滿足的需求。可能會有一個「部分」說它沒有被抱過，或沒有被愛過，治療師就可以邀請這個「部分」告訴兒童的「自我」，它想要被怎樣抱著或搖著，以及想要怎樣被愛。也可以邀請這個「部分」讓兒童的「自我」知道，它是否想要「自我」、治療師或父母（如果在場的話）也參與滿足它需求的行動。如果這個「部分」希望得到擁抱、搖晃、餵食或一同玩耍，就要邀請父母、治療師或兒童的「自我」跟它玩耍、擁抱或輕搖它，或者餵它吃東西。等到這個「部分」感覺自己的需求完全得到滿足之後，這個過程才算完成。別忘了，在「部分」的需要得到滿足的每一個動作進行時，都要給予雙側刺激和例行的 EMDR 重新處理程序步驟。邀請兒童的「自我」跟「部分」注意需求獲得滿足時出現了什麼，同時進行雙側刺激。

與照顧者工作

在運用 EMDR 和內在家庭系統時，可以邀請家長見證兒童的工作。如果兒童想要家長參與，我們的建議是家長也要進行某種程度的治療工作，好讓他們受傷的「部分」不會繼續傷害兒童，尤其是如果父母對兒童的創傷負有責任的時候，就更須如此。如果父母沒有進行任何療癒自己的工作，他們的在場可能會抑制兒童將自己最脆弱的「部分」揭露出來的能力和渴望，於是就減慢或甚至停止了兒童內在所進行的工作。然而，一旦父母開始進行自己的治療工作，他們的陪同就會成為治療媒介，使會談變得強而有力。如果兒童的「部分」選擇或要求父母幫忙或陪伴，家長就可以參與，協助兒童滿足這個「部分」的需求。要和兒童的「部分」一起探討家長的參與，以尊重兒童的「部分」或兒童的內在系統。

第五階段：深植

一旦兒童的某個「部分」回報說主觀困擾感受量尺已經降到了 0，就邀請任何一個保護流放者（創傷記憶）的「部分」，見證發生在這個流放者身上的療癒。如果兒童選擇不同的動物或布偶代表這個內在家庭系統，那麼所有代表每一個「部分」的物品或方式都必須在場。深植階段期間與流放者進行工作時，便讓代表這個系統的動物或布偶在兒童身邊圍成一個圓圈。這樣做的目的，是為了讓管理者和消防員見證這個創傷或逆境記憶正在轉向適應性解決時所發生的療癒。邀請這個流放者「部分」在兒童的「自我」陪同下一起檢查有沒有更好的「好想法」，或者是否浮現了新的正向想法。進行過正向認知效度的評估之後，便在保護者的見證下深植正向認知。可以用這個正向認知創作出一首歌曲。在進行雙側刺激深植正向認知時，這個流放者「部分」可以讓兒童知道，它是想單獨跟兒童的「自我」唱那首正向認知歌曲呢，或是要其他的「部分」跟父母和治療師一起唱這首歌。這首歌可以運用兒童熟悉的兒歌曲調（例如《小星星》或是《王老先生有

塊地》）當成主旋律，然後將正向認知編入歌詞中（例如：「我現在是安全的，咿呀咿呀喲」）。

317　第六階段：身體掃描

要觸及身體裡面殘餘的創傷素材時，可以邀請這個「部分」想著這個創傷或逆境記憶，同時幫助兒童尋找身體裡面經歷到的任何感官知覺或身體反應。

你可以對兒童這樣說：「在這個『部分』、顏色或（說出代表這個『部分』的動物或布偶的名字）想著或留意發生的那件討厭事情時，請它幫你從頭到腳檢查你的身體，找找看你身體裡面有沒有任何感受或感覺？」讓兒童可以取得「感覺發覺工具」，來協助尋找身體的感覺。

如果兒童回報出任何負向或正向的身體感覺，便邀請這個「部分」和兒童的「自我」留意這些感覺，同時進行雙側刺激。如果這個「部分」回報說肚子裡有負向的感覺，可以說：「我想邀請這個『部分』、顏色或（說出代表這個『部分』的動物或布偶的名字）留意肚子裡的東西，然後跟著我的手指或小幫手（用兒童所選擇的雙側刺激方式開始進行）。」請遵循完成身體掃描階段的標準程序步驟。

第七階段：結束

包含內在家庭系統策略的結束活動，可以有效幫助兒童的情緒在會談結束之前達到穩定平衡。如果在這一次會談中有一個「部分」卸下重擔，或已經觸及了流放者的素材，就要執行適當的結束活動。治療師應該強調兒童和兒童的「部分」所完成的神奇工作。提醒兒童和兒童的「部分」，在接下來的這星期裡，可能會出現新的或先前已經知道的「部分」。邀請兒童把伴隨著新的或先前已經知道的「部分」一起出現的任何「東西」，畫下來或者寫下來。

治療師可以請兒童傾聽這個「部分」在會談結束前還有沒有什麼

需要。邀請這個「部分」讓兒童的「自我」知道它所需要的是什麼。它也許需要再度感覺到安全，這時候就可以邀請這個「部分」運用安全處所，或在準備階段植入的任何其他資源或狀態改變策略。每一個「部分」都可以選擇它想要用怎麼樣方式在會談結束時「被好好收起來」，好讓治療過程可以在平衡和穩定的狀況下結束。如果兒童選了一個布偶來代表這個「部分」，便邀請這個「部分」為布偶在諮商室裡找一個地方安放。請記住，顏色的譬喻永遠都是可加以利用的方式，例如：「這個顏色覺得待在你身體的什麼地方會很安全？」一旦這個（或這些）「部分」和兒童回到穩定平衡的狀態，這次會談就可以恰當地告一段落。

第八階段：再評估

在再評估的階段裡，要進行追蹤，找出上次會談之後兒童生活中出現的任何改變。從上次會談之後，有沒有任何消防員或管理者出現或被激發？最近有沒有新的流放者（創傷記憶）受到啟動？再評估階段的一個重要部分，是要確認創傷記憶是否已經獲得恰當的融合和整合。

當一個未完成的標的恢復重新處理時，要邀請這個流放者（創傷記憶）現身出來，讓兒童的「自我」了解創傷事件現在所帶來的困擾程度是如何。

觸及這個標的：　318

1. 畫面

「有請上個禮拜或上次會談出現過的『部分』、顏色或（說出代表這個『部分』的動物或布偶的名字）再次出場，好讓我們繼續幫助它說出它的故事。」

2. 主觀困擾感受量尺

運用「困擾量尺」，將 0 到 10 的泡綿數字擺在兒童面前。

「現在我們要再一次使用這個『困擾量尺』。要記住喔，『困擾

量尺』的數字是從 0 到 10，0 表示那件事不會困擾你，或者感覺不痛不癢，而 10 意味著它讓你非常煩惱。當這個『部分』、顏色或（說出代表這個『部分』的動物或布偶的名字）想著發生的這件討厭事情時，這件事現在讓它有多煩惱，或讓它感覺有多糟？」

3. 身體感覺

　　「讓我們請這個『部分』、顏色或（說出代表這個『部分』的動物或布偶的名字）幫助你找到你在身體的哪裡感受到這個感覺？」讓兒童可以取得「感覺發覺工具」，來協助尋找身體的感覺。

　　「我想邀請這個『部分』、顏色或（說出代表這個『部分』的動物或布偶的名字）想著這個感覺以及這個感覺待在你身體裡的那個位置，然後跟著這個小幫手（說出小幫手的名字）或我的手指（或使用孩子所選擇的雙側刺激方式）。」繼續進行重新處理。

　　在治療的尾聲應該進行徹底的再評估。必須邀請參與過重新處理會談的「部分」再次探訪自己的記憶和故事，以評估是否還有任何程度的困擾存在。要透過代表「部分」的動物或布偶，來向孩子的「自我」顯示那個記憶或創傷事件現在所造成的困擾程度。倘若仍有任何困擾存在，就要啟動針對這個記憶（流放者）的重新處理工作，直到這個記憶完全獲得整合和融合為止。

摘要和結論

　　與具有依附創傷和解離傾向的兒童工作時，往往令人費解又錯綜複雜。所以可能需要有滿坑滿谷的策略才能讓他們達到更高的整合和療癒。借自內在家庭系統心理治療的策略和技巧，可以幫助很多兒童得以順利進行創傷與艱苦記憶的探索、觸及和處理。調節能力有限和低階動物性防禦過度敏感的兒童，也可以透過運用內在家庭系統策略而有能力溫和地接觸這些防衛（消防員），因而在獲得系統允許下，觸及創傷素材（流放者）。透過準備階段中與消防員的初步工作，就

319

可以讓系統在創傷和逆境記憶受到觸及和啟動之前達到所需要的穩定。此外，兒童所使用的適應機制（管理者），可能會妨礙兒童充分投入 EMDR 治療，因此亦可予以見證、區分和邀請參與，並且最終加以整合進來。

　　本章是將內在家庭系統策略納入 EMDR 治療當中，來與兒童工作的初探。其中特別關注於保留並堅守 EMDR 治療與適應性訊息處理的基本原則和標準程序步驟，同時並尊重內在家庭系統理論與實務的精神和靈魂。

【附錄一】參考書目

Abidin, R. R. (1995). *Parenting stress index: Professional manual* (3rd ed.). Odessa, FL: Psychological Assessment Resources.

Achenbach, T. (1992). *Manual for the child behavior checklist/2–3 and 1992 profile*. Burlington, VT: University of Vermont Department of Psychiatry.

Adler-Tapia, R. L., & Settle, C. S. (2008). *EMDR and the art of psychotherapy with children*. New York, NY: Springer Publishing.

Aduriz, M. E., Bluthgen, C., & Knopfler, C. (2009). Helping child flood victims using group EMDR intervention in Argentina: Treatment outcome and gender differences. *International Journal of Stress Management, 16*, 138–153.

Ahmad, A., Larsson, B., & Sundelin-Wahlsten, V. (2007). EMDR treatment for children with PTSD: Results of a randomized controlled trial. *Nord Journal Psychiatry, 61*, 349–354.

Ainsworth, M. D. S., Blehar, M., Waters, E., & Walls, S. (1978). *Patterns of attachment*. Hillsdale, NJ: Erlbaum.

American Psychiatric Association. (1994). *Diagnostic and statistical manual of mental disorders* (4th ed.). Washington, DC: Author.

American Psychiatric Association. (2000). *Diagnostic and statistical manual of mental disorders* (4th ed., text rev.). Washington, DC: American Psychiatric Association.

Andrews, T. (2011). *Animal speak: The spiritual & magical powers of creatures great & small* (2nd ed.). Woodbury, MN: Llewellyn Publications.

Armstrong, J. G., Putnam, F. W., Carlson, E. B., Libero, D. Z., & Smith, S. R. (1997). Development and validation of a measure of adolescent dissociation: The adolescent dissociative experiences scale (A-DES). *Journal of Nervous & Mental Disease, 185*, 491–497.

Badenoch, B. (2008) *Being a brain-wise therapist: A practical guide to interpersonal neurobiology*. New York, NY: W.W. Norton & Co.

Badenoch, B. (2011). *The brain-savvy therapist's workbook: A companion to BEING a brain-wise therapist*. New York, NY: W.W. Norton & Co.

Bakal, D. (1999). *Minding the body: Clinical uses of somatic awareness*. New York, NY: The Guilford Press.

Barach, P. M. M. (1991). Multiple personality disorder as an attachment disorder. *Dissociation, 4*, 117–123.

Baradon (Ed.). (2010). *Relational trauma in infancy: Psychoanalytic, attachment and neuropsychological contributions to parent-infant psychotherapy* (pp. 180–193). London, UK: Routledge.

Barrowcliff, A. L., Gray, N. S., Freeman, T. C. A., & MacCulloch, M. J. (2004).Eye-movements reduce the vividness, emotional valence and electro dermal arousal associated with negative autobiographical memories. *Journal of Forensic Psychiatry and Psychology, 15*, 325–345.

Becker-Blease, K. A., Deater-Deckard, K., Eley, T., Freyd, J., Stevenson, J., & Plomin, R. (2004). A genetic analysis of individual differences in dissociative behaviors in childhood and adolescence. *Journal of Child Psychology and Psychiatry, 45*(3), 522–532.

Becker-Blease, K. A., Deater-Deckard, K., Eley, T., Hulette, A., J. Freyd, J., & Fisher, P., (2011). Dissociation in middle childhood among foster children with early maltreatment experiences. *Child Abuse & Neglect, 35*, 123–126.

Benjamin, L. R., & Benjamin, R. (1992). An overview of family treatment in dissociative disorders. *Dissociation, V, 5*, 236–241.

Benjamin, L. R., Benjamin, R., & Rind, B. (1996). Dissociative mothers' subjective experience of parenting. *Child Abuse and Neglect, 20*(10), 933–942.

Bisson, J., & Andrew, M. (2007). Psychological treatment of post-traumatic stress disorder (PTSD). *Cochrane Database of Systematic Reviews* 2007, Issue 3. Art. No.: CD003388. doi: 10.1002/14651858.CD003388.pub3

Blader, J., & Carlson, G. (2006). Increased rates of bipolar disorder diagnoses amongst US child, adolescent and adult inpatients 1996–2004. *Biological Psychiatry, 62,* 107–114.

Bleuler, E. (1911). *Dementia praecox or the group of schizophrenias* (J. Zinkin, Trans.). New York, NY: International Universities Press. (Original work published 1911).

Bliss, E. L., Larson, E. M., & Nakashima, S. R. (1983). Auditory hallucinations and Schizophrenia. *Journal of Nervous & Mental Disorders, 171*(1), 30–33.

Bokhorst, C. L., Bakermans-Kranenburg, M. J., Fearon, R. M., van IJzendoorn, M. H., Fonagy, P., & Schuengel, C. (2003). The importance of shared environment in mother–infant attachment security: A behavioral genetic study. *Child Development, 74,* 1769–1782.

Booth, P., & Jernberg, A. (2010). *Theraplay: Helping parents and children build better relationships through attachment-based play.* San Francisco, CA : John Wiley & Sons.

Bowen, M. D. (1978). *Family therapy in clinical practice.* Northvale, NJ: Jason Aronson.

Bowlby, J. (1973). *Attachment and loss, vol. 2: Separation, Anxiety and anger.* London, UK: Hogarth Press.

Bowlby, J. (1980). *Attachment and loss, vol. 3: Sadness and depression.* London, UK: Hogarth Press.

Bowman, E. S., Blix, S. F., & Coons, P. M. (1985). Multiple personality in adolescence: Relationship to incestual experience. *Journal of the American Academy of Child & Adolescent Psychiatry, 24,* 109–114.

Bradley, R., Greene, J., Russ, E., Dutra, L., & Westen, D. (2005). A multidimensional meta-analysis of psychotherapy for PTSD. *American Journal of Psychiatry, 162,* 214–227.

Braun, B. G. (1985). The transgenerational incidence of dissociation and multiple personality disorder. In R. P. Kluft (Ed.), *Childhood antecedents of multiple personality disorder* (pp. 127–150). Washington, DC: American Psychiatric Press.

Bremner, J. D. (2005). Effects of traumatic stress on brain structure and function: Relevance to early responses to trauma. *Journal of Trauma & Dissociation, 6*(2), 51–68.

Bremner, J. D., Vythilingam, M., Vermetten, E., Southwick, S. M., McGlashan, T., Nazeer, A., Khan, S., Vaccarino, J. S., & Charney, D. S. (2003). MRI and PET study of deficits in hippocampal structure and function in women with childhood sexual abuse and posttraumatic stress disorder (PTSD). *American Journal of Psychiatry, 160,* 924–932.

Bretherton, I., & Munholland, K. A. (1999). Internal working models in attachment relationships: A construct revisited. In J. Cassidy & P. R. Shaver (Eds.), *Handbook of attachment: Theory, research and critical applications* (pp. 89–111). New York, NY: Guilford press.

Briere, J. (1996) *Trauma symptoms checklist for children: Professional manual.* Lutz, FL: Psychological Assessment Resources.

Brody, V. A. (1978). Developmental play: A relationship-focused program for children. *Journal of Child welfare, 57*(9), 591–599.

Brody, V. A. (1993). *The dialogue of touch: Developmental play therapy.* Treasure Island, FL: Developmental Play Training Associates.

Brown, S. (2009). *Play: How it shapes the brain, opens the imagination, and invigorates the soul.* New York, NY: Avery.

Cassidy, J. (2008). The Nature of the Child's Ties. In J. Cassidy & P. R. Shaver (Eds.), *Handbook of Attachment: Theory, Research, and Clinical Application* (3rd ed., pp. 3–22). New York, NY: The Guilford press.

Cassidy, J., & Shaver, P. (Eds.). (1999). *Handbook of attachment: Theory, research, and clinical applications*. New York, NY: Guildford Press.

Chemtob, C. M., Nakashima, J., & Carlson, J. G. (2002). Brief-treatment for elementary school children with disaster-related PTSD: A field study. *Journal of Clinical Psychology, 58,* 99–112.

Christman, D., Propper, R. E., & Dion, A. (2004). Increased interhemispheric interaction is associated with decreased false memories in a verbal converging semantic associates paradigm. *Brain and Cognition, 56,* 313–319.

Christman, S. D., Garvey, K. J., Propper, R. E., & Phaneuf, K. A. (2003). Bilateral eye movements enhance the retrieval of episodic memories. *Neuropsychology, 17,* 221–229.

Christman, S. D., Propper, R. E., & Brown, T. J. (2006).Increased interhemispheric interaction is associated with earlier offset of childhood amnesia. *Neuropsychology, 20,* 336–345.

Chu, J. A., Dill, D. L. (1990). Dissociative symptoms in relation to childhood physical and sexual abuse. *American Journal of Psychiatry; 147,* 887–892.

Coons, P. M. (1985). Children of parents with multiple personality disorder. In R. P. Kluft (Ed.), *Childhood antecedents of multiple personality disorder* (pp. 151–165). Washington, DC: American Psychiatric Press.

Coons, P. M. (1996). Clinical phenomenology of 25 children and adolescents with dissociative disorders. *Child and Adolescent Psychiatric Clinics of North America, 5,* 361–374.

Courtney, D. (2009). *The EMDR journey*. Author.

Cozolino, L. (2006). *The neuroscience of human relationships: Attachment and the developing social brain*. New York, NY: W.W. Norton & Company.

Cozolino, L. (2010). *The neuroscience of psychotherapy: Healing the social brain*.(2nd ed.). New York, NY: W.W. Norton & Company.

Cresswell, J. D., Eisenberger, N. I., & Lieberman, M. D. (2007). Neurobehavioral correlates of mindfulness during social exclusion. *Psychosomatic Medicine, 69*(6), 560–565.

Crisci, G., Lay, M., & Lowenstein, L. (1998). *Paper dolls and paper airplanes:Therapeutic exercises for traumatized children*. Indianapolis, IN: Kidsrights.

Crowell, J. A., Treboux, D., & Waters, E. (1999). The Adult Attachment Interview and the Relationship Questionnaire: Relations to reports of mothers and partners. *Personal Relationships, 6,* 1–18.

Damasio, A. (1999). *The feeling of what happens*. New York, NY: Harcourt, Brace, and Company.

Damasio, A. (2010). *Self comes to mind: Constructing the conscious brain*. New York, NY: Pantheon Books.

Davies, D. (2011). *Child development: A practitioner's guide*. (3rd ed.). New York, NY: The Guildford Press.

de Roos, C., Greenwald, R., den Hollander-Gijsman, M., Noorthoorn, E., van Buuren, S., & de Jongh, A. (2011). A randomised comparison of cognitive behavioural therapy (CBT) and eye movement desensitisation and reprocessing (EMDR) in disaster exposed children. *European Journal of Psychotraumatology, 2,* 5694–doi: 10.3402/ejpt.v2i0.5694

Dell, P. (2006). The Multidimensional Inventory of Dissociation (MID): A comprehensive measure of pathological dissociation. *Journal of Trauma and Dissociation, 7*(2), 77–106.

Dell, P., & Eisenhower, J. W. (1990). Adolescent multiple personality disorder: A preliminary study of eleven cases. *Journal of the American Academy of Child and Adolescent Psychiatry, 29,* 359–366.

Dell, P., & O'Neil, J. (Eds.). (2009). *Dissociation and the dissociative disorders: DSM V and beyond*. New York, NY: Routledge.

DesLauriers, A. (1962). *The experience of reality in childhood schizophrenia*. Monograph Series on Schizophrenia, No. 6. New York, NY: International Universities Press.

Dutra, L., Bianchi, I., Lyons-Ruth, C., & Siegel, D. (2009). The relational context of dissociative phenomena. In P. F. Dell & J. A. O'Neil (Eds.), *Dissociation and the dissociative disorders: DSM-V and Beyond* (pp. 83–92). New York, NY: Routledge.

Dworkin, M. (2005). *EMDR and the relational imperative*. New York, NY: Routledge.

Eckers, D. (2010). The method of constant installation of present orientation and safety (CIPOS) for children. In M. Luber (Ed.), *Eye movement desensitization and reprocessing (EMDR) scripted protocols: Special populations* (pp. 51–58). New York, NY: Springer.

Ellenberger, H. (1970). *Discovery of the unconscious*. New York, NY: Basic Books.

Erikson, E. H. (1968). *Identity: Youth and crisis*. New York, NY: Norton.

Evers- Szostak, M., & Sanders, S. (1992). The children's perceptual alteration scale (CAPS): A measure of children's dissociation. *Dissociation, 5*, 91–97.

Fagan, J., & McMahon, P. P. (1984). Incipient multiple personality in children. *Journal of Nervous & Mental Disease, 172*, 26–36.

Fernandez, I. (2007). EMDR as treatment of post-traumatic reactions: A field study on child victims of an earthquake. *Educational and Child Psychology. Special Issue: Therapy, 24*, 65–72.

Fernandez, I., Gallinari, E., & Lorenzetti, A. (2004). A school-based EMDR intervention for children who witnessed the Pirelli building airplane crash in Milan, Italy. *Journal of Brief Therapy, 2*, 129–136.

Fisher, A., Murray, E., & Bundy, A. (1991). *Sensory integration: Theory and practice*. Philadelphia, PA: Davis.

Fisher, J. (2000, November 12). *Adapting EMDR techniques in the treatment of dysregulated or dissociative patients*. Paper presented at the International Society for the Study of Dissociation Annual Meeting, San Antonio, Texas.

Flavell, J. H. (1979). Metacognition and cognitive monitoring: A new area of cognitive-developmental inquiry. *American Psychologist, 34*, 906–911.

Fonagy, P., & Target, M. (1997). Attachment and reflective function: Their role in self-organization. *Development and Psychopathology, 9*, 679–700.

Fonagy, P., Gergely, G., Jurist, E. J., & Target, M. (2002). *Affect regulation, mentalization, and the development of the self*. New York, NY: Other Press.

Fonagy, P., Steele, H., & Steele, M. (1991). Maternal representations of attachment during pregnancy predict the organisation of infant-mother attachment at one year. *Child Development, 62*, 891–905.

Forbes, H. T., & Post, B. B. (2006). *Beyond consequences, logic, and control: A love bases approach to helping children with severe behaviors*. Doulder, CO: Beyond Consequences Institute.

Forbes, H. T. (2009). *Dare to love: The art of merging science and love into parenting children with difficult behaviors*. Boulder, CO: Beyond Consequences Institute, LLC.

Ford, J. D., & Courtois, C. A. (2009). Defining and understanding complex trauma and complex traumatic stress disorders. In C. A. Courtois & J. D. Ford (Eds.), *Treating complex traumatic stress disorders: An evidence-based guide* (pp. 13–30). New York, NY: The Guilford Press.

Fromm, E. (1965). Hypnoanalysis: Theory and two case excerpts. *Psychotherapy: Theory, Research, and Practice, 2*, 127–133.

Frost, J., Silberg, J., & McIntee, J. (1996, November). *Imaginary friends in normal and traumatized children*. Paper presented at the 13th meeting of the International Society for the Study of Dissociation, San Francisco, CA.

George, C., & Solomon, J. (2008). The caregiving system: A behavioral system approach to parenting. In J. Cassidy & P. R. Shaver (Eds.), *Handbook of attachment: Theory, research, and clinical application* (3rd ed., pp. 3–22). New York, NY: The Guilford press.

Gomez, A. M. (2006). *Creative approaches to motivate, prepare, and guide children to use EMDR*. Paper presented at the XI annual EMDR International Association conference. Philadelphia, PA.

Gomez, A. M. (2007a). *Dark, bad...day go away: A book for children about trauma and EMDR*. Phoenix, AZ: Author.

Gomez, A. M. (2007b). *Creative ways of administering the EMDR protocol with children*. Paper presented at the XII annual EMDR International Association conference. Dallas, TX.

Gomez, A. M. (2008a). *Beyond PTSD: Treating depression in children and Adolescents using EMDR*. Preconference workshop presented at the XIII annual EMDR International Association conference. Phoenix, AZ.

Gomez, A. M. (2008b). *Step by step: Making EMDR developmentally appropriate for children and adolescents*. Workshop co-sponsored by the EMDR Institute. San Diego, CA.

Gomez, A. M. (2009a). *The thought kit for kids*. Phoenix, AZ: Author.

Gomez, A. M. (2009b). *Complex trauma attachment and dissociative symptoms: Treating children with pervasive emotion dysregulation using EMDR and adjunctive approaches*. Workshop co-sponsored by the EMDR Institute. Seattle, WA.

Gomez, A. M. (2010a). *Treating children with pervasive emotion dysregulation using EMDR and adjunctive approaches*. Paper presented at the XV annual EMDR International Association conference. Minneapolis, MN.

Gomez, A. M. (2010b). Using olfactory stimulation with children to cue the safe or happy place. In M. Luber (Ed.), *Eye movement desensitization and reprocessing (EMDR) scripted protocols: Special populations* (pp. 9–18). New York, NY: Springer publishing.

Gomez, A. M. (2010c). Using olfactory stimulation with children to cue resource development and installation (RDI). In M. Luber (Ed.), *Eye Movement Desensitization and reprocessing (EMDR) scripted protocols: Special populations* (pp. 19–29). New York, NY: Springer publishing.

Gomez, A. M. (2011). *Treating children with pervasive emotion dysregulation using EMDR and adjunctive approaches*. Paper presented at the XVI annual EMDR International Association conference. Anaheim, CA.

Gomez, A. M., & Paulsen, S. (In press). The different colors of me: My first book about dissociation. Phoenix, AZ: Author

Goodyear-Brown, P. (2010). *Play therapy with traumatized children: A prescriptive approach.* Hoboken, NJ: John Wiley & Sons, Inc.

Greenwald, R. (1999). *Eye movement desensitization and reprocessing (EMDR) in child and adolescent psychotherapy*. Northvale, NJ: Jason Aronson Press.

Harris, J. (2005). The increased diagnosis of "Juvenile Bipolar Disorder": What are we treating?. *Child & Adolescent Psychiatry, 56*(5), 529–531.

Hensel, T. (2009). EMDR with children and adolescents after single-incident trauma an intervention study. *Journal of EMDR Practice and Research, 3*, 2–9.

Herman, J. (1992). *Trauma and recovery*. New York, NY: Basic Books.

Hesse, E. (1999). The adult attachment interview: Historical and current perspectives. In J. Cassidy & P. R. Shaver (Eds.), *Handbook of attachment: Theory, research and clinical applications* (pp. 395–433). New York, NY: Guilford Press.

Hesse, E. (2008). The adult attachment interview: Protocol, method of analysis, and empirical studies. In J. Cassidy & P. R. Shaver (Eds.), *Handbook of attachment: Theory, research, and clinical application* (3rd ed., pp. 552–598). New York, NY: The Guilford press.

Hesse, E., & Main, M. (1999). Second-generation effects of unresolved trauma in non-maltreating parents: Dissociated, frightened, and threatening parental behavior. *Psychanalytic inquiry, 19*, 481–540.

Hesse, E., & Main, M. (2000). Disorganized infant, child, and adult attachment: Collapse in behavioral and attentional strategies. *Journal of the American Psychological Association, 48*, 1097–1127.

Hesse, E., & Main, M. (2006). Frightened, threatening, and dissociative parental behavior: Theory and associations with parental adult attachment interview status and infant disorganization. *Development and Psychopathology, 18*, 309–343.

Holmes, T. (2007). *Parts work: An illustrated guide to your inner Life.* Kalamazoo, MI: Winged Heart Press.

Homeyer, L. E., & Sweeney, D. S. (2011). *Santray therapy: A practical manual* (2nd ed.). New York, NY: Routledge.

Hornstein, N. L., & Putnam, F. W. (1992). Clinical phenomenology of child and adolescent dissociative disorders. *Journal of the American Academy of Child and Adolescent Psychiatry, 31*, 1077–1085. Retrieved from http://isst-d.org/education/faq-teachers.htm

Hulette, A. C., Fisher, P. A., Kim, H. K., Ganger, W., & Landsverk, J. L. (2008). Dissociation in foster preschoolers: A replication and assessment study. *Journal of Trauma and Dissociation, 9*, 173–190.

Hulette, A. C., Freyd, J. J., Pears, K. C., Kim, H. K., Fisher, P. A., & Becker-Blease, K. A. (2008). Dissociation and post-traumatic symptomatology in maltreated preschool children. *Journal of Child and Adolescent Trauma, 1*, 93–108.

Hyun, M., Friedman, S., & Dunner, D. (2000). Relationship of childhood physical and sexual abuse in adult bipolar disorder. *Bipolar Disorders, 2*, 131–135.

Jaberghaderi, N., Greenwald, R., Rubin, A., Dolatabadim S., & Zand, S. O. (2004). A comparison of CBT and EMDR for sexually abused Iranian girls. *Clinical Psychology and Psychotherapy, 11*, 358–368.

Jacobson, E. (1938). *Progressive relaxation.* Chicago, IL: University of Chicago Press.

Janet, P. (1898). *Névroses et idées fixes.* Paris, France: Felix Alcan.

Janet, P. (1907). *The major symptoms of hysteria: Fifteen lectures given in the medical school of harvard university.* London, UK: Macmillan & Co.

Jarero, I., Artigas, L., & Lopez-Lena, M. (2008). The EMDR integrative group treatment protocol: Application with child victims of mass disaster. *Journal of EMDR Practice and Research, 2*, 97–105.

Jarero, I., Artigas, L., Mauer, M., Alcala, N., & Lupez, T. (1999). *EMDR integrative group treatment protocol and the butterfly hug.* Paper presented at annual meeting of the International Society for Traumatic Stress Studies, Miami, FL.

Kandel, E. R. (2006). *In search of memory: The emergence of a new science of mind.* New York, NY: W.W. Norton & Company.

Kaplowa, J., Hallb, E., Koenenc, K., Dodged, K., & Amaya-Jacksone, L. (2008). Dissociation predicts later attention problems in sexually abused children. *Child Abuse Neglect, 32*(2), 261–275.

Kemp, M., Drummond, P., & McDermott, B. (2010). A wait-list controlled pilot study of eye movement desensitization and reprocessing (EMDR) for children with post-traumatic stress disorder (PTSD) symptoms from motor vehicle accidents. *Clinical Child Psychology and Psychiatry, 15*, 5–25.

Kisiel, C., & Lyons, J. (2001). Dissociation as a mediator of psychopathology among sexually abused children and adolescents. *American Journal of Psychiatry, 158*, 1034–1039.

Kitchur, M. (2005). The Strategic Developmental Model for EMDR. In R. Shapiro (Ed.), *EMDR solutions: Pathways to healing* (pp. 8–56). New York, NY: W.W. Norton & Company.

Klaff, F. (2005). *Practical EMDR with children and adolescents: An integrative family systems approach.* Paper presented at the X EMDR International Association conference. Seattle, WA.

Kluft, R. P. (1984). Multiple personality disorder in childhood. *Psychiatric Clinics of North American, 7*, 121–134.

Kluft, R. P. (1987a). First rank symptoms as a diagnostic clue to multiple personality disorder. *American Journal of psychiatry, 144*, 293–298.

Kluft, R. P. (1987b). The parental fitness of mothers with multiple personality disorder. *Child Abuse and Neglect, 2*, 273–280.

Kluft. R. P. (1985). Hypnotherapy of childhood multiple personality disorder. *American Journal of Clinical Hypnosis, 27*, 201–210.

Knipe, J. (2010). The method of constant installation of present orientation and safety (CIPOS). In M. Luber (Ed.), *Eye movement desensitization and reprocessing (EMDR) scripted protocols: Special populations* (pp. 235–241). New York, NY: Springer Publishing.

Koren-Karie, N., Oppenheim, D., Dolev, S., Sher, S., & Etziom-Carasso, A. (2002). Mother's insightfulness regarding their infants' internal experience: Relations with maternal sensitivity and infant attachment. *Developmental Psychology, 38*, 534–542.

Korn, D. L., & Leeds, A. M. (2002). Preliminary evidence of efficacy of EMDR resource development and installation in the stabilization phase of treatment of complex posttraumatic stress disorder. *Journal of Clinical Psychology, 58*(12), 1465–1487.

Kurtz, R. (1990). *Body-centered psychotherapy: The hakomi method*. Mendicino, CA: LifeRhythm.

Lanius, U.F. (2005). EMDR with Dissociative Clients: Adjunctive Use of Opioid Antagonists. In R. Shapiro (Ed). *EMDR Solutions: Pathways to Healing*. New York: W.W. Norton.

Lanius, R. A., Blum, R., Lanius, U., & Pain, C. (2006). A review of neuroimaging studies of hyperarousal and dissociation in PTSD: Heterogeneity of response to symptom provocation. *Journal of Psychiatric Research, 40*(8), 709–729.

Lanius, R. A., Williamson, P. C., Boksman, K., Densmore, M., Gupta, M., Neufeld, R. W.,…Menon, R. S. (2002). Brain activation during script-driven imagery induced dissociative responses in PTSD: A functional magnetic resonance imaging investigation. *Biological Psychiatry, 52*, 305–311.

Le Doux, J. (2002). *Synaptic self: How our brains become who we are*. New York, NY: Viking.

LeDoux, J. (1996). *The emotional brain: The mysterious underpinnings of emotional life*. New York, NY: Simon & Schuster.

Leeds, A. M. (2009). *A guide to the standard EMDR protocols for clinicians, supervisors, and consultants*. New York, NY: Springer.

Levine, P. A. & Frederick, A. (1997). *Waking the tiger: Healing trauma*. Berkeley, CA: North Atlantic Books.

Levine, P. A. (2010). *In an unspoken voice: How the body releases trauma and restores goodness*. Berkeley, CA: North Atlantic Books.

Levine, P. A., & Kline, M. (2007). *Trauma through a child's eyes: Awakening the ordinary miracle of healing*. Berkeley, CA: North Atlantic Books.

Levitan, R. D., Parikh, S. V., Lesage, A. D., Hegadoren, K. M., Adams, M., Kennedy, S. H., & Goering, P. N. (1998). Major depression in individuals with a history of childhood physical or sexual abuse: Relationship to neurovegetative features, mania, and gender. *American Journal of Psychiatry, 155*, 1746–1752.

Levy, B. (2009, October). *Bipolar disorder and dissociative identity disorder: A pluralistic approach to diagnosis and treatment*. Paper presented at the New England College Health Association and New York State College Health.

Lichtenstein, L. (Executive Producer). 2005. *The bipolar child. Infinite Mind*. New York, NY: National Public Broadcasting.

Liotti, G. (1992). Disorganized/disoriented attachment in the etiology of the dissociative disorders. *Dissociation, 5*, 196–204.

Liotti, G. (2006). A model of dissociation based on attachment theory and research. *Journal of Trauma & Dissociation, 7*(4), 55–73.

Liotti, G. (2009). Attachment and Dissociation. In P. F. Dell, J. A. O'Neil (Eds.) *Dissociation and the dissociative disorders: DSM-V and beyond* (pp. 53–65). New York, NY: Routledge.

London, S. (2004). Teaching meditation to children and beginners. *Insight Journal, 22*, 24–29.

Lovett, J. (1999). *Small wonders: Healing trauma with EMDR*. New York, NY: The Free press.

Lyon-Ruth, K., & Jacobvitz, D. (2008). Attachment disorganization: Genetic factors, parenting context, and developmental transformation form infancy to adulthood. In J. Cassidy

& P. R. Shaver (Eds.), *Handbook of attachment: Theory, research, and clinical application* (pp. 666–697, 3rd ed.). New York, NY: The Guilford press.

Lyons-Ruth, K., & Jacobvitz, D. (1999). Attachment disorganization: Unresolved loss, relational violence and lapses in behavioral and attentional strategies. In J. Cassidy & P. R. Saver (Eds.), *Handbook of attachment* (pp. 520–554). New York, NY: Guilford Press.

MacCulloch, M. J., & Feldman, P. (1996). Eye movement desensitization treatment utilizes the positive visceral element of the investigatory reflex to inhibit the memories of post-traumatic stress disorder: A theoretical analysis. *British Journal of Psychiatry, 169,* 571–579.

Macfie, J., Ciccehtti, D., & Toth, S. (2001). The development of dissociation in maltreated preschool-aged children. *Development and Psychopathology, 13,* 233–254.

MacLean, P. D. (1985). Brain evolution relating to family, play, and the separation call. In *Archives of General Psychiatry, 42*(4), 405–417.

MacLean, P. D. (1990). *The triune brain in evolution.* New York, NY: Plenum Press.

Mahler, P., Pine, M. M., & Bergman, A. (1975). *The psychological birth of the human infant.* New York, NY: Basic Books.

Main, M. (1991). Metacognitive knowledge, metacognitive monitoring, and singular (coherent) vs. multiple (incoherent) models of attachment: Findings and directions for future research. In C.M. Parkes, J. Stevenson-Hinde, & P. Marris (Eds.) *Attachment across the life cycle* (pp. 127–159). London, UK: Routledge.

Main, M. (1995). Recent studies in attachment: Overview with selected implications for clinical work. In S. Goldberg, R. Muir, & J. Kerr (Eds.), *Attachment theory: Social, developmental, and clinical perspectives* (pp. 407–475). Hillsdale, NJ: Analytic press.

Main, M., & Solomon, J. (1986). Discovery of an insecure disorganized/disoriented attachment pattern: Procedures, findings and implications for the classification of behavior. In T. B. Brazelton & M. W. Yogman (Eds.), *Affective development in infancy* (pp. 95–124). Norwood, NJ: Ablex.

Main, M., Hesse, E., & Goldwyn, R. (2008). Studying differences in language usage in recounting attachment history: An introduction to the AAI. In H. Steele & M. Steele (Eds.), *Clinical applications of the adults attachment interview* (pp. 31–68). New York, NY: The Guilford Press.

Malinosky-Rummel, R. R., & Hoier, T. S. (1991). Validating measures of dissociation. *Behavior Assessment, 13,* 341–357.

Mann, B. J., & Sanders, S. (1994). Child dissociation and the family context. *Journal of Abnormal Child Psychology, 22*(3), 373–388.

Marschak, M. (1960). A method for evaluating child-parent interactions under controlled conditions. *The Journal of Genetic Psychology, 1960, 97,* 3–22.

Marschak, M. (1980). *Parent-child interaction and youth rebellion.* New York, NY: Gardner Press.

Maxfield, L., Melnyk, W. T., & Hayman, C. A. G. (2008). A working memory explanation for the effects of eye movements in EMDR. *Journal of EMDR Practice and Research, 2,* 247–261.

McCallum, K. E., Lock, J., Kulla, M., & Rorty, M., & Wetzel,R. (1992). Dissociative symptoms and disorders in patients with eating disorders. *Dissociation, 5*(4), 227–235.

McElroy, L. P. (1992). Early indicators of pathological dissociation in sexually abused children. *Child Abuse & Neglect, 16,* 833–842.

McGilchrist, I. (2009). *The master and his emissary.* New Haven, CT: Yale University Press.

Meins, E., Fernyhough, C., Fradley, E., & Tuckey, M. (2001). Rethinking maternal sensitivity: Mothers' comments on infants' mental processes predicts security of attachment at 12 months. *Journal of Child Psychology and Psychiatry, 42,* 637–648.

Minton, K. (2009, December 17). *Somatic interventions for enhancing EMDR effectiveness.* Paper presented at seminar in Vancouver, Canada.

Minuchin, S. (1974). *Families and family therapy.* Cambridge, MA: Harvard University Press.

Moreno, C., Gonzalo, L., Blanco, C., Jiang, H., Schmidt, A. B., & Olfson, M. (2007). National trends in the outpatient diagnosis and treatment of bipolar disorder in youth. *Archives of General Psychiatry, 64*, 1032–1039.

Moskowitz, A. (2011). Schizophrenia, trauma, dissociation, and scientific revolutions. *Journal of Trauma & Dissociation, 12*(4), 347–357.

Mueser, K. T., Goodman, L. B., Trombetta, S. L., Rosenberg, D., Osher, C., Vidaver, R., & Auciello, P. (1998). Trauma and posttraumatic stress disorder in severe mental illness. *Journal of Consulting Clinical Psychology, 66*(3), 493–499.

National Institute Mental Health. (2007). *Rates of bipolar diagnosis in youth rapidly climbing, treatment patterns similar to adults.* Retrieved from www.nimh.nih.gov/science-news/2007/rates-of-bipolar-diagnosis-in-youth-rapidly-climbing-treatment-patterns-similar-to-adults.shtml

Nelson, C. A. (2007). What would Superman do? In L. C. Rubin (Ed.), *Using superheroes in counseling and play therapy* (pp. 49–67). New York, NY: Springer publishing.

Nijenhuis, E. R. S. & van der Hart, O. (1999). Somatoform Dissociative Phenomena: A Janetian Perspective. In J.Goodwin & R. Attias (Eds.), *Splintered reflections: Images of the body in trauma.* Basic Books, Inc.

Nijenhuis, E. R. S., & van der Hart, O. (2011). Dissociation in trauma: A new definition and comparison with previous formulations. *Journal of Trauma & Dissociation, 12*(4), 416–445.

Noyes, R., & Kletti, R. (1977). Depersonalization in response to life-threatening danger. *Psychiatry, 18*, 375–384.

Ogden, P. (1995). *The use of somatics with the sexually abused.* Paper presented at the Proceedings of the International Somatics Congress, San Francisco, California.

Ogden, P. (1997). *Inner body sensation. Part one.* In E. G. Hanna (Ed.), *Somatics,* XI(2). 40–43.

Ogden, P. (1998). *Inner Body Sensation. Part two.* In E G. Hanna (Ed.), *Somatics,* XI(3), 42–49.

Ogden, P. (2007). *Beneath the words: A clinical map for using mindfulness of the body and the organization of experience in trauma treatment.* Paper presented at Mindfulness and Psychotherapy Conference. Los Angeles, CA: UCLA/Lifespan Learning Institute.

Ogden, P. K. (2009). Emotion, mindfulness, and movement: Expanding the regulatory boundaries of the window of affect tolerance. In D. Fosha, D. J. Siegel, M. Solomon (Eds.), *The healing power of emotion: Affective neuroscience, development & clinical practice* (pp. 204–231). New York, NY: W.W. Norton & Company.

Ogden, P. (2011). *The role of the body in forecasting the future.* Paper presented at the Proceedings of the Affect Regulation Convened: Implicit Communication and Therapeutic Change. New York, NY.

Ogden, P. K., Minton, K., & Pain, C. (2006). *Trauma and the body: A sensorimotor approach to psychotherapy.* New York, NY: Norton.

Ogden, P. & Fisher, J. (in press). *The body as resource: Sensorimotor psychotherapy interventions for the treatment of trauma.* New York: W. W. Norton.

Ogden, P., & Goldstein, B. (in press). *New directions in child and adolescent treatment: A sensorimotor psychotherapy approach.* New York, NY: W.W. Norton & Company.

Ogden, P., & Minton, K. (2000). Sensorimotor psychotherapy: One method for processing traumatic memory. In *Traumatology, 3*(3), 1–20.

Ogden, P., & Peters, A. (1990). Translating the body's language. *Hakomi Forum, 8*, 31–34.

Ogden, P., Goldstein, B. & Fisher, J. (in press) A sensorimotor psychotherapy perspective on the treatment of children and adolescents in R. Longe, J. Bergman, K. Creeden, & D. Prescott (Eds.) *Current Perspectives & Applications in Neurobiology: Working with Young Persons who are Victims and Perpetrators of Sexual Abuse.* Fitchberg, MA: Neari Press.

Ogden, P., Minton, K., & Pain, C. (2006). *Trauma and the body: A sensorimotor approach to psychotherapy.* New York, NY: Norton.

O'Shea, K. (2009). The EMDR early trauma protocol. In R. Shapiro (Ed.), *EMDR solutions II: For depression, eating disorders, performance, and more* (pp. 313–334). New York, NY:

W.W. Norton & Company.

Panksepp, J. (1998). *Affective neuroscience: The foundations of human and animal emotions*. New York, NY: Oxford University Press.

Panksepp, J. (2009). Brain emotional systems and qualities of mental life: From animal models of affect to implications for psychotherapeutics. In D. Fosha, D. J. Siegel, & M. Solomon (Eds.), *The healing power of emotion: Affective neuroscience, development & clinical practice* (pp. 1–26). New York, NY: W.W. Norton & Company.

Papolos, D., & Papolos, J. (2000). *The bipolar child: The definitive and reassuring guide to childhood's most misunderstood disorder*. New York, NY: Broadway Books.

Parry, P. I., & Levin, E. C. (2012). Pediatric bipolar disorder in an era of "mindless psychiatry." *Journal of Trauma & Dissociation*, *13*(1), 51–68. doi: 10.1080/15299732.2011.597826

Paulsen, S. (2009). *Looking through the eyes of trauma and dissociation: An illustrated guide for EMDR therapist and clients*. Bainbridge Island: the Bainbridge Institute for Integrative Psychology.

Paulsen, S., & Lanius, U. (2009). Towards and embodied self: Integrating EMDR with somatic and ego state interventions. In R. Shapiro (Ed.), *EMDR Solutions II: For depression, eating disorders, performance, and more* (pp. 335–388). New York, NY: W.W. Norton & Company.

Pellegrini, A. D. (2009). *The role of play in human development*. New York, NY: Oxford University Press.

Perry, B. D, (2009). Examining child maltreatment through a neurodevelopmental lens: Clinical Applications of the Neurosequential Model of Therapeutics. *Journal of Loss and Trauma*, *14*, 240–255. doi: 10.1080/15325020903004350

Perry, B. D. (2006). The neurosequential model of therapeutics: Applying principles of neurodevelopment to clinical work with maltreated and traumatized children. In N. B. Webb (Ed.), *Working with traumatized youth in child welfare*. New York, NY: Guildford Press.

Perry, B. D., & Hambrick, E. (2008). The neurosequential model of therapeutics. *Reclaiming Children and Youth: The Journal of Strength-Based Interventions*, *17*, 38–43.

Perry, B., & Szalavitz, M. (2006). *The boy who was raised as a dog and other stories from a child psychiatrist's notebook*. New York, NY: Basic Books.

Peterson, G. (1991). Children coping with trauma: Diagnosis of dissociation identity disorder. *Dissociation*, *4*, 152–164.

Peterson, G., & Boat, B. (1997). Concerns and issues in treating children of parents diagnosed with dissociative identity disorder. *Journal of Child sexual Abuse*, *6*(3), 1–13.

Peterson, G., & Putnam, F. W. (1994). Further validation of the child dissociation checklist. *Dissociation*, *7*, 204–211.

Piaget, J. (1954). *The construction of reality in the child*. New York, NY: Ballentine.

Porges, S. W. (1995). Orienting in a defensive world: Mammalian modifications of our evolutionary heritage: A polivagal theory. *Psychophysiology*, *32*, 301–318.

Porges, S. W. (2009). Reciprocal influences between body and brain in the perception and expression of affect: A polyvagal perspective. In D. Fosha, D. J. Siegel, & M. Solomon (Eds.), *The healing power of emotion: Affective neuroscience, development & clinical practice* (pp. 27–54). New York, NY: W.W. Norton & Company.

Porges, S. W. (2011). *The polyvagal theory: Neurophysiological foundations of emotions, attachment, communication, self-regulation*. New York, NY: W.W. Norton & Company.

Post, R., Weiss, S., Smith, M., Li, H., & McCann, U. (1997). Kindling versus quenching: Implications for the evolution and treatment of posttraumatic stress disorder. In R. Yehuda & A. C. McFarlane (Eds.), *Psychobiology of posttraumatic stress disorder* (pp. 285–295). New York, NY: New York Academy of Sciences.

Prochaska, J. O., & Norcross, J. C. (2010). *Systems of psychotherapy: A transtheoretical analysis*. Belmont, CA: Brooks/Cole.

Putnam, F. W. (1997). *Dissociation in children and adolescents: A developmental perspective*. New

York, NY: Guilford.

Putnam, F. W., & Trickett P. K. (1993). Child sexual abuse: A model of chronic trauma. *Psychiatry, 56*, 82–95.

Putnam, F. W., Hornstein, N., & Peterson, G. (1996). Clinical phenomenology of child and adolescent dissociative disorders: Gender and age effects. *Child and Adolescent Psychiatric Clinics of North America, 5*, 351–360.

Putnam, F., Helmers, K., & Trickett, P. (1993). Development, reliability, and validity of a child dissociation scale. *Child Abuse & Neglect, 17*(6), 731–741.

Ribchester, T., Yule, W., & Duncan, A. (2010). EMDR for childhood PTSD after road traffic accidents: Attentional, memory, and attributional processes. *Journal of EMDR Practice and Research, 4*(4), 138–147.

Riley, R. L., & Mead, J. (1988). The development of symptoms of multiple personality in a child of three. *Dissociation,1*, 41–46.

Rodenburg, R., Benjamin, A., de Roos, C., Meijer, A. M., & Stams, G. J. (2009). Efficacy of EMDR in children: A meta-analysis. *Clinical Psychology Review, 29*, 599–606.

Rogers, S., & Silver, S. M. (2002). Is EMDR an exposure therapy? A review of trauma protocols. *Journal of Clinical Psychology, 58*, 43–59.

Rosenbaum, M. (1980). The role of the term schizophrenia in the decline of diagnoses of multiple personality. *Archives of General Psychiatry, 37*, 1383–1385.

Ross, C. A., Joshi, S., & Currie, R. P. (1990). Dissociative experiences in the general population. *American Journal of Psychiatry, 147*, 1547–1552.

Ross, C. A., Miller, S. D., Reagor, P., Bjronson, L., Fraser, G., & Anderson, G. (1990). Schneiderian symptoms in multiple personality disorder and schizophrenia. *Comprehensive Psychiatry, 31*, 111–118.

Ross, C. A., Norton, G. R., & Wozney, K. (1989). Multiple personality disorder: An analysis of 23 cases. *Canadian Journal of Psychiatry, 34*, 413–418.

Rubin, P. B., Lendner, D., & Mroz Miller, J. (2010). Theraplay for children with histories of complex trauma. In P. B. Booth & A. M. Jernberg, *Theraplay: Helping parents and children build better relationships through attachment-based play*. San Francisco, CA: John Wiley & Sons.

Sack, M., Lempa, W., Steinmetz, A., Lamprecht, F., & Hofmann, A. (2008). Alterations in autonomic tone during trauma exposure using Eye Movement Desensitization. *Journal of Anxiety Disorders, 22*, 1264–1271.

Sanders, S. (1986). The perceptual alteration scale: A scale measuring dissociation. *American Journal of Clinical Hypnosis, 29*, 95–192.

Sar, V., & Ozturk, E. (2009). Psychotic presentations of dissociative identity disorder. In P. Dell & J. O'Neil (Eds.), *Dissociation and the dissociative disorders: DSM V and beyond* (pp. 535–545). New York, NY: Routledge.

Satir, V. (1983). *Conjoint family therapy*. Palo Alto, CA: Science and Behavior Books.

Schore, A. (1994). *Affect regulation and the origin of the self: The neurobiology of emotional development*. Hillsdale, NJ: Lawrence Erlbaum Associates.

Schore, A. (2001). The effects of early relational trauma on right brain development, affect regulation, and infant mental health. *Infant Mental Health Journal, 22*, 201–269.

Schore, A. (2010). The right brain implicit self: A central mechanism of the psychotherapy change process. In J. Pertucelli (Ed.), *Knowing, not-knowing and sort-of-knowing: Psychoanalysis and the experience of uncertainty* (pp. 177–202). Paper originally presented at the annual meeting of Division 39 (Psychoanalysis) of the American Psychological Association, spring 2008. London, UK: Karnac Books.

Schore, A. (2011). The right brain implicit self lies at the core of psychoanalysis. *Psychoanalytic dialogues, 21*, 75–100.

Schore, A. N. (2003a). *Affect dysregulation and disorders of the self* (1st ed.) New York, NY: W.W. Norton & Company.

Schore, A. N. (2003b). *Affect regulation and the repair of the self* (1st ed.) New York, NY:

W.W. Norton & Company.

Schore, A. N. (2009). Attachment trauma and the developing right brain: Origins of pathological dissociation. In P. F. Dell & J. A. O'Neil (Eds.), *Dissociation and the dissociative disorders: DSM-V and beyond* (pp. 107–141). New York, NY: Routledge.

Schore, A. N. (2010). Relational trauma and the developing right brain: The neurobiology of broken attachment bonds. In T. Baradon (Ed.), *Relational trauma in infancy: Psychoanalytic, attachment and neuropsychological contributions to parent-infant psychotherapy* (pp. 19–47). London, UK: Routledge.

Schubert, S. J., Lee, C. W., & Drummond, P. D. (2011). The efficacy and psychophysiological correlates of dual-attention tasks in eye movement desensitization and reprocessing (EMDR). *Journal of Anxiety Disorders, 25*(1), 1–11.

Schwartz, R. C. (1995). *Internal family systems therapy*. New York, NY: The Guildford Press.

Schwartz, R. C., Schwartz,M. F., & Galperin, L. (2009). Internal family systems therapy. In C. A. Courtois & J. D. Ford (Eds.), *Treating complex traumatic stress disorders: An evidence-based guide* (pp. 353–370). New York, NY: The Guilford Press.

Seidler, G. H., & Wagner, F. E. (2006). Comparing the efficacy of EMDR and trauma-focused cognitive-behavioral therapy in the treatment of PTSD: A meta-analytic study. *Psychological Medicine, 36,* 1515–1522.

Shapiro, E., & Laub, B. (2008). Early EMDR intervention (EEI): A summary, a theoretical model, and the recent traumatic episode protocol (R-TEP). *Journal of EMDR Practice and Research, 2*(2), 79–96.

Shapiro, F. (1995). *Eye movement desensitization and reprocessing: Basic principles, protocols and procedures*. New York, NY: Guilford Press.

Shapiro, F. (2001). *Eye movement desensitization and reprocessing. Basic principles, protocols and procedures* (2nd ed.) New York, NY: Guilford Press.

Shapiro, F. (2005). *Eye movement desensitization and reprocessing (EMDR) training manual.* Watsonville, CA: EMDR Institute.

Shapiro, F. (2005). *Eye movement desensitization and reprocessing (EMDR) training manual.* Watsonville, CA: EMDR Institute.

Shapiro, F. (2007). EMDR, adaptive information processing, and case conceptualization. *Journal of EMDR Practice and Research, 1,* 68–87.

Shapiro, F. (2010). *Eye movement desensitization and reprocessing (EMDR) training manual.* Watsonville, CA: EMDR Institute.

Shapiro, F. (2012). *Getting past your past: Take control of your life with self-help techniques from EMDR therapy*. New York, NY: Rodale.

Shapiro, F. (in press). Redefining trauma and its hidden connections: Identifying and reprocessing the experiential contributors to a wide variety of disorders. In M. Solomon & D. S. Siegel (Eds.), *Healing moments in psychotherapy: Mindful awareness, neural integration, and therapeutic presence*. New York, NY: W.W. Norton.

Shapiro, F., Kaslow, F., & Maxfield, L. (2007). *Handbook of EMDR and family therapy processes*. Hoboken, NJ,: John Wiley & Sons.

Shimizu, M., & Sakamoto, S. (1986). Depersonalization in early adolescence. *Japanese Journal of Psychiatry and Neurology, 40,* 4, 603–608.

Shirar, L. (1996). *Dissociative children*. New York, NY: W. W. Norton.

Siegel, D. J. (1999). *The developing mind: How relationships and the brain interact and shape who we are*. New York, NY: The Guilford Press.

Siegel, D. J.(2007). *The Mindful Brain: Reflection and attunement in the cultivation of well-being*. New York: W. W. Norton.

Siegel, D. J. (2010). *Mindsight: The new science of personal transformation*. New York, NY: Bantam Books Trade Paperbacks.

Siegel, D. J. (speaker). (2008). *The neurobiology of we: How relationships, the mind, and the brain interact to shape who we are.* [Audio Recordings]. Louisville, CO: Sounds True.

Siegel, D. J., & Bryson, T. B. (2011). *The whole brain child: 12 revolutionary strategies to nurture your child's developing mind.* New York, NY: Delacorte Press.

Siegel, D. J., & Hartzell, M. (2003). *Parenting from the inside out: How a deeper self-understanding can help you raise children who thrive.* New York, NY: Tarcher & Putnam.

Silberg, J. (1998). Interviewing strategies for assessing dissociative disorders in children and adolescents. In J. Silberg (Ed.), *The dissociative child* (2nd ed., pp. 47–58). Lutherville, MD: Sidran Press.

Silberg, J. (2000). Fifteen years of dissociation in maltreated children: Where do we go from here? *Child Maltreatment, 5,* 119–136.

Silberg, J. (2001). An optimistic look at childhood dissociation. *ISSTD News, 19*(2), 1.

Silberg, J. (2012). *The child survivor.* New York, NY: Routledge Press.

Silberg, J. (Ed.), (1998). *The dissociative child* (2nd ed.). Lutherville, MD: Sidran Press.

Silberg, J. L. (Ed). (1996/1998). *The dissociative child: Diagnosis, treatment and management.* Lutherville, MD: Sidran Press.

Silberg, J. L., & Dallam, S. (2009). Dissociation in children and adolescents: At the crossroads. In P. F. Dell & J. A. O'Neil (Eds.), *Dissociation and the dissociative disorders: DSM-V and beyond* (pp. 67–81). New York, NY: Routledge.

Sim, L., Friedrich, W., Hobart Davies, W., Trentham, B. Lengua, L., & Pithers, W. (2005). The child behavior checklist as an indicator of posttraumatic stress disorder and dissociation in normative, psychiatric, and sexually abused children. *Journal of Traumatic Stress, 18*(6), 697–705.

Simeon, D., Guralnik, O., Schmeidler, J., Sirof, B., & Knutelska, M. (2001). The role of childhood interpersonal trauma in depersonalization disorder. *American Journal of Psychiatry 158,* 1027–1033.

Sleed, M., & Fonagy, P. (2010). Understanding disruptions in the parent-infant relationship: Do actions speak louder than words? In T. Baradon (Ed.), *Relational trauma in infancy: Psychoanalytic, attachment and neuropsychological contributions to parent-infant psychotherapy* (pp. 136–162). London, UK: Routledge.

Soberman, G. B., Greenwald, R., & Rule, D. L. (2002). A controlled study of eye movement desensitization and reprocessing (EMDR) for boys with conduct problems. *Journal of Aggression, Maltreatment, and Trauma, 6,* 217–236.

Solomon, J., & George, C. (Eds.). (1999). *Attachment disorganization.* New York, NY: Guilford Press.

Sroufe, L. A., & Ward, M. J. (1980). Seductive behavior of mothers of toddlers: Occurrence, correlates, and family origins. *Child Development, 51,* 1222–1229.

Sroufe, L. A., Egeland, B., Carlson, E., & Collins, W. A. (2005). *The development of the person: The Minnesota Study of risk and adaptation from birth to adulthood.* New York, NY: Guilford Press.

Steele, H., & Steele, M. (2008). The clinical uses of the adult attachment interview. In H. Steele & M. Steele (Eds.), *Clinical applications of the adults attachment interview* (pp. 3–30). New York, NY: The Guilford Press.

Steele, K., Dorahy, M. J., van der Hart, O., & Nijenhuis, E. R. S. (2009). Dissociation versus alterations in consciousness: Related but different concepts. In P. Dell & J. O'Neil (Eds.), *Dissociation and the dissociative disorders: DSM V and beyond* (pp. 155–169). New York, NY: Routledge.

Steele, M., Steele, H., & Murphy, A. (2010). The adult attachment interview and relational trauma: Implications for parent-child psychotherapy. In H. Steele & M. Steele (Eds.), *Clinical applications of the adults attachment interview* (pp. 3–30). New York, NY: The Guilford Press.

Steele, W., & Raider, M. (2001). *Structured sensory interventions for traumatized children, adolescents and parents: Strategies to alleviate trauma.* Lewiston, NY: The Edwin Mellen press.

Stein, M. B., Koverola, C., Hanna, C., Torchia, M. G., & McClarty, B. (1997). Hippocampal volume in women victimized by childhood sexual abuse. *Psychological Medicine, 27,* 951–959.

Steinberg, M. (1994). *Interviewer's guide to the structured clinical interview for DSM-IV dissociative disorders* (Rev. ed.). Washington, DC: American Psychiatric Press.

Steinberg, M. (1995). *Handbook for the assessment of dissociation: A clinical guide.* Washington, DC: American Psychiatric Press.

Stern, D. N. (1985). *The interpersonal world of the infant: A view from psychoanalysis and developmental psychology.* New York, NY: Basic Books, Inc.

Stickgold, R. (2002). EMDR: A putative neurobiological mechanism of action. *Journal of Clinical Psychology, 58,* 61–75.

Stickgold, R. (2008). Sleep-dependent memory processing. *Journal of EMDR Practice and Research,* 2(4), 2, 289–299.

Stien, P., & Kendall, J. (2004). *Complex PTSD in children: Brain and behavior. Psychological trauma & the developing brain neurologically based interventions for troubled children.* New York, NY: Haworth Press.

Stolbach, B. C. (1997). The children's dissociative experiences scale and posttraumatic symptom inventory: Rationale, development, and validation of a self-report measure. *Dissertation Abstracts International,* 58(3), 1548B.

Stolbach, B. C. (2005). Psychotherapy of a dissociative 8-year-old boy burned at age 3. *Psychiatric Annals, 35,* 685–694.

Teicher, M. H, Samson, J. A., Polcari, A., & C. E. McGreenery. (2006). Sticks, stones, and hurtful words: Relative effects of various forms of childhood maltreatment. *American Journal of Psychiatry, 163,* 993–1000.

Terr, L. C. (1991). Childhood trauma: An outline and overview. *American Journal of Psychiatry, 148,* 10–20.

Tinker, R. H., & Wilson, S. A. (1999). *Through the eyes of a child: EMDR with children.* New York, NY: W. W. Norton.

Trevarthen, C. (1989). Development of early social interactions and the affective regulation of brain growth. In C. von Euler, H. Fossberg, & H. Lagercrantz (Eds.), *Neurobiology of early infant behavior.* Wenner-Gren Center International Symposium Series, Vol. 55. New York, NY: Stockton Press.

Tronick, E. (2007). *The neurobehavioral and social-emotional development of infants and children.* New York, NY: W.W. Norton & Company.

Twombly, J. H., & Schwartz, R. C. (2008). The integration of internal family systems model and EMDR. In C. Forgash & M. Copeley (Eds.), *Healing the heart of trauma and dissociation with EMDR and ego state therapy* (pp. 295–311). New York, NY: Springer publishing.

van der Hart, O., Nijenhuis, E., Steele, K., & Brown, D. (2004). Trauma-related dissociation: conceptual clarity lost and found. *The Australian and New Zealand Journal of Psychiatry, 38,* 906–914.

van der Hart, O., Nijenhuis, E. R. S., & Steel, K. (2006). *The haunted self: Structural dissociation and the treatment of chronic traumatization.* New York, NY: W.W. Norton.

van der Kolk, B. A. (1996). Trauma and memory. In B. A. van der Kolk, A. C. McFarlane, & L. Weisaeth (Eds.), *Traumatic stress:The effects of overwhelming experience on the mind, body, and society* (pp. 279–302). New York, NY: Guildford Press.

van der Kolk, B. A. (2005). Developmental trauma disorder. *Psychiatric Annals,* 35(5), 401–408.

van der Kolk, B. A., & McFarlane, A. (1996). The black hole of trauma. In B. A. van der Kolk, B. A. McFarlane, & L. Weisaeth (Eds.), *Traumatic stress: The effects of overwhelming experience on mind, body, and society* (pp. 3–23). New York, NY: The Guilford press.

van der Kolk, B. A., McFarlane, A., & Weisaeth, L. (1996). *Traumatic stress: The effects of overwhelming experience on mind, body and society.* New York: Guilford Press.

van der Kolk, B., Pynoos, R. S., Cicchetti, D., Cloitre, M., D'Andrea, W., Ford, J. D., ... Teicher, M. (2009, February 2). *Proposal to a developmental trauma disorder diagnosis for children and adolescents in DSMV.* Retrieved from www.traumacenter.org/announcements/DTD_papers_Oct_09.pdf

van der Kolk, B., van der Hart, O., & Marmar, C. (1996). Dissociation and information processing in posttraumatic stress disorder. In B. van der Kolk, A. McFarlane, & L. Weisaeth (Eds.), *Traumatic stress: The effects of overwhelming experience on mind, body and society* (pp. 303–327). New York, NY: Guilford Press.

Vermetten, E., Schmahl, C., Lindner, S., Loewenstein, R. J., & Bremner, J. D. (2006). Hippocampal and amygdalar volumes in dissociative identity disorder. *American Journal of Psychiatry, 163*, 1–8.

Vincent, M., & Pickering, M. R. (1988). Multiple personality disorder in childhood. *Canadian Journal of Psychiatry, 33*, 524–529.

Wadaa, N. N., Zaharim, N. M., & Alqashan, H. F. (2010). The use of EMDR in treatment of traumatized Iraqi children. *Digest of Middle East Studies, 19*, 26–36.

Wanders, F., Serra, M., & de Jongh, A. (2008). EMDR versus CBT for children with self-esteem and behavioral problems: A randomized controlled trial. *Journal of EMDR Practice and Research, 2*, 180–189.

Waters, F. S. (1996, November). *Quadri-theoretical model for the treatment of children with dissociation.* Paper presented at the meeting of the International Society for the Study of Dissociation, San Francisco, CA.

Waters, F. S. (2005a). When treatment fails with traumatized children...Why? *Journal of Trauma & Dissociation, 6*(1), 1–8.

Waters, F. S. (2005b). Recognizing dissociation in preschool children. *ISSTD News, 23*(4), 1–2, 4–5.

Waters, F. S. (2005c). Atypical DID adolescent case. *ISSTD News, 23*(3), 1–2, 4–5.

Waters, F. S. (2011). Ryan (8 to 10 years old) connecting with the body. In S. Wieland, (Ed.), *Dissociation in traumatized children & adolescents: Theory and clinical interventions* (pp. 141–195). New York, NY: Routledge.

Waters, F. S. (Executive Producer of ISSTD) (2007). *Trauma and dissociation in children. I: Behavioral impacts, II: Issues for interviewing, III: Guidelines for prosecutors.* Nevada City, CA: Cavalcade Productions.

Waters, F. S., Laddis, A., Soderstrom, B., Yehuda, N. (2007, November). *Differential diagnostic issues in dissociative and bipolar disorders in children & adults.* In F. S. Waters (Chair). Symposium conducted at the meeting of the 24th International Society for the Study of Trauma and Dissociation, Philadelphia, PA.

Waters, F. W., & Silberg, J. (1998). Therapeutic phases in the treatment of dissociative children. In J. L. Silberg (Ed.), *The dissociative child: Diagnosis, treatment, and management* (2nd ed., pp. 135–156). Lutherville, MD: The Sidran Press.

Watkins, J., & Watkins, H. (1997). *Ego states: Theory and therapy.* New York, NY: W.W. Norton and Company.

Weiss, M., Sutton, P. J., & Utecht, A. J. (1985). Multiple personality in a 10-year-old girl. *Journal of the American Academy of Child & Adolescent Psychiatry, 24*, 495–501.

Welch, M. (1988). *The holding time.* New York, NY: Fireside.

Wesselmann, D. (2007). *Overcoming obstacles to healthy bonds: Treating parent-child attachments with EMDR.* Paper presented at the XII annual EMDR International Association conference. Dallas, TX.

Wesselmann, D. (2010). *Facilitating the journey from fear to love: Using EMDR to treat insecure and disordered attachments in children and adults.* Paper presented at the XV annual EMDR International Association conference. Minneapolis, MN.

Wexler, B. E., Lyons, L., Lyons, H., & Mazure, C. M. (1997). Physical and sexual abuse during childhood and development of psychiatric illness during adulthood. *Journal of Nervous Mental Disorder*, *185*, 522–524.

Whitfield, C. L., Shanta, R., Dube, S. R., Felitti, V. J., & Anda, R. (2005). Adverse childhood experiences and hallucinations. *Child Abuse & Neglect*, *29*, 797–810.

Wieland, S. (2011). Dissociation in children and adolescents: What it is, how it presents, and how we can understand It. In S. Wieland (Ed.), *Dissociation in traumatized children and adolescents: Theory and clinical interventions* (pp. 1–27). New York, NY: Routledge.

Wieland, S. (Ed.). (2011). *Dissociation in traumatized children & adolescents: Theory and clinical interventions*. New York, NY: Routledge.

Yeager, C. A., & Lewis, D. O. (1996). The intergenerational transmission of violence and dissociation. *Child & Adolescent Psychiatric Clinics of North America*, *5*(2), 393–430.

Zaghrout-Hodali, M., Alissa, F., & Dodgson, P. W. (2008). Building resilience and dismantling fear: EMDR group protocol with children in an area of ongoing trauma. *Journal of EMDR Practice and Research*, *2*, 106–113.

【附錄二】英文索引

編按：附錄所標示之數字為原文書頁碼，查閱時請對照貼近內文左右之原文頁碼。

M

Mahler's theory of separation and individuation, 131 馬勒的分離和個體化的理論

Maladaptive information, reprocessing of, 10, 106 重新處理適應不良之訊息

Maladaptive memory networks, mutual activation of, 3-4 互相啟動的適應不良記憶網絡

Marschak Interaction Method (MIM), 284 馬謝克互動評估法

Mastery experiences, 119 駕馭經驗

Medals, 95 獎牌

Medicine wheel, 231 醫藥輪 (印地安人古代的宇宙象徵)

Memory detectors, 93-94 記憶偵測器

Memory networks, 3, 46 記憶網絡

    activation of, containing traumatogenic material, 9 啟動含有創傷性素材的記憶網絡

    bilateral stimulation (BLS) and, 53 雙側刺激

    binding and linkage of, 53 集束和連結

    cognitive aspect of, 76 認知面向

    integration and reorganization of, 63 整合和重組

    sense of personal boundaries and, 62 個人界限感

    strategies for activating, 85-90 啟動策略

Memory reprocessing and integration, 120-124 記憶重新處理和整合

Memory systems, shaping of, 3-4 塑造記憶系統

    caregiving systems and, 3 照顧系統

    middle childhood, 182 童年中期 (4-11 歲)

    mutual activation of, 3-4 互相啟動

    parent-child interaction and, 3 親子互動

Memory wand, 89-90 記憶魔棒

Meta-analyses, of EMDR, 1 EMDR 的綜合分析

Mindfulness, 11, 253 靜心察覺

Mindsight, 10 心智洞察力

Mirror analogy, 109-110 鏡子譬喻

Mixed-up feelings, thoughts and body sensations, 95-96 亂七八糟的情緒，想法和身體感受

Modulation Model ©, 256-257 調節模式

Music therapy, 265-266 音樂治療

N

National Registry of Evidence-Based Programs and Practices, 1 全國實證療效治療方案和作法的登錄庫

Negative cognitions 負向認知

    balls and bowling pins, 81 球和保齡球瓶

    cards, 80-81 卡片

    cubes, 80 方塊

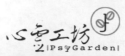

Psychotherapy 050

EMDR 兒童治療：複雜創傷、依附和解離

EMDR Therapy and Adjunct Approaches with Children:
Complex Trauma, Attachment, and Dissociation

著—安娜‧葛梅茲（Ana M. Gomez, MC, LPC.）
譯—鄭玉英、陳慧敏、徐中緒、黃素娟、徐語珞、朱柏翰
審閱—鄭玉英、徐佩鈴

出版者—心靈工坊文化事業股份有限公司

發行人—王浩威　總編輯—徐嘉俊

執行編輯—林妘嘉、裘佳慧　特約編輯—鄭秀娟

內文排版—龍虎電腦排版股份有限公司

通訊地址—106 台北市信義路四段 53 巷 8 號 2 樓

郵政劃撥—19546215　戶名—心靈工坊文化事業股份有限公司

電話—02）2792-9186　傳真—02）2792-9286

Email—service@psygarden.com.tw　網址—www.psygarden.com.tw

製版‧印刷—彩峰造藝印像股份有限公司

總經銷—大和書報圖書股份有限公司

電話—02）8990-2588　傳真—02）2990-1658

通訊地址—242 新北市新莊區五工五路 2 號（五股工業區）

初版一刷—2020 年 5 月　初版二刷—2022 年 3 月

ISBN—978-986-357-181-0　定價—880 元

The original English language work:

EMDR Therapy and Adjunct Approach with Children 1e 9780826106971

by Ana Gomez, MC, LPC

has been published by:

Springer Publishing Company, New York, NY, USA

Copyright© 2012 by Springer Publishing Company, LLC

Complex Chinese translation copyright © 2020 by PsyGarden Publishing Company

All Rights Reserved.

國家圖書館出版品預行編目資料

EMDR 兒童治療：複雜創傷、依附和解離 / 安娜‧葛梅茲
（Ana M. Gomez, MC, LPC）著；鄭玉英等譯 . -- 初版 .--
臺北市：心靈工坊文化, 2020.05
　面；　公分 . -- （Psychotherapy；50）
譯自：EMDR Therapy and Adjunct Approaches with Children: Complex Trauma,
　　　Attachment, and Dissociation
ISBN 978-986-357-181-0（平裝）

1. 創傷後症候群　2. 心理創傷　3. 心理治療

178.8　　　　　　　　　　　　　　　　　　　　　109006254